本书受武汉大学“985工程”学科建设项目2012—2013年专项资金资助

外国国际私法立法选译

Translation of Foreign Private International Law Legislation

邹国勇　译注

WUHAN UNIVERSITY PRESS
武汉大学出版社

图书在版编目(CIP)数据

外国国际私法立法选译/邹国勇译注.—武汉:武汉大学出版社,2017.9

ISBN 978-7-307-19714-5

Ⅰ.外… Ⅱ.邹… Ⅲ.国际私法—立法—研究—国外 Ⅳ.D997

中国版本图书馆 CIP 数据核字(2017)第 230168 号

责任编辑:陈 帆　　责任校对:李孟潇　　版式设计:马 佳

出版发行:**武汉大学出版社** (430072 武昌 珞珈山)

(电子邮件:cbs22@ whu. edu. cn 网址:www. wdp. com. cn)

印刷:武汉中科兴业印务有限公司

开本:720×1000 1/16 印张:32.5 字数:582 千字 插页:1

版次:2017 年 9 月第 1 版 2017 年 9 月第 1 次印刷

ISBN 978-7-307-19714-5 定价:87.00 元

前　言

国内立法是国际私法的主要渊源之一。20世纪以来，国际私法立法在世界范围内遍地开花，即使在普通法系国家或地区，国际私法的成文化趋势也日益凸显。尤其是20世纪70年代以来，世界各国掀起了一股国际私法的立法浪潮，共有69个国家、地区，或制定成体系的国际私法规范，或对原有的国际私法条文进行大刀阔斧的改革。通过对所收集的95个国家、地区的成文国际私法规范的分析，从中可知国际私法立法模式大体可以分为四类：

1. 分散立法式。即在《民法典》或者其他单行法规的有关章节中，零星地规定一些基本的国际私法规范，主要有法国、西班牙、菲律宾、刚果共和国(布)、刚果民主共和国（金）、卢旺达、苏丹、智利、墨西哥、厄瓜多尔、尼加拉瓜、哥伦比亚、洪都拉斯、萨尔瓦多等14个国家。

2. 专编专章式。即在《民法典》、《民法典施行法》或《家庭法典》中以专编、专章形式较为系统地规定各类民事关系的法律适用条款，主要有德国①、罗马尼亚②、

---

① 我国很多教材认为德国是第一个制定国际私法单行法的国家，其实这种说法是不科学的。德国的国际私法条款一直系统地规定于《民法典施行法》中。德国《民法典施行法》最初制定于1896年8月18日，自1900年1月1日起施行，至今已经历了一百多年的风雨历程。随着时代的发展，德国先后于1986年、1999年、2008年、2009年、2013年对《民法典施行法》进行了多次重大修改，但其国际私法条款仍然主要规定在《民法典施行法》第二章中，因此，德国是一个采取专编专章式的国际私法立法的国家。

② 罗马尼亚曾于1992年9月22日颁布了《关于调整国际私法法律关系的第105号法》，但随着时代的发展，尤其是加入欧盟以后，罗马尼亚对其国际私法又进行了变革，于2011年6月10日公布了新《罗马尼亚民法典》。该民法典第七卷包括2编107条(第2557~2663条)，对国际私法条款进行了重新规定。随着《罗马尼亚民法典》于2011年10月1日生效，其第七卷有关国际私法的条款也正式取代了1992年《关于调整国际私法法律关系的第105号法》，也标志着罗马尼亚的国际私法立法模式由法典式转变为专编专章式。

荷兰①、希腊、葡萄牙、俄罗斯、白俄罗斯、立陶宛、摩尔多瓦、吉尔吉斯、亚美尼亚、乌兹别克斯坦、中国澳门、越南、蒙古、哈萨克斯坦、阿富汗、卡塔尔、约旦、阿拉伯也门共和国、也门人民民主共和国、阿拉伯联合酋长国、阿曼、伊拉克、伊朗、叙利亚、埃及、利比亚、阿尔及利亚、安哥拉、马达加斯加、中非、塞内加尔、加蓬、多哥、索马里、莫桑比克、布基纳法索、美国路易斯安那州、巴西、秘鲁、古巴、哥斯达黎加、阿根廷②、乌拉圭、巴拉圭等46个国家和地区。

3. 单行法规式。即以单行法规的形式专门规定各类涉外民事关系的法律适用条款，主要有奥地利③、瑞典④、英国、波兰、爱沙尼亚⑤、列支敦士登、中国大陆、中国台湾、日本、韩国、泰国、阿塞拜疆、布隆迪、美国俄勒冈州⑥等14个国家和地区。

---

① 荷兰王国曾于2001年4月11日、2008年2月25日分别制定了《关于因侵权行为引起的债务关系的冲突法法令》（简称《侵权冲突法》）和《关于调整有体物、债权、股票以及簿记证券物权关系的法律冲突的法令》（简称《物权冲突法》）；2011年5月19日，荷兰王国又颁布了《制定与施行〈民法典〉第十卷（国际私法）的法令》，该法令所载的《荷兰民法典》第十卷全文，2011年6月8日公布于《荷兰王国公报》2011年第272号文件，并于2012年1月1日生效。《荷兰民法典》第十卷共165条，分为15编，即“总则”、“姓名”、“婚姻”、“注册伴侣关系”、“亲子关系”、“收养”、“家庭法的其他问题”、“公司”、“代理”、“物权”、“信托”、“继承”、“合同之债”、“费合同之债”和“海事法、内河航运法以及航空法的有关规定”。

② 阿根廷共和国于2014年10月1日通过、同年10月7日公布了《国家民商法典》。该法典自2015年8月1日起生效，其第六卷“人法和物法的一般规定”第四编第2594~2671条规定了阿根廷共和国的国际私法规范。译文参见陈美伊、戴昀译：《阿根廷共和国〈民商法典〉》，载《中国国际私法与比较法年刊》第十八卷（2015），法律出版社2016年版，第380~392页。

③ 奥地利共和国《关于国际私法的联邦法》（Bundesgesetz vom 15. Juni 1978 über das internationale Privatrecht）于1978年6月15日通过，自1979年1月1日起生效。此后，为适应欧盟统一国际私法发展的需要，奥地利先后于1998年、1999年、2000年、2003年、2004年、2009年、2011年、2013年和2015年对《关于国际私法的联邦法》进行了多次修订，废除了第22条、第28~30条以及第36~47条，增补了第27a~27d条、第33a条和第35a条。

④ 瑞典曾于1937年制定了《关于继承的法律冲突法》。

⑤ 爱沙尼亚2002年通过了《关于国际私法的法律》，并于2004年4月22日修订。由于语言的问题，国内尚无该立法的中译本。

⑥ 美国俄勒冈州先后于2001年和2009年分别制定了《俄勒冈州合同冲突法》、《俄勒冈州关于侵权及其他非合同之诉的法律选择法》。

4. 法典式。即以法典的形式较为全面地制定国际私法条款，包括总则、管辖权、法律适用、外国法院判决的承认与执行等内容，主要有瑞士、意大利、比利时、乌克兰、匈牙利①、斯洛文尼亚、保加利亚、马其顿、黑山、捷克、斯洛伐克、阿尔巴尼亚、土耳其、格鲁吉亚、朝鲜、科威特、突尼斯、加拿大魁北克②、委内瑞拉、多米尼加③、巴拿马等21个国家和地区。

上述国家和地区的国际私法立法资料很多已被国内同仁译成中文，我也曾将2010年之前自己翻译的部分立法资料结集成《外国国际私法立法精选》一书，由中国政法大学出版社于2011年出版，但该书现已售罄。为进一步方便学界同仁研究国际私法，我再次将自己翻译或与他人合作翻译的近20年制定或修订的国际私法立法资料结集成书，交由武汉大学出版社出版。大部分译文曾载于《中国国际私法与比较法年刊》《民商法论丛》等学术刊物上，为了进一步提高翻译质量，今年暑假期间我又根据外文资料或其最新官方文本对译文进行了逐一核对并作了必要的补充、修订。感谢中南财经政法大学法学院的徐伟功教授、钟丽副教授对《外国国际私法立法精选》一书的厚爱及诚恳建议。根据他们的意见，本书附录了“我国其他学者近年来翻译的外国国际私法立法”资料索引。感谢武汉大学“985工程”学科建设项目2012—2013年专项资金对本书出版的资助。

根据所收录的外国国际私法立法模式和立法体系，我将本书分为四篇：第一篇“专编专章式国际私法立法”，主要有乌兹别克斯坦、吉尔吉斯、亚美尼亚、白俄罗斯、哈萨克斯坦、摩尔多瓦、卡塔尔、阿尔及利亚、立陶宛、阿曼、俄罗斯、德国等12个国家；第二篇“单行法规式国际私法立法”，包括

---

① 匈牙利于2017年4月11日公布了《关于国际私法的第28号法令》，对其国际私法立法进行了重新规定。

② 1991年12月18日通过、1994年1月1日开始施行的加拿大《魁北克民法典》第十卷第3076~3178条专门对国际私法问题作了详细规定。这些国际私法条款虽然在形式上属于《魁北克民法典》第十卷，但在结构上浑然一体，既有总则，又有分则，而分则又涉及冲突法（人法、物法、债法、程序法）、魁北克当局的国际管辖权、外国判决的承认与执行及外国当局的管辖权等内容，实际上已超出了民法典的范畴，完全可以视为一部单行的国际私法典。

③ 《多米尼加共和国国际私法》经2014年10月15日第544-14号法律公布，共98条，分为五编，分别为“一般规定”、“多米尼加共和国民商事管辖权的范围及其限制”、“准据法的确定”、“外国判决和文书的承认与执行”和“最后条款”。译文参见陈慧译，杜涛校：《多米尼加共和国国际私法》，载《中国国际私法与比较法年刊》第十八卷（2015），法律出版社2016年版，第364~379页。

阿塞拜疆、波兰、奥地利等3个国家；第三篇“法典式国际私法立法”，包括格鲁吉亚、委内瑞拉、斯洛文尼亚、保加利亚、斯洛伐克、马其顿、土耳其、捷克、黑山、瑞士等10个国家；第四篇“欧洲联盟的国际私法立法”，即欧盟理事会自2000年来以条例形式制定的国际私法文件，包括2003年11月27日《关于婚姻事项及父母亲责任事项的管辖权及判决的承认与执行并废除第1347/2000号条例的第2201/2003号条例》（简称为《布鲁塞尔条例Ⅱa》）、2008年6月17日《关于合同之债法律适用的第593/2008号条例》（《罗马条例Ⅰ》）、2008年12月18日《关于扶养义务事项的管辖权、准据法、判决的承认与执行、合作的第4/2009号条例》（简称《罗马条例Ⅳ》）、2013年5月21日《关于在线解决消费者争议并修正第2006/2004号条例及第2009/22号指令的第524/2013号条例》（简称《消费者ODR条例》）等。

本书所载的立法翻译资料约60万字，字字凝聚着我20来年研习国际私法的心血。虽然本书在武汉大学的年终考核中不计入科研成果，更不能为晋升职称添砖加瓦，但我出于对国际私法的热爱，仍甘愿挑灯夜战，在酷暑中作此“无用之功”，将之奉献给学界同仁。“他山之石，可以攻玉”，希望本书的出版有助于我国学者了解、研究外国国际私法立法的最新发展动态，对进一步完善《中华人民共和国涉外民事关系法律适用法》有所裨益。虽努力再三，但限于学识和水平，加之法条翻译诚非易事，疏漏和误译之处在所难免，恳请广大读者宽容和赐教（电子邮箱：zgy69@163.com）。

邹国勇

2017年8月9日于珞珈山麓枫园教学楼

目　录

第一篇

专篇专章式国际私法立法

乌兹别克斯坦共和国民法典（节录）*

（1997 年文本）

第六编　国际私法规范在民事法律关系中的适用

第七十章　一般规定

第 1158 条　涉外民事法律关系准据法的确定

1. 有外国公民、外国法人参与的或者具有其他涉外因素的民事法律关系，其准据法根据本法典、其他法律、国际条约、经认可的国际惯例以及当事人的协议予以确定。

2. 当事人有关法律选择的协议必须是明示的，或者可以从合同条款以及案件的总体情况中推断出来。

3. 如果依照本条第 1 款规定不能确定应适用的法律，则适用与涉外民事法律关系有最密切联系的法律。

4. 外国法律规范，不得仅因某项规范具有公法性质而予以限制适用。

第 1159 条　法律识别

1. 法院或者其他国家机关在对法律概念进行法律识别时，应依照作为法院地国的乌兹别克斯坦共和国法律对其作出解释，但法律另有规定的除外。

2. 如果待识别的法律概念是作为法院地国的乌兹别克斯坦共和国法律中所没有的，或者在乌兹别克斯坦共和国法律中以其他名称表述或具有其他内容，并且采用依照乌兹别克斯坦共和国法律进行解释的方法仍无法确定该法律概念，则可适用外国法对其进行法律识别。

---

* 《乌兹别克斯坦共和国民法典》的翻译主要以 Angelika Nuβberger 博士的德文译本为主，并参考了 W. E. Butler 的英文译本（资料来源：Kropholler / Krüger / Riering / Samtleben /Siehr（Hrsg.），*Außereuropäische IPR-Gesetze*，Hamburg / Würzburg，1999，S. 914-957），本译文原载于《中国国际私法与比较法年刊》第十四卷（2011），北京大学出版社 2012 年版，第 483~493 页。此处略有修改。——译者注

第 1160 条　外国法律规范内容的查明

1. 法院或者其他国家机关在适用外国法律时，应根据该外国对法律规范的官方解释、实践以及学说查明其内容。

2. 为查明外国法律规范的内容，法院或其他国家机关可依照规定的程序请求（乌兹别克斯坦共和国）司法部、其他国家主管机关或机构，包括在国外的类似机关或机构予以协助或解释，或聘请专家。

3. 诉讼参与人有权提交证实其据以提起诉讼请求或抗辩的外国法律规范内容的文件，并以其他方式协助法院或者其他国家机关查明此类法律规范的内容。

4. 即使依据本条规定采取了措施，如果在合理时间内仍不能查明外国法律规范的内容，则适用乌兹别克斯坦共和国法律。

第 1161 条　反致以及对第三国法律的转致

1. 依照本编规定对外国法的任何指引，均指对该外国实体法而非冲突法的指引，但本条另有规定的情形除外。

2. 依照本法典第 1168 条，第 1169 条第 1、3、5 款，第 1171 条和第 1174 条适用外国法时，接受对乌兹别克斯坦共和国法律的反致和对第三国法律的转致。

第 1162 条　法律规避的后果

受本法典调整的民事法律关系的参与者的协议和行为，如果旨在规避本编有关准据法的规定而使其法律关系受其他法律支配，则归于无效。在此情况下，适用依照本编规定应予适用的那一国家的法律。

第 1163 条　互惠

1. 法院或其他国家机关适用外国法，并不取决于该外国是否在类似法律关系上适用乌兹别克斯坦共和国法律，但乌兹别克斯坦共和国法律规定应依照互惠原则适用外国法的情形除外。

2. 若外国法的适用取决于互惠关系，在无相反证明时，推定存在互惠。

第 1164 条　公共秩序保留

1. 如果外国法的适用违背乌兹别克斯坦共和国法律体系的基本原则（公共秩序），在此情况下则不适用该外国法。此时，适用乌兹别克斯坦共和国法律。

2. 不得仅因外国的法律、政治和经济制度不同于乌兹别克斯坦共和国的法律、政治和经济制度而拒绝适用该外国的法律。

第 1165 条　强制性规范的适用

1. 本编规定不影响乌兹别克斯坦共和国的强制性规范的效力。不论适用何种法律，相应法律关系均由该强制性规范调整。

2. 在依照本编规定适用任何其他国家的法律时，如果依照该国法律，不论适用何种法律，相应法律关系必须由该国的强制性法律规范调整，则法院可适用该国与该法律关系具有密切联系的强制性法律规范。此时，法院必须考虑此类规范的目的、性质及其适用后果。

第 1166 条　多法律体系国家法律的适用

如果要适用一国法律，而该国具有多个法域或多个其他法律体系，此时依照该国法律确定应适用的法律体系。

第 1167 条　报复

对于那些对乌兹别克斯坦共和国公民和法人的权利实行特别限制的国家，乌兹别克斯坦共和国政府可对该国公民和法人的权利进行对等限制（报复）。

第七十一章　冲突规范

第一节　人

第 1168 条　自然人的属人法

1. 自然人以其国籍国的法律为属人法。具有两个或多个国籍者，以与其有最密切联系的国家的法律为其属人法。

2. 无国籍人以其长期居住地国法为属人法。

3. 难民以给予其避难的国家的法律为属人法。

第 1169 条　自然人的权利能力与行为能力

1. 自然人的权利能力与行为能力，由其属人法确定。

2. 外国公民与无国籍人在乌兹别克斯坦共和国境内享有与乌兹别克斯坦共和国公民同等的民事权利能力，但乌兹别克斯坦共和国法律、缔结或参加的国际条约另有规定的情形除外。

3. 自然人的民事行为能力，如果涉及权利能力以及因致害行为而产生的责任，则由该法律行为完成地或者因致害行为引起的责任发生地所在的国家法律确定。

4. 自然人成为个体经营者并取得相关权利、承担相关义务的能力，依照该自然人以个体经营者资格进行注册地国法确定。若无注册地国，则适用该自然人从事个体经营活动的主要场所地国法律。

5. 宣告自然人为无行为能力人或者限制行为能力人，依照法院地国法。

第 1170 条　宣告自然人失踪与死亡

认定自然人失踪及死亡宣告，依照法院地国法。

第 1171 条　自然人的姓名

自然人的姓名权、姓名的使用及保护，由其属人法确定，但本法典第 19 条第 4 款与第 7 款、第 1179 条以及第 1180 条另有规定的除外。

第 1172 条　乌兹别克斯坦共和国公民在境外进行民事身份登记

侨居国外的乌兹别克斯坦共和国公民，在乌兹别克斯坦共和国的驻外领事机构进行民事身份登记。此时，适用乌兹别克斯坦共和国的法律。

第 1173 条　对外国机关出具的民事身份证明的承认

由外国主管机关出具的、用以证实在乌兹别克斯坦共和国境外已依照该外国有关乌兹别克斯坦共和国公民、外国公民、无国籍人的法律进行民事身份登记的证书，如经依法认证，则被乌兹别克斯坦共和国承认有效。

第 1174 条　监护和保佐

1. 对未成年人以及无行为能力或限制行为能力的成年人进行监护与保佐，依照法院地国法予以指定与撤销。

2. 监护人（保佐人）承担监护（保佐）的义务，依照被指定为监护人（保佐人）的人的属人法确定。

3. 监护人（保佐人）与被监护人（被保佐人）之间的法律关系，依照指定监护人（保佐人）的机关所在国法律确定。但是，如果被监护人（被保佐人）在乌兹别克斯坦共和国境内生活，且乌兹别克斯坦共和国法律对其更为有利，则适用乌兹别克斯坦共和国法律。

4. 对在乌兹别克斯坦共和国境外生活的乌兹别克斯坦共和国公民所指定的监护（保佐），只要乌兹别克斯坦共和国主管领事机关对监护（保佐）的指定及其承认不提出任何法律异议，则被乌兹别克斯坦共和国承认有效。

第 1175 条　法人的属人法

法人以其成立地国法为属人法。

第 1176 条　法人的权利能力

1. 法人的民事权利能力，依照其属人法确定。

2. 如果外国法人机构或代表实施法律行为地国的法律中没有关于法人机构或代表的代理权限制的规定，则该外国法人不得援引此类限制。

第 1177 条　对外国法人在乌兹别克斯坦共和国境内的活动进行国家管制

外国法人可在乌兹别克斯坦共和国境内从事经营活动或者其他受民事法律调整的活动，但乌兹别克斯坦共和国法律对外国法人另有规定的除外。

第 1178 条　国家参与涉外民事法律关系

国家参与的涉外民事法律关系，一般适用本节的规定，但法律另有规定的除外。

第二节　人身非财产权利、知识产权

第 1179 条　对人身非财产权利的保护

人身非财产权利，适用据以提出请求保护此类权利的行为或事件的发生地国法律。

第 1180 条　知识产权

1. 知识产权，适用该权利被请求保护地国法律。

2. 以知识产权为标的之合同，由依照本编有关合同之债的规定所确定的法律调整。

第三节　法律行为、代理、时效

第 1181 条　法律行为的形式

1. 法律行为的形式，依照行为实施地法律。但是，在外国实施的法律行为，只要其满足了乌兹别克斯坦共和国法律规定的要求，则不得因其未遵守形式规定而被认定为无效。

2. 涉外经济法律行为，只要一方当事人为乌兹别克斯坦共和国的法人或公民，则不论其合同缔结地位于何处，均须采用书面形式。

3. 涉及不动产的法律行为的形式，依照该不动产所在地国法律；但是，如果涉及已在乌兹别克斯坦共和国的国家注册机关注册的不动产，则依照乌兹别克斯坦共和国法律。

第 1182 条　代理

代理的形式及有效期，依照代理权授予地国法确定。如果代理已符合乌兹别克斯坦共和国法律规定的要求，则不得因其未遵守形式规定而被认定为无效。

第 1183 条　诉讼时效

1. 诉讼时效，依照适用于相关法律关系的法律确定。

2. 不受时效限制的请求权，只要该法律关系中有一方当事人为乌兹别克斯坦共和国的公民或法人，则依照乌兹别克斯坦共和国法律确定。

第四节 物权

第 1184 条 有关物权准据法的一般规定

1. 不动产与动产的所有权及其他物权，依照该财产之所在地国法律确定，但法律另有规定的除外。

2. 财产属于不动产还是动产以及对财产的其他法律识别，依照该财产之所在地国法确定。

第 1185 条 物权的产生与消灭

1. 物权的产生与消灭，依照物权据以产生或消灭的行为或事件发生时该财产之所在地国法律确定，但乌兹别克斯坦共和国法律另有规定的除外。

2. 物权的产生与消灭，如该财产系某一法律行为之标的，则依照该法律行为的准据法确定，但当事人另有约定的除外。

3. 因占有而取得的财产，其所有权的产生依照占有时效届满时该财产之所在地国法律确定。

第 1186 条 交通工具及须经国家注册的其他财产之物权

交通工具及须经国家注册的其他财产之物权，依照该交通工具或该财产的注册地国法律确定。

第 1187 条 处于运输中的动产之物权

因法律行为而处于运输中的动产的所有权及其他物权，依照该财产的始发地国法律确定，但当事人另有约定的除外。

第 1188 条 物权的保护

1. 所有权及其他物权的保护，依照原告的选择适用财产的所在地国法律或法院地国法律。

2. 不动产所有权及其他物权的保护，适用不动产所在地国的法律。就已在乌兹别克斯坦共和国注册的财产而言，适用乌兹别克斯坦共和国法律。

第五节 合同之债

第 1189 条 合同当事人协议选择法律

1. 合同由合同当事人协议选择的国家的法律调整，但法律另有规定的除外。

2. 合同当事人既可就整个合同也可就合同的某些部分选择准据法。

3. 合同当事人可以随时，即既可以在订立合同之时，也可以在订立合同之后选择准据法。合同当事人也可随时协议变更合同的准据法。

第1190条 未选择法律时应适用的法律

1. 合同当事人未协议选择合同准据法时，适用合同当事人的设立地国法律、住所所在地国法律或者活动重心所在地国法律，具体而言，是指：

（1）买卖合同中的卖方；

（2）赠与合同中的赠与人；

（3）租赁合同中的出租人；

（4）无偿借用合同中的出借人；

（5）加工承揽合同中的承揽人；

（6）运输合同中的承运人；

（7）运输代办合同中的代办人；

（8）借贷合同或者其他信贷合同中的债权人；

（9）委托合同中的受托人；

（10）行纪合同中的行纪人；

（11）保管合同中的保管人；

（12）保险合同中的保险人；

（13）担保合同中的担保人；

（14）抵押合同中的抵押权人；

（15）有关专有权使用的许可证合同中的许可证签发人。

2. 合同当事人未协议选择准据法时，无论本条第1款有何规定，依照下列规定适用法律：

（1）有关不动产的合同，适用该不动产所在地国法律；

（2）共同作业合同、建筑合同，适用此类活动的实施地国法律或合同规定的结果完成地国法律；

（3）在拍卖、招标或证券交易期间订立的合同，适用拍卖、招标发生地国法律或交易所所在地国法律。

3. 本条第1、2款未列举的合同，在合同当事人未选择准据法时，适用其实施的履行行为对合同内容具有决定性作用的合同当事人一方的设立地国法律、所在地国法律或者活动重心所在地国法律。

4. 如果无法确定对合同内容具有决定性作用的履行行为，则适用与合同有最密切联系的国家的法律。

第1191条 成立具有外方参股的法人的合同之准据法

成立具有外方参股的法人合同，适用该法人的成立地国法律。

第1192条　准据法的适用范围

1. 依照前述条款应适用于合同的法律，尤其调整下列事项：

（1）合同的解释；

（2）合同当事人的权利与义务；

（3）合同的履行；

（4）不履行或者不当履行合同的后果；

（5）合同的终止；

（6）合同无效（Nichtigkeit）或失效（Unwirksamkeit）的后果；

（7）与合同相关的债权转让与债务承担。

2. 履行的方式、程序以及不当履行时应采取的措施，在适用准据法之外还应考虑合同的履行地国法律。

第六节　非合同之债

第1193条　因单方行为引起的债务

因悬赏、无因管理或其他单方行为引起的债务，适用本章第四节的规定。

第1194条　因造成损害而产生的债务

1. 因造成损害所生之债而产生的权利与义务，依照据以提起损害赔偿请求的行为或事件的发生地国法律确定。

2. 因在国外造成损害所生之债而产生的权利与义务，如果双方当事人均为同一国家的公民或法人，则依照该国法律确定。

3. 如果根据乌兹别克斯坦共和国法律，据以提起损害赔偿请求的行为或事件不构成违法的，则不得适用外国法。

第1195条　损害消费者的赔偿责任

消费者因购买商品、劳动作业或提供的服务而提起的损害赔偿请求权，依照消费者的选择适用：

（1）消费者的住所地国法律；

（2）经营者、劳动作业者或者服务提供者的住所地或居所地国法律；

（3）消费者购买商品地、接收劳动成果地或被提供服务地国法律。

第1196条　不当得利

1. 因不当得利所生之债，适用不当得利发生地国法律。

2. 因据以取得或保存财产的依据丧失而发生的不当得利，依照调整这些依据的国家的法律来确定应适用的法律。不当得利的概念，依照乌兹别克斯坦共和国法律确定。

第七节　继承

第 1197 条　继承关系

只要本法典第 1198、1199 条未作其他规定，且被继承人未在遗嘱中选择其国籍国法，则继承关系依照被继承人的最后固定住所地国法律确定。

第 1198 条　设立及废除遗嘱的能力、设立及废除遗嘱的形式

只要被继承人未在遗嘱中选择其国籍国法，则被继承人设立或废除遗嘱的能力、设立及废除遗嘱的形式，依照被继承人在设立或废除遗嘱时的固定住所地国法律确定。遗嘱以及遗嘱的废除，只要其形式满足遗嘱作成地、废除地的要求或者符合乌兹别克斯坦共和国法律规定的形式要求，则不得因未遵守形式规定而被认定为无效。

第 1199 条　不动产以及须经国家注册机关注册的财产之继承

不动产的继承，依照该不动产所在地国法确定，继承已在乌兹别克斯坦共和国国家注册机关注册的财产，则依照乌兹别克斯坦共和国法律确定。

吉尔吉斯共和国民法典* （节录）

（1998年1月5日文本）

第六十四章　总则

第1167条　涉外私法法律关系准据法的确定

1. 有外国公民、外国法人参加的或具有其他涉外因素的私法关系，其准据法依照本民法典、其他法律、国际条约、认可的国际惯例以及当事人的协议确定。

2. 当事人选择法律的协议必须是明示的，或者必须从合同条款和个案的实际情况中明显看出这种选择。

3. 若不能根据本条第1款确定准据法，则适用与涉外私法关系有最密切联系的法律。

4. 外国法律规范，不得仅因其具有公法性质而限制适用。

第1168条　法律定性

1. 法院或其他国家机关对法律概念进行法律定性时，应以作为法院所在地国的吉尔吉斯共和国法律对该概念所作的解释为依据，但法律另有规定的除外。

2. 若该法律概念是作为法院所在地国的吉尔吉斯共和国法律中所没有的或者在吉尔吉斯共和国法律中有不同的名称与内容，并且不能根据吉尔吉斯共和国法律的解释确定，则在对其进行法律识别时亦可适用外国法。

第1169条　外国法律规范内容的查明

1. 在适用外国法时，法院或其他国家机关可依照该外国的官方解释、适

---

* “吉尔吉斯共和国冲突法”规定在《吉尔吉斯共和国民法典》第二卷第七编中，经1998年1月5日第1号法律颁布并于同日开始生效。由于吉尔吉斯共和国的法制受苏联传统的影响，将家庭法单独立法，而不规定在民法典之中，因而民法典中无相应的家庭法冲突规范。本法根据德文译本（资料来源：IPRax 2004，Heft 3，S. 270-275）翻译，官方文本为吉尔吉斯语。本译文原载于《中国国际私法与比较法年刊》第八卷（2005），法律出版社2006年版，第624~634页。此处略有修改。——译者注

用实践及学说查明该外国法律规范的内容。

2. 为查明外国法律规范的内容，法院或其他国家机关可依照法定程序请求司法部和其他国家主管机关或机构予以协助和说明，亦可向外国的相应机关求助或者向专家咨询。

3. 争议当事人有权提交证实其据以主张债权或抗辩的外国法律规范内容的文件，或者在法院或其他国家机关查明该规范内容时通过其他方式予以协助。

4. 如果尽管采取了本条规定的措施，但在规定的期限内仍不能查明外国法律规范的内容时，则适用吉尔吉斯共和国法律。

第 1170 条　反致及对第三国法律的转致

1. 依照本章规定对外国法的指引，均为指引该国的实体法而非冲突法，但本条另有规定的除外。

2. 依照本法典第 1177 条，第 1178 条第 1 款、第 3 款和第 5 款，第 1180 条以及第 1183 条规定适用外国法的，接受对吉尔吉斯共和国法律的反致以及对第三国法律的转致。

第 1171 条　规避法律的后果

受本法典调整的法律关系的当事人，其旨在规避本章有关法律适用的规定从而使相应法律关系受另一法律支配的协议及其他行为无效。此时，适用依照本章规定应予以适用的国家的法律。

第 1172 条　互惠

1. 法院或其他国家机关适用外国法，不取决于该外国在同类法律关系上是否适用吉尔吉斯共和国法律，但吉尔吉斯共和国法律规定适用外国法律以互惠为条件的情况除外。

2. 若外国法的适用以互惠为条件，则推定存在此种互惠，除非有其他相反证据。

第 1173 条　公共秩序保留

1. 外国法，若其适用违背吉尔吉斯共和国法制的基本原则，则不予适用。此时，适用吉尔吉斯共和国法律。

2. 不得仅因为外国的法律、政治或经济制度不同于吉尔吉斯共和国的法律、政治或经济制度而排除该外国法的适用。

第 1174 条　强制规范的适用

1. 本章规定不影响吉尔吉斯共和国的强制性法律规范的效力，不论准据法有何规定，此种强制性法律规范均适用于相应法律关系。

2. 根据本章规定适用一国法律时，法院可适用与法律关系有密切联系的另一国的强制性规范，前提是依该另一国法律规定，此种强制性规范无须考虑准据法而直接调整该相应法律关系。同时，法院须顾及此种规范的规定、性质及其适用的后果。

第 1175 条　多法律体系国家法律的适用

若应适用某国法律，而该国存在多个区域性的法律体系或其他法律体系的，则适用依照该国法规定应予适用的法律体系。

第 1176 条　报复

对于那些对吉尔吉斯共和国公民或法人的权利实行特别限制的国家，吉尔吉斯共和国政府亦可对该国公民或法人的权利实施相应的限制（报复）措施。

第六十五章　冲突规范

第一节　自然人与法人

第 1177 条　自然人的属人法

1. 自然人以其国籍国法为属人法。具有双重国籍或多个国籍者，以与其有最密切联系的国家的法律为属人法。

2. 无国籍人，以其固定住所地国法为属人法。

3. 难民，以其避难地国法为属人法。

第 1178 条　自然人的权利能力与行为能力

1. 自然人的权利能力与行为能力，由其属人法确定。

2. 外国公民与无国籍人，在吉尔吉斯共和国享有与吉尔吉斯共和国公民同等的民事权利能力，但吉尔吉斯共和国法律或国际条约另有规定的除外。

3. 自然人在法律行为以及因造成损害所引起的义务方面的民事行为能力，依法律行为实施地国法或者因造成损害引起的义务产生地国法。

4. 自然人成为个体经营者的能力以及具有与此相关的权利与义务，依该自然人以个体经营者资格进行注册地国法确定。无注册地国时，适用从事个体经营活动的主要场所地国法。

5. 宣告自然人为无行为能力人或者限制行为能力人，依照法院所在地国法。

第 1179 条　自然人的失踪与死亡宣告

宣告自然人失踪或死亡，依照法院所在地国法。

第 1180 条　自然人的姓名

自然人的姓名权及其使用与保护，依其属人法，但本法典第 54 条第 2 款第 3 句和第 4 句、第 1188 条以及第 1189 条另有规定的除外。

第 1181 条　侨居国外的吉尔吉斯共和国公民家庭状况的登记

侨居国外的吉尔吉斯共和国公民，在吉尔吉斯共和国驻外领事处进行家庭状况文书的登记。此时，适用吉尔吉斯共和国法律。

第 1182 条　对外国机关所出具的家庭状况证书的承认

由外国机关根据该国法律出具的用于证明侨居国外的吉尔吉斯共和国公民、外国公民和无国籍人家庭状况的文件，附有公证书的，在吉尔吉斯共和国予以承认。

第 1183 条　监护和照料

1. 对未成年人、无行为能力人或者限制行为能力的成年人的监护和照料，依照法院所在地国法予以设立或撤销。

2. 监护（照料）人接受监护（照料）的义务，由监护（照料）人的属人法支配。

3. 监护（照料）人与被监护（照料）人之间的法律关系，由指定监护（照料）人的机关所在地国法支配。居住于吉尔吉斯共和国的被监护人，如果吉尔吉斯共和国法律对其更为有利，亦可适用吉尔吉斯共和国法律。

4. 为侨居国外的吉尔吉斯共和国公民设立的监护（照料），如果吉尔吉斯共和国驻外的相关领事处对设立监护（照料）或对其承认无任何法律异议，则在吉尔吉斯共和国承认为有效。

第 1184 条　法人的属人法

法人以其设立地国法为属人法。

第 1185 条　法人的权利能力

1. 法人的民事权利能力，依照法人的属人法确定。

2. 如果外国法人的机构或代表的行为实施地国法没有关于代理权限制的规定，则外国法人不得对其机构或代表所实施的法律行为援引代理权限制。

第 1186 条　法人在吉尔吉斯共和国的国内行为

法人在吉尔吉斯共和国境内从事的经营活动或实施的其他行为，由民事法律调整，但吉尔吉斯共和国法律对法人另有规定的除外。

第 1187 条　国家参与涉外私法关系

国家参与的涉外私法关系，一般适用本章的规定，但法律另有规定的除外。

第二节　人身非财产权利、知识产权

第 1188 条　对人身非财产权利的保护

人身非财产权利的保护，适用行为地国法或者据以提出保护请求的情况发生地国法。

第 1189 条　知识产权

1. 知识产权，适用请求保护此种权利所在地国法。

2. 以知识产权为标的之合同，由依照本章有关合同之债的规定所确定的法律支配。

第三节　法律行为、代理、诉讼时效

第 1190 条　法律行为的形式

1. 法律行为的形式，由法律行为实施地国法支配。在外国实施的法律行为，如果其满足吉尔吉斯共和国法律的形式要求，则不得因其未遵守形式规定而被视为无效。

2. 涉外经济行为，只要有一方当事人为吉尔吉斯共和国法人或公民，则不管行为实施地规定如何，均须采用书面协议形式。

3. 与不动产有关的法律行为的形式，由该不动产所在地国法支配，涉及在吉尔吉斯共和国国家注册机关登记的财产，适用吉尔吉斯共和国法律。

第 1191 条　代理

代理的形式与有效期，适用代理权授予地国法律。满足吉尔吉斯共和国法律要求的代理，不得因其未遵守有关形式方面的规定而被视为无效。

第 1192 条　诉讼时效

1. 诉讼时效，由相应法律关系的准据法支配。

2. 不受诉讼时效限制的请求权，只要相应的法律关系至少有一方当事人为吉尔吉斯共和国公民或者法人，则适用吉尔吉斯共和国法律。

第四节　物权

第 1193 条　有关物权准据法的一般规定

1. 不动产与动产的所有权及其他物权，依该财产所在地国法，但法律另有规定的除外。

2. 不动产与动产的区分以及对财产的其他法律定性，依照该财产所在地国法。

第 1194 条　物权的产生与消灭

1. 财产上物权的产生与消灭，依照物权据以产生或消灭的行为实施时或者事实发生时该财产之所在地国法确定，但吉尔吉斯共和国法律另有规定的除外。

2. 构成法律行为标的物的财产，其物权的产生与消灭，由该法律行为实施地国法支配，但法律行为的当事人另有约定的除外。

3. 因时效而取得的财产，其所有权的产生，依照时效届满时该财产所在地国法支配。

第 1195 条　交通工具及其他须在国家登记机关注册的财产之物权

交通工具及其他须在国家登记机关注册的财产之物权，由该交通工具及财产注册地国法支配。

第 1196 条　处于运输途中的动产之物权

因某法律行为而处于运输途中的动产的所有权及其他物权，由该财产发运地国法支配，但法律行为的当事人另有约定的除外。

第 1197 条　物权的保护

1. 所有权及其他物权的保护，依原告的选择，适用财产所在地国法或处理争议的法院所在地国法。

2. 不动产的所有权及其他物权的保护，适用该财产所在地国法。就已在吉尔吉斯共和国国家登记机关注册的财产而言，适用吉尔吉斯共和国法律。

第五节　合同之债

第 1198 条　合同当事人的法律选择

1. 合同，适用合同当事人选择的法律，但法律另有规定的除外。

2. 合同当事人既可以为整个合同，也可为合同的某些部分选择所适用的法律。

3. 合同当事人可随时，即既可在订立合同之时，也可在订立合同之后选择准据法。合同人亦可随时协议变更合同的准据法。

第 1199 条　未协议选择法律时合同准据法的确定

1. 未协议选择合同的准据法时，适用下列合同当事人的设立地、住所地或主要营业地国法：

（1）买卖合同中的卖方；

（2）赠与合同中的赠与人；

（3）租赁合同（不动产租赁合同）中的出租人；

（4）无偿使用财产合同中的出借人；

（5）加工承揽合同中的承揽人；

（6）运输合同中的承运人；

（7）运输代办合同中的代办人；

（8）借款或其他信贷合同中的出借人；

（9）委托合同中的受托人；

（10）商务代理合同中的代理商；

（11）保管合同中的保管人；

（12）保险合同中的保险人；

（13）担保合同中的担保人；

（14）抵押合同中的抵押人；

（15）有关专有权使用的许可证合同中的许可证签发人。

2. 合同当事人未协议选择合同准据法时，不论本条第 1 款规定如何，适用下列规定：

（1）不动产合同，适用该不动产所在地国法；

（2）共同作业合同与建筑合同，适用相关作业地或合同规定的结果完成地国法；

（3）作为拍卖、竞标结果所缔结的合同或在证券交易所缔结的合同，适用拍卖地、竞标地或证券交易所所在地国法。

3. 对于本条第 1 款与第 2 款未提及的合同，当事人未协议选择准据法时，适用合同特征性履行当事人的设立地、住所地或主要营业地国法。若不能确定合同的特征性履行，则适用与合同有最密切联系的国家的法律。

第 1200 条　有关设立法人的涉外合同的准据法

有关设立法人的涉外合同，适用法人设立地国法。

第 1201 条　准据法的适用范围

1. 依照本节规定所确定的合同准据法，特别适用于：

（1）合同的解释；

（2）合同当事人的权利和义务；

（3）合同的履行；

（4）不履行或不当履行合同的后果；

（5）合同的终止；

（6）合同无效的后果；

（7）与合同相关的债权转让与债务承担。

2. 合同履行的方式、程序以及不当履行合同时须采取的措施，在适用合同准据法之外，还须考虑履行地国法。

第六节　非合同之债

第 1202 条　因单方行为引起的债务

因单方行为（悬赏、无因管理等）引起的债务，适用本章第四节规定。

第 1203 条　因造成损害引起的债务

1. 因造成损害所产生的权利与义务，适用据以提出损害赔偿请求的相关行为或其他事件的发生地国法。

2. 因在外国造成损害产生的责任而引起的权利与义务，如果其当事人均为同一国的公民或自然人，则适用该国法律。

3. 如果据以提出损害赔偿请求的行为或据事件依照吉尔吉斯共和国法律不构成违法，则不适用外国法。

第 1204 条　消费者损害责任

因货物销售、施工或服务所产生的消费者损害赔偿请求权，依消费者的选择适用：

（1）消费者住所地国法；

（2）制造商、施工者或提供服务者的住所地或居所地国法；

（3）消费者取得货物地、施工验收地或被提供服务所在地国法。

第 1205 条　不当得利

1. 因不当得利产生的债务，适用不当得利发生地国法。

2. 若因取得财产或获利的法律基础丧失而发生的不当得利，依照支配该法律基础的国家的法律确定准据法。不当得利的概念，依照吉尔吉斯共和国法律确定。

第七节　继承法

第 1206 条　继承关系

继承关系，只要本法典第 1207、1208 条未作其他规定，适用被继承人的最后住所地国法，除非被继承人已在遗嘱中选择了其国籍国法。

第 1207 条　设立或撤销遗嘱的能力、设立及撤销遗嘱的形式

设立或撤销遗嘱的能力、设立及撤销遗嘱的形式，依照被继承人设立或撤销遗嘱时的固定住所地国法，除非被继承人已在遗嘱中选择了其国籍国法。但是，只要遗嘱及其撤销满足了遗嘱设立地或撤销地的法律要求或吉尔吉斯共和国法律要求，则不得因不符合形式而被视为无效。

第 1208 条　不动产以及须经国家登记机关注册的财产之继承

不动产的继承，依照该不动产所在地国法。已在吉尔吉斯共和国国家登记机关注册的财产之继承，依照吉尔吉斯共和国法律。

亚美尼亚共和国民法典*（节录）

（1999 年 1 月 1 日文本）

第十二编　国际私法

第八十章　总则

第 1253 条　有外国人参加的民事法律关系的准据法的确定

1. 有外国公民，包括个体经营者、外国法人和依照外国法为非法人的组织和无国籍人（以下统称外国人）参加的民事法律关系以及民事权利标的物在国外的案件的法律适用，根据本法典、亚美尼亚共和国的其他法律、亚美尼亚共和国缔结或参加的国际条约和被亚美尼亚共和国认可的国际惯例确定。

2. 如果根据本条第 1 款不能确定应适用的法律，则适用与有外国人参加的民事法律关系有最密切联系的法律。

3. 本编有关确定法院所适用的法律的规则，对其他有权对法律适用问题作出裁决的机关也相应适用。

第 1254 条　法律概念的识别

1. 在确定准据法时，法院应根据亚美尼亚共和国法律对法律概念进行解释，但法律另有规定的除外。

2. 如果需要进行法律识别的法律概念在亚美尼亚共和国法律中未作规定，或者在亚美尼亚共和国法律中有不同的表述或内容，并且无法根据亚美尼亚共和国法律解释来加以确定，则在对这些概念进行法律识别时可适用外国法律。

第 1255 条　外国法规范内容的查明

1. 在适用外国法时，法院应根据该外国对这些法律规范的官方解释和适

---

* 《亚美尼亚共和国民法典》由亚美尼亚共和国国民议会于 1998 年 5 月 5 日通过，1999 年 1 月 1 日起施行。本法根据 Christel Mindach 先生的德文译本（资料来源：IPRax 2009，Heft 1，S. 96-100）翻译。——译者注

用实践来查明该外国法规范的内容。

2. 为查明外国法规范的内容，法院可按照规定的程序请求亚美尼亚共和国境内外的主管机关予以协助和解释，或者吸收专家参与。

3. 案件参与人有权提交证实其据以提出请求或者抗辩的外国法规范内容的文件，亦可通过其他方式协助法院查明该规范之内容。

4. 尽管根据本条规定采取了措施，但在合理期限内仍无法查明外国法规范内容的，适用亚美尼亚共和国法律。

第 1256 条　多法律体系国家法律的适用

如果应适用其法律的国家存在数个法律体系，而且不能确定应适用其哪一法律体系，则适用与相应关系有最密切联系的法律体系。

第 1257 条　互惠原则

1. 法院适用外国法律，并不取决于该外国对类似关系是否适用亚美尼亚共和国法律，但亚美尼亚共和国法律规定适用外国法以互惠原则为条件的情形除外。

2. 外国法的适用取决于互惠时，如无相反证明，则推定存在此种互惠。

第 1258 条　公共秩序条款

1. 根据第 1253 条第 1 款应适用的外国法规范，如果其适用的结果明显违背亚美尼亚共和国法制的基础（公共秩序），则不予适用。

2. 不得仅基于外国的法律、政治或经济制度不同于亚美尼亚共和国的法律、政治或经济制度而拒绝适用该外国法规范。

第 1259 条　强行规范的适用

在亚美尼亚共和国法律中，凡是由于其有明文规定或者由于其对保障民事交往参与者的权利和利益具有特殊意义而不论准据法为何均应调整相应关系的强制性规范，其效力不受本编规则的影响。

第 1260 条　对外国法的指引

根据本编规定对任何外国法的指引，均视为对有关国家实体法而非冲突法的指引。

第 1261 条　报复

如果某些国家对亚美尼亚共和国公民、法人的财产权利和人身非财产权利施加特别限制，则亚美尼亚共和国可对这类国家公民和法人的财产权利和人身非财产权利采取对等措施（报复）。

第八十一章　冲突规范

第一节　人的准据法

第 1262 条　人的属人法

1. 人的属人法，系指该人的国籍国法。如果一人具有两个或多个国籍，则以与该人有最密切联系的国家的法律为其属人法。

2. 无国籍人，以其定居国法为属人法。

3. 难民，以避难地国法为属人法。

第 1263 条　外国公民和无国籍人的权利能力

外国公民和无国籍人在亚美尼亚共和国享有与亚美尼亚共和国公民同等的民事权利能力，但亚美尼亚共和国宪法、法律和国际条约另有规定的情形除外。

第 1264 条　外国公民和无国籍人的姓名

外国公民和无国籍人对自己姓名及其使用和保护的权利，由其属人法确定，但本法典第 22 条第 2 款第 2 项和第 4 款以及第 1280 条、第 1291 条另有规定的除外。

第 1265 条　外国公民和无国籍人的行为能力

1. 外国公民或无国籍人的民事行为能力，依其属人法认定。

2. 依属人法为无行为能力的当事人，如果依交易成立地法为有行为能力的，则不得援引其无行为能力，但另一方当事人知道或者理应知道其为无行为能力人的除外。

3. 外国公民或无国籍人的民事行为能力，如果涉及在亚美尼亚共和国境内达成的交易以及因在亚美尼亚共和国造成损害而产生的义务，依亚美尼亚共和国法认定。

第 1266 条　外国公民或无国籍人的企业经营活动

不设立法人但以个体经营者身份从事经营活动的外国公民或无国籍人的能力，依该外国公民或无国籍人注册为个体经营者的注册地国法认定。

第 1267 条　宣告外国公民或无国籍人为无行为能力人或限制行为能力人

宣告外国公民或无国籍人为无行为能力人或限制行为能力人，依亚美尼亚共和国法律。

第 1268 条　监护和保佐的准据法

1. 为未成年人、无行为能力人或限制行为能力的成年人设立和撤销监护或保佐，依被设立或被撤销监护或保佐者的属人法。

2. 监护人（保佐人）同意监护（保佐）的义务，依被指定为监护人（保佐人）的该人的属人法确定。

3. 监护人（保佐人）与被监护人（被保佐人）之间的法律关系，依指定监护人的组织所属国法确定。但是，被监护人（被保佐人）住所在亚美尼亚共和国境内的，如果亚美尼亚共和国法律对其更为有利，则适用亚美尼亚共和国法。

4. 对侨居亚美尼亚共和国境外的亚美尼亚共和国公民所指定的监护（保佐），如果亚美尼亚相关领事机构不对该监护（保佐）的设立或承认提出任何法律异议，则在亚美尼亚共和国承认为有效。

第 1269 条　宣告外国公民或无国籍人失踪或死亡

宣告外国公民或无国籍人失踪或死亡，依亚美尼亚共和国法律。

第 1270 条　亚美尼亚共和国公民在境外办理民事身份登记

侨居亚美尼亚共和国境外的亚美尼亚共和国公民，在亚美尼亚共和国驻外领事机构办理民事身份登记，并适用亚美尼亚共和国的法律或其他法规。

第 1271 条　对外国机关出具的证实民事身份文件的证书之承认

由外国主管机关出具的、用以证实已在亚美尼亚共和国境外按照该国有关亚美尼亚共和国公民、外国公民或无国籍人的法律进行民事身份登记的证书，如果能提供领事认证，则在亚美尼亚共和国承认为有效，但亚美尼亚共和国缔结或参加的国际条约另有规定的除外。

第二节　法人的准据法

第 1272 条　外国法人的属人法

1. 外国法人的属人法，系指该法人的设立地国法。

2. 根据法人的属人法确定的事项特别是：

（1）该组织是否为法人；

（2）法人的组织形式和法律形式；

（3）对法人名称的要求；

（4）法人的设立与终止问题；

（5）法人的重组问题，包括权利的继承问题；

（6）法人权利能力的内容；

（7）法人取得民事权利和承担民事义务的程序；

（8）法人的内部关系，包括法人与其股东之间的关系；

（9）法人的责任。

3. 外国法人不得援引其机构或代表的交易达成地国法所未规定的、对其机构或代表达成交易的授权限制，但有证据证明另一方当事人知晓或者显然应当知晓上述限制的情形除外。

第 1273 条　对在亚美尼亚共和国境内的外国法人活动的国家管制

外国法人在亚美尼亚共和国境内从事经营活动或受民法调整的其他活动，须遵守本法有关该活动的规定，但亚美尼亚共和国法律对外国法人另有规定的除外。

第 1274 条　依外国法不是法人的组织的属人法

依外国法不是法人的外国组织，其设立地国法视为其属人法。

上述组织的活动，适用本法典有关调整法人活动的规则，但根据法律、法规或法律关系的本质另有结论的除外。

第 1275 条　国家参与具有外国人因素的民事法律关系

国家参与的具有外国人因素的民事法律关系，根据一般原则，适用本编的规定，但法律另有规定的除外。

第三节　财产权的准据法

第 1276 条　有关财产权准据法的一般规定

1. 不动产和动产所有权及其他物权的内容、此类权利的行使和保护，依照该财产所在地国法确定。

2. 该财产属于不动产还是动产，以及对该财产进行的其他法律识别，依照该财产所在地国法确定。

第 1277 条　财产权的产生和终止

1. 财产所有权及其他物权的产生和终止，依照所有权及其他物权据以产生或终止的法律行为或其他事件发生时该财产之所在地国法确定，但亚美尼亚共和国法律另有规定的除外。

2. 作为交易标的物的财产的所有权及其他物权的产生和终止，依照适用于该交易的法律确定，但当事人另有约定的除外。

3. 因时效取得的财产所有权，其产生依照取得时效届满之时该财产的所在地国法确定。

第 1278 条　运输工具及其他经国家注册的财产的财产权

运输工具及其他经国家注册的财产的所有权及其他物权，依运输工具或该财产上的权利注册地国法确定。

第 1279 条　处于运输途中的动产的财产权

对于因交易而处于运输途中的动产而言，其所有权及其他物权的产生和终止，依该财产的发运地国法确定，但当事人协议另有约定的除外。

第四节　人身非财产权利的准据法

第 1280 条　对人身非财产权利的保护

人身非财产权利，适用据以请求保护该权利的行为或其他情势发生地国法。

第五节　法律行为、代理和诉讼时效的准据法

第 1281 条　法律行为的形式

1. 法律行为的形式，依该行为实施地国法确定。但是，在外国实施的法律行为，只要满足了亚美尼亚共和国法律的要求，则不得因其形式不符而被认定为无效。

2. 涉外经济贸易行为，只要有一方当事人为亚美尼亚共和国公民或法人，则不论交易地位于何处，均须采用书面形式。

3. 有关不动产的法律行为的形式，依该不动产所在地国法确定。

第 1282 条　委托书

委托书的形式和有效期限，依委托书签发地国法确定。只要委托书满足了亚美尼亚共和国法的要求，则不得因其形式不符而被认定为无效。

第 1283 条　诉讼时效

诉讼时效，根据用于调整相应关系的国家的法律确定。

第六节　合同之债的准据法

第 1284 条　合同当事人协议选择法律

1. 合同，由当事人协议选择的国家的法律支配。

2. 合同当事人可以选择将准据法适用于合同的全部或某些部分。

3. 合同当事人对准据法的选择可随时作出，既可在订立合同之时，也可在此之后。当事人也可随时协议变更合同的准据法。

4. 订立合同后所进行的准据法选择具有溯及力，应视为自合同订立之时起即属有效。

5. 当事人有关选择准据法的协议，必须表述明确或者直接在合同条款中阐明。

6. 如果合同采用了为国际商业贸易所认可的贸易术语，在合同无其他说

明时，应认定当事人已同意就他们之间的关系适用与该贸易术语相应的现行国际商事惯例。

第 1285 条 当事人未协议选择法律时合同的准据法

1. 合同当事人未协议选择合同准据法时，适用下列当事人的成立地国法、住所地国法或者主要营业地国法，即：

（1）抵押合同中的抵押人；

（2）担保合同中的担保人；

（3）买卖合同中的卖方；

（4）赠与合同中的赠与人；

（5）租赁合同中的出租人；

（6）无偿使用合同中的出借人；

（7）承包合同中的承包人；

（8）委托合同中的受托人；

（9）行纪合同中的行纪人；

（10）代理合同中的代理人；

（11）保管合同中的保管人；

（12）运输合同中的承运人；

（13）货运发货合同中的发货人；

（14）借贷合同或其他贷款合同中的出贷人（债权人）；

（15）转让货币债权的融资合同中的融资代理人；

（16）银行存款（储蓄）合同和银行结算合同中的银行；

（17）复合许可证合同中的权利持有人；

（18）保险合同中的保险人；

（19）专有权使用许可合同中的许可证签发人。

2. 当事人未协议选择准据法的，则不论本条第 1 款规定为何：

（1）不动产合同以及有关信托管理财产的合同，适用该财产所在地国法；

（2）建筑承包合同和设计勘探承包合同，适用合同所规定的成果完成地国法；

（3）普通合伙合同，适用该合伙业务之实施地国法；

（4）通过拍卖或招标订立的合同，适用拍卖或招标地国法。

3. 对于本条第 1 款和第 2 款未提及的合同，当事人未协议选择准据法时，适用实施对该合同内容具有决定意义的履行的一方当事人的成立地国法、住所地国法或者主要营业地国法。如果对合同内容具有决定意义的履行不能确定，则适用与合同有最密切联系的国家的法律。

第 1286 条　创设涉外参股法人合同的准据法

有关创设涉外参股法人的合同，适用依合同该法人的成立地国法。

第 1287 条　准据法的适用范围

根据本节规定，合同准据法特别决定：

（1）合同的解释；

（2）各方当事人的权利和义务；

（3）合同的履行；

（4）不履行合同或者不适当履行合同的后果；

（5）合同的终止；

（6）合同无效或解除合同的后果；

（7）与合同有关的债权转让和债务承担。

第七节　因单方行为所生之债的准据法

第 1288 条　因单方法律行为所生之债

因单方法律行为所生之债，适用该法律行为之实施地国法。

第八节　因造成损害或不当得利所生之债的准据法

第 1289 条　因造成损害所生之债

因造成损害所生之债，依照据以提出损害赔偿请求的行为或其他事件之发生地国法确定，但当事人协议另有约定的除外。

第 1290 条　因不当得利所生之债

因不当得利所生之债，适用不当得利之发生地国法，但当事人协议另有约定的除外。

第九节　知识产权的准据法

第 1291 条　知识产权

1. 知识产权，适用请求保护此类权利地国法。

2. 有关转让或使用知识产权的合同，适用依照本编有关合同之债的规定所确定的法律。

第十节　继承关系的准据法

第 1292 条　继承关系

1. 继承关系，依遗产人的最后住所地国法确定，但立嘱人已在遗嘱中选择其国籍国法的除外。

2. 当事人设立或撤销遗嘱的能力，以及遗嘱的形式或其撤销文书的形式，依立嘱人作成该遗嘱或遗嘱撤销文书时的住所地国法确定。但是，遗嘱或撤销遗嘱的文书，如果其形式已满足遗嘱或撤销文书作成地法或者亚美尼亚共和国法的要求，则不得因其形式不符而被认定无效。

第 1293 条　不动产的继承

不动产继承，依该不动产所在地国法确定。

白俄罗斯共和国民法典（节录）*

（1999年7月1日文本）

第七十四章　总则

第1093条　涉外民事法律关系准据法的确定

1. 适用于有外国公民、法人参与的民事法律关系或其他涉外民事法律关系的法律，根据白俄罗斯共和国宪法、本法典、其他立法文件、国际条约及国际习惯确定，但不得违背白俄罗斯共和国的立法。

2. 当事人的法律选择必须是明示的，或可直接从合同条款和实际情况中综合体现出来。

3. 若依照本条第1款规定不能确定应适用的法律，则适用与涉外民事法律关系有最密切联系的法律。

4. 本编①有关确定法院应予适用的法律的规定，有权对法律适用问题作出裁决的其他国家机关应类推适用。

第1094条　法律概念的识别

1. 在确定应适用的法律时，法院应根据法院国的法律对法律概念进行解释，但法律另有规定的除外。

2. 若待识别的法律概念是法院国的法律中所没有的，或者在法院国的法律中以其他名称表述或具有其他内容，且依照该法不能确定该法律概念，则可适用外国法对其进行识别。

第1095条　外国法内容的确定

1. 在适用外国法时，法院或其他国家机关必须根据该外国的官方解释、

---

* 1999年7月1日实施的新《白俄罗斯共和国民法典》第七编为国际私法条款，本法根据Oleg Mosgo先生的德文译本（资料来源：IPRax 2000，Heft 2，S. 149-154）译出，并由韩德培先生（1911—2009）校对。本译文原载于《中国国际私法与比较法年刊》第四卷（2001），法律出版社2001年版，第707~717页。此处略有修改。——译者注

① 本编即《白俄罗斯共和国民法典》第七编，国际私法部分，下同。——译者注

适用实践以及法律学说确定法律规范的内容。

2. 为确定外国法律规范的内容，法院可按照规定的程序请求白俄罗斯共和国司法部、其他主管国家机关，包括在国外的类似部门或机关予以协助或解释，或者聘请专家。

3. 诉讼当事人有权提供证实其据以提起诉讼请求或抗辩的外国法律规范内容的文件，并可采用其他方式协助法院确定此类法律规范的内容。

4. 即使依据本条规定采取了措施，如果在合理期限内仍不能确定外国法律规范的内容，则适用白俄罗斯共和国法律。

第 1096 条　反致以及对第三国法律的转致

1. 依照本编规定对外国法的任何指引，均指对该国实体法而非冲突法的指引，但本条另有规定的情形除外。

2. 依照本法典第 1103 条，第 1104 条第 1、3、5 款，第 1106 条和第 1109 条适用外国法时，反致适用白俄罗斯共和国法律，转致适用第三国法律。

第 1097 条　法律规避的后果

民事法律关系的参与者的协议和其他行为，如果旨在规避本编有关准据法的规定而使其法律关系受其他法律支配，则归于无效。在此情况下，适用依照本编规定应予适用的国家的法律。

第 1098 条　互惠

1. 法院适用外国法，并不取决于该外国是否在类似法律关系上适用白俄罗斯共和国法律。但该规定不适用于白俄罗斯共和国立法规定的根据互惠原则适用外国法的情形。

2. 若外国法的适用取决于互惠关系，在无相反证明时，推定存在互惠。

第 1099 条　公共秩序

若外国法的适用违背白俄罗斯共和国法律体系的基本原则（公共秩序）以及属于立法文件直接规定的其他情况，则不适用该外国法。在此情况下，适用白俄罗斯共和国法律。

第 1100 条　强制性规范的适用

1. 本编规定不影响白俄罗斯共和国法律中那些不论应适用的法律为何，均调整法律关系的强制性规范的效力。

2. 依本编规定适用白俄罗斯共和国以外国家的法律时，如果依照该国法律，其强制性法律规范不论应适用的法律为何，均调整决定性法律关系，则法院可适用该国强制性的、与该法律关系具有密切联系的规范。① 此时，法院应考虑此类规范的目的、性质及其适用后果。

第 1101 条　多法律体系国家法律的适用

若要适用一国法律，而该国具有多个法域或多个其他法律体系时，则依照该国法律确定应适用的法律体系。

第 1102 条　报复

对于那些对白俄罗斯公民和法人的权利实行特别限制的国家，白俄罗斯共和国政府可对该国公民和法人的权利进行对等限制。

第七十五章　冲突规范

第一节　人

第 1103 条　自然人的属人法

1. 自然人以其国籍国的法律为属人法。若一个自然人具有两个或多个国籍，则以与其有最密切联系的国家的法律为其国籍法。

2. 无国籍人以其固定住所地国法为属人法。

3. 难民以其避难地国法为属人法。

第 1104 条　自然人的权利能力与行为能力

1. 自然人的权利能力与行为能力，依其属人法确定。

2. 外国公民与无国籍人在白俄罗斯共和国境内享有与白俄罗斯共和国公民同等的民事权利能力，但白俄罗斯共和国宪法、法律、缔结或参加的国际条约另有规定的除外。

3. 自然人的民事行为能力，如果涉及白俄罗斯共和国境内完成的法律行为以及因白俄罗斯共和国境内的致害行为而产生的责任，依白俄罗斯共和国法律确定。

4. 自然人从事经营活动、成为个体经营者并取得相关权利、承担相关义务的能力，依该自然人以个体经营者资格进行注册地国法确定。若无注册国，则适用该个体经营者从事经营活动的主要场所地国法。

5. 禁治产及对自然人行为能力的限制，依法院地国法。

---

① 因为白俄罗斯法律不作严格的公法、私法划分，据此，该规定也包含外国的公法性规范。不过，其适用范围要受到第 1100 条第 2 款第 2 句的限制。——译者注

第 1105 条　自然人的失踪与死亡宣告

自然人的失踪与死亡宣告，依法院地国法。

第 1106 条　自然人的姓名

自然人的姓名权、姓名权的使用及保护，依其属人法确定，但本法典第 18 条第 2 款第 2 项与第 4 款①、第 1115 条以及第 1132 条另有规定的除外。

第 1107 条　白俄罗斯公民在境外进行民事身份登记

侨居国外的白俄罗斯共和国公民，在白俄罗斯共和国的驻外领事机构进行民事身份登记。此时，适用白俄罗斯共和国法律和其他立法文件。

第 1108 条　对外国机关出具的民事身份证明之承认

由外国主管机关出具的、用以证实在白俄罗斯境外已依照这些国家有关白俄罗斯公民、外国公民、无国籍人的法律进行民事身份登记的证书，如经依法认证，则在白俄罗斯共和国承认为有效，但白俄罗斯共和国缔结或参加的国际条约另有规定的除外。

第 1109 条　监护和托管

1. 对未成年人以及无行为能力或限制行为能力的成年人进行监护与托管的指定与撤销，依被指定或被撤销监护或托管的人的属人法确定。

2. 监护人（托管人）承担监护（托管）的义务，依被指定为监护人（托管人）的人的属人法。

3. 监护人（托管人）与被监护人（被托管人）之间的法律关系，依指定监护人（托管人）机关所在国法律。但是，若被监护人（被托管人）在白俄罗斯共和国境内有住所，且白俄罗斯共和国法律对其更为有利，则适用白俄罗斯共和国法律。

4. 对居住在白俄罗斯共和国境外的白俄罗斯共和国公民指定的监护（托管），只要主管领事机关对监护的指定及其承认不提出任何法律异议，得在白俄罗斯共和国承认为有效。

第 1110 条　依照外国法不具有法人资格的外国组织之权利能力

依照外国法不具有法人资格的外国组织之民事权利能力，依该组织的成立地国法确定。

---

① 《白俄罗斯共和国民法典》第 18 条规定涉及自然人的姓名权。该条第 2 款第 2 项对自然人更改姓名并应告知其债权人与债务人而采取必要措施的义务作了规定。此外，该自然人还要承担更改姓名后因未尽充分告知义务而对债权人与债务人会产生消极后果的风险。该条第 4 款规定，禁止获得属于另一人姓名所享有的权利。——译者注

第 1111 条　法人的属人法

法人以其成立地国法为属人法。

第 1112 条　外国法人的权利能力

1. 外国法人的民事权利能力，依其成立地国法。

2. 若外国法人机构或代表实施法律行为地国的法律中没有关于法人机构或代表的代理权限制的规定，则该外国法人在订立合同时不得援引此类限制。

第 1113 条　对外国法人在白俄罗斯共和国境内的活动进行国家管制

外国法人在白俄罗斯共和国境内从事经营活动或者其他受民事法律①调整的活动，应遵守有关白俄罗斯共和国法人从事此类活动的规定，但白俄罗斯共和国法律对外国法人另有规定的除外。

第 1114 条　国家参与涉外民事法律关系

国家参与的涉外民事法律关系，适用本编的规定，但白俄罗斯共和国的立法文件另有规定的除外。

第二节　人身非财产权利的准据法

第 1115 条　对人身非财产权利的保护

人身非财产权利，适用据以提出诉讼请求的行为或事件的发生地国法。

第三节　法律行为、代理、时效

第 1116 条　法律行为的形式

1. 法律行为的形式，依行为实施地法律。在外国实施的法律行为，只要满足了白俄罗斯共和国法律规定的形式要求，不得因其未遵守形式规定而被宣告为无效。

2. 涉外经济行为，只要一方当事人为白俄罗斯共和国公民或法人，不论其实施地在何处，均须采用书面形式。

3. 以不动产为标的之法律行为的形式，依该不动产所在地国法律，若该不动产已在白俄罗斯共和国注册，则依白俄罗斯共和国法律。

第 1117 条　代理

代理的形式及有效期，依代理权授予地国法确定。若代理满足了白俄罗斯共和国法律规定的形式要求，则不得因其未遵守形式规定而被宣告为无效。

---

① 在白俄罗斯法律体系中，“民法”是包括商法在内的一个广义概念，涉及除劳动法和家庭法以外的所有私法领域。——译者注

第 1118 条　时效

1. 时效，依相关法律关系的准据法确定。

2. 不受时效限制的诉讼请求，只要该法律关系中至少有一方当事人为白俄罗斯共和国公民或法人，则依白俄罗斯共和国法律确定。

第四节　所有权及其他物权

第 1119 条　所有权及其他物权准据法的一般规定

1. 不动产与动产的所有权及其他物权，依该财产之所在地国法，但立法文件另有规定的除外。

2. 财产属于不动产还是动产以及对财产的其他法律识别，依该财产之所在地国法确定。

第 1120 条　所有权及其他物权的产生与消灭

1. 作为法律行为标的之财产的所有权及其他物权的产生与消灭，依该法律行为实施地法，但当事人另有约定的除外。

2. 非因法律行为引起的财产所有权及其他物权的产生与消灭，依财产权及其他物权据以产生或消灭的行为或事件发生时该财产所在地国法律，但白俄罗斯共和国法律另有规定的除外。通过占有而取得的财产之所有权或其他物权的产生，依该占有时效届满时该财产之所在地国法律。

第 1121 条　交通工具及其他须经国家注册的财产的所有权及其他物权

交通工具及其他须经国家注册的财产的所有权及其他物权，依该交通工具所在地国法或该财产注册地国法确定。

第 1122 条　处于运输中的动产的所有权及其他物权

因法律行为而处于运输中的动产的所有权及其他物权，在运输期间依该财产之始发地国法律，但当事人另有约定的除外。

第 1123 条　对所有权及其他物权的保护

1. 对所有权及其他物权的保护，依权利人的选择适用财产所在地国法或法院地国法。

2. 对不动产所有权及其他物权的保护，适用不动产所在地国的法律。就已在白俄罗斯共和国注册的财产而言，适用白俄罗斯共和国法律。

第五节　合同之债

第 1124 条　合同当事人的法律选择

1. 合同当事人可以在订立合同时或事后协商一致地选择适用于合同权利

与义务的法律，但该法律选择不得违背法律规定。

2. 当事人约定的法律选择必须是明示的，或者能直接从合同条款或案件的综合情况中明确体现出来。

3. 当事人在合同订立后约定的法律选择，在不损害第三者权利的情况下，具有溯及既往至合同订立时的效力。

4. 合同当事人既可就整个合同也可对合同的某些部分进行法律选择。

第 1125 条　未选择法律时合同的准据法

1. 未选择法律时，合同适用下列当事人的活动中心地所在国的法律：

（1）买卖合同中的卖方；

（2）赠与合同中的赠与人；

（3）租赁合同中的出租人；

（4）无偿借用合同中的出借人；

（5）加工承揽合同中的承揽人；

（6）运输合同中的承运人；

（7）运输代办合同中的代办人；

（8）借贷（信贷）合同中的出贷人（债权人）；

（9）委托合同中的受托人；

（10）行纪合同中的行纪人；

（11）保管合同中的保管人；

（12）保险合同中的保险人；

（13）担保合同中的担保人；

（14）典当合同中的典当人；

（15）有关专有权使用的许可证合同中的许可证签发人。

若上述 15 类当事人的活动中心地不能确定，则适用其成立地国法或固定住所地国法。

2. 因不动产合同以及财产信托合同而产生的权利与义务，适用该财产所在地国法，若涉及已在白俄罗斯共和国注册的财产，则适用白俄罗斯共和国法律。

3. 既未选择法律，又不属于本条第 1 款规定的情形的：

（1）共同作业合同、建筑合同及有关基建工作的其他合同，适用此类活动的实施地国法或合同规定的结果完成地国法；

（2）在拍卖、招标或证券交易期间订立的合同，适用拍卖、招标发生地国法或交易所所在地国法。

4. 本条第1款至第3款未列举的合同，在未选择法律时适用实施特征性履行的一方合同当事人的活动中心地国法。若实施特征性履行的合同当事人的活动中心地无法确定，则适用该合同当事人的成立地国法或其固定住所地国法。若合同的特征性履行无法确定，则适用与合同有最密切联系的国家的法律。

5. 就合同的履行而言，应考虑履行地法，但合同当事人另有约定的除外。

6. 若合同中使用了国际商业交往中通用的贸易术语，则在合同无其他说明时推定合同当事人已约定将该贸易术语的通常含义适用于其合同关系。

第1126条　成立具有外方参股的法人的合同之准据法

成立具有外方参股的法人合同，适用该法人的成立地国法。

第1127条　准据法的适用范围

1. 依照本节规定应适用的法律，尤其调整下列事项：

（1）合同的解释；

（2）合同当事人的权利与义务；

（3）合同的履行；

（4）不履行或不当履行合同的后果；

（5）合同的终止；

（6）合同无效（Nichtigkeit）或失效（Unwirksamkeit）的后果；

（7）与合同相关的债权转让与债务承担。

2. 履行的方式、程序及不当履行时应采取的措施，在适用准据法之外还应考虑合同履行地国法。

第六节　非合同之债

第1128条　因单方行为引起的债权债务关系

因悬赏、无因管理或其他单方行为引起的法律行为，适用“行为地”法律。该“行为地”依白俄罗斯共和国法律确定。

第1129条　因侵权行为引起的债权债务关系

1. 因侵权行为之债而产生的权利与义务，适用据以提起损害赔偿的行为或事件的发生地国法。

2. 因国外的侵权行为所生之债而产生的权利与义务，若双方当事人均为同一国家的公民或法人，则依该国法律确定。

3. 根据白俄罗斯共和国法律，若据以提起损害赔偿的行为或事件不构成违法的，则不得适用外国法。

第 1130 条　损害消费者的赔偿责任

消费者因购买商品或提供的服务而提起的损害赔偿请求权，依消费者的选择适用：

（1）消费者的住所地法；

（2）商品生产者或服务提供者的住所地法或所在地法；

（3）消费者购买商品地法或被提供服务地法。

第 1131 条　不当得利

1. 因不当得利引起的债权债务关系，适用不当得利发生地国法。

2. 因取得财产的法律依据丧失或因节省费用而发生的不当得利，则依照对该法律依据起决定作用的国家法律来确定应适用的法律。

3. 不当得利的概念，依白俄罗斯共和国法律确定。

第七节　知识产权

第 1132 条　知识产权

1. 知识产权，适用该权利被请求保护地国法。

2. 以知识产权为标的之合同，适用根据本编有关合同法律关系的规定所确定的法律。

第八节　继承权

第 1133 条　继承关系

只要本法典第 1134、1135 条未作其他规定，且被继承人在遗嘱中未选择其国籍国法，则继承关系适用被继承人的最后固定住所地国法律。

第 1134 条　不动产以及须经注册财产的继承

不动产的继承，依该不动产所在地国法确定，对于已在白俄罗斯共和国注册的财产的继承，则依白俄罗斯共和国法律确定。

第 1135 条　遗嘱能力、遗嘱以及废除遗嘱的文书的形式

只要被继承人在遗嘱中未选择其国籍国法，则被继承人设立或废除遗嘱的能力、遗嘱以及废除遗嘱的文书的形式，依照被继承人设立或废除遗嘱时的固定住所地国法确定。遗嘱以及废除遗嘱的文书，只要其形式满足被继承人遗嘱处分地的要求或者符合白俄罗斯共和国法律的形式要求，则不得因未遵守形式规定而被宣告为无效。

哈萨克斯坦共和国冲突法与国际民事诉讼法*

（2000 年 4 月 8 日文本）

一、《哈萨克斯坦共和国民法典》（节录）

第七编　国际私法

第六十一章　总则

第 1084 条　涉外民事法律关系准据法的确定

1. 适用于有外国公民、外国法人参加的或者含有其他涉外因素的民事法律关系的法律，依照本法典、其他法律文件、哈萨克斯坦共和国批准的国际条约或认可的其他国际惯例确定。

2. 如果依照本条第 1 款规定不能确定准据法，则适用与涉外民事法律关系有最密切联系的法律。

3. 其他有权决定法律适用的机关，亦可相应适用本编有关法院适用法律的规定。

第 1085 条　法律概念的识别

1. 法律概念，由法院依照法院地国法律进行识别，但国际协议另有规定的除外。

---

* “哈萨克斯坦共和国冲突法”主要规定在《哈萨克斯坦共和国民法典》（1999 年 7 月 1 日生效）第七编和《哈萨克斯坦共和国家庭法典》（1998 年 12 月 17 日通过，1998 年 12 月 24 日生效）第七编中，而“哈萨克斯坦共和国国际民事诉讼法”则规定在《哈萨克斯坦共和国民事诉讼法典》（1999 年 7 月 1 日生效）第五编中。本资料由邹国勇和邬辉林（武汉大学法学硕士）于 2003 年根据 A. Weishaupt 博士提供的德文译本（资料来源：IPRax 2002，Heft 1，S. 55-62）译出。——译者注

2. 如果法律概念让法院地国法感到陌生或者与其他含义或其他内容更相近，且不能按照法院地国法的解释方法确定，则在识别该法律概念时亦可适用外国法律。

第 1086 条　外国法律规范内容的查明

1. 在适用某外国法时，法院依照该外国的官方解释、适用实践与学说查明其相关规范的内容。

2. 为查明外国法律规范的内容，法院可依照法定程序请求哈萨克斯坦共和国司法部以及哈萨克斯坦共和国和外国的其他主管机关、机构、专家予以协助或解释。

3. 当事人有权提交能证实其据以提出请求或抗辩的外国法律规范内容的文件，或以其他方式协助法院确定该规范的内容。

4. 尽管依照本条规定采取了措施，如果在合理时间内仍不能查明外国法的内容，则适用哈萨克斯坦共和国法律。

第 1087 条　反致以及对第三国法律的转致

1. 本编规定的对外国法的指引，均指引相关国家的实体法而非冲突法，但本条另有规定的除外。

2. 在本法典第 1094 条，第 1095 条第 2 款、第 3 款、第 5 款和第 1097 条情况下，反致哈萨克斯坦共和国法律；指引第三国法律（转致）的，适用外国法的规定。

第 1088 条　规避法律的后果

受本法典调整的法律关系的当事人，其旨在规避本编有关法律适用的规定而使相应的法律关系受其他法律支配的协议和其他行为无效。此时，适用依照本编规定所指引的法律。

第 1089 条　互惠

1. 法院适用外国法律，并不取决于哈萨克斯坦共和国法律在同类案件中依该外国法是否得以适用。但哈萨克斯坦共和国法律中对适用外国法以互惠为条件的情况除外。

2. 如果适用外国法取决于互惠关系，则推定存在互惠，除非有其他相反证明。

第 1090 条　违反公共秩序

1. 外国法，若其适用将违背哈萨克斯坦共和国法制的基本原则，则不得适用。此时，适用哈萨克斯坦共和国法律。

2. 不得仅因某外国的政治和经济制度不同于哈萨克斯坦共和国的政治和经济制度而拒绝适用该外国法。

第 1091 条　强制规范的适用

1. 本编规定不影响依照规范本身的规定或鉴于其对保障国家生活参与者的权利和合法利益有特定意义从而不必考虑准据法而直接调整相应法律关系的哈萨克斯坦共和国的强制规范的效力。

2. 依照本编规定适用任何国家的法律时，如果情况表明，另一国法律与受调整的法律关系有密切联系，而且依该另一国家的法律，该另一国的强制规范应调整相应法律关系而不必考虑准据法的规定，法院可适用该另一国家的法律的强制规范。此时，法院必须考虑这类规范的意义、性质及其适用后果。

第 1092 条　多法律体系国家法律的适用

如果应适用某国的法律，而该国存在不同的法制区域或其他法律体系时，则依据该国家的法律规定予以适用。

第 1093 条　报复

如果某国对哈萨克斯坦共和国公民和法人的权利进行特别限制，则哈萨克斯坦共和国可对该国的公民和法人的权利实施相应限制。

第六十二章　冲突规范

第一节　自然人和法人

第 1094 条　自然人的属人法

1. 自然人的国籍国法为其属人法。出现双重或多重国籍时，与该自然人有最密切联系的国家法律为其属人法。

2. 无国籍人以其定居地国法为属人法。

3. 难民以给予其避难地国法为属人法。

第 1095 条　自然人的权利能力和行为能力

1. 外国公民和无国籍人在哈萨克斯坦共和国境内享有与哈萨克斯坦公民同等的民事权利能力，但哈萨克斯坦共和国法律和国际条约另有规定的除外。

2. 自然人的行为能力依其属人法。

3. 与合同和因造成损害产生义务有关的自然人的民事行为能力，依行为完成地国法或因造成损害产生义务地国法。

4. 自然人成为个体经营者并因此享有权利和承担义务的能力，依该自然人在性质上注册为个体经营者所在地国法。若无相应注册，则适用个体经营活动实施地国法。

5. 宣告自然人为无行为能力或限制行为能力，依相应法院所在地国法。

第 1096 条　宣告自然人失踪或死亡

宣告自然人失踪或死亡，依法院地国法。

第 1097 条　自然人的姓名权

自然人的姓名权及其行使和姓名的保护，依其属人法，但本法典第 15 条第 5 款、第 7 款以及第 1103 条和第 1120 条另有规定的除外。

第 1098 条　哈萨克斯坦公民民事地位文书的国外注册

侨居哈萨克斯坦共和国境外的哈萨克斯坦公民，依哈萨克斯坦法律在哈萨克斯坦共和国的驻外领事处进行民事地位文书注册。

第 1099 条　对外国婚姻状况证书的承认

外国主管机关依本国法在哈萨克斯坦共和国境外出具的，用以证明哈萨克斯坦公民、外国公民和无国籍人婚姻状况的证书，在哈萨克斯坦共和国依其法律予以承认。

第 1100 条　公司属人法

法人设立地国法为法人的属人法。

第 1101 条　法人的权利能力

1. 法人的民事权利能力，依公司属人法。

2. 在实施法律行为时，只要外国法人的机构或代表的行为完成地国法对限制代理权未作规定，则该外国法人不得主张对其机构或代表的代理权进行限制。

3. 依照外国法不能视为法人的外国组织之民事权利能力，依该组织设立地国法。如果该组织的活动适用哈萨克斯坦共和国法律，则适用本法典有关调整作为商业组织的法人的活动之规定，但哈萨克斯坦法律或有关义务类型另有规定的除外。

第 1102 条　国家参与涉外民事法律关系

有国家参与的涉外民事法律关系，一般适用本编规定，但哈萨克斯坦法律另有规定的除外。

第二节　个人的精神权利

第 1103 条　个人精神权利的保护

个人精神权利，适用据以提起保护这类权利请求的行为实施地国法或者其他事件发生地国法。

第三节　法律行为、代理、诉讼时效

第 1104 条　法律行为的形式

1. 法律行为的形式，依行为实施地法。在国外实施的法律行为，只要满足哈萨克斯坦共和国法律的要求，则不得视为形式无效。

2. 哈萨克斯坦共和国法人或公民参与的对外经济行为，无论行为地为何，均须采用书面协议形式。

3. 有关不动产的法律行为之形式，受该不动产所在地国法支配。若不动产已在哈萨克斯坦共和国官方注册机构注册，则适用哈萨克斯坦法律。

第 1105 条　代理权

代理权的形式和有效期，依代理权授予地国法。若某代理权满足哈萨克斯坦共和国法律的要求，则不得因形式缺陷而被视为无效。

第 1106 条　诉讼时效

1. 诉讼时效，依适用于相应法律关系的国家的法律。

2. 不受诉讼时效支配的请求权，若哈萨克斯坦共和国公民或法人参与该法律关系，依哈萨克斯坦共和国法律。

第四节　物权

第 1107 条　物权关系准据法的一般规定

1. 不动产和动产的财产权及其他物权，依该财产所在地国法，但哈萨克斯坦共和国法律另有规定的除外。

2. 不动产和动产的归属以及其他有关财产的法律识别，依该财产所在地国法。

第 1108 条　物权的产生和消灭

1. 财产物权的产生和消灭，由构成物权产生和消灭基础的行为或其他事件发生时该财产所在地国的法律确定，但哈萨克斯坦共和国法律另有规定的除外。

2. 作为某法律行为标的之财产，其物权的产生和消灭，依该法律行为完成地国法，但法律行为当事人另有约定的除外。

3. 因时效而取得的财产权的产生，依时效届满时该财产所在地国法。

第 1109 条　运输工具及其他经国家注册的财产的物权

运输工具及其他经国家注册的财产之物权，适用该运输工具或该其他财产之注册地国的法律。

第 1110 条　运输途中的动产物权

因法律行为而处于运输途中的动产之财产权及其他物权，在法律行为当事人未协议选择时，依发运地国法。

第 1111 条　物权的保护

1. 对财产权及其他物权的保护，依财产所有人的选择适用财产所在地国法或者解决争议的法院所在地国法。

2. 对不动产的财产权及其他物权的保护，适用该财产所在地国法。若涉及已在哈萨克斯坦共和国经国家注册的财产，则适用哈萨克斯坦法律。

第五节　合同之债

第 1112 条　合同当事人一致的法律选择

1. 合同，适用合同当事人一致选择的法律，但哈萨克斯坦法律另有规定的除外。

2. 合同当事人对准据法的协议选择，必须明示作出或者可通过合同条款的总体情况或从所依据的事件中明确推断出来。

3. 合同当事人可选择将准据法适用于整体或部分合同。

4. 合同当事人可在任何时候选择准据法，既可在合同缔结时，亦可以在合同缔结后选择。合同当事人可随时就变更合同准据法达成一致协议。

第 1113 条　未进行法律选择时合同的准据法

1. 未一致选择合同准据法时，适用设立地、住所地或下列当事人主要行为发生地国法：

（1）买卖合同中的卖方；

（2）赠与合同中的赠与人；

（3）财产租赁合同中的出租人；

（4）财产无偿使用合同中的出借人；

（5）承揽合同中的承揽人；

（6）运输合同中的承运人；

（7）运输代办合同中的代办人；

（8）借款或其他借贷合同中的债权人；

（9）委托合同中的受托人；

（10）经纪合同中的经纪人；

（11）保管合同中的保管方；

（12）保险合同中的保险人；

（13）担保合同中的担保人；

（14）抵押合同中的抵押人；

（15）有关使用特权的许可证合同中的许可证签发人。

2. 具有地产内容的合同以及涉及代理管理财产的合同中的权利和义务，适用该财产所在地国法。如果涉及已在哈萨克斯坦共和国经国家注册的财产，则适用哈萨克斯坦法律。

3. 合同当事人未一致选择准据法时，无论本条第1款规定如何，适用下列规定：

（1）与共同作业（合作）及建筑施工活动［gemeinsame Tätogkeiten（Kooperation）und Bautätigkeiten］有关的合同，适用作业地或合同约定的结果发生地国法。

（2）作为竞争（招标或拍卖）结果或在交易所缔结的合同，适用竞争行为发生地或交易所所在地国法。

4. 本条第1款至第3款未提及的合同，合同当事人未选择法律时，适用合同内容主要履行方的设立地、住所地或其主要活动场所所在地国法。若不能确定对合同内容起主要作用的履行行为，适用与合同有最密切联系的国家的法律。

5. 就依照合同给付的受领而言，考虑适用给付受领地法，但合同当事人另有约定的除外。

6. 如果国际货物买卖合同中使用了商业术语，在合同无其他说明时，则推定合同当事人一致同意将现行的与相应商业术语有关的商业惯例适用于他们的合同关系。

第1114条 设立法人的涉外合同的准据法

1. 设立法人的涉外合同，适用该法人即将设立地国法或以前的设立地国法。

2. 本条所调整的法律关系包括法人的设立和解散、业务份额的转让以及法人股东之间的其他关系，但以这些法律关系与他们之间的权利义务有关为条件。

3. 本条的规定，在通过其他设立文件确定涉外法人的股东之间的相互权利、义务时予以适用。

第1115条 准据法的适用范围

1. 依照本节规定适用于合同的准据法，特别适用于：

（1）合同的解释；

（2）合同当事人的权利与义务；

(3) 合同的履行；

(4) 不履行或不完全履行合同的后果；

(5) 合同的终止；

(6) 合同无效的形成与后果；

(7) 因合同引起的债权转让与债务承担。

2. 有关合同履行的种类和方式，以及不完全履行合同时采取的措施，除了合同准据法外还须注意合同履行地国法。

第六节 非合同之债

第1116条 单方法律行为引起的责任

因单方法律行为（悬赏、无因管理等）引起的责任，适用该法律行为之实施地国法。单方法律行为的实施地，依照哈萨克斯坦共和国法律确定。

第1117条 损害赔偿责任

1. 因损害赔偿责任产生的权利和义务，依构成损害赔偿请求权根据的行为或事件发生地国法。

2. 如果因国外损害赔偿责任而产生权利和义务的当事人为同一国家的公民或法人，则适用该相应国家的法律。

3. 如果作为损害赔偿请求权根据的行为或事件依照哈萨克斯坦法律规定不构成违法，则不适用外国法。

第1118条 消费者损害责任

因消费者购买货物或服务产生的损害赔偿请求权，依消费者的选择适用：

(1) 消费者的住所地国法；

(2) 生产者或服务提供者的住所地或居所地国法；

(3) 消费者取得货物或享受服务地国法。

第1119条 不当得利

1. 因不当得利引起的债务，适用不当得利发生地国法。

2. 如果不当得利系因取得财产的法律根据被废除，则所应适用的法律为该法律根据所隶属的国家的法律。

3. 不当得利的认定，依哈萨克斯坦共和国法律。

第七节 知识产权

第1120条 知识产权

1. 知识产权，依申请保护该权利所在的国家的法律。

2. 以知识产权为标的之合同，由依照本章规定适用于合同债务的法律调整。

第八节　继承权

第 1121 条　继承关系

继承的顺位，如果立遗嘱人在最后遗嘱中未选择其国籍国法，则依照立遗嘱人最后的住所地国法，但本法典第 1122 条和第 1123 条另有规定的除外。

第 1122 条　个人设立和变更遗嘱的能力，遗嘱和撤销遗嘱的形式

个人设立和变更遗嘱的能力以及遗嘱和撤销遗嘱的形式，如果立遗嘱人在最后遗嘱中未选择其国籍国法，则依照立遗嘱人最后的固定住所地国法。然而，如果遗嘱或撤销遗嘱的形式满足设立地法或哈萨克斯坦法律的要求，则不得因形式缺陷而被视为无效。

第 1123 条　不动产和经国家注册财产的继承顺位

不动产的继承顺位，依该不动产所在地国法；在哈萨克斯坦共和国经国家注册的财产的继承顺位，依哈萨克斯坦共和国法律。如果最后遗嘱可支配该类财产，个人设立或变更遗嘱及其形式亦适用同样法律。

第九节　监护和保佐

第 1124 条　监护与保佐

1. 未成年人以及无行为能力或限制行为能力的成年人的监护和保佐之设立或取消，依被监护人或被保佐人的属人法。

2. 接受监护（保佐）的监护人（保佐人）的职责，依监护人（保佐人）的属人法。

3. 监护人（保佐人）和被监护人（被保佐人）之间的法律关系，依指定监护人（保佐人）的机关所在地国法。如果被监护人（保佐人）生活在哈萨克斯坦共和国，且哈萨克斯坦法律对其更为有利，则适用哈萨克斯坦法律。

4. 为侨居哈萨克斯坦共和国境外的哈萨克斯坦公民设立的监护，如果哈萨克斯坦驻外领事处对设立该监护（保佐）或其承认不提出法律异议，则在哈萨克斯坦共和国承认有效。

二、《哈萨克斯坦共和国家庭法典》（节录）

第七编　婚姻与家庭规范对外国人和无国籍人的适用

第 200 条　在哈萨克斯坦共和国境内缔结婚姻

1. 在哈萨克斯坦共和国缔结婚姻的形式与程序，依哈萨克斯坦法律。

2. 在哈萨克斯坦共和国缔结婚姻的前提条件，对订立婚约的每一方，依其结婚时所属国家的法律，但国际条约另有规定的除外。同时，须遵守本法典第 9~11 条有关禁止结婚的规定。

3. 无国籍人在哈萨克斯坦共和国缔结婚姻的先决条件，依其固定住所地国法。

第 201 条　在哈萨克斯坦共和国驻外使领馆缔结婚姻

1. 侨居国外的哈萨克斯坦共和国公民之间的婚姻，在哈萨克斯坦共和国驻外使领馆缔结。

2. 外国人之间在其本国驻哈萨克斯坦共和国使领馆缔结的婚姻，如果有关当事人在结婚时为在哈萨克斯坦共和国驻有大使或领事的该外国公民，则按照互惠原则在哈萨克斯坦共和国予以承认。

第 202 条　对哈萨克斯坦共和国境外缔结婚姻的承认

1. 哈萨克斯坦共和国公民之间或哈萨克斯坦共和国公民与外国人或无国籍人之间在哈萨克斯坦共和国境外依照婚姻举行地国法缔结的婚姻，在哈萨克斯坦共和国被承认为合法，但有本法典第 11 条规定情形之一者除外。

2. 外国人之间在哈萨克斯坦共和国境外依照婚姻举行地国法缔结的婚姻，在哈萨克斯坦亦为有效。

第 203 条　哈萨克斯坦共和国境内或境外缔结婚姻的无效性

在哈萨克斯坦共和国境内或境外缔结婚姻，其无效性依照本法典第 200 条和第 202 条规定适用于缔结婚姻的法律确定。

第 204 条　解除婚姻

1. 哈萨克斯坦共和国公民与外国人或无国籍人之间以及外国人之间所缔结的婚姻，在哈萨克斯坦共和国境内依哈萨克斯坦法律解除。

2. 定居哈萨克斯坦共和国境外的哈萨克斯坦公民，可与其居住于哈萨克斯坦境外的配偶，无论其国籍如何，在哈萨克斯坦法院解除婚姻。此时，依照哈萨克斯坦法律，如果允许在户籍登记处解除婚姻，则亦可于哈萨克斯坦共和国驻外使领馆解除婚姻。

3. 哈萨克斯坦共和国公民与外国人或无国籍人之间在哈萨克斯坦共和国境外依照相应的外国法解除婚姻的，在哈萨克斯坦共和国承认为有效。

4. 外国人之间在哈萨克斯坦共和国境外依照外国法解除婚约的，在哈萨克斯坦共和国承认为有效。

第 205 条　婚姻当事人的人身非财产性和财产性权利与义务

婚姻当事人的人身非财产性和财产性权利与义务，依其设立的共同固定住所地国法；无共同固定住所时，依其最后的共同固定住所地国法。以前亦无共同固定住所的，婚姻当事人的人身非财产性和财产性权利与义务，在哈萨克斯坦共和国境内的，依哈萨克斯坦法律。

第 206 条　父亲（母亲）身份的确认和撤销

1. 父亲（母亲）身份的确认和撤销，依子女出生时的国籍国法。

2. 承认和撤销父亲（母亲）身份的程序，在哈萨克斯坦共和国依哈萨克斯坦法律。如果依照哈萨克斯坦法律允许在户籍登记处确认父亲（母亲）身份，则子女的居住国外的父母亲，只要至少有一方为哈萨克斯坦公民，有权在哈萨克斯坦共和国驻外使领馆申请确认父亲（母亲）身份。

第 207 条　父母亲与子女的权利和义务

父母亲和子女的权利和义务，包括父母亲对子女的抚养义务，依其共同固定住所地国法。父母亲和子女若无共同固定住所，则父母亲和子女的权利和义务依子女的国籍国法。对于通过起诉主张的抚养请求和父母子女之间的其他法律关系，亦可适用子女固定生活所在地国的法律。

第 208 条　成年子女与其他家庭成员的赡养义务

成年子女对其父母亲的赡养义务以及其他人的赡养义务，依其共同固定住所地国法。若无共同固定住所，则该类赡养义务依照被赡养人的国籍国法。

第 209 条　收养

1. 外国人在哈萨克斯坦共和国境内收养具有哈萨克斯坦国籍的儿童，在遵守本法典第 76~78 条、第 82~84 条、第 96 条规定的前提下，依哈萨克斯坦法律。

2. 哈萨克斯坦公民在哈萨克斯坦共和国境内收养外国儿童，须取得该儿童的法定监护人及其国籍国主管国家机关的同意。如果依照相应国家的立法，须取得被收养儿童的同意时，同样须取得法定监护人及其国籍国主管机关的同意。

3. 收养人所属的外国主管机关收养侨居哈萨克斯坦共和国境外的具有哈萨克斯坦国籍的儿童，只要事先取得儿童或其父母双方或一方在离开哈萨克斯坦共和国前所生活的当地主管机关的同意，则在哈萨克斯坦共和国承认为有效。

4. 如果收养损害了哈萨克斯坦共和国法律或哈萨克斯坦共和国缔结或参加的国际条约所规定的儿童权利，可通过法院诉讼程序判决解除收养。

5. 将哈萨克斯坦共和国儿童移交给外国人收养的程序，由哈萨克斯坦共和国政府决定。

6. 被外国人解除收养的儿童，由哈萨克斯坦共和国驻外使领馆照管。

第 210 条　侨居国外的哈萨克斯坦共和国公民的民事地位文书的注册

1. 侨居国外的哈萨克斯坦共和国公民的民事地位文书，在哈萨克斯坦共和国驻外使领馆注册。

2. 在哈萨克斯坦共和国驻外使领馆注册民事地位文书时，如果申请人为哈萨克斯坦公民，适用哈萨克斯坦法律。

第 211 条　对外国婚姻状况材料的承认

外国主管机关在哈萨克斯坦共和国境外出具的含有民事地位档案的证明，只要其依照该国有关哈萨克斯坦共和国公民、外国人、无国籍人的法律出具，则在哈萨克斯坦共和国按照领事条例予以承认。

第 212 条　外国婚姻与家庭法在哈萨克斯坦共和国的适用

若外国婚姻与家庭法和哈萨克斯坦共和国法律相抵触，则不得适用。此时，适用哈萨克斯坦法律。

第 213 条　国际条约

如果依照哈萨克斯坦共和国批准的条约，应适用不同于哈萨克斯坦共和国婚姻与家庭法规定的，适用国际条约的规定。

三、《哈萨克斯坦共和国民事诉讼法典》（节录）

第五编　国际民事诉讼法

第四十五章　有外国人参加的诉讼

第 413 条　外国人的诉讼权利与义务

1. 外国人与无国籍人、外国组织与国际组织（以下均称外国人），为维护受害者利益或解决权利争议，有权根据法律自由地、受保护地向哈萨克斯坦共和国法院提起诉讼。

2. 外国人享有与哈萨克斯坦共和国公民与组织同等的诉讼权利并履行同等的诉讼义务。

3. 外国人根据本法与其他法律规定参加法院诉讼程序。

4. 如果某国对哈萨克斯坦共和国公民与组织的诉讼权利作出特别限制的，哈萨克斯坦共和国可以对该国公民与组织进行相应的限制。

第 414 条　外国人与无国籍人的民事诉讼权利能力

1. 外国人与无国籍人的民事诉讼权利能力，依其本国法。

2. 外国人以其国籍国法为本国法。既有外国国籍又有哈萨克斯坦共和国国籍的，适用哈萨克斯坦共和国法律。其隶属于某外国国家联盟的身份，哈萨克斯坦共和国法院不予承认。

3. 具有多重外国国籍的，以与其有最密切联系的国家之法律为本国法。

4. 无国籍人，以其固定住所地国法为本国法。无固定住所地的，适用其惯常居所地国法律。

5. 依据其本国法为无诉讼能力者，如果依哈萨克斯坦共和国法律有诉讼能力的，则在哈萨克斯坦境内可视为有诉讼能力。

第 415 条　外国国际组织的诉讼能力

1. 外国国际组织的诉讼能力，依其成立地国法。依成立地国法无诉讼能力的外国组织，如果依哈萨克斯坦共和国法律有诉讼能力的，则在哈萨克斯坦共和国境内可视为有诉讼能力。

2. 根据国际协议成立的国际组织的诉讼能力，依该国际协议的规定、与其有关的文件或与哈萨克斯坦共和国主管机关所签协议之规定。

第 416 条　哈萨克斯坦法院的国际管辖权

1. 被诉组织或外国被告的住所在哈萨克斯坦共和国境内的，哈萨克斯坦共和国法院对其参加的诉讼有管辖权。

2. 符合下列情形者，哈萨克斯坦共和国法院对外国人参加的诉讼亦有管辖权：

（1）外国法人在哈萨克斯坦共和国境内设有管理机构、分支机构或领导机构的；

（2）被告在哈萨克斯坦共和国境内有财产的；

（3）在扶养诉讼或确认父子关系之诉中，原告住所在哈萨克斯坦共和国境内的；

（4）在因扶养义务人人身伤害、其他健康损害或者死亡而提起的损害赔偿诉讼中，损害事由发生于哈萨克斯坦共和国境内或原告住所在哈萨克斯坦共和国境内的；

（5）在因财产损害而提起的损害赔偿诉讼中，行为或者其他据以提起损害赔偿请求之事由发生于哈萨克斯坦共和国境内的；

（6）在合同诉讼中，合同履行的全部或部分正发生或者已发生于哈萨克斯坦共和国境内的；

（7）在不当得利诉讼中，不当得利发生于哈萨克斯坦共和国境内的；

（8）在离婚诉讼中，原告的固定住所在哈萨克斯坦共和国境内或者配偶一方为哈萨克斯坦共和国公民的；

（9）在维护名誉、尊严或商誉的诉讼中，原告住所在哈萨克斯坦共和国境内的。

3. 对于其他诉讼，只要哈萨克斯坦共和国立法授权管辖的，哈萨克斯坦共和国法院亦可管辖。

第 417 条　专属管辖

1. 下列诉讼，由哈萨克斯坦共和国法院专属管辖：

（1）有关哈萨克斯坦共和国境内的不动产权利的诉讼；

（2）基于运输合同对承运人提起的诉讼；

（3）哈萨克斯坦共和国公民与外国人、无国籍人的离婚诉讼，夫妻双方住所均在哈萨克斯坦共和国境内的；

（4）本法第 25~29 节所规定的诉讼。哈萨克斯坦共和国法院对此类特别诉讼程序有管辖权，如果：

（a）在确认之诉中，申请人的固定住所在哈萨克斯坦共和国境内，或者待查明的事实已发生或正发生于哈萨克斯坦共和国境内的；

（b）与限制民事行为能力、无民事行为能力或移送精神病院问题有关的当事人，具有哈萨克斯坦共和国国籍或者固定住所在哈萨克斯坦共和国境内的；

（c）涉及宣告死亡或宣告失踪的当事人，具有哈萨克斯坦共和国国籍或者在哈萨克斯坦共和国境内有确切的最后住所，同时，在哈萨克斯坦共和国境内有固定住所或居所的个人或组织的权利与义务的确定，有待于宣告死亡或失踪问题的解决；

（d）在宣告无主物的诉讼中，该物位于哈萨克斯坦境内的；

（e）在涉及票据的公示催告或者除权判决的诉讼中，出票人住所或居所在哈萨克斯坦共和国境内的；

(f) 涉及哈萨克斯坦共和国登记机关作出的民事身份登记错误的诉讼；

(g) 撤销哈萨克斯坦共和国公证机关或其他官方机构作出的公证行为（或否认公证行为）的诉讼。

第 418 条　指定管辖

对于哈萨克斯坦共和国立法指定主管法院的诉讼，各法院依照本法第三编的规定进行管辖。

第 419 条　协议管辖

当事人可以通过一致书面协议选择外国法院管辖，但本法第 33 条规定之事项①除外。存在管辖协议的，并且被告在法院开始对案件进行事实审理之前提出管辖异议申请的，法院基于被告请求驳回起诉。

第 420 条　管辖权的恒定

哈萨克斯坦共和国法院依据哈萨克斯坦共和国相关立法规定开始审理的诉讼，如果在诉讼中因当事人国籍或住所变更或由于其他影响管辖权的事实发生，即使外国法院具有管辖权，哈萨克斯坦共和国法院仍保留审理案件的管辖权。

第 421 条　对外国法院诉讼的尊重

1. 如果与哈萨克斯坦共和国缔结了相互承认与执行法院判决的国际协议的某外国法院已就相同当事人之间的同一争议事项并且基于同一事实提起的诉讼作出判决的，哈萨克斯坦共和国法院不予受理该诉讼并终结诉讼程序。

2. 如果外国法院就相同当事人之间的同一争议事项并且基于同一事实已事先受理了诉讼，只要该法院判决依照哈萨克斯坦共和国法律规定将在哈萨克斯坦共和国得以承认，哈萨克斯坦共和国法院将不予受理并终结诉讼程序。

3. 哈萨克斯坦共和国法院专属管辖的案件，不适用本条第 1 款与第 2 款的规定。

第 422 条　对外国国家的起诉、诉讼管辖豁免

1. 外国国家提起诉讼，其参与诉讼程序，对其财产进行扣押，为保证诉讼请求之目的而查封该财产（执行扣押）及对该财产的执行，应征得该国主管机关的同意，但哈萨克斯坦共和国法律、缔结或参加的国际条约另有规定的除外。

2. 国际组织的司法豁免，依哈萨克斯坦共和国法律、哈萨克斯坦共和国

---

① 指涉及土地的事项。——译者注

缔结或参加的国际协议以及该组织与哈萨克斯坦共和国主管机关签订的协议规定。

3. 派驻哈萨克斯坦共和国境内的外国外交代表、哈萨克斯坦共和国法律及哈萨克斯坦共和国缔结或参加的国际条约规定的其他人员，在哈萨克斯坦共和国法律、国际法准则以及哈萨克斯坦共和国缔结或参加的国际条约规定的范围内参加民事诉讼并受哈萨克斯坦共和国法院的裁判约束。

第 423 条　司法协助请求

1. 根据哈萨克斯坦共和国法律或者哈萨克斯坦共和国缔结或参加的国际条约规定，哈萨克斯坦共和国法院应外国法院的司法协助请求代为实施单个诉讼行为（送达传票及其他文书、递交当事人声明和证人证言、制作鉴定文书、进行现场勘察等），但下列情形除外：

（1）实施司法协助损害哈萨克斯坦共和国国家主权或危及哈萨克斯坦共和国国家安全的；

（2）司法协助请求事项不在法院管辖范围之内。

2. 外国法院请求的具体诉讼行为的司法协助事项，依照法定程序进行，但哈萨克斯坦共和国缔结或者参加的国际条约另有规定的除外。

3. 为完成具体诉讼行为之目的，哈萨克斯坦共和国法院得以请求外国法院予以协助。

4. 哈萨克斯坦共和国法院向外国法院请求司法协助的程序，依照哈萨克斯坦共和国法律以及哈萨克斯坦共和国缔结或者参加的国际条约规定。

第 424 条　外国文书的承认

外国主管机关出具、制作或认证的文书以及在哈萨克斯坦共和国境外依照外国法为哈萨克斯坦共和国公民和组织或外国人制作的文书，由哈萨克斯坦共和国法院依照相关领事法律予以承认，但哈萨克斯坦共和国法律以及哈萨克斯坦共和国缔结或参加的国际条约另有规定的除外。

第 425 条　外国法院判决与仲裁裁决的承认及执行

1. 外国的法院判决与仲裁裁决，只要哈萨克斯坦共和国法律或者哈萨克斯坦共和国缔结或参加的国际条约基于互惠原则作出规定的，在哈萨克斯坦共和国境内予以承认与执行。

2. 承认与执行外国的法院判决与仲裁裁决的条件与程序，依据相应的法律规定，但是哈萨克斯坦共和国缔结或参加的国际条约另有规定的除外。

3. 外国的法院判决或仲裁裁决，可以自判决或裁决发生法律效力时起 3 年内予以执行。延误期限但理由充分的，哈萨克斯坦共和国法院可根据本法第

128 条规定的程序裁定执行回转。

第 426 条　对无需执行的外国判决的承认

外国法院作出的下列无需执行的判决，在哈萨克斯坦共和国境内予以承认：

（1）判决仅涉及法院所属国公民的法律地位；

（2）有关哈萨克斯坦共和国公民与外国公民之间的离婚或宣告婚姻无效的判决，且解除婚姻关系时配偶一方的惯常居所在哈萨克斯坦共和国境外的；

（3）有关哈萨克斯坦共和国公民之间离婚或宣告婚姻无效的判决，且配偶双方在解除婚姻关系时惯常居所均在哈萨克斯坦共和国境外的。

摩尔多瓦共和国民法典*（节录）

（2002 年 6 月 6 日文本）

第五卷　国际私法

第一编　关于国际私法的一般规定

第 1576 条　涉外民事法律关系准据法的确定

1. 与外国法律有联系的民事法律关系，其准据法依照摩尔多瓦共和国签署的国际条约、本法典、摩尔多瓦共和国其他法律以及摩尔多瓦共和国认可的国际习惯确定。

2. 依照本条第 1 款无法确定准据法时，适用与涉外民事法律关系有最密切联系的法律。

第 1577 条　法律概念的识别

1. 在确定涉外民事法律关系的准据法时，应考虑依照摩尔多瓦共和国法律对法律概念进行识别，但法律、摩尔多瓦共和国签署的国际条约另有规定的除外。

2. 如果需要进行法律识别的法律概念是摩尔多瓦共和国法律中所没有的，或者以其他名称表述或具有其他内容，并且无法通过按照摩尔多瓦共和国法律进行解释来加以确定，则在对这些概念进行法律识别时可适用另一国家的法律，但前提是不得因此对民事权利加以限制或者使涉及赔偿责任的措施无法确定。

---

* 本法典由摩尔多瓦共和国议会主席耶乌哲尼亚·奥斯塔普丘克（Eugenia OSTAPCIUC）于 2002 年 6 月 6 日签发第 1107-XV 号主席令通过，并公布于 2002 年 6 月 22 日第 82-86/661 号《摩尔多瓦共和国法律公报》。其官方文本为俄语和摩尔多瓦语，本译文系根据德文译本（资料来源：http：//www. cis-legal-reform. org/civil-code/moldova/civil-code-buch-5_ ger. htm）翻译，并由匡增军博士（武汉大学边界与海洋研究院教授）根据俄语文本校对。

第 1578 条　外国法内容的查明

1. 在适用外国法时，法院对外国法规范内容的查明，应经该外国的立法机关确认，并考虑该外国对这些法律规范的官方解释和适用实践。

2. 为查明外国法的内容，法院可要求摩尔多瓦共和国境内外的主管机关或由专家鉴定对该内容作出解释。

3. 一方当事人援引外国法的，法院可要求该当事人证明外国法的内容。

4. 如果应适用的外国法内容无法查明，则适用摩尔多瓦共和国法律。

第 1579 条　多法律体系国家法律的适用

如果所指引的法律所属国具有数个区域法律体系，而且无法确定以哪一区域法律体系为准，则由该国法律确定应适用哪一区域法律体系，或者适用与相应民事法律关系有最密切联系的区域法律体系。

第 1580 条　互惠原则

1. 法院适用外国法律，并不取决于该外国对类似关系是否适用摩尔多瓦共和国法律，但摩尔多瓦共和国法律规定应根据互惠原则适用外国法的情形除外。

2. 外国法的适用取决于互惠时，如无相反证明，则推定存在互惠。

第 1581 条　公共秩序

根据第 1576 条第 1 款应适用的外国法规范，如果其适用的结果违背摩尔多瓦共和国的公共秩序，则不予适用。其他国家的法律被排除适用时，适用摩尔多瓦共和国的相应法律。

第 1582 条　强行规范的适用

1. 在摩尔多瓦共和国法律中，凡是由于其有明文规定或者由于其对保障民事法律主体的权利和利益特别重要而不论准据法为何均应调整相应关系的强制性规范，其效力不受本编规定的影响。

2. 不得仅基于外国的法律、政治或经济制度不同于摩尔多瓦共和国的法律、政治或经济制度而拒绝适用该外国法规范。

第 1583 条　对外国法的指引

根据本编规定对任何外国法的指引，均视为对有关国家实体法而非冲突法的指引。

第 1584 条　报复

如果某些国家对摩尔多瓦共和国公民、法人的财产权和人身非财产权施加特别限制，则摩尔多瓦共和国可对这类国家公民和法人的财产权和人身非财产权施加限制。

第 1585 条　对已在外国取得的权利的承认

已在外国取得的权利，只要其不违反公共秩序，则在摩尔多瓦共和国境内受到承认和尊重。

第 1586 条　国际条约

国际条约无其他规定的，适用本法典的规定。

第二编　冲突法

第一章　自然人的地位

第 1587 条　自然人的本国法

1. 自然人的民事地位、权利能力及行为能力，依其本国法。

2. 某国民的本国法，系指该人的国籍国法。国籍，依该有疑义的国籍所指国家的法律确定。一人拥有两个或多个国籍的，则以与该人有最密切联系的国家的法律为其本国法。

3. 无国籍人，以其住所地国法或者惯常居所地国法为本国法。

4. 难民，以给予其难民身份的国家的法律为本国法。

5. 依照外国法被推定为拥有其他国家国籍的摩尔多瓦共和国公民，以摩尔多瓦共和国法为本国法。

第 1588 条　外国公民和无国籍人的权利能力

外国公民和无国籍人在摩尔多瓦共和国享有与本国公民同等的权利能力，但摩尔多瓦共和国宪法、其他法律或者摩尔多瓦共和国签署的国际条约另有规定的除外。

第 1589 条　外国公民和无国籍人的姓名

外国公民和无国籍人对自己姓名及其使用和保护的权利，由其本国法支配。为防止在摩尔多瓦共和国境内发生损害姓名权的行为，应依摩尔多瓦共和国法律采取保障措施。

第 1590 条　外国公民和无国籍人的行为能力

1. 外国公民或无国籍人的行为能力，依其本国法律认定。

2. 依住所地法无行为能力的当事人，如果依交易成立地法为有行为能力的，则不得援引其无行为能力，但另一方当事人知道或者理应知道其无行为能力的除外。

3. 外国公民或无国籍人的民事行为能力，如果涉及在摩尔多瓦共和国境内达成的交易以及损害赔偿义务，依摩尔多瓦共和国法律认定。

4. 依先前法律取得的、被认可的成年资格，并不因该人归属新本国法支配而受到影响。

第1591条　宣告外国公民或无国籍人为无行为能力人或限制行为能力人

1. 宣告外国公民或无国籍人为无行为能力人或限制行为能力人，依摩尔多瓦共和国法律。

2. 无行为能力的外国公民或者无国籍人的法定代理，以及对限制行为能力的外国公民或无国籍人的援助，依调整该代理关系或援助行为的法律。

第1592条　监护和保佐

1. 为未成年人、成年的无行为能力人或限制行为能力人设立、变更监护和保佐，监护和保佐的效力和终止，以及监护人、保佐人与被监护人、被保佐人之间的关系，依被监护人或被保佐人的本国法。

2. 对监护或者保佐的同意，依被指定为监护人或保佐人的该人的本国法。

3. 监护人或保佐人与被监护人或被保佐人之间的关系，依指定监护人的组织所属国法确定。但是，被监护人或被保佐人住所在摩尔多瓦共和国境内的，如果摩尔多瓦共和国法律对其更为有利，则适用摩尔多瓦共和国法律。

4. 对侨居摩尔多瓦共和国境外的摩尔多瓦共和国公民所指定的监护或保佐，如果摩尔多瓦驻该国领事机构或摩尔多瓦驻该国大使馆不对该监护或保佐提出任何法律异议，则在摩尔多瓦共和国承认为有效。

第1593条　宣告外国公民或无国籍人失踪和死亡

宣告外国公民或无国籍人失踪或死亡以及对这种宣告的撤销，依其本国法。该法不能确定的，则适用摩尔多瓦共和国法律。

第1594条　摩尔多瓦共和国公民在境外办理民事身份登记

侨居境外的摩尔多瓦共和国公民，在摩尔多瓦共和国驻外领事馆，无驻外领事馆的，则在摩尔多瓦共和国驻外大使馆办理民事身份登记。

第1595条　外国公民和无国籍人的商业活动

不设立法人，但被许可作为商人从事商业活动的外国公民或无国籍人，其身份依该外国公民或无国籍人取得从事商业活动许可的所在地国法认定。

第二章 法人的地位

第 1596 条 外国法人的本国法

1. 法人的本国法，系指该法人的设立地国法。

2. 根据法人的本国法确定的事项包括：

（1）该组织作为法人的法律地位；

（2）法人的法律组织形式；

（3）对法人名称的要求；

（4）法人活动的实施与终止的原因；

（5）法人的重组条件问题，包括权利的继承问题；

（6）法人权利能力的内容；

（7）法人取得民事权利和承担民事义务的方式；

（8）法人的内部关系，包括法人与其股东之间的关系；

（9）法人的责任。

3. 外国法人不得援引其机构或代表的交易达成地国法未作规定的、对其机构或代表实施法律行为的授权限制，除非另一方当事人知晓或者理应知晓上述限制。

第 1597 条 法人的代表处（分支机构）、分公司的准据法

1. 法人在其他国家境内的代表处（分支机构）的法律地位，依该法人的本国法。

2. 法人在其他国家境内的分公司的法律地位，不管该法人的本国法为何，依该分公司的设立地国法。

第 1598 条 适用于外国法人的摩尔多瓦共和国法律

外国法人在摩尔多瓦共和国境内从事商业活动或受民法调整的其他活动，须遵守本法有关摩尔多瓦法人从事类似活动的规定，但摩尔多瓦共和国法律对外国法人另有规定的除外。

第 1599 条 依外国法为非法人的组织的本国法

依外国法为非法人的外国组织，以其设立地国法为本国法。上述组织的活动，适用本法典有关调整法人活动的条款、其他法律规范或者依法律行为的内容确定，但法律另有规定的除外。

第 1600 条 国家参与涉外民事法律关系

有国家参与的涉外民事法律关系，根据一般原则，适用本法典的规定，但法律另有规定的除外。

第三章　物权与无形财产权

第 1601 条　有关物权的一般规定

1. 动产、不动产的占有、所有权及其他物权的内容，此类权利的行使与保护，依照该物之所在地国法确定，但法律另有规定的除外。

2. 物属于动产还是不动产范畴，以及对该物进行的其他法律识别，依照该物之所在地国法确定。

第 1602 条　物权的取得与消灭

1. 所有权及其他物权的取得与消灭，依照致使所有权及其他物权取得或消灭的法律行为或其他事件发生时该物之所在地国法确定，但摩尔多瓦共和国法律另有规定的除外。

2. 作为交易标的之物的所有权及其他物权的取得与消灭，依照适用于该交易的法律确定，但当事人协议另有约定的除外。

3. 因占有而取得物之所有权及其他物权，依占有期限届满之时该物之所在地国法确定。

第 1603 条　运输工具的物权

1. 对运输工具的物权的产生、转让和消灭，依：

（1）船舶或者航空器所悬挂的国旗所属国法；

（2）适用于有轨机动车或机动车运输企业的法律地位的法律。

2. 本条第 1 款的规定也适用于：

（1）属于技术设备的甲板（船舷）上的物；

（2）以运输工具的保养费用为标的之债权。

第 1604 条　须注册之物的物权

须经国家注册之物的所有权及其他物权，依这些物上的权利进行国家注册所在地国法确定。

第 1605 条　处于运输途中之物的物权

对于因交易而处于运输途中之物而言，其所有权及其他物权的产生与消灭，依该物之发运地国法确定，除非：

（1）当事人协议另有约定；

（2）该物属于乘客的私人之物，适用该乘客的本国法。

第 1606 条　有价证券

1. 有价证券的发行，依适用于发行该证券的法人之法律地位的法律。

2. 转让有价证券的条件和后果，依：

（1）可转让的有价证券的付款地法；

（2）证券持有人在转让证券时的所在地法；

（3）适用于发行记名证券的法人之法律地位的法律。

第 1607 条　无形财产权

1. 已创作的无形作品著作权的取得、内容与消灭，依该作品通过展览、广播、发表、上演或以其他方式第一次为公众所知晓的所在地国法。

2. 已创造的，但尚未为公众所知晓的无形作品的著作权，依作者的本国法。

3. 知识产权的取得、内容与消灭，依该权利注册地国法。

4. 要求进行物质赔偿或者道义上补偿的，依著作权或知识产权被侵害地国法。

5. 摩尔多瓦共和国境内的外国公民和无国籍人，享有与本国公民同等的著作权与知识产权。

第 1608 条　广告的形式

1. 任何与物相关的广告形式，依进行广告时的广告地法。

2. 第 1 款所指的广告形式，在结果上构成不动产权利依据的，即便通过适用另一法律而构成了取得、转让或消灭物权或实物担保的法定原因，仍依该物之所在地国法。

第四章　法律行为

第 1609 条　法律行为的准据法

1. 法律行为的形式要求，依构成法律行为标的之法律关系的准据法确定。在摩尔多瓦共和国境外实施的法律行为，如果满足下列要求之一，则在形式上有效：

（1）遵守了法律行为实施地法；

（2）满足了摩尔多瓦共和国法律的要求；

（3）遵守了合同订立者的本国法或住所地法；

（4）依照适用于审查法律行为效力的机构的法律，法律行为有效。

2. 就构成法律行为标的之法律关系的要求而言，依法律行为实施者选择的法律，或者依与该法律关系有最密切联系的国家的法律，或者依该单方法律行为实施地法。如果构成法律行为标的之法律关系的准据法要求采用特定的认证形式，即使合同在国外订立，也不得规避该要求。

3. 从属法律行为，依构成主要法律行为标的之法律关系的准据法，但当事人另有约定的除外。

第五章　合同之债与非合同之债

第 1610 条　合同实质要件的准据法

1. 合同，依当事人选择的法律。

2. 合同当事人可以就合同的全部或各部分作出法律选择。

3. 法律选择必须明示作出，或者在合同条款或者其他情况中阐明。

4. 法律选择可随时作出或者变更。当事人有权随时协议变更合同的准据法。

5. 订立合同后作出或者变更法律选择的，则自合同订立之时起即属有效，但不得影响合同的形式效力或者与该合同有关的第三人已取得的权利。

6. 如果合同采用了为国际商业贸易所认可的商业术语，在合同无其他说明时，应认定当事人已同意就这些术语适用与该商业术语相应的现行商事惯例或习惯。

第 1611 条　未选择法律时合同的准据法

1. 未选择法律时，合同依与之有最密切联系的国家的法律，并推定与履行义务的债务人在订立合同时的住所地国、惯常居所地国或者法人注册地国存在最密切联系。

2. 当事人未协议选择合同准据法的，不论本条第 1 款规定为何：

（1）对于不动产合同以及有关信托管理财产的合同，适用该物之所在地国法；

（2）对于建筑承包合同和设计勘探承包合同，适用合同所规定的成果完成地国法；

（3）对于合伙合同，适用该合伙业务实施地国法；

（4）对于通过拍卖或招标订立的合同，适用拍卖或招标地国法。

第 1612 条　准据法的适用范围

根据本法典规定，合同准据法特别调整的事项是：

（1）合同的解释；

（2）合同各方当事人的权利和义务；

（3）合同的履行；

（4）不履行合同或者有瑕疵地履行合同的后果；

（5）合同的终止；

（6）合同无效或解除合同的后果；

（7）与合同有关的债权转让和债务承担。

第 1613 条　形式要求的准据法

1. 合同应满足本法典第 1609 条第 1 款所指法律规定的形式要求。

2. 合同在形式上为有效，只要：

（1）合同当事人在订立合同时处于不同国家，而合同形式符合其中一个国家法律的要求；

（2）合同当事人一方的代理人遵守了其在订立合同时所在国的法律。

第 1614 条　无因管理和不当得利的请求权

1. 无因管理，依管理人行为实施地法。

2. 因不当得利而产生的请求权，依不当得利发生地国法。

第 1615 条　侵权行为

1. 侵权行为是否为致害行为，依照该行为实施地国法识别。

2. 侵权行为的准据法决定：

（1）侵权能力；

（2）责任的形式、条件和范围；

（3）限制责任或排除责任的条件；

（4）可据以要求损害赔偿的损害的性质；

（5）损害赔偿请求权的可转让性；

（6）请求损害赔偿的权利人。

3. 侵权行为的损害结果全部或部分发生于侵权行为实施地国以外的其他国家境内的，则相关的损害赔偿适用该其他国家的法律。

第 1616 条　因侵犯人格产生的责任

因媒体侵犯人格而产生的请求权，依受害人的选择适用：

（1）受害人的本国法；

（2）受害人的住所地国法或者惯常居所地国法；

（3）侵害行为的结果发生地国法；

（4）著作权人的住所地国法或者惯常居所地国法。

第 1617 条　因产品瑕疵产生的责任

1. 因产品瑕疵产生的请求权，依消费者的选择适用：

（1）受害人的住所地国法或者惯常居所地国法；

（2）产品获得地国法，但以制造商或者供应商不能证明产品系在未征得其同意的情况下进入销售为条件。

2. 仅在产品属于个人或家庭使用时，方可主张本条第 1 款所指的请求权。

第 1618 条　因不正当竞争产生的责任

因不正当竞争而产生的损害赔偿请求权，适用：

（1）侵权行为损害结果发生地国法；

（2）受害人注册地国法；

（3）支配当事人所订立的合同的法律，条件是实施了侵权行为并损害了当事人之间的现存关系。

第 1619 条　义务的转移与消灭

1. 债权转让，依被转让的债权的准据法，但当事人另有约定的除外。出让人与受让人对另一法律的选择，仅在征得第三者同意时方可对抗第三人。出让人与受让人之间的义务，适用该项转让所依据的法律关系的准据法。

2. 债权的转移，依支配原债权人与新债权人之间的法律关系的法律，但当事人另有约定的除外。

3. 债务的转让与更新，依构成合同标的之债务关系的准据法。

4. 对于结算，依通过结算来清偿的债权的准据法。

第 1620 条　货币

1. 用以支付的货币，依已将货币置于流通的国家的法律。

2. 货币对债务额的效力，依该债务的准据法。

3. 用何种货币支付，依支付行为发生地国法，但当事人另有约定的除外。

第六章　涉外继承关系

第 1621 条　继承的准据法

继承的准据法决定：

（1）开始遗产继承的时间；

（2）有继承资格者的范围；

（3）无继承资格的法定条件；

（4）对被继承人所遗留财产的占有权的行使；

（5）接受遗产与拒绝接受遗产的条件、后果；

（6）继承人履行承担债务的义务之范围；

（7）国家对无人继承财产的权利。

第 1622 条　遗产的准据法

1. 动产的继承关系，依遗产人死亡时现行的（遗产人）本国法。

2. 不动产的继承关系，依该财产的所在地国法。

第 1623 条　遗嘱的准据法

1. 只要不违反强制性规定，遗产人可通过遗嘱将其遗产的转移由本法典第 1622 条所指法律以外的另一法律支配。所选择的法律适用于本法典第 1621 条所指的诸情形。

2. 遗嘱的设立、变更或撤销，只要根据下列法制之一，满足了设立、变更或撤销遗嘱时或者遗产人死亡时应适用的形式要求，即属有效：

（1）遗产人的本国法；

（2）遗产人的住所地法；

（3）遗嘱的设立地、变更地或撤销地法；

（4）作为遗产标的不动产所在地法；

（5）执行遗产转移程序的法院或者机关所在地法。

第七章　时效

第 1624 条　时效的准据法

提出请求权的时效，依主体权利的准据法。

议会主席

耶乌哲尼亚·奥斯塔普丘克

（Eugenia OSTAPCIUC）

卡塔尔国民法典*（节录）

（2004年文本）

第一编　总则

第一章　本法的适用及其在时间和空间上的适用范围

……

第三节　本法在空间上的适用范围

第10条

如果在诉讼中对法律关系的种类有争议，并且所涉及的多种法制彼此冲突，则为了确定准据法而确有必要对该法律关系进行识别时，以卡塔尔法律为准。

第11条

民事身份和行为能力，依当事人的国籍国法。但是对于财产法上的行为，如果该行为在卡塔尔境内实施并在卡塔尔发生效力，合同当事人一方为不具有完全民事行为能力的外国人，且对其所缺乏的民事行为能力加以隐瞒而使得另一方当事人无法知晓，则其国籍国法对其民事行为能力无效。

第12条

适用于诸如公司、社团、基金会等外国法人的规定，依其事实上的主要管

---

* 卡塔尔国于2004年6月30日通过第22/2004号法律颁布了《民法典》，公布于2004年8月8日第11号《卡塔尔国法律公报》第3~389页，并于2004年8月18日生效。该法在卡塔尔国法制史上第一次规定了冲突法规范，并和其他中东、北非国家一样，以《埃及民法典》为范本。卡塔尔国《民法典》包括三编：第一编“总则”（第1~63条），其中第10~38条为冲突规范；第二编“债法”（第64~836条）；第三编“物权法”（第837~1186条）。本法根据德文译本（资料来源：IPRax 2007，Heft 2，S. 151-155）翻译，官方文本为阿拉伯语。本译文原载于《中国国际私法与比较法年刊》第十一卷（2008），北京大学出版社2008年版，第616~620页。——译者注

理机构所在地国法确定。但是，如果法人的主要活动在卡塔尔实施，即使其事实上的主要管理机构所在地不在卡塔尔境内，亦适用卡塔尔法律。

第 13 条

结婚的实质要件，如结婚能力、意思表示的效力以及是否存在禁止结婚的法定情形，适用拟结婚各方在结婚时的国籍国法。

如果拟结婚的一方在结婚时为卡塔尔人，只要不涉及婚姻能力要件，仅适用卡塔尔法律。

第 14 条

结婚的形式要件，如进行登记或者举行宗教仪式，适用婚姻缔结地国法、拟结婚者各自的国籍国法或者其共同的国籍国法。

第 15 条

婚姻存续的证明，依支配结婚形式要件的国家的法律。

第 16 条

1. 婚姻的人身和财产效力，如对同居的允许、顺从、解除婚姻时妻子的等待期限、扶养和“新娘礼”①，适用丈夫在结婚时的国籍国法。

2. 如果夫妻双方在结婚后取得了共同国籍，则婚姻的效力适用其共同国籍国法。

第 17 条

“休妻”（Verstossung）、司法离婚以及别居，适用“休妻”或者提起离婚或别居之诉时夫妻双方的共同国籍国法。夫妻双方无共同国籍国时，适用丈夫在结婚时的国籍国法。

第 18 条

上述有关婚姻的规定亦适用于婚约。

第 19 条

亲子关系、对亲子关系的承认与异议，适用子女出生时其父亲的国籍国法。如果该子女出生时其父亲已经死亡，则适用该父亲死亡时的国籍国法。

第 20 条

对子女的人身照顾以及其他的父母子女关系的实质问题，适用父亲的国籍国法。

---

① “新娘礼”也叫“晨礼”，它也不同于“聘礼”和嫁妆。根据伊斯兰国家的法律，新娘在婚礼后第二天清晨有权向新郎索取“新娘礼”，该礼金数额由新娘决定并由她支配，离婚时丈夫无权要求返还。

第 21 条

血亲和姻亲人员之间的扶养义务，适用抚养义务人的本国法。

第 22 条

与保护未成年人①、无民事行为能力人以及不在场者有关的实质事项，如父母亲对未成年子女财产的监管、监护、照料以及类似行为，适用需要保护者的本国法。

第 23 条

1. 继承顺位，依遗产人死亡时的国籍国法。

2. 卡塔尔境内无人继承的财产，适用卡塔尔法律。

第 24 条

1. 遗嘱和其他死因处分行为，依处分行为人死亡时的国籍国法。

2. 遗嘱和其他死因处分行为的形式，依处分行为人作出处分行为时的国籍国法或者适用处分行为地国法。

第 25 条

1. 不动产的占有或者财产权以及因此产生的各种物权，这些权利的种类、取得方式及其转让和消灭，依该不动产所在地国法。

2. 某物为不动产还是动产，由该物之所在地国法决定。

第 26 条

动产的占有或者财产权以及因此产生的各种物权，这些权利的种类、取得方式及其转让和消灭，适用据以取得动产的占有或者财产权及其他物权的法律基础以及这些权利取得或消灭的法律根据产生时该动产的所在地国法。

第 27 条

就合同的实质有效要件及法律后果而言，适用缔约双方的共同住所地国法。如果共同住所地国不存在，则适用合同缔结地国法。但当事人另有协议或者各种情况表明应适用另一国法律的除外。

以不动产为标的物的合同，适用该不动产所在地国法。

第 28 条

雇主与其劳工或者职员订立的劳务合同，适用企业的管理机构所在地国法。企业的总部所在地位于外国的，如果此种合同系与卡塔尔境内的分支机构订立，则仅适用卡塔尔法律。

---

① 根据《卡塔尔国民法典》第 49 条第 2 款，年满 18 周岁者为成年人。

第 29 条

合同的形式，适用合同缔结地国法，亦可适用支配合同实质内容的法律、缔约各方的共同住所地国法或者本国法。

第 30 条

因侵权行为产生的债务关系，依该债务关系据以产生的事件发生地国法。

对于在外国发生的事件，即使在事件发生地国被视为违法行为，但在卡塔尔属于合法行为的，不适用前款规定。

第 31 条

因不当得利及无因管理产生的债务关系，依该债务关系据以产生的事件发生地国法。

第 32 条

当法律关系具有涉外因素时，卡塔尔法院适用依照卡塔尔法律确定的管辖权规范和各种程序规范。

第 33 条

上述条款如果在内容上违反了某特别法或者对卡塔尔生效的国际条约的规定，则不适用。

第 34 条

上述条款中无任何特别规定的，则在发生其他法律冲突时，须遵循国际私法的基本原则。

第 35 条

1. 当事人国籍不明或者经查明同时具有多国国籍的，由法官确定应适用的法律。

2. 当事人在具有卡塔尔国籍的同时，具有另外一个或多个外国国籍的，适用卡塔尔法律。

第 36 条

依照上述条款的规定，应适用具有多种法律制度的国家的法律时，则由该国的区际私法决定应适用哪一区域的法律。

第 37 条

应适用的外国法，仅指该国的实体法规范而非冲突法。

第 38 条

依照上述条款应适用的外国法，如果其规定违反了卡塔尔的公序良俗，则排除该外国法的适用。此时，适用卡塔尔法律。

阿尔及利亚民法典（节录）*

（2005年文本）

第一编　一般规定

第一题　法律的效力与适用

第一章　时间上的法律冲突

第6条②

1. 有关行为能力的现行法律规定，适用于任何满足既定条件之人。

2. 依照先前法律具有行为能力的人，如果依照新法律却为无行为能力，则此种无行为能力不影响先前所实施的法律行为。

第7条③

1. 涉及诉讼程序的新法律规定得以立即适用。如果涉及时效的，其起算、中止和中断适用原有法律的规定，直至新法律规定生效时为止。

2. 如果新法律所规定的时效期限短于原有法律规定的时效期限，即使原期限已经开始起算，但自新法律规定生效之日起，时效期限重新计算。

---

* 经1975年9月26日第75-58号法律通过的《阿尔及利亚民法典》一共规定了16条（第9~24条）冲突法规范，2005年第05-10号法律对《阿尔及利亚民法典》修订时，也对其冲突法规范作了相应的修订，增加了一些新条款，其主要目的在于强化国际法律关系中的缔约自由、对正义和社会弱者的保护，并引入现代法律制度，以促进国际商事交往的正常发展。本法根据Dietrich Nelle博士的德文译本翻译（资料来源：IPRax 2007，Heft 6，S. 557-559），其官方文本为阿拉伯文和法文。在翻译过程中，参考了刊登于李双元等编的《国际私法教学参考资料选编》（上册，北京大学出版社2002年版）第185~186页的译文以及尹田翻译的1975年9月26日文本《阿尔及利亚民法典》（中国法制出版社2002年版）的有关译文。本译文原载于《中国国际私法与比较法年刊》第十二卷（2009），北京大学出版社2009年版，第531~537页。——译者注

② 经2005年立法修订后的文本。

③ 经2005年立法修订后的文本。

3. 如果原有法律规定的时效期限的剩余期间短于新法律规定的时效期限，则剩余期间届满后该时效终止。

4. 涉及诉讼期间的，适用前款之规定。

第8条①

已提交的证据，仍以举证时或应该举证时的现行有效法律为准。

第二章　空间上的法律冲突

第9条

发生法律冲突时，法律关系或争议标的属于哪一范畴，适用阿尔及利亚法律进行识别，以确定应适用的法律。

第10条②

1. 人的民事地位与行为能力，依其国籍国法。

2. 对于在阿尔及利亚进行的，并且在当地发生效力的商业交易，如果当事人一方依其本国法为无行为能力的外国人，而且这种无行为能力在客观上令对方当事人难以辨别，则该理由对行为能力的认定和交易的效力无任何影响。

3. 法人、公司、社团协会、基金会和其他组织的章程，依其公司所在地、总部所在地或者实际所在地国法。

4. 外国法人在阿尔及利亚实施的行为，依阿尔及利亚法律。

第11条③

结婚的实质有效条件，依夫妻双方各自的本国法。

第12条④

1. 婚姻的人身与财产效力，以结婚时丈夫的本国法为准。

2. 离婚以及分居，依提起诉讼时丈夫的本国法。

第13条

对于第11条和第12条规定的情形，如果结婚时夫妻一方为阿尔及利亚人，则只能适用阿尔及利亚法律，但涉及结婚能力的除外。

---

① 经2005年立法修订后的文本。

② 经2005年立法修订后的文本。

③ 经2005年立法修订后的文本。

④ 经2005年立法修订后的文本。

第 13a 条①

1. 出身、对父亲身份的承认和异议，以子女出生时父亲的本国法为准。

2. 如果在子女出生前父亲已死亡，则适用该父亲死亡时的本国法。

第 13b 条②

1. 法定托管（卡法拉）的有效性，同时适用托管关系设立时的托管人和被托管人的本国法。法定托管的效力，则依托管人的本国法。

2. 收养，同样以前款规定为准。

第 14 条

亲属间的扶养义务，依承担扶养义务之人的本国法。

第 15 条③

1. 监护、遗嘱监护、照料和其他保护未成年人、无行为能力人以及不在场之人的制度，其实质要件依照被保护人的本国法。

2. 为保护未成年人、无行为能力人或者本人不在阿尔及利亚境内者的财产而采取的紧急措施，如果在采取此类措施时这些人位于阿尔及利亚境内，或者此类措施所涉及的财产在阿尔及利亚境内，则适用阿尔及利亚法律。

第 16 条④

1. 遗产、遗嘱及其他死因处分行为，依遗产人、遗嘱人或处分行为人死亡时的本国法。

2. 赠与或福利基金会，依赠与人或捐赠人实施赠与或捐赠行为时的本国法。

第 17 条⑤

1. 财产标的物的识别，无论是动产还是不动产，均依物之所在地国法。

2. 不动产的占有、所有权及其他物权，依不动产所在地法。有形动产，依致使取得或丧失占有、所有权或其他物权的事件发生时该动产的所在地法。

第 17a 条⑥

1. 无形财产，依致使取得或丧失占有、所有权或其他物权的事件发生时该财产的所在地法。

---

① 经 2005 年立法修订后的文本。

② 经 2005 年立法修订后的文本。

③ 经 2005 年立法修订后的文本。

④ 经 2005 年立法修订后的文本。

⑤ 经 2005 年立法修订后的文本。

⑥ 经 2005 年第 05-10 号法律增补。

2. 文学或艺术作品的第一次发表地或表演地，视为其所有权的所在地。

3. 专利以证书出具地国为所在地。

4. 商标或工业样品以注册地或交存地国为所在地。

5. 商号以公司的总部所在地国为所在地。

第 18 条①

1. 合同之债，依当事人自由协议选择的法律，但该法律应与订立合同的当事人或合同本身有实际联系。

2. 必要时，可适用当事人的共同国籍国法或者共同住所地法。

3. 必要时，适用合同缔结地法。

4. 但是，有关不动产的合同依不动产所在地法。

第 19 条②

1. 法律行为，就其形式而言，以行为实施地法为准。

2. 法律行为，也可以当事人的共同住所地法、共同国籍国法或适用于争讼问题的法律为准。

第 20 条

1. 非合同之债，以产生债务的事实发生地国法为准。

2. 但是，因发生于外国的损害行为所生之债，如果该损害行为依外国法为违法行为，而依阿尔及利亚法为合法行为，则不适用前款规定。

第 21 条

前述规定，仅在特别法或者在阿尔及利亚生效的国际协定无不同规定时，方得以适用。

第 21a 条③

管辖权规则和诉讼程序规则，以起诉地国法或者诉讼程序开始地国法为准。

第 22 条

1. 对于多国籍者，法官以其实际国籍为准。

2. 当事人同时拥有阿尔及利亚国籍及一个或数个外国国籍时，以阿尔及利亚国籍为准。

3. 无国籍人，由法官确定应适用的法律。

---

① 经 2005 年立法修订后的文本。

② 经 2005 年立法修订后的文本。

③ 经 2005 年第 05-10 号法律增补。

第 23 条①

1. 前述规定所指引的外国法施行多种法制的，则由该国的国内法确定应适用的法律。

2. 该国国内法无相关规定的，对于有不同联合体的情形，则适用占统治地位的法律；对于区际法制不统一的情形，适用首都所在地法律。

第 23a 条②

如果外国法无法查明，则适用阿尔及利亚法律。

第 23b 条③

1. 所适用的外国法，仅指其内国法而非地域上的冲突法。

2. 该外国的冲突规则指定应依阿尔及利亚法律时，则适用阿尔及利亚法律。

第 23c 条④

法律规范缺失时，依国际私法的一般原则。

第 24 条⑤

1. 前述条款所指引的外国法，如违背阿尔及利亚的公共秩序或善良风俗，或者情况表明该外国法的适用系因欺诈性的法律规避所致，则不予适用。

2. 外国法违背公共秩序或善良风俗时，适用阿尔及利亚法律。

---

① 经 2005 年立法修订后的文本。

② 经 2005 年第 05-10 号法律增补。

③ 经 2005 年第 05-10 号法律增补。

④ 经 2005 年第 05-10 号法律增补。

⑤ 经 2005 年立法修订后的文本。

立陶宛共和国民法典*（节录）

（2011 年修订文本）

第一卷　总则

第一编　民事法律及其适用

第二章　国际私法

第一节　总则

第 1.10 条　外国法的适用

1. 适用于（涉外）民事关系的外国法律，依照立陶宛共和国缔结或参加的国际条约、当事人的协议或者立陶宛共和国法律的规定确定。

2. 对应适用的外国法的指引，包括对依照该外国法规定适用于诉讼案件事实情况的一切法律规范的指引。

3. 本法典无例外规定的，对应适用的外国法的指引并非指引该国的国际私法，而是指引该国的内国实体法。

4. 若依本法典规定应适用其法律作为准据法的外国存在施行不同法律体系的多个法域，则对应适用的外国法的指引，系指引依照该外国法律准则所确定的相应法域的法律体系。

5. 若依本法典规定应适用其法律作为准据法的外国存在适用于不同人种的多种法律体系，则适用依照该国法律准则所确定的法律体系。

6. 根据本条第 4 款、第 5 款应适用的外国法未规定准则时，适用与诉讼

---

* 《立陶宛共和国民法典》（2001 年 7 月 1 日生效）第一卷第一编第二章为国际私法条款，于 2011 年修订。本法根据 Pavel Ravluševicius 博士的德文译本（资料来源：IPRax 2003，Heft 3，S. 298-305）译出。本译文原载于《中国国际私法与比较法年刊》第七卷（2004），法律出版社 2005 年版，第 616～632 页。此处略有修改。——译者注

案件有最密切联系的法律体系的法律。

第 1.11 条　对适用外国法的限制

1. 外国法律规范，如果其适用将与立陶宛宪法或其他法律中规定的公共秩序相抵触，则予以排除适用。此时，适用立陶宛共和国的民事法律。

2. 立陶宛共和国及其他国家的与诉讼案件有最密切联系强制性法律规范，不论合同当事人是否已协议选择另一外国法，必须予以适用。在解决此类问题时，法院须考查法律规范的性质、目的、适用或不予适用的法律后果。

3. 依照本法典本应适用的外国法，在考察诉讼案件的全部事实因素时若发现诉讼案件或诉讼案件的某些部分与该法律无任何联系而与另一国法律有最密切联系，则应予排除适用。若应适用的法律系合同当事人协议选择所致，则不适用本款规定。

第 1.12 条　外国法内容的查明

1. 对于立陶宛共和国缔结或者参加的国际条约或者立陶宛共和国法律所规定的情况，法院依职权适用外国法，对其作出解释并查明其内容。

2. 若适用外国法系因合同当事人的协议所致，则诉讼当事人必须提供一切与外国法规范内容有关的证明资料，包括该国的官方解释、适用实践与学说。应一方诉讼当事人的请求，法院可在获取应适用的外国法的有关信息时提供帮助。

3. 法院或诉讼当事人未履行本条第 1 款及第 2 款所规定的义务时，适用立陶宛共和国法律。

4. 在例外情况下，为保障一方当事人的权利与义务或其财产安全而有必要采取临时措施时，若诉讼案件的准据法及其内容仍未确定，则法院可适用立陶宛共和国法律以解决该紧迫问题。

第 1.13 条　国际条约

1. 立陶宛共和国缔结或者参加的国际条约同立陶宛共和国民法典以及其他法律有不同规定的，适用国际条约的规定。

2. 立陶宛共和国缔结或者参加的国际条约直接适用于民事关系，但国际条约明确规定必须适用立陶宛共和国内国法律文件的除外。

3. 在适用、解释国际条约的规定时，必须考虑其国际性以及确保其统一适用和解释的必要性。

第 1.14 条　反致以及对第三国法律的转致

1. 应适用的外国法规定反致立陶宛共和国法律的，在本法典规定的情况下，适用立陶宛共和国法律。

2. 应适用的外国法规定指引第三国法律的，在本法典规定的情况下，适用第三国法律。

3. 在确定个人民事法律地位时，如果应适用的外国法规定转致立陶宛共和国法律的，适用立陶宛共和国法律。

4. 合同当事人已选择准据法的，以及在确定支配法律行为的形式与法定之债的准据法时，不适用本条第 1 款、第 2 款及第 3 款规定。

5. 依照上述四款规定适用国际条约时，反致以及对第三国法律的转致问题，依照国际条约规定予以解决。

第二节　自然人民事法律地位的准据法

第 1.15 条　外国公民与无国籍人的民事权利能力

1. 外国公民在立陶宛共和国享有与立陶宛共和国公民同等的民事权利能力。个别例外情况，由立陶宛共和国法律规定。

2. 宣告外国公民失踪或死亡，依其固定住所地国法。

3. 无国籍人在立陶宛共和国享有与立陶宛共和国公民同等的民事权利能力。个别例外情况，由立陶宛共和国法律规定。

4. 宣告无国籍人失踪或死亡，依其固定住所地国法。

第 1.16 条　外国公民与无国籍人的民事行为能力

1. 外国公民或无国籍人的民事行为能力，依其固定住所地国法确定。

2. 外国公民或无国籍人无固定住所地或其住所地难以确定的，行为能力依其实施相关法律行为的所在地国法确定。

3. 居住于多个国家的人，适用与其有最密切联系的国家的法律。

4. 外国公民以及在立陶宛共和国有固定住所的无国籍人，依照立陶宛共和国的法律规定宣告为无行为能力人或限制行为能力人。

5. 若在固定住所变更前已取得行为能力，则行为能力不受固定住所地变更的影响。

第 1.17 条　禁止援引无行为能力

1. 自然人，只要其依照法律行为实施地法具有行为能力，则不得依照其固定住所地国法援引自己无行为能力；但另一方合同当事人依照该人曾经的固定居住地国法规定已知或理应知道其无行为能力的除外。

2. 家庭、继承以及物权事项，不适用本条第 1 款规定。

第 1.18 条　宣告外国公民与无国籍人死亡或失踪

外国公民与无国籍人的失踪或死亡宣告，依其最后的确切固定住所地国法。

第三节　法人及其他组织的准据法

第 1.19 条　外国法人及其他组织的民事权利能力

1. 外国法人及其他组织的民事权利能力，依照该法人或组织的设立地国法确定。

2. 在违反法人及组织的设立章程时，民事权利能力依照实际活动所在地法确定。

3. 不论法人或其他组织的设立地位于何处，子公司的民事权利能力，只要其分支机构、营业活动或其他活动的主要场所地位于立陶宛共和国境内，依立陶宛共和国法律。

4. 法人或其他组织之间的联合、合并或地址迁移，若一个法人（组织）位于立陶宛共和国境内而另一法人（组织）位于外国，只要其行为依照两国法律规定业已实现，则不影响立陶宛共和国境内的此类机构的民事权利能力。

第 1.20 条　准据法的调整事项

1. 本法典第 1.19 条规定的准据法调整下列事项：

（1）法人或其他组织的法律形式与地位；

（2）法人或其他组织的设立、重组与清算；

（3）法人或其他组织的名称；

（4）法人或其他组织的机构体系及其内部权能；

（5）法人或其他组织的民事责任；

（6）法人或其他组织的代表处；

（7）违反法律或设立章程的法律后果。

2. 在立陶宛共和国注册的法人或其他组织的名称，依照立陶宛共和国法律予以保护。

第 1.21 条　外国法人及其他组织的代表处与分支机构的准据法

1. 在立陶宛共和国注册的外国法人或其他组织的代表处与分支机构，适用立陶宛共和国法律。

2. 以代表处或分支机构名义从事活动的人员中，必须有一人在立陶宛共和国境内有住所地。

3. 以代表处或分支机构名义从事活动的人员的权利与义务，依照立陶宛共和国法律确定。

第 1.22 条　法人或其他组织的代理人及其民事责任的准据法

1. 依照外国法成立的法人或其他组织在立陶宛共和国境内从事活动的，

以法人或其他组织名义从事活动并为其谋利益的人员的民事责任，依照立陶宛共和国法律确定。

2. 由法人或其他组织的机关或代表处实施的超越权限的法律行为，只要对方当事人的固定住所地国法或分支机构所在地法对权能未作限制规定，则法人或其他组织不得要求宣告为无效；但是，另一方合同当事人在考查与其余合同当事人的关系时已知晓或理应知晓存在权利限制的情况除外。

第 1.23 条　作为民事关系主体的国家及其机构、自治单位及其机构的准据法

国家及其机构、自治单位及其机构作为民事关系主体的，适用该国的法律。

第四节　家庭关系的准据法

第 1.24 条　结婚协议的准据法

1. 结婚协议的准据法，依合同当事人的固定住所地国法确定。

2. 协议结婚的双方当事人的固定住所地位于不同国家的，该协议的法律后果，在考虑与争讼有最密切联系的法律的前提下，依协议签订地法、合同当事人一方的固定住所地国法或者国籍国法确定。

第 1.25 条　结婚条件的准据法

1. 夫妻双方的行为能力及结婚的其他条件，依立陶宛共和国法律。

2. 夫妻一方在立陶宛共和国境内有固定住所地或者在结婚时是立陶宛共和国公民的，在立陶宛共和国民政部门登记结婚。

3. 在立陶宛共和国境内无固定住所地的外国公民及无国籍人的夫妻双方的行为能力及其他结婚条件，若该婚姻旨在得到夫妻双方固定住所地国的承认，则可依照夫妻双方的固定住所地国法确定。

4. 依照外国法合法取得的婚姻，在立陶宛共和国境内予以承认；但是，夫妻双方均在立陶宛共和国境内有固定住所地，且其取得婚姻旨在规避立陶宛共和国法律关于该结婚无效的规定的情况除外。

第 1.26 条　结婚程序的准据法

结婚的程序，依婚姻缔结地法确定。若结婚的程序满足夫妻双方的固定住所地或者结婚时夫妻双方国籍国的法定要求，则婚姻亦宣告有效。

第 1.27 条　夫妻人身关系的准据法

1. 夫妻之间的人身关系，适用夫妻双方的固定住所地国法。

2. 若夫妻双方的固定住所地位于不同国家，则夫妻之间的人身关系适用最后的共同固定住所地国法。夫妻双方无共同固定住所地的，适用与夫妻之间人身关系有最密切联系的国家的法律。不能确定与夫妻之间的人身关系有最密切联系的国家的法律时，适用婚姻缔结地国法律。

第 1.28 条　夫妻共同财产制的准据法

1. 夫妻共同财产的法律效力，依夫妻双方的固定住所地国法。夫妻双方的固定住所地位于不同国家的，适用夫妻双方的国籍国法。夫妻双方国籍不同又无共同固定住所地的，适用婚姻缔结地国法。

2. 夫妻共同财产的契约性法律效力，由协议选择的国家的法律支配。此时，夫妻双方可选择其将来的固定住所地国法、婚姻取得地国法或者夫妻一方的国籍国法。夫妻双方有关准据法的协议，只要满足所选择的法律或协议达成地法律的要求，则为有效。

3. 通过协议选择的准据法，若第三人对协议的事实已知晓或理应知晓，则对第三人适用。

4. 夫妻双方通过协议选择的准据法，若依照不动产所在地国法或不动产的官方注册地国法规定，涉及不动产的请求权应得到支持，则适用于解决与不动产物权有关的争讼。

5. 有关夫妻共同财产法律效力的协议发生变更时，适用夫妻双方的固定住所地国法。夫妻双方在夫妻共同财产的法律效力发生变更时居住于不同国家的，适用夫妻双方最后的共同固定住所地国法；若无最后的共同固定住所地，则适用支配夫妻共同财产关系的法律。

第 1.29 条　同居及离婚的准据法

1. 同居及离婚，适用固定住所地国法。

2. 夫妻双方无共同固定住所地的，适用最后的固定住所地国法，在其他情况下适用受理案件的法院所在地法。

3. 夫妻双方的国籍国法禁止离婚或要求离婚满足特定条件的，若夫妻一方有立陶宛国籍或者在立陶宛共和国境内有固定住所地，则依立陶宛共和国法律解除婚姻。

第 1.30 条　宣告婚姻、离婚或同居无效的诉讼案件的管辖权

宣告婚姻、离婚或同居无效的诉讼案件，属于立陶宛共和国民法典规定事项的，由立陶宛共和国法院管辖。

第 1.31 条　子女出身（准正）的准据法

1. 子女的出身（父亲或母亲身份的承认、确定或否认），在考虑对子女最有利的法律的前提下，由已出生的子女所取得的国籍国法、已出生的子女的固定住所地国法、已出生的子女的父母一方的固定住所地国法或国籍国法支配。

2. 确定子女准正时的法律后果，应以（子女的）固定住所地国法为准。

3. 子女或其父母一方在立陶宛共和国境内有固定住所地的，子女的准正，由立陶宛共和国法院或立陶宛其他国家机关决定。

4. 承认父亲（母亲）身份时，子女的父母的行为能力，依父母双方的固定住所地国法。承认父亲（母亲）身份的形式，适用承认地或子女固定住所地国法。

5. 确定未婚父母所生子女的出身时，适用本条规定。

第 1.32 条　父母与子女关系的准据法

1. 父母与子女之间的人身关系与财产关系，适用子女的固定住所地国法。

2. 父母在子女的固定住所地国无固定住所，而子女与父母双方具有同一国家国籍的，适用该国籍国法。

第 1.33 条　收养子女的准据法

1. 收养子女，适用子女的固定住所地国法。

2. 若依照被收养的子女的固定住所地国法、养父母的固定住所地国法或者养父母的国籍国法规定，可预见到收养该子女将不被承认，若该规定不损害该子女利益，则可依照这些法制规定进行收养。若不能预见该国是否承认收养，则禁止收养。

3. 被收养子女、养父母及其亲属之间的关系，适用养父母的固定住所地国法。

4. 与收养有关的诉讼案件，子女及养父母的固定住所地位于立陶宛共和国境内的，由立陶宛共和国法院管辖。

第 1.34 条　未成年人的监护、保佐及保护的准据法

对未成年人的监护、保佐及保护，适用依照 1961 年 10 月 5 日《关于行政机关对未成年人保护的管辖权与准据法海牙公约》所确定的法律。

第 1.35 条　监护与保佐已成年的家庭成员的准据法

1. 对已成年的家庭成员的监护与保佐，适用该成年人的固定住所地国法。

2. 与监护和保佐已成年家庭成员有关的诉讼案件，若该成年人的固定住所地或财产所在地位于立陶宛共和国境内，则由立陶宛共和国法院管辖。

第 1.36 条　家庭成员之间扶养义务的准据法

家庭成员之间的扶养义务，适用 1973 年 10 月 2 日的《关于承认与执行扶养义务判决的海牙公约》。

第五节　合同之债的准据法

第 1.37 条　合同之债的准据法

1. 合同之债，适用合同当事人协议选择的法律。合同当事人的此种协议，依照所缔结的合同条款或诉讼案件的事实情况确定。合同当事人可通过协议将具体国家的法律选择适用于整个合同、合同的具体几部分或具体某部分。

2. 合同当事人有权随时通过协议以另一法律取代已为合同之债所选择的准据法。准据法的变更具有溯及力，但此溯及力不得对抗第三人，且不得构成宣告合同无效之理由。

3. 合同当事人已选择外国法为合同准据法之情势，不构成不适用立陶宛共和国或其他国家的强制性法律规范之理由，合同当事人不得通过协议取代或者放弃这些强制性法律规范。

4. 合同当事人未选择准据法的，适用与合同之债有最密切联系的国家的法律。此时，下列地点所在国法视为与合同之债有最密切联系的国家的法律：

（1）依合同规定负有完成特征性履行义务的合同当事人的固定住所地或者主要管理机构所在地。若该义务与合同当事人的经济活动所在地国法有最密切联系，则适用经济活动所在地法；

（2）不动产所在地，若合同以不动产权利或不动产的使用权为标的；

（3）对于运输合同，为承运人的主要经济活动所在地，前提是承运人的主要经济活动所在地、货物装载地、货物发运人的主要所在地或货物发运地均处于该国境内。

5. 如果合同当事人的特征性履行无法依照完成地予以确定，并且诉讼案件的事实情况表明合同与另一国法律有最密切联系，因而不适用本条第 4 款所规定的推定规则时，则不适用本条第 4 款的规定。

6. 保险合同，适用保险人的固定住所地或者经济活动所在地国法；涉及不动产的保险合同，适用该财产的所在地国法。

7. 仲裁协议，适用支配主合同的法律；（主合同）无效时适用仲裁协议缔结地法；仲裁协议缔结地不能确定的，适用仲裁庭所在地法。

8. 在交易所缔结的合同或通过拍卖缔结的合同，适用交易所所在地或者拍卖发生地国法。

第 1.38 条　法律行为形式的准据法

1. 法律行为的形式，适用本法典第 1.37 条第 1 款规定的法律。

2. 合同当事人未选择准据法的，法律行为的形式由行为实施地法支配。由居住于不同国家的合同当事人缔结的合同，只要法律行为的形式满足其中任何一国对法律行为形式的法定要求，则为有效。

3. 涉及不动产或者不动产权利的法律行为的形式，依照该财产所在地国的法律规定。

4. 依照本法典第 1.39 条第 1 款缔结的消费者合同的形式，适用消费者的固定住所地国法。

第 1.39 条　消费者合同适用外国法的特别规定

1. 本条或者其他条款规定的消费者合同，系指自然人（消费者）与商品或服务出售方（提供者）之间不是以消费者的职业或营业活动为目的，即以满足消费者个人、家庭需要或者家务需要为目的而缔结的有关交付商品或者提供服务的合同。

2. 本法典第 1.37 条第 1 款所规定的合同当事人选择合同准据法的权利，不得剥夺与限制消费者为维护自身利益而依照消费者固定住地法规定提出权利主张的权利：

（1）如果依照（消费者）固定住所地国法规定，消费者合同系因特别要约或者广告而缔结；

（2）如果消费者系受另一方合同当事人的指使而进入外国；

（3）如果另一方合同当事人或其代理人已在消费者固定住所地收到订单。

3. 如果消费者合同的当事人未选择准据法，适用消费者的固定住所地国法。

4. 运输合同以及在立陶宛共和国境外提供服务的服务合同，不适用本条规定。

第 1.40 条　代理及其期限与内容的准据法

代理的形式，适用代理书签发地国法。如果代理书中未提及代理期限，则代理的期限、代理人的权利与义务、代理人与被代理人的相互责任及其对第三人的责任，适用代理人的营业地国法。

第 1.41 条　赠与合同的准据法

1. 赠与合同，适用赠与人的固定住所地或者经济活动所在地国法；但有关不动产的赠与合同除外，此类合同适用不动产所在地国法。

2. 若赠与合同的形式满足合同缔结地、赠与人的固定住所地或者赠与人经济活动所在地的法定要求，则不得认为该合同无效。

第 1.42 条　债权转让与债务承担的准据法

1. 债权转让与债务承担，适用合同当事人协议选择的法律。

2. 就债权转让与债务承担协议选择的法律，只要债务人不同意适用该协议选择的法律，则对债务人不予适用。

3. 合同当事人未协议选择准据法的，债权转让与债务承担引起的债权债务关系，适用支配主债权债务关系的法律，由它对既有的债权转让或债务承担作出决定。

4. 债权转让与债务承担的形式，适用支配债权转让或债务承担的准据法。

第六节　侵权之债的准据法

第 1.43 条　侵权之债的准据法

1. 双方当事人之间因侵权之债产生的债权债务关系，依受害人的选择适用侵权行为实施地、造成损害的事实发生地或者损害结果发生地国法。

2. 侵权行为实施地、造成损害的事实发生地或者损害结果发生地不能确定的，适用与损害赔偿诉讼案件有最密切联系的国家的法律。

3. 损害发生后，当事人可以协议选择受理诉讼案件的法院所在地国法为损害赔偿的准据法。

4. 双方当事人的固定住所地位于同一国境内的，损害赔偿适用该国法。

5. 因产品瑕疵造成损害所生之债，只要受害人的固定住所地位于结果发生地国，或者责任人的经济活动所在地、受害人取得产品地也位于该国，则适用损害结果发生地国法。如果损害责任人的固定住所位于受害人的固定住所地国，或者受害人在该国购买产品的，则适用受害人的固定住地国法。依上述规定不能确定准据法的，适用损害责任人所在地国法；但原告依照损害结果发生地国法规定主张债权的情况除外。

6. 承担民事责任的条件、范围、责任人以及免除民事责任的理由，依照支配侵权行为所生之债的准据法确定。

第 1.44 条　公路交通事故损害赔偿请求权的准据法

公路交通事故的损害赔偿请求权，适用依照 1971 年 5 月 4 日《关于公路交通事故法律适用的海牙公约》所确定的法律。

第 1.45 条　侵害人格权引起的损害赔偿请求权的准据法

1. 通过公共信息通信工具侵害人格权而引起的损害赔偿请求权，依受害人的选择适用受害人的固定住所地、经济活动所在地、损害结果发生地、造成损害者的固定住所地或经济活动所在地国法。

2. 抗辩，适用出版物出版地、广播或电视发射地国法。

第 1.46 条　因不正当竞争所致损害赔偿请求权的准据法

因不正当竞争所致损害赔偿的请求权，适用发生不正当竞争损害结果的市场所在地国法。个人利益受损时，适用受害人经济活动所在地国法。

第 1.47 条　多个赔偿义务人

由众人造成的损害，对具体个人而言，依本法典第 1.43 条确定应适用的法律。

第七节　物权的准据法

第 1.48 条　所有权的准据法

1. 不动产与动产的所有权及其他物权，适用其法律状态发生变化时该物之所在地国法。不动产或动产的确定，依该物之所在地国法。

2. 所有权及其他物权的官方注册，依照注册时该物之所在地国法。

3. 运输途中之物的所有权及其他物权，依该物之运输目的地国法。

4. 因时效取得的不动产所有权，依物之所在地国法。

第 1.49 条　当事人选择动产准据法的权利

1. 合同当事人可根据物的发运地国法、目的地国法或者支配法律行为的法律规定，协议选择支配动产权利的产生及消灭的准据法。

2. 合同当事人对准据法的选择不得影响第三人的权利。

第 1.50 条　有关动产物权限制的准据法

1. 当动产进入立陶宛共和国时，依外国法存在限制的，对该动产的权利在立陶宛共和国同样受到限制。

2. 国外既已存在的对物的扣押权，只要该权利不用于对抗善意第三人，则在该物进入立陶宛共和国时仍然有效。

3. 对动产出口物的扣押权，适用物之目的地国法。

第 1.51 条　抵押的准据法

1. 权利、有价证券及债权的抵押，依合同当事人协议选择的法律，除非所选择的法律用于对抗第三人。

2. 合同当事人未协议选择准据法的，有价证券与债权的抵押，依债权人的固定住所地或经济活动所在地国法；其他权利的抵押，适用支配此类权利的准据法。

第八节　知识产权的准据法

第 1.52 条　知识产权合同的债权债务关系的准据法

1. 合同当事人未依照本法典第 1.37 条规定选择准据法的，知识产权的合同性债权债务关系的准据法，依照转让或者使用知识产权的合同当事人的固定住所地或者作业地国法确定。

2. 雇主与雇员之间有关制作知识产权标的物的合同，适用支配合同关系的法律。

第 1.53 条　知识产权及其保护的准据法

1. 知识产权及其保护，适用据以申请保护该权利的国家的法律。

2. 侵害知识产权的损害事实发生后，当事人可以协议选择以受理案件的法院地国法为准据法。

第九节　其他债权债务关系的准据法

第 1.54 条　不当得利之债的准据法

1. 因无法律根据而引起的债权债务关系的请求权，适用调整该债权债务关系的国家的法律。

2. 对不当得利的财产的请求权，适用违法行为实施地国法。

3. 当事人之间存在法律关系的，如果财产系无因取得或积蓄所致，则适用支配该法律关系的国家的法律。

第 1.55 条　单方法律行为的准据法

单方法律行为，适用完成地法。

第 1.56 条　有价证券的准据法

1. 支票与有价证券，适用 1931 年 3 月 19 日《统一支票法日内瓦公约》与 1930 年 6 月 7 日《统一汇票、本票法日内瓦公约》的规定。

2. 其他有价证券，适用出票地法。

第 1.57 条　记账货币的准据法

1. 合同当事人未协议选择其他法律的，记账货币依照记账地国法确定。

2. 其他情况下，适用货币发行国法律。

第 1.58 条　由其他原因引起的债权债务关系的准据法

由本法典本章节未提及的其他原因引起的债权债务关系，适用该原因产生地国法。

第 1.59 条　诉讼时效的准据法

诉讼时效，依照支配民事关系参加者的权利与义务的国家的法律。

第十节　继承的准据法

第 1.60 条　遗嘱能力

被继承人设立、变更与撤销遗嘱的能力，依被继承人的固定住所地国法。自然人无固定住所地或者固定住所地不能确定的，设立遗嘱的能力依遗嘱设立地法。

第 1.61 条　遗嘱形式

1. 变更或撤销遗嘱的形式，依该法律文书的签署地法。

2. 遗嘱、遗嘱的变更及撤销，只要该法律文书的形式符合被继承人的固定住所地国法、被继承人签署该法律文书时或死亡时的国籍国法规定，亦为有效。涉及不动产的遗嘱及其变更与撤销，只要其形式符合不动产所在地国法规定，则为有效。

第 1.62 条　其他继承关系的准据法

1. 除不动产之外的其他继承关系，适用被继承人死亡时的固定住所地国法。不动产的继承关系，适用不动产所在地国法。

2. 立陶宛共和国公民死亡后发生的继承，若继承人居住于立陶宛共和国境内并对遗产的法定份额主张权利的，除不动产外，适用立陶宛共和国法律。

3. 如果依照继承关系的准据法规定，遗产不能归入外国国家，又无其他继承人，且该财产位于立陶宛共和国境内的，该财产归立陶宛共和国所有。

阿曼苏丹国民法典（节录）*

（2013 年文本）

序章　一般规定

第二节　法律适用

二、空间上的法律适用

第 10 条

在不同法律发生冲突时，为确定所应适用的法律，法律关系的识别以阿曼法律为准。

第 11 条

人的民事身份和行为能力，适用其国籍国法律。在商事交易行为在阿曼苏丹国缔结和产生法律后果的情形下，如当事人一方是限制行为能力的外国人，且该限制行为能力的原因不明使他方当事人不能查知，则就该法律行为而言，外国人被视为有行为能力。

外国法人的法律身份，适用法人实际总部所在国的法律。但法人在阿曼苏丹国从事营业活动的，适用阿曼法律。

第 12 条

有效结婚的实质要件，适用结婚时结婚双方各自的国籍国法律。

第 13 条

结婚的法律效力，适用丈夫的国籍国法律。夫妻双方在结婚后取得相同国籍的，就婚姻的法律效力而言，适用其共同的国籍国法律。

片面离婚，适用片面离婚时丈夫的国籍国法律。诉讼离婚以及撤销婚姻，

---

* 《阿曼苏丹国民法典》经 2013 年第 29 号法律颁布，于 2013 年 8 月 12 日正式生效。阿曼苏丹国的国际私法条款规定于该民法典序章部分。本法系根据德国科隆大学 Hilmar Krüger 和 Wagih Saad 的德文译本翻译（资料来源：IPRax 2014，Heft 4，S. 373-374）。本译文原载于《中国国际私法与比较法年刊》第十七卷（2014），法律出版社 2016 年版，第 392~393 页。——译者注

适用起诉时丈夫的国籍国法律。

第 14 条

在上述两条规定的情形下，如缔结婚姻时夫妻一方为阿曼国民，仅适用阿曼的法律，但有关婚姻能力的规定除外。

第 15 条

亲属间的扶养义务，适用扶养义务人的国籍国法律。

第 16 条

抚养、监护、保佐的实体问题以及有关保护无行为能力人、限制行为能力人、不在人和失踪者的实体规则，适用受保护人的国籍国法律。

第 17 条

法定继承、遗嘱以及所有死因处分行为，适用被继承人、遗嘱人和处分其财产的人死亡时的国籍国法律。

遗嘱和所有死因处分行为的形式，适用该处分行为的实施地国法律。

第 18 条

外国人遗留在阿曼境内的无继承人的遗产，归阿曼苏丹国所有。

第 19 条

不动产的占有、所有权及所有其他物权，适用不动产所在地法律。涉及动产的，适用占有、所有权或其他物权的取得或丧失之原因发生时，该动产的所在地法律。

第 20 条

合同之债，适用缔约当事人共同的住所所在国法律。当事人的住所位于不同国家的，适用合同缔结地国法律，但当事人另有约定的除外。

有关不动产的合同，适用不动产所在地国法律。

第 21 条

自然人之间的合同，适用合同缔结地国法律。但是，合同当事人可明示或默示地进行其他约定。

第 22 条

非合同之债，适用据以产生该债务的事实发生地国法律。

前款有关侵权行为之债的规定，不适用于因国外发生的，但在阿曼苏丹国属于合法的事件所引起的债务，即使其在发生地国被认为属于非法时亦然。

第 23 条

（法院的）管辖权规则及有关程序的所有事项，适用诉讼地国法律或者程序启动地国法律。

第24条

上述条款，如其违反特别法或在阿曼苏丹国有效的国际条约的规定，则不予适用。

第25条

上述条款未予规定的法律冲突，适用国际私法的一般原则。

第26条

对于国籍不明者以及同时具有多个国籍的人，适用阿曼法律。

第27条

根据上述条款应适用外国法律的规定时，则适用该外国法的实体规范而非其国际私法规范。

第28条

根据上述条款应适用的外国法规定，如其违背伊斯兰沙利亚法、阿曼苏丹国的公共秩序或善良风俗，则不予适用。

俄罗斯联邦民法典（节录）*

（2014年修订文本）

第六编　国际私法

第六十六章　一般规定

第1186条　有外国人参加的或含有其他涉外因素的民事法律关系准据法的确定

1. 有外国公民、外国法人参加的或者具有其他涉外因素的民事法律关系，包括民事权利的客体位于外国的情形，其准据法根据俄罗斯联邦缔结或参加的国际条约、本法典、其他法律（第3条第2款）以及俄罗斯联邦认可的惯例确定。

国际商事仲裁庭确定准据法之特殊性，由国际商事仲裁法规定。

2. 如依照本条第1款无法确定准据法，则适用与民事法律关系有最密切联系的国家的法律。

3. 如俄罗斯联邦缔结或参加的国际条约含有适用于相应关系的实体法规范，则不得根据冲突规范为此类完全由实体法规范调整的问题确定准据法。

第1187条　确定准据法时对法律概念的识别

1. 在确定应适用的法律时，依照俄罗斯法对法律概念进行解释，但法律

---

* 《俄罗斯联邦民法典》2001年11月1日由国家杜马通过，2001年11月4日由联邦议会批准，2002年3月1日起生效。该法典第三卷第六编为国际私法条款，后经2013年9月30日《关于修订俄罗斯联邦民法典第三卷的第260号法令》（Федеральный закон от 30 сентября 2013 г. N 260-ФЗ "О внесении изменений в часть третью Гражданского кодекса Российской Федерации"）和2014年5月5日第124号联邦法令修订。本译文系根据Florian Heindler和Bea Verschraegen的德文译本（资料来源：IPRax 2014，Heft 5，S. 459-463）翻译，合泽者为武汉大学国际法研究所2015级硕士研究生刘琦。本译文原载于《中国国际私法与比较法年刊》第十九卷（2016），法律出版社2017年版，第396～4068页。——译者注

另有规定的除外。

2. 在确定应适用的法律时，如果需要识别的法律概念是俄罗斯法中所没有的，或者在俄罗斯法中的名称或内容不同，从而无法根据俄罗斯法律直接进行解释时，则可适用外国法对之进行识别。

第 1188 条　多法律体系国家法律的适用

如要适用一个国家的法律，而该国同时施行多个法律体系，则适用根据该国法律所确定的法律体系。如果不能根据该国法律确定哪一个法律体系应得以适用，则适用与该关系有最密切联系的法律体系。

第 1189 条　互惠

1. 外国法在俄罗斯联邦的适用，并不取决于该外国是否在同类关系上适用俄罗斯法律，但法律规定根据互惠原则适用外国法的情形除外。

2. 若外国法的适用取决于互惠关系，在无其他相反证明时，推定存在这种互惠。

第 1190 条　反致

1. 依照本编规定对外国法的任何指引，均须视为对相应国家实体法而非冲突法的指引，但本条第 2 款规定的情形除外。

2. 指引的是规定自然人法律地位的俄罗斯法律时，可接受外国法的反致。①

第 1191 条　外国法律规范内容的查明

1. 法院在适用外国法律规范时，应依照该外国对法律规范的官方解释、适用实践以及法律学说查明其内容。

2. 为了查明外国法律规范的内容，法院可依照规定的程序，请求俄罗斯联邦司法部或者在俄罗斯联邦境内的以及国外的其他主管机关或组织予以协助和解释，或者聘请专家。

诉讼参与人可以提交其据以提出请求或抗辩的某外国法规范内容的证明文件；或者用其他方式协助法院查明这些规范的内容。

对于与双方当事人从事经营活动有关的请求，法院可以责令双方当事人承担提供有关外国法律规范内容的信息之义务。②

3. 即使依照本条规定采取了措施，如在合理期限内仍不能查明外国法律规范的内容，则适用俄罗斯法律。

---

① 本款规定系根据 2013 年 9 月 30 日第 260 号联邦法令修正。

② 本段规定系根据 2013 年 9 月 30 日第 260 号联邦法令修正。

第 1192 条　直接适用的规范①

1. 俄罗斯联邦立法中的强制性规范由于其本身的规定或鉴于其特殊意义，包括对于保障民事流转关系参与者的权利和受法律保护的利益方面的意义，而不论准据法为何均调整所涉的关系（直接适用的规范），则本编的规定不影响此种强制性规范的效力。②

2. 法院在根据本编规定适用任何一个国家的法律时，如依照与法律关系有密切联系的另一国法律，该另一国的强制性规范是直接适用的规范，则可考虑适用该强制性规范。此时，法院必须考虑此类规范之目的、性质以及适用或不适用的后果。③

第 1193 条　公共秩序条款

根据本编规定应适用的外国法律规范，如其适用的结果显然违背俄罗斯联邦法律制度的各项原则（公共秩序），鉴于因涉外因素而使法律关系复杂化之特点，则例外地不予适用。此时，如有必要，应适用俄罗斯法律的相应规定。④

不得仅因外国的法律、政治和经济制度不同于俄罗斯联邦的法律、政治和经济制度而拒绝适用该外国的法律规范。

第 1194 条　报复

对于那些对俄罗斯公民和法人的财产及人身非财产权利实行特别限制的国家，俄罗斯联邦政府可对其公民和法人的财产及人身非财产权利采取相应的对等措施。

第六十七章　人的法律地位的准据法

第 1195 条　自然人的属人法

1. 自然人的国籍国法律，视为其属人法。

2. 如一人有俄罗斯国籍的同时还有另一外国国籍，则其属人法为俄罗斯法律。

---

① 本条标题系根据 2013 年 9 月 30 日第 260 号联邦法令修正。
② 本款规定系根据 2013 年 9 月 30 日第 260 号联邦法令修正。
③ 本款规定系根据 2013 年 9 月 30 日第 260 号联邦法令修正。
④ 本段规定系根据 2013 年 9 月 30 日第 260 号联邦法令修正。

3. 若外国公民在俄罗斯联邦境内有住所，则其属人法为俄罗斯法律。

4. 若一人具有多个国籍，则该人的住所地国法律视为其属人法。

5. 无国籍人以其住所地国法律为属人法。

6. 难民以其避难地国法律为属人法。

第 1196 条　自然人民事权利能力的准据法

自然人的民事权利能力，由其属人法决定。外国公民和无国籍人在俄罗斯联邦享有与俄罗斯公民同等的民事权利能力，但法律另有规定的情形除外。

第 1197 条　自然人民事行为能力的准据法

1. 自然人的民事行为能力，由其属人法决定。

2. 依照其属人法不具有民事行为能力的自然人，如依行为实施地法律具有民事行为能力的，则不得援引其不具有行为能力，除非能够证明另一方当事人已知晓或者显然应当知晓其无行为能力。

3. 在俄罗斯联邦宣告自然人无行为能力或限制行为能力的，依俄罗斯法律。

第 1198 条　自然人姓名权的准据法

自然人的姓名权、姓名权的行使及保护，依其属人法确定，但本法典或其他法律另有规定的除外。

第 1199 条　监护和保佐的准据法

1. 对未成年人、无行为能力人或限制行为能力人监护或保佐的设立或取消，依该被监护人的属人法。

2. 承担监护（保佐）的监护人（保佐人）的义务，依被指定为监护人（保佐人）的人的属人法。

3. 监护人（保佐人）与被监护人（被保佐人）的关系，依指定监护（保佐）的机关所在地国法确定。但是，若被监护人（被保佐人）在俄罗斯联邦境内有住所，且俄罗斯法对其更为有利，则适用俄罗斯法。

第 1200 条　宣告自然人失踪和宣告自然人死亡的准据法

在俄罗斯联邦宣告自然人失踪和宣告自然人死亡，依俄罗斯法。

第 1201 条　决定自然人从事经营活动能力的准据法

自然人作为个体经营者从事经营活动的权利，依该自然人以个体经营者资格进行注册地国法确定。若由于未要求强制注册而不能适用这一规定，则适用从事经营活动的主要场所所在地国法。

第 1202 条　法人的属人法

1. 法人以其设立地法为属人法，但联邦法律中《关于修改〈有关俄罗斯联邦民法典第一卷生效〉和俄罗斯联邦民法典第三卷第1202条的联邦法令》另有规定的除外。①

2. 根据法人的属人法特别确定：

(1) 一个组织作为法人的法律地位；

(2) 法人的组织形式和法律形式；

(3) 对法人名称的要求；

(4) 法人设立、重组和清算的问题，包括权利继受问题；

(5) 法人权利能力的内容；

(6) 法人取得民事权利和承担民事义务的程序；

(7) 法人的内部关系，包括法人与其股东的关系；

(8) 法人对自己的债务承担责任的能力；

(9) 法人发起人（股东）对其债务的责任问题。②

3. 若法人的机构或代表实施法律行为地国的法律中没有关于法人机构或代表实施行为的权利限制，则法人不得援引此类权利限制，除非可以证明法律行为的对方当事人已知晓或者显然应当知晓此类限制。

4. 在国外设立的法人优先在俄罗斯联邦境内从事经营活动的，则对于发起人（股东）、有权利作出对法人有约束力的指示或者有可能以其他方式决定法人行为的其他人承担责任之请求，以及对于法人的各项债务，应适用俄罗斯法律或者根据债权人的选择适用该法人的属人法。③

第1203条　依照外国法不具有法人资格的外国组织的属人法

依照外国法不具有法人资格的外国组织，以其设立地国法律为属人法。

此类组织的活动，只要可以适用俄罗斯法律，则相应地适用本法典中有关调整法人活动的规定，但法律、其他法律文件以及对法律关系的性质另有规定的除外。

第1204条　国家参与涉外民事法律关系

国家参与的涉外民事法律关系，一般适用本编的规定，但法律另有规定的除外。

---

① 本款规定系根据2014年5月5日第124号联邦法令修正。

② 本项规定系根据2013年9月30日第260号联邦法令增补。

③ 本款规定系根据2013年9月30日第260号联邦法令增补。

第六十八章 财产关系和人身非财产关系的准据法

第1205条 物权的准据法①

不动产和动产的所有权及其他物权，由该财产所在地国法律确定。

第1205.1条 物权准据法的适用范围②

如果本法典无其他规定，以下事项依照物权的准据法确定，特别是：

（1）物权客体的种类，包括财产属于不动产还是动产；

（2）物权客体的可流转性；

（3）物权的种类；

（4）物权的内容；

（5）物权的产生与消灭，包括所有权的转移；

（6）物权的行使；

（7）物权的保护。

第1206条 物权设立和消灭的准据法③

1. 财产所有权及其他物权的设立和消灭，依该所有权及其他物权据以设立和消灭的法律行为或其他事件发生时该财产之所在地国法律确定，但法律另有规定的除外。

2. 因法律行为引起的所有权及其他物权的设立和消灭，如果该法律行为系针对正在运输途中的财产而实施，则依发运地国法律确定，但法律另有规定的除外。

3. 双方当事人可以约定将支配其法律行为的法律适用于动产的所有权及其他物权的设立与消灭，但不得损害第三人的权利。

4. 因取得时效而产生的财产所有权及其他物权，依该时效届满时该财产的所在地国法律确定。

第1207条 船舶和航天器的物权准据法④

须经国家注册的飞船、海运船舶、内河船舶以及航天器的所有权及其他物权，依照该船舶和器物的注册地国法律确定。

---

① 本条规定系根据2013年9月30日第260号联邦法令修正。

② 本条规定系根据2013年9月30日第260号联邦法令增补。

③ 本条规定系根据2013年9月30日第260号联邦法令修正。

④ 本条规定系根据2013年9月30日第260号联邦法令修正。

第 1208 条　诉讼时效的准据法

诉讼时效，依适用于相应法律关系的国家法律确定。

第 1209 条　法律行为形式的准据法①

1. 法律行为的形式，由适用于法律行为本身的国家法律调整。但是，一项法律行为，如遵守了该项行为实施地国法律所规定的形式要求，则不得以违反形式规定为由而认定无效。一项在外国实施的法律行为，当至少一方当事人的属人法为俄罗斯法律时，若遵守了俄罗斯法律对法律行为形式的要求，则不得以违反形式规定为由而认定为无效。

本款第 1 段的规定也适用于授权的形式。

在本法典第 1212 条第 1 款所述情形下，消费者合同的形式，依消费者的选择适用其住所地国法律。

2. 法人的设立地国法律对有关设立法人的合同或者与行使法人股东权利有关的法律行为在形式上有特别要求，则此类合同或法律行为的形式由该国的法律调整。

3. 法律行为或者该项行为上权利的设立、转让、限制或者消灭，应当在俄罗斯联邦进行国家强制注册的，则该项法律行为的形式由俄罗斯法律调整。

4. 涉及不动产的法律行为之形式，依该财产所在地国法律；但是，涉及已载入俄罗斯联邦国家登记簿的不动产之法律行为，其形式依俄罗斯法律。

第 1210 条　合同双方当事人选择法律

1. 合同的双方当事人可以在订立合同时或嗣后通过协议选择适用于该合同权利和义务的法律。②

2. 双方当事人选择准据法的协议必须是明示的，或者能从合同条款或案件的整体情况中明确体现出来。

3. 双方当事人在订立合同后对准据法所作的选择，如不损害第三人权利且不损抑法律行为形式要求的效力，具有溯及既往的效力并视为自订立合同之时起有效。③

4. 合同当事人既可以对整个合同，也可以对合同的个别部分选择准据法。

5. 当事人选择准据法时，如涉及当事人关系实质的所有情势仅与一个国

---

① 本条规定系根据 2013 年 9 月 30 日第 260 号联邦法令修正。

② 本款规定系根据 2013 年 9 月 30 日第 260 号联邦法令修正。

③ 本款规定系根据 2013 年 9 月 30 日第 260 号联邦法令修正。

家有关，则当事人对另一国法律的选择不得影响与涉及当事人关系实质的情势有关联的那个国家的强制性规范的效力。①

6. 如从法律或者关系的实质得不出其他结论，则本条第1~3款、第5款的规定相应地适用于双方当事人通过协议对非合同关系所作的法律选择，但以法律允许此种选择为限。②

第1211条　当事人未协议选择法律时合同的准据法③

1. 如果本法典或其他法律无另外规定，当事人未协议选择合同准据法时，适用订立合同时其履行对合同内容具有决定性作用的那方当事人的住所地国法律或者主营业地国法律。

2. 下列当事人，应视为其履行对合同内容有决定性作用的当事人，特别是：

（1）买卖合同中的卖方；

（2）赠与合同中的赠与人；

（3）租赁合同中的出租人；

（4）无偿使用合同中的出借人；

（5）承揽合同中的承揽人；

（6）运输合同中的承运人；

（7）运输代办合同中的代办人；

（8）借贷（信贷）合同中的出借人（债权人）；

（9）转让货币债权的融资合同中的融资方；

（10）银行存款（提存）和银行账户合同中的银行；

（11）保管合同中的保管人；

（12）保险合同中的保险人；

（13）委托合同中的受托人；

（14）行纪合同中的行纪人；

（15）代办合同中的代办人；

（16）有偿提供服务合同中的服务提供者；

（17）抵押合同中的抵押人；

（18）担保合同中的担保人。

---

① 本款规定系根据2013年9月30日第260号联邦法令增补。

② 本款规定系根据2013年9月30日第260号联邦法令增补。

③ 本条规定系根据2013年9月30日第260号联邦法令修正。

3. 对于建筑承包合同和有关设计、勘察的承揽合同，适用相应合同所规定的成果主要完成地国法律。

4. 对于简易公司（простое товарищество，einfache Gesellschaft）合同，适用该公司开展活动的主要场所地国法律。

5. 对于通过拍卖、竞标或者在交易所订立的合同，适用拍卖、竞标进行地或者交易所所在地国法律。

6. 对于商业特许合同，适用在其领域内准许使用者使用属于权利持有人的复合专属权的国家的法律；或者，如果同时在多个国家领域内准许这种使用，则适用权利持有人的住所地国法律或者主要营业地国法律。

7. 对于有关智力活动成果或个体化手段（средство индивидуализации，Individualisierungsmittel）的专属权转让之合同，适用在其领域内向受让人转移的专属权发生效力所在国的法律；但是，如果同时在多个国家领域内发生效力，则适用权利持有人的住所地国法律或者主要营业地国法律。

8. 对于许可证合同，适用在其领域内准许被许可人使用智力活动成果或者个体化手段的国家的法律；但是，如果同时在多个国家领域内准许这种使用，则适用许可人的住所地国法律或者主要营业地国法律。

9. 如果从法律、合同条款或合同性质以及案件整体情况明确得出，合同与第1~8款所述国家以外的其他国家有更密切联系，则适用与合同有更密切联系的国家的法律。

10. 对于混合合同，如从法律、合同条款、合同性质、案件整体情况不能得出结论要求对该合同的这些要素应分别确定准据法，则适用从整体上与该合同有最密切联系的国家的法律。

11. 如在合同中使用了国际交往中通用的贸易术语，则在合同无其他说明时，视为双方当事人约定将相应贸易术语所表示的商业惯例适用于他们之间的关系。

第1212条　消费者合同的准据法

1. 作为合同一方当事人的自然人为了个人、家庭、家务以及其他与经营活动无关的需要而使用、取得、订购或者有意使用、取得、订购动产（工作、服务）时，如果消费者合同的对方当事人（职业当事人）在消费者的住所地国从事其活动，或者旨在以任何方式在该国领域内或者包括该国在内的多个国家领域内从事其活动，在合同与职业当事人的活动有关的条件下，则自然人（消费者）对该合同准据法的选择不得导致该自然人住所地国法律中的强制性规范为其权利所提供的保护被剥夺。①

2. 如果双方当事人未协议选择准据法并且存在本条第 1 款所述情形，则对于有消费者参与的合同，适用消费者的住所地国法律。

3. 本条第 1 款和第 2 款的规定不适用于：

（1）运输合同；

（2）完成工作合同和服务合同，如果该工作或服务完全必须在消费者住所地国以外的另一国家境内完成或提供。

本款的例外规定不适用于以一次性付款价格订立的有关运输和安置旅客的服务合同（无论该一次性付款中是否包括其他服务的价值），尤其不适用于旅游服务合同。

4. 对于本条第 1 款未规定的情形，对消费者合同准据法的选择，不得导致当事人无法律选择协议时本应适用于该合同的法律所属国的强制性规范对消费者权利的保护被剥夺。②

5. 对于本条所规定的例外情形，适用于有消费者参加的合同的法律，依照本法典有关合同准据法的一般规则确定。③

第 1213 条　不动产合同的准据法

1. 当事人未约定不动产合同的准据法时，适用与合同有最密切联系的国家的法律。若从法律、合同条款或合同性质以及案件整体情况中不能明确得出其他结论，则不动产所在地国法视为与合同有最密切联系的国家的法律。④

2. 对涉及俄罗斯联邦境内的土地、矿山以及其他不动产的合同，适用俄罗斯法律。⑤

第 1214 条　设立法人之合同以及有关法人股东行使权利之合同的准据法⑥

1. 设立法人之合同以及有关法人股东权利行使之合同，其准据法的选择，不得影响法人设立地国法律中涉及本法典第 1202 条第 2 款所述事项的强制性规范的适用。

2. 当事人没有约定设立法人之合同以及有关法人股东权利行使之合同的

① 本款规定系根据 2013 年 9 月 30 日第 260 号联邦法令修正。

② 本款规定系根据 2013 年 9 月 30 日第 260 号联邦法令增补。

③ 本款规定系根据 2013 年 9 月 30 日第 260 号联邦法令增补。

④ 本款规定系根据 2013 年 9 月 30 日第 260 号联邦法令修正。

⑤ 本款规定系根据 2006 年 6 月 5 日第 73 号联邦法令修正。

⑥ 本条规定系根据 2013 年 9 月 30 日第 260 号联邦法令修正。

准据法时，适用法人设立地国法律或者支配法人设立事项的法律。

第 1215 条　合同准据法的适用范围①

1. 依照本法典第 1210~1214 条以及第 1216 条的规定应适用于合同的法律，尤其确定下列事项：

（1）合同的解释；

（2）合同各方当事人的权利和义务；

（3）合同的履行；

（4）不履行或不适当履行合同的后果；

（5）合同的终止；

（6）合同无效的后果。

2. 如果法律无其他规定，适用于本法典第 1202 条第 2 款、第 1205.1 条、第 1217.1 条第 5 款所述事项的法律的适用范围，特别地不受本条第 1 款规定的影响。

第 1216 条　债权转让的准据法

1. 原债权人和新债权人之间有关债权转让的协议的准据法，依照本法典关于合同准据法的规定确定。②

2. 债权转让的许可、新债权人与债务人之间的关系、新债权人向债务人主张该债权的条件以及债务人适当履行债务的问题，均依照作为转让标的之债权的准据法确定。③

第 1216.1 条　债权人权利向其他人法定转移的准据法④

1. 第三人清偿了债权人对债务人的债权时，则债权人权利向该第三人（新债权人）的法定转移由调整原债权人与新债权人之间关系的法律确定，但从法律规定或案件整体情况能得出其他结论的除外。

2. 此时，适用于债务人与原债权人之间的债务关系、旨在保护债权人的法律规定在适用于债务人和新债权人之间关系时不受影响。

第 1217 条　因单方法律行为所生之债的准据法

因单方法律行为产生的债务，若从法律、法律行为的内容或性质或者案件整体情况中不能明确得出其他结论，则适用在法律行为完成之时因其单方法律

---

① 本条规定系根据 2013 年 9 月 30 日第 260 号联邦法令修正。

② 本款规定系根据 2013 年 9 月 30 日第 260 号联邦法律修正。

③ 本款规定系根据 2013 年 9 月 30 日第 260 号联邦法律修正。

④ 本条规定系根据 2013 年 9 月 30 日第 260 号联邦法律增补。

行为而负有债务的一方当事人的住所地国法律或主要营业所所在地国法律。①

第1217.1条 代理关系的准据法②

1. 基于合同的代理，则被代理人和代理人之间的关系依照本法典有关合同准据法的规定确定。

2. 如法律没有其他规定，被代理人或代理人与第三人之间的关系，由被代理人在授权书中所选择的那一国家的法律确定，前提是第三人和代理人已被告知此项选择。

被代理人没有选择适用于授权书的法律或者所选择的法律依法不能适用时，则被代理人或代理人与第三人之间的关系，由代理人的住所地国法律或者主营业地国法律确定。如第三人不知晓并且不应知晓代理人的住所地或主营业地时，则适用代理人在具体案件中的优先营业地国法律。

3. 如果为实施有关不动产的法律行为而授权代理人，且在进行该项法律行为时，该权利的产生、转让、限制或者消灭应当进行国家强制登记，则适用该不动产进行国家登记所在国的法律。

4. 如果为了在法院诉讼或在仲裁机构仲裁而授权代理人，则适用诉讼程序或仲裁程序举行地国的法律。

5. 适用于被代理人或代理人与第三人之间关系的法律特别确定以下事项：

（1）代理人权限的存在与范围；

（2）代理人行使代理权的后果；

（3）对授权书内容的要求；

（4）授权的有效期限；

（5）授权的终止，包括终止委托对第三人的后果；

（6）以转委托的方式签发授权书的许可性；

（7）在未经授权以被代理人名义行事或者超越代理权限时，包括被代理人随后追认该法律行为时，所实施的法律行为的后果。

6. 如果从法律规定或关系实质不能得出其他结论，在授权书无其他规定时，争议解决程序（签订将争议提交法院或仲裁机构及类似机构的协议）以及对代理人以被代理人名义实施的法律行为之准据法的选择，均视为属于代理人的权限范围。

---

① 本条规定系根据2013年9月30日第260号联邦法律修正，本条原第2款自2013年11月1日起废止。

② 本条规定系根据2013年9月30日第260号联邦法律增补。

7. 本条的规定，不适用于基于法律或者国家权力机关、地方自治机关法规所产生的代理关系。

第 1217.2 条　因抵销而债务终止的准据法①

因抵销而发生的债务终止，由适用于抵销所针对的债权得以产生的法律关系的国家法律调整。根据双方当事人之间的协议实施因抵销而导致的终止债务行为的，依照本法典有关合同准据法的规定。

第 1218 条　支付利息的准据法

金钱债务引起的利息的收取以及利息的计算方式和金额，由适用于相关债务的国家法律确定。

第 1219 条　因造成损害所生债务的准据法

1. 因造成损害而产生的债务，适用据以提起损害赔偿要求的行为或其他事件发生地国法律。如这种行为或事件的损害后果发生在另一国，只要造成损害者预见到或理应预见到损害会在该另一国发生，则可适用该另一国的法律。

2. 因造成损害而产生的债务，如双方当事人的住所或主营业地在同一国家境内，则适用该国的法律。若双方当事人的住所或主营业地在不同国家境内，但是同一国家的公民或法人的，则适用该国的法律。②

3. 如果案件的整体情况表明，因引起损害所生的债务与受害人和致害人之间的合同有密切联系，而该合同系由这些当事人在从事经营活动时订立，则此项债务适用该合同的准据法。③

4. 因引起损害所生债务的双方当事人之间就该项债务的准据法（第 1223.1 条）未签订协议的，适用本条之规定。④

第 1220 条　因造成损害所生债务之准据法的适用范围

因造成损害所生债务之准据法，尤其决定下列事项：

（1）致害人承担损害责任的能力；

（2）责成不是致害人的人承担损害责任；

（3）责任的依据；

（4）责任限制和免除责任的依据；

---

① 本条规定系根据 2013 年 9 月 30 日第 260 号联邦法令增补。

② 本款规定系根据 2013 年 9 月 30 日第 260 号联邦法令修正。

③ 本款规定系根据 2013 年 9 月 30 日第 260 号联邦法令修正。

④ 本款规定系根据 2013 年 9 月 30 日第 260 号联邦法令增补。

（5）损害赔偿的方式；

（6）损害赔偿的范围与数额。

第1220.1条　确定由保险人赔偿损失之请求的许可性的准据法①

如果适用于因引起损害所生之债的法律或者保险合同的准据法允许，则受害人可直接向保险人提出损害赔偿请求。

第1221条　因商品、工作或服务瑕疵造成损害所生责任之准据法②

1. 因商品、工作或服务瑕疵引起的损害赔偿请求，依受害人的选择适用：

（1）销售者、制造者或其他致害人的住所或主要营业地所在国的法律；

（2）受害人的住所或主要营业地所在国的法律；

（3）工作完成地、服务提供地或商品购买地国的法律。

如果致害人证明，他既无法预见也不必预见商品进入相应国家时，受害人不得选择本款第2项、第3项所规定的法律。

2. 如果双方当事人根据本法典第1223.1条规定通过其协议选择了因商品、工作或服务瑕疵引起的损害赔偿请求的准据法，则适用双方当事人所选择的法律。

3. 受害人不行使本条第1款所赋予的法律选择权并且当事人之间也无法律选择协议时，如果从法律规定、债务实质或者案件的整体情况得不出其他结论，则应适用商品的销售者、制造者或者其他致害人的住所地国法律或主营业地所在国法律。

4. 本条的规定相应地适用于因商品、工作或服务的信息不真实、不充分而产生的损害赔偿请求。

第1222条　因不正当竞争和限制竞争所生债务的准据法③

1. 因不正当竞争而产生的债务，若从法律或者债的性质中不能得出其他结论，则适用这种竞争行为涉及或可能涉及的市场所在国的法律。

不正当竞争只涉及个别人利益的，则依照本法典第1219条和第1223.1条确定应适用的法律。

2. 因限制竞争而产生的债务，如从法律或者债的实质中不能得出其他结论，则适用限制竞争行为涉及或者可能涉及的市场所在国的法律。

3. 双方当事人不得选择适用于本条第1款第1段和第2款所指债务的

---

① 本条规定系根据2013年9月30日第260号联邦法令增补。

② 本条规定系根据2013年9月30日第260号联邦法令修正。

③ 本条规定系根据2013年9月30日第260号联邦法令修正。

法律。

第 1222.1 条　因不守信用而进行的缔约谈判所生债务的准据法①

1. 因不守信用而进行的缔约谈判所生之债务，适用支配该合同的法律；如未订立合同，适用假设订立了合同时支配该合同的法律。

2. 如依照本条第 1 款规定不能确定应适用的法律，则依照本法典第 1219 条和第 1223.1 条确定准据法。

第 1223 条　因不当得利所生债务的准据法

1. 因不当得利所生之债务，适用不当得利发生地国的法律。②

2. 如不当得利涉及某一现存或推定的法律关系，并因此取得或保管了财产，则对因不当得利所生之债务适用曾支配或可能支配该法律关系的国家的法律。

3. 因不当得利所生债务的双方当事人之间未签订有关该项债务的法律选择协议时（第 1223.1 条），适用本条之规定。③

第 1223.1 条　双方当事人对于因造成损害或不当得利所生债务的法律选择④

1. 如法律无其他规定，双方当事人可以在引起损害或不当得利的行为完成后或者其他情势发生后，通过其协议选择适用于因造成损害或者不当得利所生债务的法律。

适用双方当事人所选择的法律时，不得损害第三人的权利。

2. 在引起损害或不当得利的行为完成之时或其他情势发生之时，涉及双方当事人关系实质的所有情势仅与一个国家有关，则双方当事人对另一国家法律的选择不得影响与当事人关系实质的所有情势有关的那一国家法律中的强制性规范的适用。

第 1224 条　继承关系的准据法

1. 继承关系，依被继承人的最后住所地国法律确定，但本条另有规定的除外。

不动产的继承，依该财产所在地国法律确定；已在俄罗斯联邦国家注册机

---

① 本条规定系根据 2013 年 9 月 30 日第 260 号联邦法令增补。

② 本款规定系根据 2013 年 9 月 30 日第 260 号联邦法令修正，原第 1 款第 2 段规定自 2013 年 11 月 1 日起废止。

③ 本款规定系根据 2013 年 9 月 30 日第 260 号联邦法令增补。

④ 本条规定系根据 2013 年 9 月 30 日第 260 号联邦法令增补。

关注册的不动产，其继承依俄罗斯法律确定。

2. 当事人设立和撤销遗嘱的能力，包括设立和撤销涉及不动产的遗嘱的能力，以及该遗嘱的形式或撤销遗嘱的文书之形式，均依遗嘱人设立遗嘱时或制作撤销遗嘱文书时的住所地国法律确定。但是，遗嘱或对遗嘱的撤销符合遗嘱设立地或撤销遗嘱的文书制作地法律或俄罗斯法律的形式要求，则不得以遗嘱或撤销遗嘱的文书不符合形式而认定其无效。

德国《民法典施行法》（节录）*

（2017年6月17日文本）

第一编　总则

第二章　国际私法

第一节　一般规定①

第3条　适用范围、与欧洲联盟的规定以及与国际条约的关系②

除非作准的是

（1）欧洲联盟可直接适用的现行规定，尤其是：

（a）欧洲议会及理事会2007年7月11日《关于非合同之债法律适用的

---

* 德国《民法典施行法》（Einführungsgesetz zum Bürgerlichen Gesetzbuche）最初制定于1896年8月18日，自1900年1月1日起施行，至今已经历了一百多年的风雨历程。随着时代的发展，德国尽管对《民法典施行法》进行了多次重大修改，但其国际私法条款仍然主要规定在《民法典施行法》中。本法的翻译，以德国联邦司法与消费者保护部网站（http：//www.gesetze-im-internet.de/bgbeg/BJNR006049896.html）上公布的文本为准。本译文及其修订版原载于：《国际法与比较法论丛》第17辑，中国方正出版社2007年版，第659~680页；《德国法研究》第4卷，哈尔滨工业大学出版社2010年版，第198~212页。此处略有修改及补充。——译者注

① 本节标题原为"指引"（Verweisungen），经2008年12月10日《关于使国际私法条款与（欧共体）第864/2007号条例相适应的法律》（Gesetz zur Anpassung der Vorschriften des Internationalen Privatrechts an die Verordnung（EG）Nr. 864/2007 vom 10. 12. 2008，BGBl. I S. 2401）第1条第1项修改为现有标题，自2009年1月11日起生效。——译者注

② 经2015年6月29日《国际继承法程序法》［Gesetz zum Internationalen Erbrecht und zur Änderung von Vorschriften zum Erbschein sowie zur Änderung sonstiger Vorschriften（IntErbRVGEG）vom 29. 06. 2015，BGBl. I S. 1042）修订后的文本，自2015年8月27日起施行。——译者注

(欧共体）第864/2007号条例》（“罗马Ⅱ”）①，

（b）欧洲议会及理事会2008年6月17日《关于合同之债法律适用的（欧共体）第593/2008号条例》（“罗马Ⅰ”）②，

（c）欧盟理事会2008年12月18日《关于扶养义务事项的管辖权、准据法、判决的承认与执行、合作的（欧共体）第4/2009号条例》③ 第15条以及2007年11月23日《关于扶养义务法律适用的海牙议定书》；

（d）欧洲议会及理事会2010年12月20日《关于在离婚与司法别居的法律适用领域实施强化合作的（欧盟）第1259/2010号条例》④，以及

（e）欧洲议会及理事会2012年7月4日《关于继承事项的管辖权、准据法、判决和公文书的承认与执行以及实行欧洲遗产证书的（欧盟）第650/2012号条例》⑤，或者

（2）国际条约中已成为可直接适用的内国法的各项规定，

否则，当案件与外国有联系时，依照本章规定确定应适用的法律（国际私法）。

第3a条　对实体规范的指引；单行规定

1. 对实体条款的各项指引，均为对被援用的法律体系中除国际私法之外的法律规范的指引。

---

① Verordnung（EG）Nr. 864/2007 des Eurpäischen Parlaments und des Rates vom 11. Juli 2007 über das auf auβervertragliche Schuldverhältnisse anzuwendende Recht（„ Rom II “），ABl. EU Nr. L 199 vom 31. 7. 2007，S. 40.

② Verordnung（EG）Nr. 593/2008 des Eurpäischen Parlaments und des Rates vom 17. Juni 2008 über das auf vertragliche Schuldverhältnisse anzuwendende Recht（Rom I），ABl. EU Nr. L 177 vom 4. 7. 2008，S. 6.

③ Verordnung（EG）Nr. 4/2009 des Rates vom 18. Dezember 2008 über die Zuständigkeit，das anwendbare Recht，die Anerkennung und Vollstreckung von Entscheidungen und die Zusammenarbeit in Unterhaltssachen，ABl. EU 2009 Nr. L7，S. 1.

④ Verordnung（EU）Nr. 1259/2010 des Rates vom 20. Dezember 2010 zur Durchführung einer Verstärkten Zusammenarbeit im Bereich des auf die Ehescheidung und Trennung ohne Auflösung des Ehebandes anzuwendenden Rechts，ABl. EU Nr. L 343，S. 10.

⑤ Verordnung（EU）Nr. 650/2012 des Europäischen Parlaments und des Rates vom 4. Juli 2012 über die Zuständigkeit，das anzuwendende Recht，die Anerkennung und Vollstreckung von Entscheidungen und die Annahme und Vollstreckung öffentlicher Urkunden in Erbsachen sowie zur Einführung eines Europäischen Nachlasszeugnisses，ABl. EU 2012，Nr. L 201，S. 107.

2. 如果根据本章第三节的各项指引，某人的财产应受某一国家的法律支配，则此类指引并不针对不在该国境内，并且按照其所在地国法律应受特殊条款支配的财产。

第4条　反致与转致；法律体系的分裂

1. 如果被指引的是其他国家的法律，则该国的国际私法亦应予以适用，除非其违背指引的本意。如果该其他国家的法律反致德国法律，则适用德国的实体规定。

2. 当事人可以选择某一国法律时，则只能选择该国的实体规定。

3. 如果被指引的是具有多个区域性法律体系的国家的法律，但并未指明应以哪一区域性法律体系为准，则由该国法律决定应适用哪一区域的法律体系。若无此种规定，则适用与案件有最密切联系的那一区域的法律体系。

第5条　属人法

1. $_1$如果被指引的是某人所属国法律，而该人属于多个国家，则适用其中与该人有最密切联系的国家的法律，此种联系尤其可通过其惯常居所或者其生活经历来确定。$_2$如果该人还是德国人，则该法律地位具有优先效力。

2. 如果某人无国籍或其国籍无法查明，则适用其惯常居所地国法律，或者当其无惯常居所时，适用其居所地国法律。

3. 如果被指引的是某人的居所地国法律或惯常居所地国法律，而一个无完全行为能力的人在未经其法定代理人同意的情况下改变其居所的，则此种改变本身并不导致适用其他国家的法律。

第6条　公共秩序

其他国家的法律规范，如果其适用会导致与德国法律的根本原则明显不相容的结果，则不予适用。尤其当该法律的适用违背基本权利时，不予以适用。

第二节　调整自然人及法律行为的法律

第7条　权利能力与行为能力

1. 人的权利能力与行为能力，适用该人所属国法律。在行为能力因缔结婚姻而得以扩展时，亦适用此规定。

2. 曾经取得的权利能力或者行为能力，不因取得或丧失作为德国人的法律地位而受影响。

第 8 条　委托代理①

1. 委托代理，适用委托人在代理权被行使之前所选择的法律，但该项选择必须为第三人和受托人所知晓。委托人、受托人和第三人可以随时选择应适用的法律。根据第 2 句所选择的法律优先于第 1 句所规定的法律。

2. 如果未根据第 1 款进行法律选择，并且受托人所从事的是营业性活动，则应适用受托人在行使代理权时的惯常居所地国的实体规定，除非该惯常居所地不为第三人所知晓。

3. 如果未根据第 1 款进行法律选择，并且受托人是作为委托人的雇员而从事活动，则应适用行使代理权时委托人的惯常居所地国的实体规定，除非该惯常居所地不为第三人所知晓。

4. 如果未根据第 1 款进行法律选择，并且受托人既非从事营业性活动，亦非委托人的雇员，则在有固定期限的代理权情形下，应适用受托人惯常从事代理活动地国的实体规定，除非该地点不为第三人所知晓。

5. 如果根据第 1 款至第 4 款规定均无法确定应适用的法律，则应适用受托人具体实施其代理权的地点（实施地）所在国的实体规定。如果第三人和受托人应当知晓代理权只能在某一特定国家实施，则应适用该国的实体规定。如果实施地不为第三人所知晓，则应适用行使代理权时委托人的经常居所地国实体规定。

6. 若委托代理所处分的是不动产或不动产上的权利，则应适用根据第 43 条第 1 款和第 46 条所确定的法律。

7. 本条规定不适用于交易所交易和拍卖交易中的委托代理。

8. 在确定本条意义上的惯常居所时，应适用《（欧共体）第 593/2008 号条例》第 19 条第 1 款和第 2 款第 1 项的规定，其中，应以代理权的行使取代合同的缔结。如果依照《（欧共体）第 593/2008 号条例》第 19 条第 2 款第 2 项所确定的地点不为第三人所知晓，则该项规定不予适用。

第 9 条　死亡宣告

死亡宣告、死亡及死亡时间的确定以及推定存活与推定死亡，适用失踪人

---

① 第 8 条本来是有关禁治产的规定，被 1990 年 12 月 12 日《关于改革成年人监护和保佐法的法律》（Gesetz zur Reform des Rechts der Vormundschaft und Pflegschaft für Volljährige vom 12. 12. 1990, BGBl. I S. 2002）第 7 条第 29 款废除。现行有关委托代理的规定，系根据 2017 年 6 月 11 日《关于修改国际私法和国际民事程序法有关规定的法律》（Gesetz zur Änderung von Vorschriften im Bereich des Internationalen Privat- und Zivilverfahrensrechts vom 11. Juni 2017, BGBl. I S. 1607）第 5 条第 1 项增订，自 2017 年 6 月 17 日起施行。——译者注

在根据现有信息获知其仍存活的最后时间所属国的法律。如果失踪人在该时间为外国国民，则在存在正当利益的前提下可以依照德国法律宣告其死亡。

第 10 条　姓名①

1. 人的姓名，适用其所属国法律。

2. 夫妻双方可以在结婚之时或之后在户籍管理处根据下列法律选择其将来采用的姓名：

（1）夫妻一方所属国法律，而无需考虑第 5 条第 1 款之规定；或者

（2）德国法律，前提是夫妻一方在内国有惯常居所。

在结婚后作出的声明必须经过公开鉴证。此种选择对子女姓名的效力，应当类推适用《民法典》第 1617c 条的规定。

3. 照料权人可以在户籍管理处决定子女根据以下法律之一获得家族之姓：

（1）父母一方所属国法律，而无须考虑第 5 条第 1 款之规定；

（2）德国法，只要父母一方在内国有惯常居所；或者

（3）给予子女姓氏的人的所属国法律。

在出生登记之后提交的声明，必须经过公开鉴证。

4.（废除）

第 11 条　法律行为的形式

1. 法律行为，如果满足构成其标的之法律关系的准据法或者行为实施地国法律所规定的形式要求，则在形式上有效。

2. 如果一份合同系由位于不同国家的当事人订立，只要该合同满足构成其标的之法律关系的准据法或者上述国家之一的法律所规定的形式要求，则在形式上有效。

3. 如果一份合同系通过代理人订立，则在适用第 1 款和第 2 款时应以该代理人所在国为准。

4. 成立物权或者行使物权的法律行为，只有在满足作为该法律行为标的之法律关系的准据法所规定的形式要求时，方在形式上有效。②

---

① 1997 年 12 月 16 日《关于改革亲子关系法的法律》（Gesetz zur Reform des Kindschaftsrechts vom 16. 12. 1997，BGBl. I，S. 2942）对《民法典施行法》第 10 条第 2 款第 3 句作了修改，对第 3 款进行了重新表述，并废除了第 4 款，这些新规定自 1998 年 7 月 1 日起施行。——译者注

② 本条原第 4 款被 2009 年 6 月 25 日《关于使国际私法条款与（欧共体）第 593/2008 号条例相适应的法律》第 1 条第 2 项所废除，并将原第 5 款改为现行第 4 款，自 2009 年 12 月 17 日起施行。——译者注

第 12 条　对合同其他当事人的保护

如果一份合同系在位于同一国家的当事人之间订立，依照该国法律的实体规定具有权利能力、交易能力及行为能力的自然人，不得根据其他国家法律的实体规定主张自己无权利能力、无交易能力及无行为能力，除非其他的合同当事人在订立合同时知晓或者理应知晓此种无权利能力、无交易能力及无行为能力。但该规定不适用于家庭法和继承法上的法律行为以及对位于其他国家境内的地产所作的处分行为。

第三节　家庭法

第 13 条　结婚

1. 结婚的要件，适用许婚者各方所属国法律。

2. 如果根据上述法律缺乏结婚的要件，在下列情况下适用德国法律：

（1）许婚者一方在内国有惯常居所或者是德国人；

（2）许婚者双方已经采取了为满足该要件所要求的步骤；并且

（3）拒绝缔结该项婚姻违背婚姻自由原则；尤其是许婚者一方此前的婚姻已通过一项在此地作出或被承认的判决予以解除或者其原配偶已被宣告死亡时，则该原有婚姻不构成障碍。

3. 在内国结婚只能依照内国所规定的形式进行。但如果许婚者双方均非德国人，则他们可以到其中一方所属国政府之合法授权者面前依照该国法律规定的形式结婚；以此种方式缔结的婚姻由上述合法授权者记载于其掌管的婚姻登记簿，其副本经过公证后具有完全的结婚证明效力。

第 14 条　婚姻的一般效力

1. 婚姻的一般效力，适用

（1）夫妻双方所属国法律或者在婚姻存续期间最后的所属国法律，前提是夫妻一方仍属于该国，否则

（2）夫妻双方的惯常居所地国法律或者在婚姻存续期间最后的惯常居所地国法律，前提是夫妻一方的惯常居所仍在该国；或者

（3）以其他方式与夫妻双方均有最密切联系国家的法律。

2. 如果夫妻一方属于多个国家，则夫妻双方可以不受第 5 条第 1 款的约束而选择其中任一国的法律，前提是夫妻另一方也属于该国人。

3. 如果第 1 款第 1 项所述要件不具备，并且具有下列情形之一的，夫妻双方可以选择其中一方所属国的法律：

（1）夫妻双方均无他们的惯常居所地国国籍，或者

（2）夫妻双方的惯常居所不在同一国家。

夫妻双方取得共同国籍的，则上述法律选择的效力终止。

4. 法律选择须经公证处证明。如果法律选择不是在德国进行，则只要其满足所选择的法律或者法律选择作出地国法律对于婚姻契约所规定的形式要件即可。

第 15 条　婚姻财产制

1. 婚姻在财产法上的效力，适用结婚时支配婚姻一般效力的法律。

2. 对于其婚姻在财产法上的效力，夫妻双方可以选择：

（1）夫妻一方所属国法律；

（2）夫妻一方的惯常居所地国法律；或者

（3）不动产所在地法律。

3. 第 14 条第 4 款相应适用。

4. 关于被驱逐者和难民的婚姻财产制的法律规定不受影响。

第 16 条　对第三人的保护

1. 如果婚姻在财产法上的效力受其他国家法律的支配，并且夫妻一方在内国有惯常居所或者在内国从业，则相应适用《民法典》第 1412 条之规定；外国的法定财产制视同契约财产制。

2. 在内国实施的法律行为，适用《民法典》第 1357 条之规定；位于内国的动产适用《民法典》第 1362 条之规定；在内国的从业活动比照适用《民法典》第 1431 条和第 1456 条之规定，前提是这些规定比外国法对善意第三人更有利。

第 17 条　离婚的特别后果；经由法院离婚①

1. 离婚在财产法上的后果，本节其他条款未作规定的，由根据《（欧盟）第 1259/2010 号条例》规定适用于离婚的法律支配。

2. 在内国只能通过法院判决离婚。

3. 法定养老金的补偿，由根据《（欧盟）第 1259/2010 号条例》规定适用于离婚的法律支配；只有在依该规定应适用德国法，并且得到在离婚请求进入

---

① 经 2013 年 1 月 23 日《关于使国际私法条款与（欧盟）第 1259/2010 号条例相适应并修改其他国际私法条款的法律》[Gesetz zur Anpassung der Vorschriften des Internationalen Privatrechts an die Verordnung（EU）Nr. 1259/2010 und zur Änderung anderer Vorschriften des Internationalen Privatrechts vom 23. 01. 2013，BGBl. I S. 101] 第 1 条第 2 项修订后的文本，自 2013 年 1 月 29 日起施行。——译者注

诉讼程序时夫妻双方所属国的任一国法律的认可时，才能进行法定养老金的补偿。在其他情况下，如果夫妻一方在婚姻存续期间已在内国获得了领取养老金（Versorgungsträger）的候补资格，只要实施法定养老金补偿对于双方在整个婚姻存续期间的经济状况不会有失公平，则可应夫妻另一方的请求按照德国法进行法定养老金补偿。①

第 17a 条② 婚姻住房（Ehewohnung）和家用器具

位于内国的婚姻住房及家用器具，其使用权以及与此相关的禁止进入、禁止接近和禁止接触的命令，依照德国的实体规定。

第 17b 条③ 注册的同性伴侣关系④

1. $_1$经注册的同性伴侣关系的建立、一般效力、财产法效力及其解除，依照注册地国的实体规定。法定养老金补偿，适用依照第 1 句所确定的法律；如果根据该规定应适用德国法，而且在受理解除同性伴侣关系的申请期间，同居者一方所属国法律认可了同性伴侣之间的法定养老金补偿制度，则进行法定养老金补偿。$_4$在其他情况下，如果同居一方在同居期间已在内国获得了领取养老金的候补资格，只要实施法定养老金补偿对于双方在整个同居期间的经济状况

---

① 第 17 条第 3 款系根据 2009 年 4 月 3 日的《对法定养老金补偿进行结构性改革的法律》（Gesetz zur Strukturreform des Versorgungsausgleichs, BGBl. 2009 I, 700, 722）第 20 条修改，自 2009 年 9 月 1 日起施行。——译者注

② 本条规定系根据 2001 年 12 月 11 日《关于在发生暴力行为和跟踪时改善民事司法保护以及分居时便利婚姻住房交付的法律》（Gesetz zur Verbesserung des zivilgerichtlichen Schutzes bei Gewalttaten und Nachstellungen sowie zur Erleichterung der Überlassung der Ehewohnung bei Trennung vom 11. 12. 2001, BGBl. I S. 3513-3517）增订，自 2002 年 1 月 1 日起施行。——译者注

③ 本条原来为第 17a 条，系根据 2001 年 2 月 16 日《同性生活伴侣关系法》（Lebenspartnerschaftsgesetz vom 16. 2. 2001, BGBl. I S. 266-279）第 3 条第 25 款增订，并自 2001 年 8 月 1 日起施行；后来被 2001 年 12 月 11 日立法第 10 条第 2 项改为现行第 17b 条，自 2002 年 1 月 1 日起施行。——译者注

④ 德语中的“Lebenspartner”从字面上意为“生活伴侣”，但根据 2001 年 2 月 16 日《同性生活伴侣关系法》第 1 条第 1 款第 1 句，“Lebenspartner”专指已注册的同性伴侣，而不包括已经结婚的男女和尚未结婚的异性同居者。《同性生活伴侣关系法》自 2001 年 8 月 1 日起施行后，同性同居者可以通过在主管机关注册而取得“注册的同性伴侣”的法律地位，结成“注册的同性伴侣关系”（eingetragene Lebenspartnerschaft）。注册的同性伴侣关系在民事身份、财产法、扶养法和继承法上产生某些类似于婚姻的法律效果，如注册的同性伴侣可以采用共同的姓氏，互相负有照料、扶养的义务，在同性伴侣一方死亡的情况下，存活的另一方有法定继承权等。——译者注

不会有失公平，则可应同居另一方的请求按照德国法进行法定养老金的补偿。①

2. 第 10 条第 2 款和第 17a 条相应适用。如果同性伴侣关系的一般效力由其他国家法律支配，则对于德国境内的动产适用《同性生活伴侣关系法》第 8 条第 1 款，对于在内国实施的法律行为适用《同性生活伴侣关系法》第 8 条第 2 款以及《民法典》第 1357 条，前提是这些规定比外国法律对善意第三人更有利。如果同性伴侣关系在财产法上的效力由其他国家法律支配，并且同居一方在内国有惯常居所或者在内国从业，则相应适用《同性生活伴侣关系法》第 7 条第 2 句以及《民法典》第 1412 条；这些规定比外国法律对善意第三人更有利。外国的法定财产制视同契约财产制。

3. 如果相同的两人在不同国家注册了数个同性伴侣关系，则对于第 1 款所述的效力及结果，以最后建立的同性伴侣关系为准，并自其成立时起算。

4. 在外国注册的同性伴侣关系的效力，不得超出《民法典》和《同性生活伴侣关系法》的规定。

第 18 条　扶养②（废除）

第 19 条　出身③

1. 子女的出身，适用该子女的惯常居所地国法律。就子女与其父母任何一方的关系而言，亦可适用该父母方的所属国法律。如果母亲已婚，则子女的出身还可根据第 14 条第 1 款所规定的、于其出生时支配其母亲婚姻的一般效力的法律确定；如果该婚姻此前已因死亡而解除，则以婚姻解除的时间为准。

2. 如果父母之间没有结婚，则父亲对母亲因怀孕而应承担的义务由母亲的惯常居所地国法律支配。

第 20 条　对出身的异议

可根据导致出身要件得以产生的任何法律对（子女的）出身提出异议。在任何情况下，子女均可根据其惯常居所地国法律对其出身提出异议。

---

① 经 2013 年 1 月 23 日《关于使国际私法条款与（欧盟）第 1259/2010 号条例相适应并修改其他国际私法条款的法律》第 1 条第 3 项修订后的文本，自 2013 年 1 月 29 日起施行。——译者注

② 第 18 条系根据 2011 年 5 月 23 日立法（BGBl. I，S. 898）废除，自 2011 年 6 月 18 日起施行。

③ 第 19~21 条经 1997 年 12 月 16 日《关于改革亲子关系法的法律》第 12 条修改，自 1998 年 7 月 1 日起施行。——译者注

第 21 条 亲子关系的效力

子女与其父母之间的法律关系，适用该子女的惯常居所地国法律。

第 22 条 收养子女①

1. 子女的收养，适用收养人在收养时的所属国法律。通过夫妻一方或双方进行的收养，适用第 14 条第 1 款所规定的支配婚姻一般效力的法律。通过同性伴侣一方进行的收养，适用第 17b 条第 1 款第 1 句所规定的支配同性伴侣关系一般效力的法律。

2. 就被收养子女与收养人以及与该子女有家庭关系的其他人之间所形成的亲属关系而言，收养的后果适用第 1 款所确定的法律。

3. $_1$无论依照本条第 1 款和第 2 款应适用的法律有何规定，对于收养人、收养人的配偶、同性伴侣或者其他亲属死亡后的权利继承，被收养人均享有与依照德国实体规定所收养的子女同等的权利，前提是被继承人已以遗嘱的形式对此作出指示，并且该继承由德国法律支配。$_2$如果收养系以一项外国判决为基础，则第 1 句规定也相应适用。$_3$如果被收养人在收养时已满 18 周岁，则不适用第 1 句和第 2 句的规定。

第 23 条 同意②

子女以及与该子女有家庭关系的人对于出身声明、取名或者收养的同意，其必要性以及作出，还应额外适用该子女所属国法律。如果出于子女利益的需要，可以适用德国法律以取代之。

第 24 条③ 监护(Vormundschaft)、照管(Betreuung)和保佐(Pflegschaft)

1. 监护、照管与保佐的成立、变更和终止以及法定监护和保佐的内容，适用被监护人、被照管人或者被保佐人的所属国法律。对于在内国有惯常居所，或者没有惯常居所但在内国有居所的外国国民，可以依照德国法律为其指定一个照管人。

2. 如果由于无法确定谁是事件的当事人，或者由于当事人位于其他国家

---

① 第 22 条第 2 款和第 3 款系根据 2001 年 11 月 5 日《关于调整国际收养方面的法律问题并进一步发展收养居间法的法律》(Gesetz zur Regelung von Rechtsfragen auf dem Gebiet des internationalen Adoption und zur Weiterentwicklung des Adoptionsvermittlungsrechts vom 5. 11. 2001, BGBl. I S. 2950-2959) 增订，自 2002 年 1 月 1 日起施行。——译者注

② 第 23 条第 1 句经 1997 年 12 月 16 日《关于改革亲子关系法的法律》第 12 条修改。

③ 本条根据 1990 年 12 月 12 日《关于改革成年人监护和照顾法的法律》第 7 条第 29 款修改。

而需要设立保佐的，则适用支配该事件本身的法律。

3. 临时措施以及照管、所指定的监护和保佐的内容，依照作出该指定的国家的法律。

第四节 继承法①

第 25 条 因死亡而发生的权利继承

因死亡而发生的权利继承，只要其不在《（欧盟）第 650/2012 号条例》的适用范围之内，则参照适用该条例第三章的规定。

第 26 条 死因处分的形式

1. 在实施 1961 年 10 月 5 日《关于遗嘱形式法律适用的海牙公约》第 3 条时，一份遗嘱，即使系由数人在同一文件上设立或者据此而撤销了以前的遗嘱，只要其符合适用于因死亡而发生的权利继承的法律或者设立遗嘱时本应适用的法律所规定的形式要件，则在形式上有效。《海牙公约》的其他条款不受影响。

2. 因死亡而发生的其他处分行为之形式，以《（欧盟）第 650/2012 号条例》第 27 条的规定为准。

第五节 非合同之债②

第 27~37 条

（废除）

第 38 条 不当得利

1. 基于履行行为而产生的不当得利返还请求权，适用该项履行行为所依据的法律关系的准据法。

2. 因侵害某一受保护的利益而产生的不当得利返还请求权，适用该侵害行为之发生地国法律。

3. 在其他情况下，基于不当得利而产生的返还请求权，适用不当得利发

---

① 2015 年 6 月 29 日《国际继承法程序法》修订后的文本，自 2015 年 8 月 27 日起施行。——译者注

② 本法第二章第五节标题系根据 2009 年 6 月 25 日《关于使国际私法条款与（欧共体）第 593/2008 号条例相适应的法律》第 1 条第 3 项修改，该立法第 1 条第 4 项废除了原来第一小节第 27~37 条有关合同之债法律适用的规定，自 2009 年 12 月 17 日起施行。——译者注

生地国法律。

第 39 条 无因管理

1. 因料理他人事务而产生的法定请求权，适用事务实施地国法律。

2. 因清偿他人债务而产生的请求权，适用支配该债务的法律。

第 40 条 侵权行为

1. 因侵权行为而产生的请求权，适用赔偿义务人的行为地国法律。受害人得要求代之以适用结果发生地国法律。该项指定法律的权利，仅能在第一审法院第一次开庭日期届满前或书面预审程序终结前行使。

2. 赔偿义务人与受害人在责任事件发生时在同一国家有惯常居所的，则应适用该国法律。涉及公司、社团或者法人的，其主要管理机构所在地视同惯常居所地；如果是其某一营业所参与，则该营业所所在地视同惯常居所。

3. 不得提出受其他国家法律支配的请求，只要该项请求：

（1）实质上大大超出了受害人所需要的适当赔偿，

（2）明显出于对受害人进行适当赔偿之外的其他目的，或者

（3）与对联邦德国有约束力的国际公约的责任法规定相抵触。

4. 受害人得直接向赔偿义务人的保险人主张请求权，前提是侵权行为的准据法或者支配保险合同的法律对此有规定。

第 41 条 实质性更密切联系

1. 如果某一国家的法律比根据第 38 条至第 40 条第 2 款本应适用的法律存在实质性更密切联系，则适用该国的法律。

2. 实质性更密切联系可特别产生于：

（1）双方当事人之间因某一债务关系而存在的特殊法律关系或者事实关系，或者

（2）在第 38 条第 2 款、第 3 款以及第 39 条的情况下，各方当事人在重要法律事件发生时在同一国家有惯常居所；第 40 条第 2 款第 2 句之规定相应适用。

第 42 条 法律选择

在非合同之债据以产生的事件发生后，各方当事人可以选择支配该非合同之债的法律。第三人的权利不受影响。

第六节 物权

第 43 条 对物的权利

1. 对某物的权利，适用该物之所在地国法律。

2. 如已设定权利的物进入其他国家，则该权利的行使不得与该国的法律制度相抵触。

3. 如果对进入内国的物的权利尚未事先取得，则在内国取得该项权利时，在其他国家进行的程序应视同为内国程序。

第44条　地产侵扰①

因地产对外界的侵扰而产生的请求权，相应适用《(欧共体) 第864/2007号条例》的规定，但其第三章除外。

第45条　运输工具

1. 对空中、水上和轨道运输工具的权利，适用其来源国法律。即

(1) 对于航空器为其国籍国;

(2) 对于水上运输工具为其注册登记国，否则为船籍港或者故籍地(Heimatort) 所在国;

(3) 对于轨道运输工具为其入境许可国。

2. 上述运输工具之法定担保权的产生，适用被担保的债权的准据法。多个担保权的等级顺位，适用第43条第1款的规定。

第46条　实质性更密切联系②

如果某一国家的法律比根据第43条和第45条规定本应适用的法律存在实质性更密切联系，则适用该国的法律。

第七节　实施第3条第1项所指欧盟各项规定的特别条款③

第一小节　《(欧共体) 第864/2007号条例》的实施④

第46a条　环境侵害⑤

受害人可基于《(欧共体) 第864/2007号条例》第7条所规定之权利，

---

① 本条规定经2008年12月10日《关于使国际私法条款与(欧共体) 第864/2007号条例相适应的法律》第1条第3项修改，自2009年1月11日起施行。——译者注

② 本条规定经2008年12月10日《关于使国际私法条款与(欧共体) 第864/2007号条例相适应的法律》第1条第4项修改，自2009年1月11日起生效。——译者注

③ 本节及第46a条系根据2008年12月10日《关于使国际私法条款与(欧共体) 第864/2007号条例相适应的法律》第1条第5项增订，自2009年1月11日起生效。——译者注

④ 本小节标题系根据2009年6月25日《关于使国际私法条款与(欧共体) 第593/2008号条例相适应的法律》第1条第6项增订，自2009年12月17日起施行。——译者注

⑤ 本条标题系根据2009年6月25日《关于使国际私法条款与(欧共体) 第593/2008号条例相适应的法律》第1条第7项修改，自2009年12月17日起施行。——译者注

根据损害事件发生地国法律主张请求权，但该权利仅能在第一审法院第一次开庭日期届满前或书面预审程序终结前行使。

第二小节　《（欧共体）第593/2008号条例》的实施①

第46b条　特殊领域的消费者保护

1. 如果一项合同由于法律选择而不受欧盟成员国或者《欧洲经济区协定》的其他缔约国的法律支配，但只要该合同与前述任一国家的领土有密切联系，则在该国境内施行的为转化消费者保护指令的规定同样应予适用。

2. 如果经营者有下列情形，应特别视为存在密切联系：

（1）在消费者惯常居住的欧盟成员国或者《欧洲经济区协定》的其他缔约国境内从事营业或者职业活动；或者

（2）以某种方式在欧盟的该成员国或者《欧洲经济区协定》的其他缔约国境内或者在包括前述国家在内的多个国家从事此类活动，且合同系在该活动范围内订立。

3. 本条款意义上的消费者保护指令，系指其下列有效文本：

（1）欧洲经济共同体理事会1993年4月5日《关于消费者合同中的滥用条款的第93/13号指令》②；

（2）欧洲议会及理事会1999年5月25日《关于消费品的销售及担保的某些事项的（欧共体）第1999/44号指令》③；

（3）欧洲议会及理事会2002年9月23日《关于向消费者提供远程融资服务并修改欧洲经济共同体理事会第90/619号指令、（欧共体）第97/7号指令和第98/27号指令的（欧共体）第2002/65号指令》④；

---

① 本小节标题系根据2009年6月25日《关于使国际私法条款与（欧共体）第593/2008号条例相适应的法律》第1条第8项增订，将《民法典施行法》原第29a条改为第46条且《保险合同法施行法》第12条第1款、第2款稍作调整后改为本法第46c条，自2009年12月17日起施行。——译者注

② Richtlinie 93/13/EWG des Rates vom 5. April 1993 über miβbräuchliche Klauseln in Verbraucherverträgen, ABl. EG Nr. L 95 vom 21. 4. 1993, S. 29.

③ Richtlinie 1999/44/EG des Europäischen Parlaments und des Rates vom 25. Mai 1999 zu bestimmten Aspekten des Verbrauchsgüterkaufs und der Garantien für Verbrauchsgüter, ABl. EG Nr. L 171 vom 7. 7. 1999, S. 12.

④ Richtlinie 2002/65/EG des Europäischen Parlaments und des Rates vom 23. September 2002 über den Fernabsatz von Finanzdienstleistungen an Verbraucher und zur Änderung der Richtlinie 90/619/EWG des Rates und der Richtlinien 97/7/EG und 98/27/EG, ABl. EG Nr. L 271 vom 9. 10. 2002, S. 16.

（4）欧洲议会及理事会 2008 年 4 月 23 日《关于消费者信贷合同并废除欧洲经济共同体理事会第 87/102 号指令的（欧共体）第 2008/48 号指令》①。

4. 欧洲议会及理事会 2009 年 1 月 14 日《关于在分时使用合同、长期度假产品合同以及转售合同和互换合同的某些方面保护消费者的（欧共体）第 2008/122 指令》② 第 2 条第 1 款 a~d 项意义上的分时使用合同、长期度假产品合同、转售合同或者互换合同，如其不受欧盟成员国法律或《欧洲经济区协定》其他缔约国的法律支配，在下列情形下，不得剥夺为转化该指令而赋予消费者的保护：

（1）所涉的不动产位于欧盟一成员国或者《欧洲经济区协定》的其他缔约国境内，或者

（2）在合同不直接涉及不动产时，假如经营者在欧盟某成员国或者《欧洲经济区协定》的其他缔约国境内从事营业或者职业活动，或者以某种方式在上述国家从事此类活动，并且合同系在该活动范围内订立。

第 46c 条　强制保险合同（Pflichtversicherungsverträge）

1. 欧盟某成员国或者《欧洲经济区协定》的其他缔约国对某些风险规定了保险义务的，则承保此类风险的保险合同应适用前述国家的法律，前提是该国有这种法律适用的规定。

2. 一份针对强制保险而订立的合同，如果订立合同系基于德国法律规定的法定义务，则适用德国法律。

第三小节③　《（欧盟）第 1259/2010 号条例》的实施

第 46d 条　法律选择

1.《（欧盟）第 1259/2010 号条例》第 5 条所指的法律选择协议，应在公

---

① Richtlinie 2008/48/EG des Europäischen Parlaments und des Rates vom 23. April 2008 über Verbraucherkreditvertrag und zur Aufhebung der Richtlinie 87/102/EWG des Rates, ABl. Nr. L133 vom 22. 5. 2008, S. 66.

② Richtlinie 2008/122/EG des Europäischen Parlaments und des Rates vom 14. Januar 2009 über den Schutz der Verbraucher im Hinblick auf bestimmte Aspekte von Teilzeitnutzungsverträgen, Verträgen über langfristige Urlaubsprodukte sowie Wiederverkaufs- und Tauschverträgen, ABl. L 33 vom 3. 2. 2009, S. 10.

③ 本小节及第 46d 条系根据 2013 年 1 月 23 日《关于使国际私法条款与（欧盟）第 1259/2010 号条例相适应并修改其他国际私法条款的法律》（Gesetz zur Anpassung der Vorschriften des Internationalen Privatrechts an die Verordnung (EU) Nr. 1259/2010 und zur Änderung anderer Vorschriften des Internationalen Privatrechts vom 23. 01. 2013 BGBl. I S. 101）第 1 条第 5 款增补，自 2013 年 1 月 29 日起施行。——译者注

证处予以证明。

2. 在第一审法院口头审理终结前，夫妻双方仍可进行第 1 款所指的法律选择。《民法典》第 127a 条相应适用。

第三章 调适；选择在欧盟其他成员国取得的姓名①

第 47 条 名和姓氏②

1. 如果一个人根据可适用的外国法律取得了姓名，并且他的名字今后受德国法律管辖，则他可以通过向户籍管理处作出声明的方式

（1）从姓名中确定名和姓氏；

（2）在没有名或者姓氏时，选择一个名或者姓氏；

（3）提供德国法未作规定的名字组成部分；

（4）接受根据性别或亲属关系修改后的名字的原始形式；

（5）接受其名字或姓氏的德语形式；如果没有这种形式的名字，则其可以接受一个新的名字。

如果这个名字源于婚姻或者同性伴侣关系名称，则只能由夫妻双方或伴侣双方在婚姻或伴侣关系存续期间提交该声明。

2. 第 1 款规定比照适用于德国法上的名字构成，前提是该名字来源于根据可适用的外国法律所取得的名字。

3. 《民法典》第 1617c 条比照适用。

4. 第 1 款和第 2 款所述的声明，如果不是结婚时或者建立同性伴侣关系时在德国户籍管理处提交，则应进行正式认证或鉴证。

---

① 第三章第 47 条系根据 2007 年 2 月 19 日《个人身份法改革法》（Personenstandsrechtsreformgesetz vom 19. 2. 2007，BGBl. I，S. 122）第 2 条第 15 项规定增补，自 2007 年 5 月 24 日起施行，后经 2013 年 1 月 23 日《关于使国际私法条款与欧盟第 1259/2010 号条例相适应并修改其他国际私法条款的法律》第 1 条第 6 款修订。——译者注

② 第 47 条系根据 2007 年 2 月 19 日《个人身份法改革法》（Personenstandsrechtsreformgesetz vom 19. 2. 2007，BGBl. I，S. 122）第 2 条第 15 项规定增补，自 2007 年 5 月 24 日起施行，后经《修改〈联邦被驱逐者法〉的第七法律》（Siebtes Gesetz zur Änderung des Bundesvertriebenengesetzes（7. BVFGÄndG vom 16. 05. 2007 BGBl. I S. 748）第 7 条和 2013 年 5 月 7 日《修改〈个人身份法〉的法律》［Personenstandsrechts-Änderungsgesetz（PStRÄndG）vom 07. 05. 2013，BGBl. I S. 1122］第 6 条修订。——译者注

第 48 条　选择在欧盟其他成员国所取得的姓名①

如果一个人的姓名受德国法律约束，他可以通过向户籍管理处作出声明的方式，选择其惯常居住于欧盟其他成员国期间所获得的，并且在该处的个人身份注册处（Personenstandsregister）登记的姓名，但不得明显违背德国法律的基本原则。对姓名的选择，其效力可追溯至其在其他成员国的个人身份注册处登记之时，除非该人明确声明该项姓名选择仅在将来生效。声明必须经过正式认证或鉴证。第 47 条第 1 款和第 3 款比照适用。

第五编　因新近修订《民法典》和《民法典施行法》而制定的暂行规定

第 220 条　有关 1986 年 7 月 25 日《重新规定国际私法的法律》的暂行规定

1. 1986 年 9 月 1 日之前完成的行为，仍适用原来的国际私法。

2. 家庭法上的法律关系的效力，自第 1 款所规定的日期起，适用本法第一编第二章的规定。

3. 截至 1983 年 4 月 8 日，在 1953 年 3 月 31 日之后、1983 年 4 月 9 日之前因缔结婚姻而产生的财产法上的效力，适用：

（1）夫妻双方在结婚时的国籍国法；

（2）夫妻双方在结婚时所适用的法律或者他们曾经选定准备适用的法律，尤其是夫妻双方依其订立婚约的；

（3）辅助性的法律，即丈夫在结婚时的国籍国法。

对于 1983 年 4 月 8 日之后缔结的婚姻适用第 15 条。对于以前适用第 1 句第 3 项的婚姻，不以结婚时刻而以 1983 年 4 月 9 日为准。在 1983 年 4 月 8 日之前，仅仅由于准据法的变更使以前的财产关系终止而产生的请求权，在第 1 款所指的日期前视为延期支付。对于 1983 年 4 月 8 日之后因缔结婚姻而产生的财产法上的效力，适用第 15 条。1953 年 4 月 1 日之前因缔结婚姻而产生的财产法上的效力不受影响；夫妻双方得依第 15 条第 2 款、第 3 款进行法律选择。

---

① 第 48 条系根据《关于使国际私法条款与欧盟第 1259/2010 号条例相适应并修改其他国际私法条款的法律》第 1 条第 7 款增补，自 2013 年 1 月 23 日起施行。——译者注

第六编　生效以及因在《统一条约》第3条所指领域施行《民法典》和《民法典施行法》而制定的暂行规定

第230条　生效①

对于《统一条约》第3条所指领域，自加入生效之日②起，按照下列暂行规定施行《民法典》和本《民法典施行法》。

第236条　施行法——国际私法

§1. 已完成的行为

在加入生效前完成的行为，仍适用原来的国际私法。

§2. 家庭法上的法律关系的效力

家庭法上的法律关系的效力，自加入生效时起，依第一编第二章的规定。

§3. 夫妻财产制

在加入生效前已缔结的婚姻在财产法上的效力，自该日起适用第15条的规定；此时，不以结婚时间而以加入生效为准。如果仅仅由于第1句所指的准据法变更而使以前的财产关系终止而产生的请求权，则在加入生效后的2年期限内，视为延期支付。

---

① 本条规定根据1997年12月4日《援助法》（Beistandsgesetz vom 4. 12. 1997, BGBl. I, S. 2846）进行了重新表述，自1998年7月1日起施行。——译者注

② 该“加入”是指根据联邦德国和民主德国签订的《统一条约》，原民主德国的5个州于1990年10月3日加入联邦德国，该日期为“加入”的生效日期。——译者注

第二篇

单行立法式国际私法立法

阿塞拜疆共和国《关于国际私法的法律》*

（2000 年 6 月 6 日文本）

第一章　总则

第 1 条　法律的适用范围与准据法的确定

1. 涉外民事法律关系，适用本法之规定。

2. 适用于涉外民事法律关系的准据法，除依照本法规定外，可依照相应的其他法律、阿塞拜疆共和国缔结的国际条约、国际习惯法或者当事人的协议确定。

3. 当事人确定准据法的协议必须明示作出，或者能直接从合同条款或法律行为的总体情况中推断出来。

4. 外国法的适用，仅受一般限制。

5. 本法关于法院适用法律的规定亦适用于有相应管辖权的其他国家机关。

第 2 条　外国法规范的查明

1. 在适用外国法时，法院应采取一切措施，并根据该外国法的官方解释及在该国的适用实践查明法律规范的内容。

2. 如依照本条第 1 款所指的措施无法达到目的或者需要异常高额费用，并且诉讼当事人各方均不能提供证实其所依据的法律规范内容的证明的，适用阿塞拜疆共和国法律。

第 3 条　反致以及对第三国法律的转致

1. 本条无另外规定的，本法对外国法的指引，均为指引相应国家的实体法。

2. 适用外国法处理本法第 9 条和第 10 条所列的法律关系以及继承法律关系时，可接受反致或转致，适用阿塞拜疆共和国法律或第三国法律。

第 4 条　适用外国法的限制

与阿塞拜疆共和国宪法或者其他由全民公决通过的法律文件相抵触的外国

---

* 《阿塞拜疆共和国关于国际私法的法律》（2000 年 6 月 6 日文本）根据德文译本（资料来源：IPRax 2003，Heft 4，S. 386-389）译出。本译文原载于《中国国际私法与比较法年刊》第七卷（2004），法律出版社 2004 年版，第 633～640 页。此处略有增补。——译者注

法律规范，不得在阿塞拜疆共和国适用。

第 5 条　强制性法律规范的适用

1. 不论依照本法规定应适用何法律，阿塞拜疆共和国法律中的强制性规范适用于相应的法律关系。

2. 若对一国法律的适用导致与案情有密切联系的第三国之强制性法律规范得以适用，在不涉及协议选择的法律的范围内，可优先适用第三国规范。在决定准予优先适用该规范时，须考虑该规范的本质、目的以及适用结果。

第 6 条　多法域国家法律的适用

如果要适用多法域国家的法律，则依照该国法律确定应适用何法域的法律。若无此种规定，则适用与案件有最密切联系的法域的法律。

第 7 条　报复、特别限制

他国对阿塞拜疆共和国公民或法人施加限制的，阿塞拜疆共和国主管机关可采取对等措施，对该国公民或法人施加相应的限制。

第 8 条　禁止法律规避

当事人不得通过协议或者其他旨在适用另一法律的行为规避本法有关确定准据法的规定。此时，依照本法规定确定应适用的法律。

第二章　人

第 9 条　自然人的属人法

1. 属人法指自然人的国籍国法。具有多个国籍者，以与其有最密切联系的国家的法律为属人法。

2. 无国籍人，以其固定住所地国法为属人法。

3. 难民，以接受其避难的国家的法律为属人法。

第 10 条　自然人的权利能力与行为能力

1. 自然人的权利能力与行为能力，依其属人法。

2. 自然人的行为能力，涉及法律行为和侵权行为的，依法律行为实施地国法或者侵权行为发生地国法。

3. 宣告自然人为无行为能力，依受理案件的法院所在地国法。

第 11 条　失踪和死亡宣告

宣告某人失踪或死亡，依受理案件的法院国法。

第 12 条　法人的属人法

法人的属人法，指法人设立地国法。

第 13 条　法人的权利能力

1. 法人的权利能力，依其属人法。该规定亦适用于法人的代表或分支机构。

2. 如果外国法人、外国法人的代表或分支机构所实施的法律行为被行为地国法所禁止，因而对其权利施加限制的，外国法人不得对这种限制采取对抗措施。

第 14 条　姓、名称

1. 自然人的姓氏、姓氏的使用和捍卫，依其属人法。

2. 法人、法人的分支机构及代表的名称以及名称的保护，依法人的属人法。

第 15 条　国内法优先

外国法人、外国公民以及无国籍人，同阿塞拜疆共和国法人和公民一样具有权利能力和行为能力。但采取报复措施的情况除外。

第 16 条　国家参与的涉外民事法律关系

1. 国家参与的涉外民事法律关系，适用本法规定，但法律另有规定的除外。

2. 国家实施的法律行为，只要该法律行为不属于行使主权，适用本法规定。

3. 由国家实施的法律行为的性质，依该法律行为的法律属性与根据予以认定。

第三章　法律行为

第 17 条　法律行为的形式

1. 法律行为的形式，依行为实施地国法。依照阿塞拜疆共和国法律在国外实施的法律行为，如果违反了行为地国法的形式规定，可归于无效。

2. 居住于不同国家的当事人之间实施的法律行为，只要满足其中一个国家的规定，即为有效。

3. 涉及土地的所有权或使用权的法律行为的形式，如果不论法律行为在何处实施及由哪一法律支配，均须适用土地所在地国的强制性规定，则依该强制性规定。

第 18 条　代理

代理的形式及其有效期限，依照权利授予地国法。代理，只要其符合阿塞拜疆共和国所规定的形式要件，不得宣告为无效。

第 19 条　时效期限

1. 时效期限，依照适用于相应法律关系的法律所属国法。

2. 参与法律关系的当事人一方为阿塞拜疆共和国公民或法人时，依照阿塞拜疆共和国法律确定哪些请求权不受时效约束。

第四章　物权

第 20 条　适用于物权法律关系的外国法的一般规定

1. 动产和不动产的所有权及其他绝对权，由该财产所在地国法支配，但法律另有规定的除外。

2. 动产或不动产的认定以及对物的其他识别，依物之所在地国法。

第 21 条　绝对权的产生和消灭

绝对权的产生和消灭，依物之所在地国法，但阿塞拜疆共和国法律另有规定的除外。

第 22 条　运输工具以及处于运输途中的动产的绝对权

1. 运输工具的绝对权，依运输工具之注册地国法。

2. 处于运输途中的动产所有权及其他绝对权，依照该物之运输目的地国法，但当事人另有约定的除外。

第 23 条　人身非财产权利

人身非财产权利及其保护，适用该权利之行使地国法。

第五章　合同法

第 24 条　合同当事人的法律选择

1. 当事人因合同产生的权利和义务之确定，合同的解释、履行、不履行、终止以及不当履行的后果、无效性，依合同当事人所选择的国家的法律。

2. 当事人可选择将准据法适用于整个合同或合同的某些部分。

3. 当事人可随时，尤其是缔结合同时和缔结合同后协议选择法律。当事人亦可随时协议变更准据法。

4. 选择法律不得违背强制性规定，否则无效。

第 25 条　当事人未协议选择法律时准据法的确定

1. 当事人未协议选择法律的，合同适用下列当事人设立地、居住地或主要工作所在地国的法律：

(a) 买卖合同中的买方；

(b) 赠与合同中的赠与人；

(c) 租赁合同中的出租人；

(d) 用益合同中的用益提供方；

(e) 信贷合同中的出贷方；

(f) 加工承揽合同中的加工承揽方；

(g) 委托合同中的委托人；

(h) 代销合同中的代理商；

(i) 保管合同中的保管方；

(j) 运输合同中的承运人；

(k) 保险合同中的保险人；

(l) 质押合同中的出质人；

(m) 担保合同中的担保人；

(n) 保证合同中的保证人。

2. 合同当事人未协议选择法律时，不论本条第 1 款规定如何：

(a) 有关不动产的合同，适用物之所在地国法；

(b) 有关共同作业和建筑施工的合同，适用作业地或合同约定的结果产生地国法；

(c) 在拍卖、破产程序中或在交易所缔结的合同，适用拍卖、破产程序或交易行为发生地国法。

3. 对于本条第 1 款和第 2 款未提及的合同，当事人未协议选择法律的，适用与合同有最密切联系的国家的法律。

4. 在履行合同以及因不当履行合同而采取措施时，应考虑合同履行地国家的法律。

第六章　非合同之债

第 26 条　损害赔偿责任的准据法

1. 因损害赔偿责任而产生的债权债务关系，适用据以提出损害赔偿请求的行为或其他事件的发生地国法。

2. 因在国外造成损害产生责任而引起的债权债务关系，如果双方当事人均为同一国家的公民或法人，则适用该国的法律。

第 27 条　因损害消费者而产生的责任的准据法

消费者因购买商品或所提供的服务受到损害而提出的损害赔偿请求，依消费者的选择，适用：

（a）消费者的住所地国法或主要居住地国法；

（b）商品制造商或服务提供者的所在地国法或住所地国法；

（c）消费者购买商品或被提供服务地国法。

第 28 条　不当得利

1. 因不当得利产生的请求权，适用不当得利发生地国法。

2. 因侵害他人财产而产生的不当得利之诉，适用侵害行为实施地国法。不当得利的界定，适用阿塞拜疆共和国法律。

第七章　继承法

第 29 条　继承权

1. 继承权，只要遗产人未在其遗嘱中明确要求适用其国籍国法，则依遗产人的最后固定居住地国法。

2. 若被继承人为无国籍人，依其最后固定居住地国法确定继承权。如果其最后的固定居住地无法查明，则适用阿塞拜疆共和国法律。

第 30 条　遗嘱

1. 除了本法第 17 条规定的要求外，遗嘱仅在其满足下列国家之一的法律规定时方为有效：

（a）遗嘱设立地国；

（b）遗产人在设立遗嘱时或死亡时的居住地国；

（c）遗嘱对不动产作出处理时的不动产所在地国。

2. 在设立遗嘱的形式有效性方面，必须考虑遗产人的立遗嘱能力、国籍以及其他个人特性或者证明个人特性的必需证据。

波兰共和国《关于国际私法的法律》*

（2011年2月4日文本）

第一章　总则

第1条

本法调整的是与一个以上国家有联系的私法关系的法律适用。

第2条

1. 法律规定适用本国法时，波兰国民即使有其他国家法律承认的国籍，亦适用波兰法。

2. 具有两个或者两个以上国籍的外国人，以与其有最密切联系的国家的法律为其本国法并适用之。

3. 如果法律规定法律适用应以当事人具有同一国家的国籍为条件，只要该国法律承认这些人为其国民，即可认为满足该条件。

第3条

1. 法律规定适用本国法，而当事人的国籍无法确定或者无任何国籍，或者其本国法的内容无法查明时，则适用其住所地国法；没有住所的，适用其惯常居所地国法。

2. 由于在本国被侵犯基本人权而长期与本国中断联系，并因此在其本国以外的其他国家受到保护者，亦适用第1款规定。

第4条

1. 在法律有规定时，当事人可以选择应适用的法律。

2. 法律选择必须是明示的，或者能从案情中明确推断出来，除非允许法律选择的条款对此另有规定。

---

* 波兰共和国《关于国际私法的法律》于2011年2月4日通过，公布于2011年4月15日波兰第80号《法律公报》第432项，并于2011年5月26日生效。本法系根据波兰格但斯克（Gdańsk）大学 Arkadiusz Wowwerka 博士提供的德语文本翻译（资料来源：IPRax 2011 Heft 6，S. 609-616），官方文本为波兰语。本译文原载于《中国国际私法与比较法年刊》第十五卷（2012），北京大学出版社2013年版，第731~747页。——译者注

3. 在法律关系产生后所进行的法律选择，不得影响第三人的权利。

4. 如果在法律选择之前，法律行为形式的准据法所规定的形式要求已在实施法律行为时得到满足，则不得基于因法律选择而支配该法律行为的法律对该法律行为的有效性提出抗辩。

5. 在查明是否已选择法律以及在判定法律选择的有效性时，适用本法第11条、第17条、第24条和第25条的规定。

6. 法律选择的变更以及撤销，适用本条第2~5款的规定。

第5条

1. 依照本法应适用的外国法指定所涉法律关系适用波兰法时，则适用波兰法。

2. 本条第1款的规定不予适用，如果对准据法的指引：

（1）以法律选择的方式作出；

（2）涉及法律行为的形式；

（3）涉及合同之债、非合同之债或者那些因单方法律行为引起的债务关系，且本法对这些债务关系的法律适用已有规定。

第6条

1. 根据本法规定应适用的法律，也包括依其规定应适用于所涉法律关系的公法条款。

2. 如果待判定的法律关系的准据法含有关于法律推定的规定或者与该法律关系有关的举证责任的其他规定，则此类规定应予以适用。

第7条

如果适用外国法的结果违反波兰共和国法律体系的根本原则，则不适用该外国法。

第8条

1. 在波兰法律中，凡是由于其有明文规定或者因其目的而不论待判定的法律关系受哪一法律支配，均应调整该法律关系的法律规范，不得因指引外国法而被排除适用。

2. 在适用准据法时，可考虑与待判定的法律关系有密切联系的另一国的现行强制性规范，前提是依照该另一国法律规定，不论该法律关系受哪一法律支配，此种强制性规范均应予以适用。在决定是否考虑此种强制性规范时，须顾及其性质、目的以及予以适用或者不予适用的后果。

第9条

准据法所属国有数个法律体系时，则由该国法规定应适用哪一法律体系的法律。无此种规定时，适用与所涉法律关系有最密切联系的法律体系的法律。

第 10 条

1. 据以确定准据法的情况无法查明时，适用与所涉法律关系有最密切联系的法律。

2. 在合理期限内无法查明应适用的外国法内容时，则适用波兰法。

第二章 自然人

第 11 条

1. 自然人的权利能力与行为能力，依其本国法。

2. 自然人在其营业范围内实施法律行为时，只要其根据营业地国法具有实施该法律行为的能力即可。

3. 如果法律行为的准据法所属国法律对实施该法律行为的能力有特别要求，则本条第 1 款的规定不得排除对该国法律的适用。

第 12 条

1. 订立合同的各方当事人均在同一国家时，依照该国法律具有订立合同能力的自然人，只有在他方当事人于订立合同时已知晓或因疏忽而未能知晓其无行为能力时，方可援引第 11 条第 1 款所指的法律主张自己无行为能力。

2. 实施单方法律行为的自然人，如果其依照行为实施地法具有行为能力，只有在不会使那些谨慎从事并且信赖实施法律行为者具有此种行为能力的人蒙受不利时，方可援引第 11 条第 1 款所指的法律主张自己无行为能力。

3. 自然人通过代理人实施行为的，在确定是否具备适用第 1 款、第 2 款的条件时，应根据代理人的情况作出决定。

4. 第 1 款、第 2 款的规定不适用于家庭法、监护法、继承法方面的法律行为以及涉及法律行为实施地国以外的其他国家境内的不动产的处分行为。

第 13 条

1. 禁治产，依照禁治产人的本国法。

2. 波兰法院就外国人的禁治产作出裁决时，适用波兰法律。

第 14 条

1. 自然人的死亡宣告或者死亡认定，适用其本国法。

2. 波兰法院就外国人的死亡宣告或者死亡认定作出裁决时，适用波兰法律。

第15条

1. 自然人的名称和姓氏，依其本国法。

2. 名称或姓氏的取得、变更，适用据以判定引起名称或姓氏取得、变更的事件的准据法。在结婚或者解除婚姻时，对姓氏的选择依照夫妻双方各自的本国法。

第16条

1. 自然人的人格法益，依其本国法。

2. 自然人的人格法益受到侵害威胁或者受到损害时，可根据造成侵害或损害的事件发生地国法或者该损害结果发生地国法请求予以保护。

3. 对自然人人格法益的侵害发生于社会传播媒体时，则答复权、更正权或者其他类似保护措施由传播者或者发行者的所在地或者惯常居所地国法决定。

第三章　法人和其他组织单位

第17条

1. 法人，依照法人的营业所所在地国法。

2. 本条第1款所指的法律规定适用法人的成立地国法时，则适用该成立地国法。

3. 第1款和第2款所指的法律特别调整：

(1) 法人的成立、合并、分立、改组和终止；

(2) 法人的法律性质；

(3) 法人的名称和商号；

(4) 法人的权利能力和行为能力；

(5) 机构成员的权能、行事规则以及任命与辞退；

(6) 代理；

(7) 法人股东或成员资格的取得、丧失以及与此相关的权利与义务；

(8) 股东或成员对法人债务的责任；

(9) 法人代表违反法律、法规或章程的后果。

第18条

1. 法人在其营业范围内实施法律行为时，只要该法人依照企业经营地国法具有实施该法律行为的能力即可。

2. 如果法律行为实施地国法对法人的能力或其代理未作限制性规定，则只有在他方当事人已知晓或因疏忽未能知晓此种限制时，法人方可根据第 17 条第 1 款、第 2 款所指法律对该他方当事人援引此种限制。该规定不适用于涉及法律行为实施地国以外的其他国家境内的不动产的处分行为。

第 19 条

1. 法人自其营业所迁移至另一国境内之时起，适用该另一国法律。有关各国法律有规定时，在以前营业所所在地国取得的法律人格仍予保留。在欧洲经济区内进行的营业所迁移，并不导致法律人格的丧失。

2. 在不同国家均有住所的法人，其合并需满足这些国家法律所规定的要求。

第 20 条

法人人格法益的保护，亦适用第 16 条的规定。

第 21 条

第 17~20 条的规定，亦适用于无独立法律人格的组织单位。

第四章　代理

第 22 条

法定代理，适用据以产生代理权的法律关系的准据法。

第 23 条

1. 委托，适用委托人所选择的法律。只有在第三人已知晓或能轻易知晓该法律选择时，方能对该第三人援引所选择的法律。只有在受托人已知晓或能轻易知晓该法律选择时，委托人方能对受托人援引所选择的法律。

2. 未选择法律时，委托依次地适用下列法律：

（1）受托人的固定从业所在地国法；或者

（2）委托人的营业地国法，前提是受托人的固定从业地也在该国境内；

（3）受托人已事实上作为委托人的代理人实施交易所在地国法或者依照委托人的意愿本应实施交易所在地国法。

第五章　法律行为的实施及其形式

第 24 条

1. 在认定是否已实施某法律行为时，适用该法律行为的准据法。

2. 声称未曾同意受有关法律行为约束的一方当事人，在有情况表明依照第1款所指法律来判定其行为的后果有失公平时，可以援引其惯常居所地国法。

第25条

1. 法律行为的形式，适用该法律行为本身的准据法。但只要遵从法律行为实施地国法所规定的形式即可。如果订立合同者在作出接受约束的意思表示时位于不同国家，只要遵从任意一国法律对该法律行为所规定的形式即可。

2. 第1款第2句和第3句的规定，不适用于涉及不动产的处分行为以及以法人或者无独立法律人格的组织单位的成立、合并、分立、改组或终止为标的之法律行为。

3. 通过代理人实施法律行为的，在适用第1款第2句和第3句规定时，应考虑与该代理人有关的情况。

第六章　权利的消灭时效以及与时间届满有关的其他制度

第26条

权利的消灭时效，适用支配该项权利的法律。

第27条

第26条的规定，亦适用于与时间届满有关的其他制度。

第七章　债务关系

第28条

1. 合同之债的准据法，依照欧洲议会与理事会2008年6月17日《关于合同之债法律适用的第593/2008号条例（“罗马Ⅰ”）》（2008年7月4日《欧洲联盟官方公报》第L177号，第6页）确定。

2. 根据第1款所指条例第1条第2款第J项规定被排除在该条例适用范围之外的合同之债，适用该条例中适合所涉债务关系的条款。

第29条

1. 波兰法律规定有强制保险的，则有关此类保险的合同适用波兰法律。

2. 欧洲经济区成员国的法律规定有强制保险，并指定有关此类保险的合同以该国法为准据法时，则适用该法律。

第30条

1. 除了受第28条所指条例调整的情形外，选择将非欧洲经济区成员国的法律适用于与至少一个成员国领域有密切联系的合同，不得剥夺波兰法律中转化下列指令的条款给予消费者的保护：

（1）欧洲经济共同体理事会1993年4月5日《关于消费者合同中的滥用条款的第93/13号指令》（1993年4月21日《欧洲经济共同体官方公报》第L95号，第29页；《波兰官方公报》特刊第15章，第2卷，第288页）；

（2）欧洲议会与理事会1997年5月20日《关于在远程销售中订立合同时给予消费者保护的第97/7号指令》（1997年6月4日《欧洲联盟官方公报》第L144号，第19页；《波兰官方公报》特刊第15章，第3卷，第319页）；

（3）欧洲议会与理事会1999年5月25日《关于消费品销售与担保的某些方面的第1999/44号指令》（1999年7月7日《欧洲联盟官方公报》第L171号，第12页；《波兰官方公报》特刊第15章，第4卷，第223页）；

（4）欧洲议会与理事会2002年9月23日《关于向消费者提供远程融资服务并修订欧洲经济共同体理事会第90/619号指令、欧洲共同体第97/7号指令和第98/27号指令的第2002/65号指令》（2002年10月9日《欧洲联盟官方公报》第L271号，第16页；《波兰官方公报》特刊第6章，第4卷，第321页）；

（5）欧洲议会与理事会2008年4月23日《关于消费者信贷合同并废除欧洲经济共同体理事会第87/102号指令的第2008/48号指令》（2008年5月22日《欧洲联盟官方公报》第L133号，第66页，及以后的修订文本）。

2. 如果一份合同在2009年1月14日《关于在分时使用合同、长期度假产品合同以及转售合同和互换合同的某些方面保护消费者的第2008/122号指令》（2009年2月3日《欧洲联盟官方公报》第L33号，第10页）适用范围内，且其准据法为非欧洲经济区成员国的法律，在下列情形下，不得剥夺波兰法律中转化该指令的条款给予消费者的保护：

（1）不动产位于其中一个成员国境内；或者

（2）当合同没有直接涉及不动产时，假如经营者在其中一个成员国境内从事营业或职业活动，或者以其他方式在其中一个成员国境内开展此类活动，并且在该活动范围内订立合同。

第31条

因汇票、支票以外的其他票据所产生的债务关系，适用该票据的出票地或发行地国法。

第32条

1. 因单方法律行为引起的债务关系，适用实施该法律行为之人所选择的法律。自此种债务关系的双方当事人被确定之时起，法律选择及其变更或者废除，均须征得该法律关系双方当事人的同意。

2. 未选择法律时，因单方法律行为引起的债务关系，适用实施该法律行为之人的惯常居所地国法或者营业所所在地国法。如果情况表明，债务关系与另一国家的法律有更密切联系，则适用该另一国的法律。

第 33 条

因事件而非因法律行为引起的债务关系，其准据法依照欧洲议会与理事会 2007 年 7 月 11 日《关于非合同之债法律适用的第 864/2007 号条例（“罗马Ⅱ”）》（2007 年 7 月 31 日《欧洲联盟官方公报》第 L199 号，第 40 页）确定。

第 34 条

公路交通事故引起的非合同民事责任，其准据法依照 1971 年 5 月 4 日订于海牙的《关于公路交通事故法律适用的公约》（2003 年《法律公报》第 63 号，第 585 项）确定。

第 35 条

因当事国的公共权力机关的作为与不作为引起的民事责任，适用该国的法律。

第 36 条

适用于所转让的债权的国家的法律，也决定该项转让对第三人的效力。

第 37 条

债务承担，适用所承担的债务的准据法。

第 38 条

货币价值的变化对债务额的影响，适用该债务本身的准据法。

第八章　仲裁协议

第 39 条

1. 仲裁协议，适用各方当事人选择的法律。

2. 未进行法律选择时，仲裁协议适用各方当事人协议选择的仲裁地国法；未达成此种协议时，仲裁协议适用法律争议所涉的法律关系的准据法；但只要仲裁协议依照受理地国法或者仲裁庭作出裁决地国法有效即可。

第 40 条

仲裁协议的形式，适用仲裁地国法。但只要仲裁协议遵从该协议的准据法所属国法律规定的形式即可。

第九章　所有权及其他物权、占有

第 41 条

1. 所有权及其他物权，适用该权利标的物之所在地国法。

2. 所有权的取得与丧失，以及其他物权的取得、丧失及其内容或者优先顺序的变更，适用产生上述法律效力的事件发生时这些权利的标的物之所在地国法。

第 42 条

航空器、船舶、有轨车辆上的物权，适用该航空器、船舶、有轨车辆的注册地国法，无注册机关或未进行注册时，适用船籍港、车站或者其他类似场所的所在地国法。

第 43 条

处于运输中的物品的物权，适用该物品的发运地国法。如果情况表明，这些权利与另一国法律有更密切联系，则应适用该另一国法。

第 44 条

因在证券结算系统内的证券账户上进行证券注册而产生的权利，适用该账户的保管地国法。

第 45 条

第 41~44 条的规定，亦适用于占有。

第十章　知识产权

第 46 条

1. 知识产权的成立、内容和消灭，适用该权利的行使地国法。

2. 第 1 款的规定亦适用于对知识产权的处分行为以及这些权利优先顺序的确定。

3. 知识产权的保护，适用据以请求保护的国家法律。

第 47 条

雇员基于与其雇佣关系内的活动有关联的知识产权而向雇主提出的请求权，适用该雇佣关系的准据法。

第十一章　婚姻事项

第 48 条

结婚的能力，分别由结婚时各方当事人的本国法决定。

第 49 条

1. 结婚的形式，适用婚姻举行地国法。

2. 在波兰共和国境外结婚的，只要遵从结婚时夫妻双方的本国法、共同的住所地或者惯常居所地国法所规定的形式即可。

第 50 条

无结婚能力以及不遵从结婚形式的后果，分别由第 48 条和第 49 条所指的法律决定。

第 51 条

1. 夫妻之间的人身关系和财产关系，分别适用其当前的共同本国法。

2. 无共同本国法时，适用夫妻双方的共同住所地国法；住所不在同一国家时，适用夫妻双方共同的惯常居所地国法。假如夫妻双方的惯常居所不在同一国家，则适用以其他方式与夫妻双方均有最密切联系的国家的法律。

第 52 条

1. 夫妻双方可以约定其财产关系适用夫妻一方的本国法、住所地或者惯常居所地国法。该法律选择亦可在结婚前进行。

2. 婚约，适用当事人双方依照第 1 款规定所选择的法律。未选择法律时，婚约适用截至订约时支配夫妻之间的人身关系和财产关系的准据法。

3. 在选择财产关系或婚约的准据法时，只要遵从所选择的法律或者作出法律选择地国法所规定的婚约形式即可。

第 53 条

1. 如果夫妻一方和作为债权人的第三人在债务产生时在同一国家有惯常居所，则在判定婚姻财产制对第三人的效力时应适用该国法，除非第三人在债务产生时已知晓或理应知晓该婚姻财产制的性质与内容，或者已遵从了婚姻财产制的准据法或者——就不动产物权而言——不动产所在地国法所规定的公示与注册要求。

2. 夫妻一方对另一方在与满足日常家庭需要有关的事项中所负债务的责任，亦适用第 1 款规定。

第 54 条

1. 婚姻的解除，适用请求解除婚姻时夫妻双方的共同本国法。

2. 无共同本国法时，适用请求解除婚姻时夫妻双方的共同住所地国法，如果夫妻双方在请求解除婚姻时没有共同的住所地，只要夫妻一方一如既往地在夫妻双方最后的共同居所地国有惯常居所，则适用其最后的共同惯常居所地国法。

3. 如果情况表明，根据第 1 款和第 2 款规定无法决定应适用的法律，则婚姻的解除适用波兰法律。

4. 第 1 款至第 3 款的规定，亦适用于夫妻双方依法分居的情形。

第十二章　父母与子女之间的关系

第 55 条

1. 子女出身的认定或否定，适用子女出生时的本国法。

2. 如果子女出生时的本国法就生父的司法鉴定未作规定，就生父的司法鉴定而言，适用该子女在认定其出身时的本国法。

3. 对子女的认领，适用认领时该子女的本国法。如果该法律对认领制度未予规定，而子女出生时的本国法却规定了认领制度，则适用子女出生时的本国法。

4. 对胎儿的认领，适用认领时其母亲的本国法。

第 56 条

1. 与父母照顾及探视子女有关事项的准据法，依照 1996 年 10 月 19 日订于海牙的《关于父母亲责任以及保护子女的管辖权、法律适用、承认、执行并合作的公约》（2008 年 6 月 11 日《欧洲联盟官方公报》第 L151 号，第 39 页；2010 年第 172 号《法律公报》，第 1158 项）确定。

2. 子女的惯常居所迁移至非第 1 款所指公约缔约国的国家境内时，则自迁移之时起，采用该子女以前的惯常居所地国曾采取的措施的条件，适用该非缔约国的法律。

第十三章　收养

第 57 条

1. 收养，适用收养人的本国法。

2. 夫妻双方共同收养的，适用其共同的本国法。无共同本国法时，适用夫妻双方共同的住所地国法；夫妻双方的住所不在同一国家时，则适用他们共同的惯常居所地国法。夫妻双方的惯常居所不在同一国家境内时，适用以其他方式与夫妻双方均有最密切联系的国家的法律。

第 58 条

如果未遵从被收养人本国法有关收养应取得被收养人、其法定代理人的同意或者主管国家机关的许可以及因住所迁移至另一国而限制收养的规定，则不得进行收养。

第十四章　监护和照顾

第 59 条

1. 对子女进行监护和照顾的准据法，依照 1996 年 10 月 19 日订于海牙的《关于父母亲责任及保护子女措施的管辖权、准据法、承认、执行并进行合作的公约》确定。

2. 当子女的惯常居所迁移至非第 1 款所指公约缔约国的国家时，自该迁移之时起，采用该子女以前的惯常居所地国曾采取的措施的条件，适用该非缔约国的法律。

第 60 条

1. 对成年人的监护、照顾以及其他保护措施的安排，适用该人的本国法。

2. 波兰法院对在波兰共和国境内有住所或者惯常居所的外国人采取第 1 款所指措施作出裁决时，适用波兰法律。

3. 第 1 款所指措施的执行，适用这些措施所涉之人的惯常居所地国法。

4. 在 1964 年 11 月 17 日《民事诉讼法典》（第 43 号《法律公报》第 296 项，及以后的修订文本）第 1107 条第 2 款和第 3 款所指情形下，适用波兰法律。该规定同样适用于对所指措施的执行。

第 61 条

对法人的监护，适用支配该法人的国家的法律。

第 62 条

个别需要处理事项的料理，适用支配这些事项的国家的法律。

第十五章　扶养义务

第 63 条

扶养义务的准据法，依照欧盟理事会 2008 年 12 月 18 日《关于扶养义务事项的管辖权、准据法、判决的承认与执行以及合作的第 4/2009 号条例》（2009 年 1 月 10 日《欧洲联盟官方公报》第 L7 号，第 1 页）确定。

第十六章　继承事项

第 64 条

1. 立遗嘱人可在遗嘱或者其他死因处分行为中指定遗产事项适用其本国法、实施该项法律行为时或者死亡时的住所地或者惯常居所地国法。

2. 未选择法律时，遗产事项适用立遗嘱人死亡时的本国法。

第 65 条

遗嘱或者其他死因处分行为的有效性，适用立遗嘱人实施该项法律行为时的本国法，但第 66 条另有规定的除外。

第 66 条

1. 遗嘱的形式及其撤销的准据法，依照 1961 年 10 月 5 日订于海牙的《关于遗嘱处分方式法律冲突的公约》（1969 年第 34 号《法律公报》第 284 项）确定。

2. 依照第 1 款所确定的法律亦适用于其他死因处分行为。

第十七章　其他法律关系

第 67 条

本法、其他法律、经批准在波兰共和国生效的国际条约以及欧洲联盟法律中对准据法的指引未作规定时，对属于本法适用范围内的关系，适用与该关系有最密切联系的国家的法律。

第 68 条

对属于本法适用范围内的关系，不适用 2002 年 7 月 3 日《航空法》（2006 年第 100 号《法律公报》第 696 项，及以后的修订文本）第 3 条第 1

款、第 6 条和第 7 条规定。

第十八章　对现行法律条款的修改

第 69 条

废除 1964 年 4 月 23 日《民法典》（第 16 号《法律公报》第 93 项，及以后的修订文本）第 499 条。

第 70 条

废除 1974 年 6 月 26 日《劳动法典》（1998 年第 21 号《法律公报》第 94 项，及以后的修订文本）第 6 条。

第 71 条

废除 1991 年 5 月 23 日《海船劳工法》（第 61 号《法律公报》第 258 项，及以后的修订文本）第 2 条。

第 72 条

1997 年 8 月 29 日《旅游服务法》（2004 年第 223 号《法律公报》第 2268 项及以后的修订文本）第 11b 条第 1 款规定如下："第 11a 条所规定的责任，不得由合同加以排除或限制，但本条第 2 款和第 3 款另有规定的除外。"

第 73 条

2000 年 3 月 2 日《关于保护特定消费者权利以及因危险品致害责任的法律》（第 22 号《法律公报》第 271 项，及以后的修订文本）第 17 条规定如下："第 1～16e 条所规定的消费者权利，不得由合同加以剥夺或限制。"

第 74 条

2001 年 7 月 20 日《消费者信贷法》（第 100 号《法律公报》第 1081 项，及以后修订文本）第 17 条规定如下："合同条款不得剥夺或限制本法所规定的消费者权利。在这种情况下，适用本法规定。"

第 75 条

对 2001 年 9 月 18 日《海事法典》（2009 年第 127 号《法律公报》第 857 项）进行下列修改：

1. 在第 355 条中：

（1）废除第 1 款和第 2 款；

（2）第 4 款规定如下：

"船舶优先权和对运载货物的优先权，适用被优先权所担保的债权向法院请求清偿地国法。”

2. 第356条规定如下：“如果法律适用以事件发生地为准，而且发生事件的船舶位于沿海国领域外，则以所悬挂的国旗所属国为事件发生地。”

3. 废除第358条和第359条。

第76条

对2002年7月3日《航空法》（2006年第100号《法律公报》第696项，及以后的修订文本）进行下列修改：

1. 第1条第4款规定如下：“4.《航空法》的规定，除第1条第6款、第2条、第3~9条、第14条、第33条、第35条第2款、第43条、第44条、第60条、第74条、第75条、第76条第2款、第89条、第92条、第119~125条、第128条、第130条、第133条、第140条、第149条第1项、第150条之外，均不适用于国家航空，但本条第5款另有规定的除外。”

2. 废除第10条。

3. 废除第11条第1款。

4. 废除第12条和第13条。

5. 废除第15条第2款。

第77条

2002年6月27日《关于消费者买卖特别条件及修订民法典的法律》（第141号《法律公报》第1176项；2004年第96号《法律公报》第959项；2009年第115号《法律公报》第960项；以及2011年第34号《法律公报》第169项）第11条规定如下：“本法所调整的权利，不得因合同在卖方告知消费品违约之前所订立而被剥夺或限制，尤其不得由于买方声称已知晓消费品违约而被剥夺或限制。”

第78条

对2003年5月22日《保险法》（2010年第11号《法律公报》第66项，及以后的修订文本）进行下列修改：

1. 废除第129条第3款至第5款。

2. 废除第130条。

第79条

废除《关于强制保险、保险保证基金、波兰交通保险办公署的法律》（第124号《法律公报》第1152项，及以后的修订文本）第3条第2款。

第十九章　最后规定

第 80 条

废除 1965 年 11 月 12 日《关于国际私法的法律》（第 46 号《法律公报》，第 290 项；1995 年第 83 号，第 417 项；1999 年第 52 号，第 532 项），但其有关扶养义务的条款例外地继续保持有效至 2011 年 6 月 17 日。

第 81 条

本法自公布之日起满 30 天后生效，第 63 条除外，该条款于 2011 年 6 月 18 日生效。

奥地利共和国《关于国际私法的联邦法》*

（2017 年 6 月 15 日文本）

第一章　总 则

最强联系原则（Grundsatz der stärksten Beziehung）

第 1 条

1. 与外国有连结的事实，在私法上，依照与该事实有最强联系的法律体系判定。

2. 本联邦法所包含的关于适用法律的特别规定（“指引规范”②），应被视为该原则的体现。

据以确定联系因素的各种要件的查明

第 2 条

除非在允许选择法律的领域（本法第 19 条、第 35 条第 1 款），根据程序法的规定当事人的实际意愿被认定为属实，否则据以确定与特定法律体系的联系的事实上与法律上要件，应依职权查明。

---

* 奥地利共和国《关于国际私法的联邦法》（Bundesgesetz vom 15. Juni 1978 über das internationale Privatrecht）于 1978 年 6 月 15 日通过，自 1979 年 1 月 1 日起生效。此后，为适应欧盟统一国际私法发展的需要，奥地利先后于 1998 年、1999 年、2000 年、2003 年、2004 年、2009 年、2011 年、2013 年和 2015 年对《关于国际私法的联邦法》进行了多次修订，废除了第 22 条、第 28~30 条以及第 36~47 条，增补了第 27a~27d 条、第 33a 条和第 35a 条。本法根据其官方德语文本（http：//www. ris. bka. gv. at/GeltendeFassung. wxe?Abfrage=Bundesnormen&Gesetzesnummer=10002426）翻译。部分条款的翻译参考了李双元等编的《国际私法教学参考资料选编》（上册，北京大学出版社 2002 年版）第 365~370 页以及杜涛博士所著的《国际私法的现代化进程：中外国际私法改革比较研究》（上海人民出版社 2007 年版）第 317~326 页所附的译文。本译文原载于《中国国际私法与比较法年刊》第十九卷（2016），法律出版社 2017 年版，第 439~450 页。——译者注

② “指引规范”（Verweisungsnormen）是德国、奥地利等德语国家的国际私法学者经常使用的一个法律术语，是指当一个案件具有涉外因素，从而需要确定应适用哪一国家的法制来判案时，据以确定准据法的一种法律规范，即通常所称的“冲突规范”。

外国法的适用

第3条

如果作准的是外国法，则应依职权并如同在该法的原适用范围内一样予以适用。

外国法的查明

第4条

1. 外国法应依职权查明。允许采用的辅助手段包括当事人协助、联邦司法部的咨询答复以及专家的鉴定意见。

2. 如经充分努力，在适当期限内仍无法查明外国法时，适用奥地利法律。

反致与转致

第5条

1. 所指引的外国法律体系，亦包括该国的指引规范。

2. 如果外国法律体系反致奥地利法律，应适用奥地利的实体规范（除指引规范以外的法律规范）；在发生转致时，对该转致应予以尊重，并适用不再继续向其他国家指引或者被其他国家法律首次反致的那一国家法律体系中的实体规范。

3. 如果外国法律体系由多个区域性法律体系组成，则适用该外国法律体系中的现行规则所指引的那一区域的法律体系。如无此种规则，则适用与案件有最强联系的那一区域的法律体系。

保留条款（公共秩序）

第6条

外国法的规定，在其适用会导致与奥地利法律体系的基本价值相抵触的结果时，不予适用。如有必要，应代之以适用奥地利法律中的相应规定。

准据法的变更

第7条

据以确定与特定法律体系的联系的各种要件事后发生变化的，对已完成的事实不发生影响。

形式

第8条

法律行为的形式，依照支配该法律行为本身的同一法律判定；但符合该法律行为实施地国所规定的形式要件者亦可。

自然人的属人法

第9条

1. 自然人的属人法，为该人的国籍所属国法律。如一人除具有外国国籍外，又具有奥地利国籍，则以奥地利国籍为准。其他具有多重国籍者，以与之有最强联系的国家的国籍为准。

2. 无国籍人或者无法查明其国籍的人，其属人法即为其惯常居所地国法律。

3. 对奥地利有效的国际公约所指的难民，或因类似重大原因而断绝与其本国关系的人，其属人法即为其住所地国法律；无住所时，则为其惯常居所地国法律；如该法律指引其本国法律（第5条），则不予遵守。

法人的属人法

第10条

法人或其他能够享受权利并承担义务的社团或者财团，其属人法为该权利义务承担者的主要管理中心实际所在地国法律。

法律选择

第11条

1. 在有疑义时，当事人的法律选择（第19条、第35条第1款），不包括所选择的法律体系中的指引规范。

2. 在未决诉讼中所作的纯默示的法律选择无效。

3. 第三人的法律地位，不得因事后的法律选择而受影响。

第二章　人法

权利能力与行为能力

第12条

人的权利能力与行为能力，依照其属人法判定。

姓名

第13条

1. 人的姓名的使用，无论其获得姓名的依据为何，均依照其当时的属人法判定。

2. 对姓名的保护，依照侵害行为发生地国法律判定。

死亡宣告与死亡证明

第14条

死亡宣告或者死亡证明的要件、效力及撤销，依照失踪者最后为人所知的属人法判定。

保护成年人的措施

第 15 条①

1. 为了保护那些因为个人能力受到损害或因个人能力不足从而无法保护自己利益的成年人的人身或财产而采取的措施，其要件、效力及撤销依照其属人法判定。

2. 第 1 款所指措施的实施条件，依照实施地国法判定。

第三章　家庭法

第一节　婚姻法

结婚的形式

第 16 条

1. 在内国结婚的形式，依照内国的形式规定。

2. 在外国结婚的形式，依照许婚各方的属人法判定；但符合结婚地的形式规定者亦属有效。

结婚的要件

第 17 条

1. 结婚的要件以及婚姻无效与解除婚姻的要件，均依照许婚各方的属人法判定。

2. 如果某一婚姻经一项在奥地利法律管辖范围内为有效的判决宣告为无效或者被认定为已经解除、离婚或者不存在，则不得仅因为该项判决依照许婚者的一方或双方或者夫妻一方或双方的属人法不被承认而禁止重新结婚或者宣告新婚姻为无效。本规定类推适用于死亡宣告或者死亡证明之情形。

婚姻的人身法律效力

第 18 条

1. 婚姻的人身法律效力：

（1）依照夫妻双方共同的属人法判定，如无共同属人法，则依照其最后的共同属人法判定，前提是夫妻一方仍保留该属人法；

（2）否则，依照夫妻双方的惯常居所地国法律判定，如无惯常居所，则依照夫妻双方最后的惯常居所地国法律判定，前提是夫妻一方仍保留该居所。

---

① 本条系根据 2013 年 7 月 31 日公布于《奥地利共和国联邦法律公报》第一部分第 158 号联邦法——《成年人保护法》第 3 条修订，自 2013 年 11 月 1 日起施行。——译者注

2. 如果婚姻依照第 1 款所指的法律不成立，而在奥地利法律管辖范围内为有效，则其人身法律效力依照奥地利法律判定。但是，如果夫妻双方与第三国有更强的联系，而依照该第三国法律婚姻同样有效，则以该第三国法律为准并取代奥地利法律。

婚姻财产制

第 19 条

婚姻财产制，依照当事人明示选择的法律判定，如无此种法律选择，则依照结婚时支配婚姻的人身法律效力的法律判定。

离婚

第 20 条

1. 离婚的要件及效力，依照离婚时支配婚姻的人身法律效力的法律判定。

2. 如依照该法律，婚姻不能根据所主张的事实而解除，或者第 18 条所规定的连结点均不存在，则离婚依照离婚时提出离婚请求的夫妻一方的属人法判定。

第二节　亲子关系法

婚生

第 21 条

子女婚生的要件及因此而发生的争议，依照该子女出生时夫妻双方的属人法判定，或者当婚姻在此之前已解体时依照婚姻解体时夫妻双方的属人法判定。夫妻双方的属人法不同的，则以该子女在其出生时的属人法为准。①

非婚生子女的准正

第 22 条（已废除）②　非婚生子女因事后婚姻而准正的要件，依照其父母的属人法判定。父母的属人法不同的，依照其中更有利于准正的法律。

第 23 条

非婚生子女通过宣告婚生而准正的要件，依照其父亲的属人法判定；如果在父亲死后才提出宣告婚生的申请，则依照该父亲死亡时的父亲属人法判定。

---

① 本条第 2 句的规定系根据 2000 年 12 月 29 日公布的《亲子关系法修订法》（KindRÄG 2001，BGBl. I Nr. 135/2000，S. 1329）第 10 条第 1 项修订后的文本，自 2001 年 6 月 30 日起施行。此前，第 21 条第 2 句的规定为：“夫妻双方的属人法不同的，依照其中更有利于子女为婚生的法律。”——译者注

② 该条被 2000 年《亲子关系法修订法》第 10 条第 2 项废除，自 2001 年 6 月 30 日起施行。为便于我国学者研究，特保留该条款的译文，下同。——译者注

如果依照子女的属人法必须征得子女本人或者与子女具有家庭亲属关系的第三人的同意，则就此而言，亦应以该法律为准。

婚生与准正的效力

第 24 条

子女婚生与准正的效力，依照子女的属人法判定。

非婚生及其效力

第 25 条

1. 确定及承认非婚生子女的父亲身份的要件，依照子女出生时该子女的属人法判定。但是，依照子女出生时的属人法不能确定及承认该父亲身份，而依照子女出生后的属人法能得以确定及承认，则亦可依照子女出生后的属人法判定。据以确定或者承认父亲身份的法律，亦同样适用于有关父亲身份争议的解决。

2. 子女为非婚生的效力，依照该子女的属人法判定。

3. 母亲对非婚生子女的生父提出的与其怀孕、分娩相关的诉讼请求，依照该母亲的属人法判定。

收养子女

第 26 条

1. 收养及终止收养关系的要件，依照收养人各自的属人法及被收养子女的属人法判定。如果子女无行为能力，则仅就收养是否应征得子女本人或者与子女具有家庭亲属关系的第三人的同意而言，应以该子女的属人法为准。①

2. 收养的效力，依照收养人的属人法判定；如果是夫妻双方一起收养，则依照支配其婚姻的人身法律效力的法律判定，但在夫妻一方死亡后，应依照另一方的属人法判定。

第三节　监护与保佐

第 27 条

1. 设立、终止监护或者保佐的要件及其效力，依照被监护人的属人法判定。

---

① 本款规定系根据 2004 年 6 月 21 日公布的《修订家庭法及继承法的联邦法》（FamErbRÄG 2004，BGBl. I Nr. 58/2004，S. 710）第 2 条修订后的文本，自 2004 年 7 月 1 日起施行。——译者注

2. 与监护或者保佐相关的其他问题，只要涉及对监护或保佐的监管，则依照有权对监护或保佐进行监管的机关所属国的法律判定。

第四节　同性伴侣关系法①

注册同性伴侣关系②的要件及效力

第 27a 条

注册同性伴侣关系的要件、无效以及这种关系因其成立时存在瑕疵而引起的解除，依照其成立地国法律判定。

经注册的同性伴侣关系的人身法律效力

第 27b 条

经注册的同性伴侣关系的人身法律效力：

（1）依照经注册的同性伴侣的共同惯常居所地国法律判定，如无共同的惯常居所，则依照双方最后的（共同）惯常居所地国法律判定，前提是其中一方仍保留该居所；

（2）如果不具备适用第 1 项所指法律的条件，或者该法律不调整经注册的同性伴侣关系的人身法律效力，则依照经注册的同性伴侣的共同属人法判定，如无共同的属人法，则依照双方最后的共同属人法判定，前提是其中一方仍保留该属人法；

（3）否则依照奥地利法律判定；假如依照第 2 项规定应适用的法律不调整经注册的同性伴侣关系的人身法律效力，也适用奥地利法律。

经注册的同性伴侣关系的财产制

第 27c 条

经注册的同性伴侣关系的财产制，依照当事人双方明示选择的法律判定，如未进行法律选择，则依照经注册的同性伴侣关系成立地国法律判定。

---

①　本节及第 27a～27d 条系根据 2009 年 12 月 30 日公布的第 135 号联邦法——《同性伴侣法》（Eingetragene Partnerschaft-Gesetz，BGBl. I Nr. 135/2009，S. 1-74）第 5 条第 1 项增订，自 2010 年 1 月 1 日起施行。——译者注

②　德语中的“eingetragene Partnerschaft”字面上意为“注册的伴侣关系”，但根据 2009 年 12 月 30 日第 135 号联邦法颁布的《同性伴侣法》第 1 条和第 2 条规定，“eingetragene Partnerschaft”是“eingetragene Partnerschaft der gleichgeschlechtlicher Paare”（“经注册的同性伴侣关系”）的简称，因此，在译文中采用该概念的原意。奥地利共和国《同性伴侣法》自 2010 年 1 月 1 日起施行。——译者注

已注册同性伴侣关系的解除

第 27d 条

由于第 27a 条所指原因以外的其他原因而解除已注册的同性伴侣关系的要件及效力：

（1）依照已注册的同性伴侣在解除其关系时的共同惯常居所地国法律判定，如无共同的惯常居所，依照双方在解除此种关系前最后的（共同）惯常居所地国法律判定，前提是其中一方仍保留该居所；

（2）如果不具备适用第 1 项所指法律的条件，或者依照该法律不能根据所主张的事实而解除已注册的同性伴侣关系，则依照已注册的同性伴侣在解除其关系时的共同属人法判定，如无共同的属人法，则依照双方在解除此种关系前最后的共同属人法判定，前提是其中一方仍保留该属人法；

（3）否则依照奥地利法律判定；假如依照第 2 项规定应适用的法律不能根据所主张的事实而解除已注册的同性伴侣关系，则也适用奥地利法律。

第四章　继承法

基于死亡的权利继承①

第 28 条（已废除）

1. 基于死亡的权利继承，依照被继承人死亡时的属人法判定。

2. 如果遗嘱查验程序系在奥地利进行，则遗产继承权的取得及遗产债务责任，依照奥地利法律判定。

第 29 条（已废除）

如果依照第 28 条第 1 款所指的法律，遗产无人继承或者将归于作为法定继承人的领土当局，则在各该情况下，应以被继承人死亡时其财产所在地国法律为准并取代上述法律。

遗嘱的效力

第 30 条（已废除）

1. 设立遗嘱的能力以及遗嘱、继承合同或者放弃继承的合同的其他有效要件，依照被继承人实施该法律行为时的属人法判定。如果依照该法为无效，

---

① 第 28～30 条规定根据 2015 年 7 月 30 日公布的第 87 号联邦法——《继承法修订法》（Erbrechts-Änderungsgesetz 2015）第 8 条予以废除，自 2015 年 8 月 17 日起施行。——译者注

而依照被继承人死亡时的属人法为有效时，以后者为准。

2. 对上述法律行为的撤销或者取消，类推适用第1款的规定。

第五章 物权法

一般规则

第31条

1. 有形物的物权（包括占有）的取得与丧失，依照据以取得或者丧失该物权的事实完成时该物之所在地国法律判定。

2. 物的法律分类以及第1款所指权利的内容，依照该物之所在地国法律判定。

与其他指引规范的关系

第32条

不动产物权，即使其在内国其他指引规范的适用范围之列，也应以第31条的规定为准。

交通工具

第33条

1. 在登记机关注册的水上或者空中运输工具的物权，除第2款另有规定外，依照注册国的法律判定；铁路运输工具，依照在营业中使用该运输工具的铁路企业的主要管理中心实际所在地国法律判定。

2. 为担保因运输工具所造成的损害或者费用引起的赔偿请求权而依法设立或者强制设立的抵押权或者法定留置权，均适用第31条的规定。

可经证券结算系统转让的有价证券①

第33a条

1. 可经证券结算系统转让的有价证券（《金融安全法》第3条第1款第7项）的物权的法律性质、内容及其取得和占有，依照作准的账户（《金融安全法》第3条第1款第8项）的被监管地国的实体规范判定。

2. 第1款所指的法律特别决定：

（1）可在证券结算系统转让的有价证券的所有权或者其他物权是否会受

---

① 该标题及第33a条系根据2003年12月16日公布的第117号联邦法——《金融安全法》（Finanzsicherheiten-Gesetz，BGBl. I Nr. 117/2003，S. 1645）第2条增订，自2003年12月1日起施行。——译者注

到第三人的所有权或者其他物权的排斥，或者是否后手优于前述权利，或者是否存在善意取得；

（2）假如出现变现或者终止的情况（《金融安全法》第3条第1款第12项），为了变现可在证券结算系统转让的有价证券，是否需要以及应当采取哪些步骤。

第六章　无形财产权

第34条

1. 无形财产权的产生、内容及消灭，依照使用行为或者侵害行为发生地国法律判定。

2. 对于与受雇者在其雇用关系范围内的作业有关的无形财产权，以适用于雇主与受雇者之间的雇用关系的指引规范为准。

第七章　债法

合同之债

第35条①

1. 不在《关于合同之债法律适用的第593/2008号条例》（“罗马Ⅰ”）②适用范围内的合同之债，依照当事人明示或者默示选择的法律判定（第11条）。

2. 如果当事人对于此种债务关系未进行有效的法律选择，则依照应进行特征性履行的一方合同当事人的惯常居所地国法律判定。如果该方当事人系以

---

① 本条款经1998年《修订〈关于国际私法的联邦法〉和〈消费者保护法〉的联邦法》（Bundesgesetz：Änderung des Bundesgesetzes über das internationale Privatrecht und des Konsumentenschutzgesetzes，BGBl. I Nr. 119/1998，S. 135）第1条第1项修订后，又于2009年经《修订〈关于国际私法的联邦法〉、〈保险监管法〉、〈交通事故遇难者赔偿法〉及废除〈关于欧洲经济区的国际保险合同法的联邦法〉的联邦法》（Bundesgesetz：Änderung des IPR-Gesetzes，des Versicherungsaufsichtsgesetzes sowie des Verkehrsopferentschädigungsgesetzes und Aufhebung des Bundesgesetzes über internationales Versicherungsvertragsrecht für den Europäischen Wirtschaftsraum，BGBl. I Nr. 109/2009）第1条第2项修订。——译者注

② Verordnung（EG）Nr. 593/2008 über das auf vertragliche Schuldverhältnisse anzuwendende Recht（Rom I），ABl. Nr. 177 vom 4. Juli 2008，S. 6.

经营者的身份订立合同，则以与订立该合同有关的营业所为准，并取代惯常居所。

3. 如果案件总体情况表明，合同之债与第 2 款所指国家以外的另一国家明显具有更密切联系，则适用该另一国法律。

扩大特定保险合同的法律选择①

第 35a 条

1.《第 593/2008 号条例》第 7 条第 3 款为之规定了各种法律选择机会的保险合同，其各方当事人可在该条例第 7 条第 3 款第 a、b 和 e 项所指情况下明示或者默示地选择另一国的法律。

2. 如果保险人在投保人的惯常居所地国从事营业活动，或者以某种方式在该国或者包括该国在内的多个国家从事营业活动，则根据第 1 款所进行的法律选择的后果，不得致使在未进行法律选择时根据本应适用的法律中那些不得通过协议加以减损的规定给投保人所提供的保护被剥夺。

第 36 条（已废除）②

主要由一方当事人向另一方承担金钱给付的双务合同，依照该另一方当事人的惯常居所地国法律判定。如果该另一方当事人系以企业主身份订立合同，则以与订立该合同有关的营业所为准，并取代惯常居所。

第 37 条（已废除）

单务合同以及据以产生债务的单方法律行为，依照债务人的惯常居所（或第 36 条第 2 句所指的营业所）所在地国法律判定。

银行业务与保险合同

第 38 条（已废除）

1. 银行业务，依照该金融机构的（第 36 条第 2 句所指的）营业所所在地国法律判定；金融机构之间的银行业务，则以受委托的金融机构的营业所为准。

2. 保险合同，依照保险人（第 36 条第 2 句所指的）的营业所所在地国法律判定。

---

① 本标题及第 35a 条规定系根据 2009 年《修订〈关于国际私法的联邦法〉、〈保险监管法〉、〈交通事故遇难者赔偿法〉及废除〈关于欧洲经济区的国际保险合同法的联邦法〉的联邦法》第 1 条第 3 项增订。——译者注

② 根据 1998 年《修订〈关于国际私法的联邦法〉和〈消费者保护法〉的联邦法》第 1 条第 2 项，奥地利共和国《关于国际私法的联邦法》第 36~45 条自 1998 年 12 月 1 日起被废止。——译者注

证券交易及类似合同

第39条（已废除）

证券交易以及在市场或者交易会上订立的合同，依照交易所或者市场（交易会）所在地国法律判定。

拍卖

第40条（已废除）

拍卖，依照拍卖举行地国法律判定。

消费者合同

第41条（已废除）

1. 对于消费者合同，如果合同一方当事人的惯常居所地国法律将其作为消费者而给予私法上的保护，而该合同系由该当事人与在该国从业，并有意订立此种合同的企业主或者该企业主所派的人订立，则依照该国的法律判定。

2. 在涉及该国法律中的强制性规定的范围内，不利于消费者的法律选择无效。

有关使用不动产的合同

第42条（已废除）

1. 有关使用不动产或者其附属结构的合同，依照该财产所在地国法律判定。

2. 在涉及该国法律中有关租赁的强制规定的范围内，不利于承租人的法律选择无效。

有关无形财产权的合同

第43条（已废除）

1. 有关无形财产权的合同，依照此种权利被移转或者被让与地国法律判定。如果该合同涉及多个国家，则以受让人（许可证受让人）的惯常居所（或第36条第2句所指的营业所）所在地国法律为准。

2. 与受雇者在其劳务关系范围内的作业有关的无形财产权合同，以适用于该劳务关系的指引规范（第44条）为准。

劳务合同

第44条（已废除）

1. 劳务合同，依照受雇者惯常作业所在地国法律判定。受雇者如果被派往他国作业，仍以该法为准。

2. 如果受雇者通常在一个以上的国家作业或者无惯常作业地点，则以雇主的惯常居所（或者第36条第2句所指的营业所）所在地国法律为准。

3. 只有明示的法律选择才有效。但在涉及第1款和第2款所指法律中的强制规定的范围内，不利于受雇者的明示法律选择亦属无效。

从属的法律行为

第45条（已废除）

凡其效力在概念上从属于某既存义务的法律行为，依照适用于该义务的准据法所属国的实体规范判定。这一规定特别适用于旨在给义务提供担保或者变更该义务的法律行为。第38条第1款的规定不受影响。

不当得利①

第46条（已废除）

不当得利的请求权，依照不当得利发生地国法律判定。但在履行法律义务或关系的过程中产生的不当得利，以该法律关系准据法所属国的实体规范为准；本规定类推适用于替他人进行支付而产生的补偿请求权。

无因管理

第47条（已废除）

无因管理，依照此种管理行为实施地国法律判定；但是，如果无因管理与另一法律关系具有内在联系，则类推适用第45条的规定。

非合同性损害赔偿请求权

第48条②

1. 不在《关于非合同之债法律适用的（欧共体）第864/2007号条例》（“罗马Ⅱ”）③ 适用范围内的非合同性损害赔偿请求权，依照当事人明示或者默示选择的法律判定（第11条）。

2. 如果当事人对于此种债务关系未进行有效的法律选择，则依照造成损害的行为实施地国法律判定。但是，如果所涉各方均与另一国家的法律存在更强联系，则以该另一国法律为准。

---

① 根据2009年《修订〈关于国际私法的联邦法〉、〈保险监管法〉、〈交通事故遇难者赔偿法〉及废除〈关于欧洲经济区的国际保险合同法的联邦法〉的联邦法》第1条第4项规定，奥地利共和国《关于国际私法的联邦法》第46~47条被废止，并不再适用于2009年1月11日之后发生的合同之债案件。——译者注

② 本条规定为经2009年《修订〈关于国际私法的联邦法〉、〈保险监管法〉、〈交通事故遇难者赔偿法〉及废除〈关于欧洲经济区的国际保险合同法的联邦法〉的联邦法》第1条第5项修订后的文本。——译者注

③ Verordnung（EG）Nr. 864/2007 über das auf außervertragliche Schuldverhältnisse anzuwendende Recht（Rom II）, ABl. Nr. L199 vom 31. Juli 2007, S. 40.

委托代理

第 49 条

1. 委托代理的要件与效力，就委托人和代理人与第三人之间的关系而言，依照该委托人以第三人明显可见的方式所指定的法律判定。

2. 如果未指定应适用的法律，则以代理人按委托人为第三人明显可见的意思而行事的所在地国法律为准；如果代理人受委托实施多种行为，则以代理人在通常情况下按委托人为第三人明显可见的意思而行事的所在地国法律为准。

3. 如果依照第 2 款所规定的连结点不能确定应适用的法律，则以代理人行为地国法律为准。

第八章　最后条款

第 50 条

1. 本法自 1979 年 1 月 1 日起施行。

2. 1998 年《奥地利共和国联邦法律公报》第一部分所公布的第 119 号联邦法的第 35 条、第 53 条第 2 款以及通过该联邦法对第 36～45 条的废除自 1998 年 12 月 1 日起施行，并适用于 1998 年 11 月 30 日之后产生的债务关系。①

3. 经 2003 年《奥地利共和国联邦法律公报》第一部分所公布的第 117 号联邦法增订的第 33a 条自 2003 年 12 月 1 日起施行。②

4. 因 2009 年 1 月 11 日之后发生的事件所引起的非合同性损害赔偿请求权，适用 2009 年《奥地利共和国联邦法律公报》第一部分所公布的第 109 号联邦法所修订文本的第 48 条规定；1978 年《奥地利共和国联邦法律公报》第一部分公布的第 109 号联邦法文本的第 48 条第 2 款不再适用于此种损害赔偿请求权。据以产生非合同之债的事件，如果发生于 2009 年 1 月 11 日之后，则

---

① 本款规定系根据 1998 年《修订〈关于国际私法的联邦法〉、〈消费者保护法〉的联邦法》第 1 条第 3 项增订，后来经 1999 年《修订〈关于国际私法的联邦法〉的联邦法》第 2 项和 2009 年《修订〈关于国际私法的联邦法〉、〈保险监管法〉、〈交通事故遇难者赔偿法〉及废除〈关于欧洲经济区的国际保险合同法的联邦法〉的联邦法》第 1 条第 6 项修订。——译者注

② 本款规定系根据 2003 年《金融安全法》第 2 条第 2 项增订。——译者注

不适用原第46条和第47条的规定。2009年12月17日之后订立的合同，适用2009年《奥地利共和国联邦法律公报》第一部分所公布的第109号联邦法所修订文本的第35条规定；此类合同不再适用第53条第2款的规定。①

5. 2009年《奥地利共和国联邦法律公报》第一部分所公布的第135号联邦法文本的第27a～27d条自2010年1月1日起施行。②

6. 2013年《奥地利共和国联邦法律公报》第一部分所公布的第158号联邦法文本的第15条自2013年11月1日起施行。③

7. 对第28～30条的废除自2015年8月17日施行。但是，如果被继承人在2015年8月17日之前死亡，并且《欧盟继承条例》不能确定准据法时，这些条款仍予以适用。④

第51条

1. 自本联邦法生效后，除第52条和第53条之外，凡是与本联邦法调整对象有关的规定均失去效力，包括：

（1）1785年9月16日《专利法》（JGS468）a条；

（2）《普通民法典》第4条、第34～37条及第300条；

（3）《非讼事项法院程序法》第22条第2句；

（4）《民事诉讼法》第271条第2款涉及外国法查明的规定；

（5）《禁治产法》第14条；

（6）《演员法》（Schauspielergesetz）第49条；

（7）1940年11月15日《关于已登记船舶及在建船舶权利的法律》第1条第2款；

（8）《婚姻法第四实施条例》第6～13条和第15～18条；

（9）1950年《死亡宣告法》第12条。

2. 同时废止：

---

① 本款规定系根据2009年《修订〈关于国际私法的联邦法〉、〈保险监管法〉、〈交通事故遇难者赔偿法〉及废除〈关于欧洲经济区的国际保险合同法的联邦法〉的联邦法》第1条第7项增订。——译者注

② 本款规定系根据2009年12月30日公布的《颁布〈关于经注册的同性伴侣关系的联邦法〉并修订〈普通民法典〉、〈婚姻法〉、〈关于国际私法的联邦法〉等法律的联邦法》第5条第2项增订。——译者注

③ 本款系根据2013年公布的《成年人保护法》第3条第2款增订。——译者注

④ 本款系根据2015年7月30日公布的第87号联邦法《继承法修订法》第8条第2项规定增补。——译者注

（1）《非讼事项法院程序法》第 23 条第 3 款第 1 句“依照内国法律”字句；

（2）《非讼事项法院程序法》第 24 条第 1 款“依照奥地利法律”字句；

（3）《非讼事项法院程序法》第 25 条“并依照奥地利法律”字句；

（4）《非讼事项法院程序法》第 40 条第 1 款第 2 句“依照内国法律”字句。

第 52 条

下列法律规定不受本联邦法的影响：

（1）《著作权法》第 94~100 条；

（2）1955 年《汇票法》第 91~98 条；

（3）1955 年《支票法》第 60~66 条；

（4）1958 年 10 月 30 日《关于依照 1956 年 10 月 24 日〈关于子女抚养义务法律适用公约〉第 2 条适用奥地利法律的联邦法》；

（5）《卡特尔法》第 4 条、第 5 条第 1 款第 2 项和第 2 款；

（6）《航运设施法》第 34 条。

第 53 条

1. 国际条约的规定不受本联邦法的影响。①

2. 在 1996 年 10 月 19 日《关于父母责任与儿童保护措施的管辖权、法律适用、承认、执行与合作公约》生效后，此前已依照当时法律分配给某人的父母责任仍继续存在；某人在该公约生效前尚无父母责任的，依法对此人进行此种责任的分配，根据依照该公约第 16 条第 1 款应适用的法律确定。②

第 54 条

本联邦法由联邦司法部负责实施。

---

① 本款经 2009 年《修订〈关于国际私法的联邦法〉、〈保险监管法〉、〈交通事故遇难者赔偿法〉及废除〈关于欧洲经济区的国际保险合同法的联邦法〉的联邦法》第 1 条第 8 项修订。——译者注

② 本款经 2011 年《关于制定〈欧盟调解法〉并修改〈民事诉讼法〉、〈关于国际私法的联邦法〉、〈麻醉物法〉的联邦法》第 3 条增订。——译者注

第三篇

法典式国际私法立法

格鲁吉亚《关于调整国际私法的法律》*

（1998 年文本）

第一章　一般规定

第 1 条　适用范围

与外国法律有关的案件应适用哪一法律，依照本法确定。本法同时含有适用于涉外案件的诉讼法规定。

第 2 条　国际条约

国际条约的规定在适用上优先于本法规定。

第 3 条　其他国家法律的查明

1. 如果为了裁决法律争议或者其他法律事件而必需适用其他国家的法律，法院须采取必要措施，以查明此类法律规范的内容，同时须考虑此类法律规范的官方解释、适用实践以及有关学说。

2. 如依照本条第 1 款所规定的措施仍不能查明外国法的内容或者采取该措施要支出不合理的费用，并且各方诉讼当事人均无法举证证明该法律规范的内容、目的及其适用实践，则由法院依照格鲁吉亚法律作出裁决。

第 4 条　指引

1. 如果指引的是其他国家（也包括第三国）的法律体系，则该国的国际私法也应予以适用，前提是这并不违背指引的本意或者该指引不限于适用实体法规定。

2. 如果其他国家的法律反致格鲁吉亚法律，则适用格鲁吉亚的实体法

---

* 格鲁吉亚《关于调整国际私法的法律》（Georgisches Gesetz zur Regelung des Internationalen Privatrechts）于 1998 年 4 月 29 日通过，公布于 1998 年 5 月 20 日第 121 号《格鲁吉亚共和国官方公报》，自 1998 年 10 月 1 日起施行。本法系根据 M. Mandshgaladze 博士和 S. Gamkrelidze 提供的德文译本（资料来源：Georg Brunner/ KarinSchmid / Klaus Westen（Hrsg.），Wirtschafsrecht der osteuropäischen Staaten，Ⅱ 3 X）翻译，格鲁吉亚语文本为官方文本。本译文原载于《中国国际私法与比较法年刊》第十四卷（2011），北京大学出版社 2012 年版，第 494~513 页。——译者注

规定。

3. 就当事人可以选择某国法律而言，仅限于选择实体法规定。

第 5 条　公共秩序（公共政策）

其他国家的法律规范，如果其适用的结果将与格鲁吉亚法律的基本原则相抵触，则不得在格鲁吉亚予以适用。

第 6 条　强行规范

如果案件应由强行法律规范调整，则不论应适用的是哪一国家的法律，此类强行法律规范均应得以适用。

第 7 条　区域性法律

如果应适用一国法律，而该国又具有多个区域性法律且未指明应以哪一区域性法律为准的，则由该国法律确定应适用哪一区域性法律。若无此种规定，则适用与案件有最密切联系的区域性法律。

第二章　格鲁吉亚法院的国际管辖权

第 8 条　国际管辖权的原则

如果被告的住所、所在地或者惯常居所在格鲁吉亚境内，则格鲁吉亚法院具有国际管辖权。

第 9 条　国际管辖权的其他情形

在下列情形下，格鲁吉亚法院也具有国际管辖权：

（1）案件有多个被告，且被告之一的住所、所在地或者惯常居所在格鲁吉亚境内；

（2）合同义务履行地在格鲁吉亚境内；

（3）案件涉及的争议系因经营所在地在格鲁吉亚境内的分支机构所致；

（4）诉讼标的是因侵权行为或者类似于侵权行为的其他行为引起的请求权，并且侵权行为地或者损害结果发生地在格鲁吉亚境内；

（5）诉讼标的涉及认定父亲身份或者支付抚养费，并且子女或者抚养权利人的住所或者惯常居所在格鲁吉亚境内；

（6）诉讼标的涉及继承权的认定或者遗产的分配，并且被继承人死亡时其住所或者惯常居所在格鲁吉亚境内或者被继承人的财产在格鲁吉亚境内。

第 10 条　专属的国际管辖权

对于下列诉讼，格鲁吉亚法院具有专属的国际管辖权：

（1）以不动产物权以及不动产的租赁或抵押为标的之诉，且该不动产在格鲁吉亚境内；

(2) 以公司、法人或其机构决议的有效性或者撤销为标的之诉，且该公司或法人的所在地在格鲁吉亚境内；

(3) 以法人在格鲁吉亚法院的公共注册部门或者在其他机构进行注册的有效性为标的之诉；

(4) 以专利、商标或者其他权利的注册有效性为标的之诉，且此类权利在格鲁吉亚注册或被请求注册；

(5) 涉及强制执行措施之诉，且此类措施应在格鲁吉亚予以执行或已被请求执行。

第 11 条 失踪与死亡宣告

对于失踪与死亡宣告，在下列情形下，格鲁吉亚法院具有国际管辖权：

(1) 失踪人为格鲁吉亚国民；

(2) 失踪人的最后惯常居所在格鲁吉亚境内；

(3) 对失踪或死亡宣告存在合法利益。

第 12 条 婚姻事项

1. 对于下列情形下的婚姻事项，格鲁吉亚法院具有国际管辖权：

(1) 配偶一方为格鲁吉亚国民或在结婚时曾为格鲁吉亚国民；

(2) 被诉的配偶一方的惯常居所在格鲁吉亚境内；

(3) 配偶一方为无国籍人，但在格鲁吉亚境内有惯常居所。

2. 第 1 款意义上的婚姻事项，系指有关离婚、解除婚姻或宣告婚姻无效、认定婚姻存在或不存在（或者创设婚姻生活）的一种民事程序。

3. 第 1 款规定的管辖权也扩展适用于离婚的附带后果。

第 13 条 父母和子女之间的人身关系、出身、承认、异议

对于有关父母与子女之间的人身关系、亲子关系的认定、父母身份的承认及异议之诉，如果诉讼当事人一方为格鲁吉亚国民或其惯常居所在格鲁吉亚境内，则格鲁吉亚法院具有国际管辖权。

第 14 条 收养

在收养事项上，如果收养人双方、进行收养的配偶一方或者被收养的子女为格鲁吉亚国民或者其惯常居所在格鲁吉亚境内，则格鲁吉亚法院具有管辖权。

第 15 条 对行为能力的限制

对于限制行为能力之诉，如果诉讼涉及之人为格鲁吉亚国民或者其惯常居所在格鲁吉亚境内，则格鲁吉亚法院具有国际管辖权。

第 16 条　监护、保佐

1. 对于设立监护、保佐或类似措施之诉，如果监护人、保佐人或者需要监护或保佐之人为格鲁吉亚国民或者其惯常居所在格鲁吉亚境内，则格鲁吉亚法院具有国际管辖权。

2. 如果保佐人、监护人或者需要监护或保佐之人请求格鲁吉亚法院受理，则格鲁吉亚法院也有管辖权。

第 17 条　在外国定居的格鲁吉亚国民

格鲁吉亚法院对在外国定居的格鲁吉亚国民本无管辖权，但如果无法在外国提起诉讼，或者根据案件的整体情况来看，在外国进行诉讼显得不合理，则可由其在格鲁吉亚境内的最后住所地或者惯常居所地法院管辖。

第 18 条　有关国际管辖权的协议

1. 即使格鲁吉亚法院依照本法第 8 条、第 9 条和第 10 条规定无管辖权，但当事人仍可协议由格鲁吉亚法院行使国际管辖权。此种协议必须依如下规定订立：

（1）采用书面形式或者具有书面确认的口头形式；或者

（2）在国际商事交往中以符合国际商事惯例的形式订立，而这些国际商事惯例为双方当事人所熟悉或者对他们来说应该熟悉。

2. 如果被告不提出无管辖权的抗辩，而是出庭应诉，那么在下列情形下，受诉的格鲁吉亚法院具有国际管辖权：

（1）被告由律师代理出庭；或者

（2）法官已告知其具有提出无管辖权抗辩的机会，并且此种告知已被载入审理记录。

3. 如果一方当事人的住所地、所在地或者惯常居所在外国，那么双方当事人可以协议由外国法院行使国际管辖权。第 1 款第 2 句相应适用。

4. 对于第 10~16 条所指之诉讼，协议管辖无效；此类诉讼不适用第 2 款规定。

第 19 条　外国的未决诉讼

1. 相同当事人之间就同一请求权提起的诉讼在外国悬而未决时，如果认为外国法院在合理期限内不会作出能在格鲁吉亚得以承认的判决，则格鲁吉亚法院可继续诉讼程序。

2. 一旦一项外国判决已被递交格鲁吉亚法院，且该判决可在格鲁吉亚得以承认，则格鲁吉亚法院应驳回起诉。

第 20 条 临时的诉讼保全措施

在请求临时保全的诉讼中，如果保全措施应在格鲁吉亚执行或者格鲁吉亚法院对主体事项（Hauptsache）具有国际管辖权，则格鲁吉亚法院对该诉讼具有国际管辖权。

第三章 人

第 21 条 法律面前权利平等

在同等条件下，外国自然人、法人以及无国籍人在格鲁吉亚与本国人一样具有权利能力和行为能力。但在无互惠的情形下允许有例外，这种例外须由法律作出明确规定。

第 22 条 属人法

1. 如果被指引的是一个人的国籍国法，而该人又具有多个国籍时，则适用与该人具有最密切联系的国籍国法，这种最密切联系尤其体现为其惯常居所或业务活动重心地。

2. 如果一个自然人为无国籍人或者其国籍不明，就其而言，应适用其惯常居所地国法。无惯常居所时，适用格鲁吉亚法律。

第 23 条 自然人的权利能力和行为能力

1. 自然人的权利能力和行为能力，适用其国籍国法。该规定也适用于行为能力因结婚而得以扩展的情形。

2. 曾取得的权利能力和行为能力不因获得或丧失作为格鲁吉亚人的法律地位而受影响。

第 24 条 法人的权利能力和行为能力

法人的权利能力和行为能力，适用法人的实际管理总部所在地（effektiver Verwaltungssitz）国法。该规定也相应适用于分支机构。

第 25 条 失踪与死亡宣告

1. 失踪与死亡宣告，适用失踪者或者被宣告死亡者在有其最后生存音讯时的国籍国法。对于无国籍人，适用其惯常居所地国法；无惯常居所时，适用格鲁吉亚法律。

2. 此时，如果失踪者或者被宣告死亡者为外国国民，如果格鲁吉亚对于失踪与死亡宣告具有合法利益，同样可以依照格鲁吉亚法律宣告死亡。

第 26 条　姓名

1. 自然人的姓名，适用其国籍国法。

2. 法人的名称或商号适用其实际管理总部所在地国法。分支机构的名称，同样适用该规定。

第四章　法律行为

第 27 条　效力（Wirksamkeit）

1. 法律行为的成立和效力或者法律行为的具体规定，依照假设该法律行为或规定有效时应适用的法律确定。

2. 如果情况表明，根据本条第 1 款所指的法律来确定一个人在缔约谈判时的行为的效力显失公平，则该人可援引其惯常居所地国法来主张其对合同未表示同意。

第 28 条　代理

无协议时，法律行为上的代理的准据法依照代理人的营业地国法确定；无营业地时，依照其惯常居所地国法确定。假如与代理人的行为实施地国存在更密切联系，尤其是被代理人或第三人也在该国具有营业地，或者无营业地而在该国有惯常居所时，则适用代理人的行为实施地国法。

第 29 条　形式

1. 法律行为的形式有效性，依照适用于法律行为标的本身的准据法所属国法律确定。如果订立合同的双方当事人位于不同国家，只要合同满足其中一国法律所规定的形式要求，则在形式上为有效。

2. 如果合同系由代理人订立，则在适用第 1 款时以代理人所在国为准。

3. 以不动产上的权利或者不动产使用权为标的之合同，如果根据不动产所在地国法律，不论合同缔结地和合同准据法为何，均应适用该国的强制性形式规定，则适用该强制性形式规定。

4. 据以在物上设立权利或据以享有此种权利的法律行为，只有在满足构成该法律行为的标的之法律关系的准据法所规定的形式要求时，方在形式上为有效。

第 30 条　时效

请求权的时效，依照该请求权本身的准据法所属国的法律确定。

第 31 条　对善意的保护

1. 如果订立合同的双方当事人位于同一国家境内，那么根据该国的实体法规定没有权利能力和行为能力的自然人，只有在另一方当事人于订立合同时知晓或理应知晓其无权利能力和行为能力时，方能根据另一国家的实体法规定确定其无权利能力和行为能力。

2. 法人参与订立合同的，如果另一方合同当事人的营业地或者惯常居所地国法律中没有关于法人机构或代表的代理权限制，且该另一方当事人对此不知晓或理应不知晓时，该法人不得援引此类限制。

第五章　物权

第 32 条　物权

1. 物权的成立、变更、转让和消灭，适用该物之所在地国法。即使依照本法的其他指引条款和冲突规范应以另一国家的法律为准，但物之所在地国的物权法规定也应予以适用。

2. 如果已在物上设立了权利，当该物进入另一国境内时，则该权利的效力适用该物之进入国法律。

第 33 条　交通工具、运输中的物

1. 航空器、水上和铁路交通工具上的权利，适用来源国法律。

2. 运输中的物的权利，适用目的地法。

第 34 条　无形财产权

无形财产权，适用无形财产的使用地国法。

第六章　债权

第 35 条　法律选择

1. 合同关系中权利和义务的确定，尤其是合同的解释、履行、消灭以及合同无效或者违约，包括事先或事后违约的后果，适用当事人选择的法律。

2. 在订立合同后可以变更法律选择，但不得损害他人权利。

3. 如果法律选择导致与合同有排他性联系的国家的强行规范得不到适用，则该法律选择无效。

第 36 条　未进行法律选择

1. 未协议选择合同准据法的，合同适用与其有最密切联系的国家的法律。实施特征性履行行为的一方当事人在订立合同时的惯常居所地国或者实际管理总部所在地国，推定为与合同有最密切联系的国家。

2. 以不动产上的权利或者以使用不动产的权利为标的之合同，推定与不动产所在地国有最密切联系。

3. 货物运输合同，推定与承运人在订立合同时的实际管理总部所在地的国家有最密切联系，前提是装运地、卸载地或者发运人的主要营业所所在地也在该国境内。否则，适用本条第 1 款规定。

4. 保险合同，推定与所承保风险的重心所在地国家有最密切联系。

第 37 条　债权转让

1. 对于债权转让，原债权人和新债权人之间的权利义务关系以支配他们之间的合同的法律为准。

2. 适用于所转让的债权的法律，决定债权的可转让性以及债务人对原债权人及新债权人的权利义务。

第 38 条　强制性的社会保障规范

当事人之间的法律选择，如果其致使为保护消费者与雇员不受歧视而制定的强行规范不被适用，则归于无效。该规定尤其适用于有关提供动产的合同、融资合同、劳务或服务合同，前提是这些合同系在受保护者的惯常居所地国或者保护性条款施行地国谈判或订立。

第 39 条　共有权

共有人对共有权利提出的请求权，适用该权利的成立地国法。

第 40 条　无因管理

1. 无因管理他人事务而产生的请求权，适用该行为的实施地国法。

2. 因在公海上实施救助而产生的请求权，适用需要救助的船舶的船籍国法。

3. 因清偿他人债务而产生的请求权，适用支配该项债务的法律。

第 41 条　不当得利

1. 因履行给付而产生的不当得利请求权，适用与给付行为有关的法律关系的准据法。

2. 因侵犯他人权利而产生的不当得利请求权，适用侵害发生地国法。

3. 在其他情形下，因不当得利而产生的请求权，适用不当得利发生地国法。

第 42 条　侵权

1. 损害赔偿责任适用：

（1）对受害人更有利的法律；

（2）据以产生赔偿责任的事件发生地国法；

（3）受保护的利益被损害地国法。

2. 取代第1款所指法律而应予以适用的是：

（1）赔偿责任人和受害人在损害事件发生时的惯常居所地国法；

（2）对于因不正当竞争而产生的请求权，适用竞争措施所影响的市场所在地国法，但损害仅仅或者主要与某特定竞争参与者的商业利益有关的情况除外。

3. 如果适用于赔偿责任的法律或者保险合同的准据法有规定，受害人可直接向赔偿责任人的保险人主张请求权。

第43条　法定债务关系的法律选择

法定债务关系据以产生的事件发生后，当事人可以选择支配该债务关系的法律，但不得影响第三人的权利。

第七章　家庭法

第44条　结婚

1. 结婚的条件，适用各方的国籍国法。

2. 不具备上述条件，且已订婚一方在格鲁吉亚境内有惯常居所的，在下列情形下，适用格鲁吉亚法律：

（1）与格鲁吉亚风俗习惯相比，适用外国法将更为限制婚姻自由；

（2）已订婚一方的以前婚姻构成了重新结婚的障碍；

（3）以前的婚姻已经被在格鲁吉亚作出的或被格鲁吉亚承认的判决所解除；

（4）已订婚者的前配偶已被宣告死亡。

3. 婚姻的形式有效性，依照婚姻缔结地国法。已订婚者一方不是格鲁吉亚国民的，也可在格鲁吉亚按照该人的国籍国法所规定的形式结婚。

第45条　婚姻的效力

1. 婚姻的一般效力，适用：

（1）夫妻双方的国籍国法或者婚姻存续期间最后的国籍国法，否则

（2）夫妻双方的惯常居所地国法或者婚姻存续期间最后的惯常居所地国法，并辅助性地适用

（3）与夫妻双方以其他方式共同有最密切联系的国家的法律。

2. 如果夫妻双方没有对婚姻财产关系选择应适用的法律，则第1款规定也适用于婚姻财产关系。这种法律选择是有效的，如果确定婚姻财产关系的法

律是：

（1）夫妻一方的国籍国法；

（2）夫妻一方的惯常居所地国法；或者

（3）不动产所在地法。

3. 难民也可以选择其新的共同居所地国法用以调整其婚姻财产关系。

4. 法律选择必须公证。

第 46 条　对善意第三人的保护

夫妻之间的财产关系应适用外国法的，则只有在第三人知晓或理应知晓适用外国法时，才能依照该外国法就法律行为的有效性问题向该第三人提出抗辩。

第 47 条　解除婚姻

1. 婚姻的解除，依照适用于婚姻的一般效力的法律。

2. 依照外国法不能离婚的，如果提出离婚请求的夫妻一方为格鲁吉亚国民或者在结婚时曾是格鲁吉亚国民，则离婚适用格鲁吉亚法律。

第 48 条　扶养

1. 扶养义务，适用扶养权利人的惯常居所地国的实体法规定。如果扶养权利人依照该法律不能从扶养义务人那里得到扶养，则适用其共同国籍国的实体法规定。如果扶养权利人依照这两种法律仍不能从扶养义务人那里得到扶养，则适用格鲁吉亚法律。

2. 对于旁系亲属之间的扶养义务，扶养义务人可以根据其与扶养权利人的共同国籍国的实体法规定对扶养权利人的请求提出抗辩；或者无共同国籍国时，依照扶养义务人的惯常居所地国的实体法规定提出抗辩。

3. 如果格鲁吉亚已作出或者承认了一项离婚判决，则对于已离异的夫妻双方之间的扶养义务适用离婚的准据法。该规定也适用于解除婚姻的其他形式以及夫妻之间的分居问题。

4. 如果扶养权利人和义务人均为格鲁吉亚国民并且义务人的惯常居所在格鲁吉亚境内，则适用格鲁吉亚法律。

5. 适用于扶养义务的法律尤其确定下列事项：

（1）扶养权利人能否、在什么范围内请求扶养以及请求谁扶养；

（2）谁有权提起扶养之诉及诉讼时效；

（3）扶养义务人向公共机构履行偿还义务的范围。

6. 在估算扶养金额时，即使应适用的法律另有规定，也应考虑扶养权利人的需要和扶养义务人的经济状况。

第 49 条 父母和子女之间的关系

父母与子女之间的人身关系和财产关系，包括父母照料问题，适用子女的惯常居所地国法。从保护子女的利益出发，子女的国籍国法也应予以适用。

第 50 条 出身

1. 亲子的出身，适用子女的惯常居所地国法。在与父母任何一方的关系上，出身也可适用该父母一方的国籍国法认定。母亲已婚的，也可适用子女出生时依照第 45 条规定支配婚姻一般效力的国家法律；如果此前已因死亡解除婚姻，则以婚姻解除时的法律为准。

2. 父母双方彼此间未结婚的，则父亲对母亲因怀孕而产生的义务，适用该母亲的惯常居所地国法。

第 51 条 对出身的异议

在符合法律规定的条件时，可依照该法律对子女的出身提出异议。此外，不管怎样，子女一方可依照其惯常居所地国法对子女出身的认定提出异议。

第 52 条 收养

收养，适用收养人在进行收养时的国籍国法。由夫妻一方或者双方进行的收养，适用依法支配婚姻一般效力的法律。

第 53 条 同意

子女以及将与该子女产生或据以建立亲属关系的人对于出身声明、命名、准正、收养的同意的必要性及其作出，附加适用该子女的国籍国法。从有利于子女的健康出发，必要时可以代之以适用格鲁吉亚法律。

第 54 条 监护与保佐

1. 监护、保佐以及以其他形式的人身照顾措施（Personenfürsorge）的设立、内容、变更与终止，适用被监护人或者被保佐人的国籍国法。对于外国国民或者居留于格鲁吉亚的难民，可依照格鲁吉亚法律为其指定监护人、保佐人或其他保护人。

2. 有必要采取照顾措施但不确定谁是该事件的参与人，或者参与人位于另一国家时，则适用对被监护人或者被保佐人最有利的法律。

3. 监护、保佐或者其他的临时照顾措施，适用作出此项指定的国家的法律。

第八章 继承法

第 55 条 继承关系

继承关系，由被继承人死亡时的国籍国法调整。对于无国籍人，则以其最后的惯常居所地法为准；无惯常居所地的，适用格鲁吉亚法律。

第 56 条　遗嘱的形式

遗嘱符合下列任何一个国家法律所规定的形式要求的，则在形式上视为有效：

（1）被继承人死亡时的国籍国；

（2）被继承人死亡时的惯常居所地国；

（3）遗嘱所处分的不动产所在地国。

第九章　诉讼法规范

第 57 条　原则

在民事诉讼程序中，外国国民、法人以及无国籍人在格鲁吉亚境内享有与格鲁吉亚国民和法人同等的法律保护。

第 58 条　诉讼担保

1. 原告为其他国家的国民、法人或者为无国籍人，并且其住所、居所或者所在地不在格鲁吉亚共和国境内时，法院可基于被告的申请责令原告在规定的期限内履行适当的诉讼费用担保义务。

2. 在下列情形下，不必履行担保义务：

（1）原告的国籍国不要求格鲁吉亚共和国的国民或法人提供担保；

（2）被告不能说明他对要求提供诉讼担保具有正当利益的理由。

3. 法院在审理案件时已告知被告具有请求原告提供诉讼费用担保的权利时，被告必须最迟于口头审理前提出要原告提供诉讼费用担保的申请。

4. 对于被告的诉讼费用担保请求，由法院以命令（Beschluß）的形式作出裁决。期限届满后，如果原告在作出判决前仍不提供担保，则可基于被告的请求以裁定的形式驳回起诉。

第 59 条　外交使团成员

驻格鲁吉亚共和国的外交使团成员、其家庭成员以及使团的雇员，根据 1961 年 4 月 18 日《关于外交关系的维也纳公约》规定，在格鲁吉亚享有司法管辖豁免权。即使其派遣国不是该公约的缔约国，也适用该规定。

第 60 条　领事代表的成员

驻格鲁吉亚共和国的领事代表成员，包括选任的领事官员，根据 1963 年 4 月 24 日《关于领事关系的维也纳公约》的规定，在格鲁吉亚享有司法管辖豁免权。即使其派遣国不是该公约的缔约国，也适用该规定。

第 61 条 其他治外法权

1. 格鲁吉亚的司法管辖权不扩及其他国家的代表及其因官方邀请而居留于格鲁吉亚的陪同人员。

2. 此外，格鲁吉亚的司法管辖权也不扩及根据国际公法的一般规则或者其他法律规定而享有司法豁免权的其他人员。

第 62 条 请求司法协助

1. 如果为查明案情、认定事实、送达司法文书或者出于其他原因而有必要在格鲁吉亚共和国境外实施司法行为，则可向其他国家的主管机关请求司法协助。

2. 如果必要的司法行为由格鲁吉亚共和国的外交或领事代表实施，则应向该外交或领事代表提出请求。

3. 司法协助请求应载明请求司法协助的案件名称、请求对象以及为实施司法协助所必需的信息资料。

第 63 条 提供司法协助

1. 格鲁吉亚法院应外国法院的请求给予司法协助。

2. 其他国家法院所提出的有关实施具体诉讼行为的司法协助请求，根据格鲁吉亚法律的规定予以处理。

3. 如果司法协助请求未采用格鲁吉亚语作成或者未附具格鲁吉亚语译本，则该司法协助请求的处理，要以为其利益而实施诉讼行为的那方当事人预付制作经认证的格鲁吉亚语译本所需的费用为条件。

4. 在不违背格鲁吉亚法律原则的范围内，可根据寻求司法协助的法院的请求，适用其他国家的诉讼法规定。

第 64 条 拒绝司法协助

在下列情况下，拒绝予以司法协助：

（1）对司法协助请求的处理违背格鲁吉亚法律的基本原则；

（2）格鲁吉亚法院对于应实施的司法协助行为无管辖权。

第 65 条 向其他国家送达文书

1. 向其他国家送达文书，应根据有关司法协助的规定。

2. 送达应由接收机关的确认函予以证明。

3. 如果应在其他国家送达，但不能根据有关司法协助的规定进行，可通过附具回执的挂号信方式将应送达的文书送达给对方。根据国际邮政规定，将文书交付邮寄的时刻视为送达时间。

第 66 条 对送达全权代表的指定

1. 如果一方当事人的住所、居所或者所在地位于格鲁吉亚境外，而且其代理人的住所也不在格鲁吉亚境内，则由法院以命令的形式责令其在适当的期限内指定一名住所在格鲁吉亚境内的人作为送达全权代表。

2. 当事人在该期限内不指定送达全权代表的，则在将文书交付邮局后一个月内所有以挂号信方式进行的送达视为已送达，即使无送达证明亦然。

3. 在第 1 款所指命令中，应告知当事人根据第 2 款规定将发生的后果。

第 67 条 在格鲁吉亚境内送达外国文书

1. 应其他国家法院的请求，文书的送达应根据有关司法协助的规定进行。

2. 如果待送达的文书不是用格鲁吉亚语作成，也未附具经认证的格鲁吉亚语译本，接收人可拒绝接受该文书。此时，应将该请求退回请求送达的法院，并说明拒绝接受。接收人应被告知其有拒绝接受文书的权利。

第 68 条 对外国判决的承认

1. 其他国家法院作出的具有法律上确定效力的判决，在格鲁吉亚得以承认。

2. 在下列情形下，拒绝予以承认：

（1）案件属于格鲁吉亚法院专属管辖的范围；

（2）败诉的当事人由于未被送达传票或者其他违反诉讼法的行为而未能在法庭上行使陈述权；

（3）格鲁吉亚法院已就相同当事人之间的同一诉求作出了具有法律上确定效力的判决或者外国法院就双方当事人之间的同一诉求作出的具有法律上确定效力的判决已被承认；

（4）根据格鲁吉亚法律，判决作出国法院对案件没有管辖权；

（5）不存在互惠关系；

（6）格鲁吉亚法院正在受理相同当事人之间因同一理由提出的诉讼请求；

（7）法院判决违背格鲁吉亚法律的基本原则。

3. 如果外国判决不涉及财产法上的请求权，并且格鲁吉亚法院根据格鲁吉亚法律无管辖权，则本条第 2 款第（5）项规定不妨碍对该判决的承认。

4. 如果格鲁吉亚法院正在受理本条第 2 款第（6）项所指的有关相同当事人之间的法律争议，则可仅在该法律争议审结后对是否承认外国判决作出裁决。

5. 对外国判决的承认，由格鲁吉亚最高法院裁决。

第 69 条　对婚姻事项所作判决的承认

1. 如果夫妻双方在作出判决时均为作出裁决的机关所属国国民，则该裁决不需要承认。

2. 格鲁吉亚最高法院作出的承认外国判决的宣告具有普遍约束力。

第 70 条　外国判决的执行

1. 其他国家法院作出的民事或劳工判决如果具有执行力，则予以执行。

2. 基于有利害关系的一方当事人（债权人）的请求，作出可执行性的宣告。

3. 对前述请求的裁决，由格鲁吉亚最高法院管辖。

第 71 条　执行程序

1. 执行判决的请求书应附上法院判决的副本及同样经认证的格鲁吉亚语译本。如果请求书未予以说明，法院判决还应含有判决在法律上的确定力以及执行判决的必要性之证明。

2. 在请求程序中，只能审查是否满足第 68 条规定的条件。

3. 如果债权人和债务人均未请求口头审理，则可不进行口头审理。在送达申请时，应告知债务人有陈述意见的权利。同时应向债务人指出，仅在其要求口头审理时才进行口头审理。

4. 对于请求执行外国法院判决的请求，由法院作出裁定。

第 72 条　法院和解和公共文书

1. 由外国作成的并且根据该国法律具有执行力的法院和解书以及公共文书，可按照第 70 条和第 71 条规定的程序请求予以执行。

2. 如果准许该项执行将违背格鲁吉亚法律的基本原则，则可拒绝该申请。

第 73 条　上诉

对一审法院根据本章规定作出的命令或裁决不服的，可依法提起上诉。

第十章　最后条款

第 74 条　生效

本法自 1998 年 10 月 1 日起施行。

委内瑞拉《关于国际私法的法律》*

（1998年文本）

第一章 总则

第1条

与外国法律体系有关的案件，由与争讼有关的国际公法规范，尤其是对委内瑞拉生效的国际条约中所制定的规范调整；否则适用委内瑞拉国际私法的规定；若无此种规定，采用类推法；若无类推法，则依普遍承认的国际私法原则。

第2条

所指引的外国法，应根据各该外国的主导原则予以适用，以保证委内瑞拉冲突规范所追求的目标得以实现。

第3条

若所指引的外国法同时存在数个法律体系，则数个法律体系间产生的法律冲突，依该外国法中的现行原则予以解决。

第4条

若所指引的外国法声称应适用某第三国法律，且该第三国法律声称自己可适用，则该第三国的实体法须得以适用。

若所指引的外国法声称适用委内瑞拉法，则须适用本法。

上述两款未作规定之情形，则适用委内瑞拉冲突规范所指引的某国实

---

* 委内瑞拉《关于国际私法的法律》公布于1998年8月6日第36.511号《委内瑞拉共和国官方公报》，自1999年4月6日起生效。本法官方文本为西班牙文，因不谙熟西班牙语，因此本法主要根据法文译本（资料来源：Rev. crit. dr. internat. privé，88（2），avril-juin 1999，pp. 392-401）、英文译本（资料来源：Yearbook of Private International Law（1999），pp. 341-352）以及 Jürgen Samtleben 的德文译本（资料来源：Jan Kropholler，Hilmer Krüger，Wolfgang Riering，Jürgen Samtleben，Kurt Siehr（Hrsg.），Auβereuropäische IPR-Gesetze，1999，S. 958-995）译出，并由韩德培先生（1911—2009）校对。本译文原载于《中国国际私法与比较法年刊》第四卷（2001），法律出版社2001年版，第718～728页。此处略有修改。——译者注

体法。

第5条

依照根据国际许可标准视为准据法的某外国法律所创设的法律状态，可在共和国境内生效，除非其违背委内瑞拉冲突规范的目的，或委内瑞拉法律直接适用于该争讼，或其明显与委内瑞拉公共秩序的基本原则相抵触。

第6条

可能随主要问题出现的预先问题、先决问题或附带问题，不必依调整主要问题的法律解决。

第7条

所指引的用以调整同一法律关系的不同方面的多种法律应协调适用，以力求实现各法律之目标。

因同时适用多种法律可能出现的困难，应考虑个案具体情况予以合理解决。

第8条

依照本法本应适用的外国法规定，仅在其适用将产生与委内瑞拉的公共秩序的基本原则明显相抵触的结果时方予以排除适用。

第9条

如果应适用于案件的外国法，为使自已得以充分适用而规定了为委内瑞拉法律体系所未有的必要制度或程序，只要委内瑞拉法中无类似制度或程序，则可拒绝适用该外国法。

第10条

不论本法有何规定，委内瑞拉法律中所制定的用于调整与多个法律体系有关的案件的强制性规定应得以适用。

第二章　住所

第11条

自然人的住所，位于其惯常居所地国境内。

第12条

若已婚妇女已依前条规定取得住所，则其拥有独立于其夫的个人住所。

第13条

处于亲权、监护或保佐下的未成年人和无行为能力人的住所，位于其惯常居所地国境内。

第 14 条

若某国境内的惯常居所系因国内、外国或国际公共机构所赋职能引起的排他性结果，则其不产生前述各条款所规定的效力。

第 15 条

只要本法涉及自然人住所，并且一般而言，如果该住所构成确定应适用的法律或法院裁判权的依据，则适用本章之规定。

第三章　人

第 16 条

人的存活、民事地位及行为能力，依其住所地法。

第 17 条

已取得的行为能力，不受住所变更的限制。

第 18 条

依照前述规定为无行为能力的人，只要支配行为实体的法律认为其有行为能力，则其行为有效。

第 19 条

住所地法中基于种族、国籍、宗教或阶级的差异而对行为能力所作的限制，在委内瑞拉无效。

第 20 条

私法性法人的成立、行为能力、运作及解散，依其设立地法。

法人设立地系指满足设立上述法人的形式和实质要件的所在地。

第四章　家庭

第 21 条

结婚能力及婚姻的实质要件，对拟结婚的各方而言，依其各自的住所地法。

第 22 条

婚姻的人身与财产效力，依配偶双方的共同住所地法。若其住所地不一致，则适用最后的共同住所地法。

依指定的外国法为有效而旨在对共和国境内的不动产产生对抗善意第三人效力的婚约，得以随时在委内瑞拉注册主管机关登记。

第 23 条

离婚或别居，依提起诉讼的配偶一方的住所地法。

提起诉讼的配偶一方的住所变更，仅于其旨在设立惯常居所而进入一国境内满一年后，方为有效。

第 24 条

亲子关系的确立以及父母与子女之间的关系，依子女的住所地法。

第 25 条

收养有效性的实质要件，适用收养人与被收养人各自住所地法。

第 26 条

监护及其他保护无行为能力人的制度，依无行为能力人的住所地法。

第五章 财产

第 27 条

财产物权的设立、内容及范围，依财产所在地法。

第 28 条

动产的转移不影响已依照前法规定有效取得的权利。但此种权利仅在其满足新所在地法规定的要件时方有对抗第三人的效力。

第六章 债务

第 29 条

合同之债，依当事人所选择的法律。

第 30 条

未作有效法律选择时，合同之债依与其有最直接联系的法律。为确定该法律，法院须考虑合同中的所有主、客观因素。此外，法院须考虑被国际组织认可的国际商法普遍原则。

第 31 条

除前述各条规定外，为在个案审理中实现公正、合理之目的，必要时可适用国际商法的规定、习惯、原则及普遍接受的商业惯例与实践。

第 32 条

侵权行为依侵权结果发生地法。但受害人得要求适用侵权原因发生地国法。

第 33 条

无因管理、错债清偿（solutio indebiti）及不当得利，依引起债务的事件发生地法。

第七章　继承

第 34 条

继承依被继承人的住所地法。

第 35 条

被继承人的晚辈、前辈及未进行法定财产分割的幸存配偶，可对位于共和国境内的遗产行使委内瑞拉法律所赋予的法定继承权。

第 36 条

依照准据法遗产归属国家或无继承人或继承人不明时，共和国境内的财产转归委内瑞拉国家所有。

第八章　行为形式与证明

第 37 条

满足下列任一法律体系所规定要件的法律行为，在形式上有效：

（1）行为实施地法；

（2）支配行为内容的法律；或

（3）行为发起人住所地法或多个发起人的共同住所地法。

第 38 条

证据、证据效力及举证责任的分担，依支配相应法律关系的法律，但不得妨碍诉讼程序中遵守受诉法院或官员所在地的法律。

第九章　裁判权与管辖权

第 39 条

除法律授予委内瑞拉法院对定居国内者提起的诉讼享有裁判管辖权外，共和国法院在本法第 40 条、第 41 条情况下对定居外国者提起的诉讼亦享有裁判管辖权。

第 40 条

对于因财产权益而提起的诉讼，委内瑞拉法院享有裁判管辖权：

（1）若该诉讼涉及共和国境内的动产与不动产的处置或占有；

（2）若该诉讼涉及应在共和国境内履行的债务，或因在前述领域签订的合同或发生的事件而引起的债务；

（3）若被告本人在共和国境内已被传讯；

（4）若各方当事人均明示或默示地服从委内瑞拉法院的裁判管辖。

第 41 条

对于因涉及财产整体而提起的诉讼，委内瑞拉法院享有裁判管辖权：

（1）若依照本法规定，该争讼的实体问题应适用委内瑞拉法律；

（2）若构成某财产整体不可分割的部分的财产位于共和国境内。

第 42 条

对于有关民事地位或家庭关系的诉讼，委内瑞拉法院享有裁判管辖权：

（1）如果依照本法规定，该争讼的实体问题应适用委内瑞拉法律；

（2）各方当事人均明示或默示服从委内瑞拉法院的裁判管辖，并且该争讼与共和国领域有实际联系。

第 43 条

委内瑞拉法院即使对审理争讼的实体问题无裁判管辖权，但仍有权采取临时措施以保护位于共和国境内的个人。

第 44 条

明示服从管辖应以书面形式作出。

第 45 条

默示服从管辖，对原告可因提起诉讼的事实而产生，对被告则可因他在诉讼中不提起无管辖权的抗辩或反对某预防措施，而亲自或通过全权代表实施任何其他行为的事实产生。

第 46 条

对于有关不动产物权的设立、变更或消灭的诉讼，服从管辖无效，除非此种服从得到不动产所在地法的许可。

第 47 条

委内瑞拉法院依照上述规定享有的裁判管辖权，就那些涉及共和国境内的不动产物权的争讼，或涉及不得和解的事项或委内瑞拉公共秩序的基本原则问题而言，不得因有利于外国法院或在国外主持程序的仲裁员的协议而受损抑。

第 48 条

若委内瑞拉法院依照本章规定享有裁判管辖权，国内各法院的属地管辖权，依本法第 49 条、第 50 条和第 51 条规定。

第 49 条

对于有关财产权益的诉讼，有权作出裁判的法院为：

（1）若诉讼涉及共和国境内的动产或不动产的处置或占有，则为该财产所在地法院；

（2）若诉讼涉及应在共和国境内履行的债务，或该债务因在前述领域签订的合同或发生的事件而引起，则为债务履行地、合同缔结地或事件发生地法院；

（3）若被告本人在共和国境内已被传讯，则为作出传讯地法院；

（4）若各方当事人以通常方式明确表示服从共和国法院裁判，则为依照前三项规定享有管辖权的法院，否则为共和国首都法院。

第 50 条

对于因涉及财产整体而提起的诉讼，有权作出裁判的法院为：

（1）若依照本法规定，该争讼的实体问题应适用委内瑞拉法律时，则为据以适用委内瑞拉法律的当事人住所地法院；

（2）若构成某财产整体不可分割部分的财产位于共和国境内，则为该财产整体中位于共和国境内的绝大部分财产所在地法院。

第 51 条

对于有关个人民事地位或家庭关系的诉讼，有权作出裁判的法院为：

（1）若依照本法规定，该争讼的实体问题应适用委内瑞拉法律，则为据以适用委内瑞拉法律的当事人住所地法院；

（2）若各方当事人明示或默示地服从委内瑞拉法院的裁判管辖，则为该争讼据以与共和国领域产生联系的所在地法院。

第 52 条

第 49 条、第 50 条和第 51 条的规定不得排除其他法院依共和国其他法律所享有的管辖权。

第十章　外国判决的效力

第 53 条

满足下列要件的外国判决，在委内瑞拉有效：

（1）判决系对民商事或具有私法关系的一般事项所作的裁判；

（2）依判决作出地国法，该判决具有法律效力；

（3）该判决未涉及共和国境内的不动产物权，或委内瑞拉法院审理案件的专属管辖权未被排除；

（4）依本法第九章所规定的一般裁判管辖权原则，判决国法院须对争讼享有裁判管辖权；

（5）被告已被依法传唤，并有充足时间出庭，且在程序上被保证享有合理辩护的机会；

（6）该判决不与已有法律效力的前判决相抵触；且在该外国判决作出之前，无相同当事人就同一事项向委内瑞拉法院提起诉讼。

第 54 条

如果外国判决不能全部生效，则允许其部分有效。

第 55 条

为执行某外国判决，得根据法定程序进行事先审查，经审查满足本法第 53 条规定的要件后，方可宣布予以执行。

第十一章　诉讼程序

第 56 条

诉讼的管辖权及形式，依受理诉讼官员（所属国）的法律。

第 57 条

委内瑞拉法官对抗外国法官的裁判管辖权的缺乏，在任何诉讼阶段或审级，均应依职权或者应当事人的请求予以宣告。

请求审查裁判管辖权时应推迟诉讼程序，直至作出相应决定。

委内瑞拉法院的裁判管辖权得到肯定后，争讼从要求作出决定的阶段继续进行；认定委内瑞拉法院无裁判管辖权的决定，须呈报最高法院政治与行政院审查并为此目的立即将卷宗移送该院，如果这项决定得到确认，则整理归档，终止争讼。

第 58 条

不得因外国法官受理相同争讼或与之有关联的争讼致使诉讼未决而排除委内瑞拉法院的专属裁判管辖权。

第 59 条

共和国法院可以通过司法协助申请与司法协助委托请求外国主管机关代为

送达传票、提取证据或实施其他为保证诉讼程序顺利进行所必需的司法行为。同样，共和国法院须尽快依有关该事项的国际法原则执行外国法院的司法协助申请或司法协助委托。

第 60 条

外国法律应依职权予以适用。各方当事人可提供与应适用的外国法有关的信息，法院与主管机关可发布旨在更好知晓该法律的命令。

第 61 条

允许行使法律规定的上诉权，该权利的行使不受作出不许上诉裁决时已适用的法律限制。

第 62 条

除本法第 47 条规定外，有关国际商事仲裁的所有事项，依支配该事项的特别规定。

第十二章　最后条款

第 63 条

所有调整受本法支配事项的法律规定废止。

第 64 条

本法于《委内瑞拉共和国官方公报》公布六个月后开始生效。

斯洛文尼亚共和国
《关于国际私法与国际诉讼的法律》*

（1999 年 7 月 8 日文本）

第一章　总则

第 1 条

1. 本法包括确定含有国际因素的人身关系、家庭关系、劳动关系、社会关系、财产关系及其他民事法律关系准据法的规则。

2. 本法亦包括关于斯洛文尼亚共和国法院与其他机关审理本条第 1 款所指关系的管辖权规则、程序规则以及承认及执行外国法院判决与仲裁裁决及其他机关决定的规则。

第 2 条

1. 如果案件所有情况均表明，上述关系与本法所指引的法律无任何重要联系而与另一国法律有实质性更密切联系，则作为例外，不适用本法所指引的法律。

2. 如果当事人选择了法律，不适用前款规定。

第 3 条

本法对法律适用未作规定的，参照适用本法的规定与原则、斯洛文尼亚共和国法制原则及国际私法原则。

第 4 条

本法不适用于受其他法律或国际条约调整的关系。

---

* 斯洛文尼亚共和国《关于国际私法与诉讼的法律》于 1999 年 7 月 8 日通过，公布于第 56/1999 号《斯洛文尼亚共和国官方公报》，自 1999 年 7 月 28 日起施行。本法根据 Claudia Rudolf 博士的德文译本（资料来源：IPRax 2003，Heft 2，S. 163-174）译出，官方文本为斯洛文尼亚文。本译文原载于《中国国际私法与比较法年刊》第六卷（法律出版社 2003 年版）第 585 ~ 612 页和赵海峰主编《国际法与比较法论坛》第 2 ~ 3 辑（黑龙江人民出版社 2008 年版）第 513 ~ 538 页。—— 译者注

第 5 条

本法所指引的法律，如果其适用的结果与斯洛文尼亚共和国的公共秩序相抵触，不予适用。

第 6 条

1. 如依照本法应适用外国法，则须考虑该外国关于确定准据法的规则。

2. 外国确定准据法的规则反致斯洛文尼亚共和国法律的，适用斯洛文尼亚共和国法律，无需考虑斯洛文尼亚共和国确定准据法的指引规则。

3. 如果当事人有权选择法律，不适用本条第 1 款与第 2 款规定。

第 7 条

法律行为，就其形式而言，只要其满足行为完成地法、行为实施地法或者支配法律行为内容的准据法的规定，则为有效，但法律另有规定的除外。

第 8 条

时效，依照支配法律行为内容的法律。

第 9 条

1. 如果应适用法制不统一国家的法律，而本法规定又未指引该国特定法域的，则依照该国法制的规定确定适用哪一法域的法律。

2. 如果应适用的法制不统一国家的准据法不能依本条第 1 款规定的方式确定，则适用该国与关系有最密切联系的法域的法律。

第 10 条

1. 斯洛文尼亚共和国公民亦有另一国国籍的，在适用本法上，则仅认为其具有斯洛文尼亚共和国国籍。

2. 非斯洛文尼亚共和国公民者，如果具有两个或多个外国国籍，在适用本法上，则视其具有他作为公民并有住所的那个国家的国籍。

3. 本条第 2 款规定的人在所有国籍国均无住所的，在适用本法上，则视其具有其作为公民并与之有最密切联系的国家的国籍。

第 11 条

1. 对无国籍人或国籍不能确定者，适用其住所地法。

2. 本条第 1 款规定的人无住所或住所不能确定的，适用其居所地法。

3. 如果第 1 款规定的人的居所亦不能确定，适用斯洛文尼亚共和国法律。

第 12 条

1. 法院或其他主管机关依职权查明拟适用的外国法内容。

2. 第 1 款所指的法院或主管机关可请求司法主管部门就准据法作出答复或以其他方式证实其内容。

3. 当事人可在诉讼中提交外国机关或机构制作的有关外国法内容的公证书或其他证书。

4. 如果根本不能查明支配具体关系的外国法内容，则适用斯洛文尼亚共和国法律。

第二章　法律适用

第 13 条

1. 自然人的权利能力与行为能力，适用其国籍国法。

2. 依照国籍国法为无行为能力的自然人，依义务产生地国法具有行为能力的，则为有行为能力。

3. 自然人行为能力的剥夺或限制，适用本条第 1 款规定的国家的法律。

4. 家庭与继承关系不适用本条第 2 款规定。

第 14 条

个人姓名问题，依照确定或更改其人名时该人的国籍国法。

第 15 条

1. 指定监护、终止监护以及监护人与被监护人的关系，依照被监护人国籍国法。

2. 对于斯洛文尼亚共和国境内的外国公民或无国籍人采取的保护措施，依照斯洛文尼亚共和国法律，直至有关国家作出决定并采取必要措施。

3. 外国人或无国籍人不在斯洛文尼亚共和国境内，而其财产处于斯洛文尼亚共和国境内的，就保护该财产而言，本条第 2 款规定亦得以适用。

第 16 条

对失踪人的死亡宣告，依照该人失踪时的国籍国法。

第 17 条

1. 法人的法律地位，适用法人国籍国法。

2. 法人的国籍，依照其设立地国法确定。

3. 法人在设立地以外的另一国有实际所在地，并依照该国法律具有其国籍，则法人以该国为其国籍。

第 18 条

1. 所有权关系与其他物权，依物之所在地法。

2. 本条第 1 款所指的关系，就处于运输途中之物而言，适用目的地国法。

3. 本条第1款所指的关系，就运输工具而言，适用该运输工具国籍国法，但斯洛文尼亚共和国法律另有规定的除外。

第19条

1. 合同受当事人选择的法律支配，本法或国际条约另有规定的除外。

2. 法律选择可明示作出或必须可从合同条款或其他情况中推断出来。

3. 协议选择法律的效力，依照所选择的法律确定。

第20条

当事人未选择准据法的，适用与关系有最密切联系的法律。只要案件的特定情况未指引其他法律，则认为与具体合同关系中实施特征性履行的当事人的住所地或所在地国法律有最密切联系。

第21条

1. 雇佣合同，依照雇员按合同规定进行惯常工作地国法。

2. 雇员的临时活动不得认为其在该国进行惯常工作。

3. 若雇员依照合同规定不只在一国进行惯常工作，则依照雇主所在地或住所地国法。

4. 当事人不得通过法律选择协议排除国家法律中强制性的、不需当事人选择的保护雇员权利的规定。

第22条

1. 本法所指的消费者合同，指有关将动产或权利转移给消费者以及给消费者提供服务的合同。

2. 本法所指的消费者，指为个人或自己家庭使用的目的而获取物、权利和服务的人。

3. 本法所指的消费者合同，不包括运输合同以及给消费者提供的按合同规定不得在消费者住所地国提供的服务的合同。

4. 不论本法其他规定如何，在下列情况下，消费者合同依照消费者住所地国法：

（1）合同的缔结系因在该国的报价或广告所致，并且消费者在该国为缔结合同实施了必要的行为；或者

（2）消费者的缔约相对方或其代理人已在该国接受消费者的订购；或者

（3）买卖合同已在另一国缔结或消费者已在另一国订购，但以卖方此行之目的在于促成缔结此类合同为限。

5. 在第4款所指情形下，当事人不得通过法律选择协议排除消费者住所地国法中的保护消费者权利的强制性规定。

第 23 条

有关不动产的合同，依不动产所在地国法。

第 24 条

对于合同当事人之间的关系，只要当事人未另外约定，本法第 19 条与第 20 条规定的法律亦适用于：

（1）确定某动产的取得者或受领者取得产品或果实权利的时刻；

（2）确定取得者或运输者承担与物有关的风险的时刻。

第 25 条

若当事人无其他约定，则交付物的方式、方法以及拒绝受领该物时应采取的必要措施，依物之交付地法。

第 26 条

债权转让或债务承担的效果，对未参与债权转让或债务承担的债务人或债权人而言，适用支配债权或债务的法律。

第 27 条

从法律行为，若无另行规定，适用支配主法律行为的法律。

第 28 条

单方法律行为，适用债务人住所地或所在地国法。

第 29 条

1. 不当得利，适用已产生的、期待的或假设会产生该项得利的法律关系的准据法。

2. 无因管理，依管理人行为实施地法。

3. 因无委托使用物品而产生的债务以及其他非归因于损害责任的非合同债务，适用引起债务的事实发生地法。

第 30 条

1. 非合同损害责任，依行为实施地法。若对受害人更为有利，则不适用行为地法而适用结果发生地法，但须以行为人事先本能预见结果的发生为条件。

2. 如果本条第 1 款指引的法律与关系无任何更密切联系，而与另一法律显然有联系，则适用该另一法律。

第 31 条

如果引起损害赔偿责任的事件发生于公海上的船舶或飞行器内，则以船舶国籍国或飞行器注册地国法作为损害赔偿责任据以产生的事实发生地法。

第 32 条

1. 继承，依照被继承人死亡时的国籍国法。

2. 立遗嘱能力，由遗嘱人设立遗嘱时的国籍国法支配。

第 33 条

就遗嘱形式而言，如果依照下列法制之一有效，则为有效：

（1）遗嘱设立地法；

（2）遗嘱人处分遗嘱时或死亡时的国籍国法；

（3）遗嘱人处分遗嘱时或死亡时的住所地法；

（4）遗嘱人处分遗嘱时或死亡时的居所地法；

（5）斯洛文尼亚共和国法律；

（6）对于不动产，亦依不动产所在地法。

第 34 条

缔结婚姻的前提条件，依缔结婚姻时当事人各方的国籍国法。

第 35 条

婚姻的形式，依婚姻缔结地法。

第 36 条

婚姻的无效，依本法第 34 条与第 35 条规定的据以缔结婚姻的任一实体法确定。

第 37 条

1. 离婚，依起诉时配偶双方的共同国籍国法。

2. 若起诉时配偶双方为不同国家公民，则离婚并行适用各自的国籍国法。

3. 若依本条第 2 款规定的法律不能离婚，而起诉时配偶一方住所在斯洛文尼亚共和国的，则离婚适用斯洛文尼亚共和国法律。

4. 配偶一方为斯洛文尼亚共和国公民，但住所不在斯洛文尼亚共和国境内的，而且依本条第 2 款指引的法律不能离婚，则离婚适用斯洛文尼亚共和国法律。

第 38 条

1. 配偶双方的人身关系与法定财产关系，依其共同国籍国法。

2. 若配偶双方为不同国家公民，则依其住所地国法。

3. 配偶双方既无相同国籍住所又不在同一国的，则依其最后共同居所地国法。

4. 若依本条第 1 款、第 2 款或第 3 款规定均不能确定准据法，则适用与关系有最密切联系的法律。

第 39 条

1. 配偶双方的契约财产关系，依缔约时支配人身关系与法定财产关系的法律。

2. 如果本条第 1 款指引的法律规定，配偶双方可以选择支配婚姻财产契约的法律，则适用其选择的法律。

第 40 条

1. 若婚姻无效或终止，则人身关系与法定财产关系依本法第 38 条指引的法律。

2. 在本条第 1 款所指情形下，配偶双方的契约财产关系依本法第 39 条规定的法律。

第 41 条

1. 未婚同居者的财产关系，依其共同国籍国法。

2. 本条第 1 款所指的同居者国籍不同的，适用其共同居所地国法。

3. 未婚同居者的契约财产关系，适用缔约时支配其财产关系的法律。

第 42 条

1. 父母与子女之间的关系，依其共同国籍国法。

2. 如果父母与子女国籍不同，则依其共同住所地国法。

3. 如果父母与子女国籍不同，住所又不在同一国的，则依子女的国籍国法。

第 43 条

父亲或母亲身份的承认、确定或撤销，由子女的国籍国法支配。

第 44 条

非父母子女的血亲之间的扶养义务或姻亲扶养义务，由请求扶养的亲属的国籍国法支配。

第 45 条

1. 准正，由父母的共同国籍国法支配；如果父母国籍不同，则依认为准正有效的父母一方国籍国法。

2. 子女、他人或国家机关是否同意准正，依子女的国籍国法。

第 46 条

1. 收养与终止收养的前提条件，依收养人与被收养人的共同国籍国法。

2. 收养人与被收养人国籍不同的，收养与终止收养的前提条件，并行适用收养人与被收养人各自的国籍国法。

3. 配偶双方共同收养的，收养和终止收养的前提条件，除依照被收养人国籍国法外，亦可适用配偶各自的国籍国法。

4. 收养的形式，由收养设立地法支配。

第47条

1. 收养的效力，依设立收养时收养人与被收养人的共同国籍国法。

2. 收养人与被收养人国籍不同时，依其共同住所地国法。

3. 收养人与被收养人既国籍不同，住所又不在同一国的，依照被收养人的国籍国法。

第三章 管辖权与诉讼程序

第一节 斯洛文尼亚共和国法院与其他机关对涉外案件的管辖权

第48条

1. 如果被告住所或所在地在斯洛文尼亚共和国，斯洛文尼亚共和国法院有管辖权。

2. 即使被告在斯洛文尼亚共和国及其他国家均无住所，但居所在斯洛文尼亚共和国的，斯洛文尼亚共和国法院有管辖权。

3. 以非讼程序解决的争议，如果被请求人住所或所在地在斯洛文尼亚共和国境内，则斯洛文尼亚共和国法院有权作出决定；即使只有一方当事人参加程序，只要该人住所或所在地在斯洛文尼亚共和国，斯洛文尼亚共和国法院有管辖权，但本法另有规定的除外。

第49条

1. 如果处于某法律共同体下的或者基于同一法律及事实而负有义务的众人在同一诉讼中被诉，只要任一被告的住所或所在地在斯洛文尼亚共和国境内，斯洛文尼亚共和国法院有管辖权。

2. 如果主债务人与担保人在同一诉讼中被诉，只要斯洛文尼亚共和国法院对主债务人提起的诉讼有权管辖，则斯洛文尼亚共和国法院亦有管辖权。

3. 如果反诉请求与本诉有关，则斯洛文尼亚共和国法院对反诉亦有管辖权。

第50条

1. 本法或其他法律明确规定斯洛文尼亚共和国法院有专属管辖权的，由斯洛文尼亚共和国法院专属管辖。

2. 如果案件与另一国有联系，假设案件与斯洛文尼亚共和国之间的此种联系成为斯洛文尼亚共和国法院行使专属管辖权的依据时，则斯洛文尼亚共和国法院被排除管辖权，但法律另有规定的除外。

第 51 条

如果外国法院在以斯洛文尼亚共和国公民为被告的诉讼中，依照斯洛文尼亚共和国法院管辖权规则中不存在的管辖标准行使管辖权，则在以该外国公民为被告的诉讼中，斯洛文尼亚共和国法院亦可据此行使管辖权。

第 52 条

1. 如果当事人至少一方为外国公民或所在地在外国的法人，且依照本法或其他法律规定，该争议的事项不属于斯洛文尼亚共和国法院专属管辖时，当事人可以协议由外国法院管辖。

2. 无论本条第 1 款规定如何，在因消费关系及因保险关系产生的诉讼中，如果消费者或被保险人为住所在斯洛文尼亚共和国的自然人，当事人不得协议由外国法院管辖。

3. 如果当事人至少一方为斯洛文尼亚共和国公民或所在地在斯洛文尼亚共和国的法人，当事人可以协议由斯洛文尼亚共和国法院管辖。

4. 如果涉及本法第 68~77 条所指案件的管辖权，则不适用本条第 1 款与第 3 款的规定。

第 53 条

1. 依照本法第 52 条第 3 款与第 4 款规定允许协议由斯洛文尼亚共和国法院管辖时，斯洛文尼亚共和国法院亦可基于被告的同意行使管辖权。

2. 如果被告应诉或者对催告通知书提出权利要求或参与预审，或者在无预审时参与主要问题的审理而不对管辖权提出异议的，则视为被告同意斯洛文尼亚共和国法院管辖。

第 54 条

1. 若依照本法规定斯洛文尼亚共和国法院对案件的管辖以诉讼当事人一方有斯洛文尼亚共和国国籍为前提，则斯洛文尼亚共和国法院对住所在斯洛文尼亚共和国的无国籍人亦有管辖权。

2. 斯洛文尼亚共和国其他机关的管辖权，参照适用本条第 1 款规定。

第 55 条

1. 因非合同损害责任引起的诉讼，如果已在斯洛文尼亚共和国境内实施损害行为或损害结果已发生于斯洛文尼亚共和国境内，则斯洛文尼亚共和国法院亦有管辖权。

2. 依照保险人的直接责任规则而向为第三者损害赔偿承保的保险人提起

的诉讼以及以损害赔偿责任为依据向债务人行使索赔权的诉讼，亦适用本条第1款规定。

第56条

因合同关系引起的诉讼，如果诉讼标的为必须或本应在斯洛文尼亚共和国履行的义务，则斯洛文尼亚共和国法院亦有管辖权。

第57条

对于具体的劳动争议，若劳动将在、已在或必须在斯洛文尼亚共和国境内进行，则斯洛文尼亚共和国法院亦有管辖权。

第58条

1. 因财产权争议引起的诉讼，如果争议标的物位于斯洛文尼亚共和国境内，则斯洛文尼亚共和国法院亦有管辖权。

2. 如果被告财产位于斯洛文尼亚共和国境内，而且原告住所或所在地在斯洛文尼亚共和国并证明有可能要以该财产执行判决，则斯洛文尼亚共和国法院亦有管辖权。

第59条

对自然人或所在地在外国的法人提起的诉讼，如果该人在斯洛文尼亚共和国有分支机构或其业务负责人在斯洛文尼亚共和国，斯洛文尼亚共和国法院对因该分支机构或负责人在斯洛文尼亚共和国境内的业务所得引起的诉讼有管辖权。

第60条

与公司、其他法人或者自然人或法人联合体设立、解散与法律地位变更有关的诉讼，以及涉及法人机构所作决定的效力的诉讼，如果公司、其他法人或联合体的所在地在斯洛文尼亚共和国，由斯洛文尼亚共和国法院专属管辖。

第61条

有关在斯洛文尼亚共和国公共登记机关进行注册的效力的诉讼，斯洛文尼亚共和国法院有专属管辖权。

第62条

对于有关发明与商标申报及效力的诉讼，如果该项申报在斯洛文尼亚共和国进行，由斯洛文尼亚共和国法院专属管辖。

第63条

1. 对于执行的批准与实施，如果在斯洛文尼亚共和国境内实施该项执行，由斯洛文尼亚共和国法院专属管辖。

2. 在执行程序与破产程序期间发生的诉讼，如果该程序在斯洛文尼亚共和国法院进行，亦适用本条第1款规定。

第64条

1. 因地产所有权争议以及因地产租赁或租金而引起的涉及地产物权的诉讼，如果该地产位于斯洛文尼亚共和国境内，由斯洛文尼亚共和国法院专属管辖。

2. 对于以非讼程序解决的地产权利的决定，亦由斯洛文尼亚共和国法院专属管辖。

第65条

因动产所有权争议引起的诉讼，如果该争议产生于斯洛文尼亚共和国境内，斯洛文尼亚共和国法院亦有管辖权。

第66条

1. 有关船舶或飞行器物权的诉讼以及因船舶或飞行器租赁引起的诉讼，如果船舶或飞行器注册机关位于斯洛文尼亚共和国，则斯洛文尼亚共和国法院亦有管辖权。

2. 因本条第1款所指的船舶或飞行器所有权争议引起的诉讼，如果船舶或飞行器注册机关在斯洛文尼亚共和国，或者如果该所有权争议发生在斯洛文尼亚共和国，斯洛文尼亚共和国法院亦有管辖权。

第67条

1. 涉及斯洛文尼亚共和国境内财产的配偶之间财产关系的诉讼，如果被告住所不在斯洛文尼亚共和国，斯洛文尼亚共和国法院亦有管辖权。

2. 如果财产绝大部分位于斯洛文尼亚共和国，而其余部分在国外的，假如被告同意由斯洛文尼亚共和国法院判决，则斯洛文尼亚共和国法院仅可在对位于斯洛文尼亚共和国的财产作出判决的诉讼中对处于国外的财产作出判决。

3. 涉及本法规定的夫妻财产制的诉讼，无论婚姻是否存续或已终止或已被查明不存在，斯洛文尼亚共和国法院均有管辖权。

第68条

1. 对于婚姻事项，即使被告住所不在斯洛文尼亚共和国，斯洛文尼亚共和国法院亦有管辖权：

（1）如果配偶双方均为斯洛文尼亚公民，不论其住所位于何处；

（2）如果原告为斯洛文尼亚公民且住所在斯洛文尼亚共和国；或者

（3）配偶双方最后住所在斯洛文尼亚共和国，而起诉时原告住所或临时居所在斯洛文尼亚共和国。

2. 若被告的配偶一方为斯洛文尼亚公民且其住所在斯洛文尼亚共和国，

由斯洛文尼亚共和国法院专属管辖。

第 69 条

对于本法第 68 条所指的诉讼，如果配偶双方均为外国公民，但最后共同住所在斯洛文尼亚共和国的，则只有当被告在这些情形下同意由斯洛文尼亚共和国法院判决并且配偶双方国籍国法允许管辖时，斯洛文尼亚共和国法院方可管辖。

第 70 条

对于离婚之诉，如果原告为斯洛文尼亚公民且本有管辖权的法院国法律未规定解除婚姻制度的，斯洛文尼亚共和国法院亦可管辖。

第 71 条

对于确定或撤销父亲或母亲身份之诉，在下列情形下，即使被告住所不在斯洛文尼亚共和国，斯洛文尼亚共和国法院亦有管辖权：

（1）原告与被告均为斯洛文尼亚公民，不论其住所位于何处；或者

（2）原告为斯洛文尼亚公民且其住所在斯洛文尼亚共和国。

第 72 条

对于本法第 71 条所指之诉，当事人虽均为外国公民，如果原告或原告之一住所在斯洛文尼亚共和国，而且被告同意由斯洛文尼亚共和国法院判决且被告国籍国法允许管辖的，斯洛文尼亚共和国法院方有管辖权。

第 73 条

1. 有关父母对子女的照顾、教养的诉讼，被告住所虽不在斯洛文尼亚共和国，只要父母双方均为斯洛文尼亚公民或者子女为斯洛文尼亚公民且其住所在斯洛文尼亚共和国，则斯洛文尼亚共和国法院亦有管辖权。

2. 如果被告与其子女均为斯洛文尼亚公民并且双方住所均在斯洛文尼亚共和国，则由斯洛文尼亚共和国法院专属管辖。

3. 斯洛文尼亚共和国其他机关在决定父母对子女的照顾、教养事项时，参照本条第 1 款与第 2 款以及本法第 48 条的规定确定其管辖权。

第 74 条

1. 对于子女法定抚养之诉，在下列情形下，即使被告住所不在斯洛文尼亚共和国，斯洛文尼亚共和国法院亦有管辖权：

（1）提起诉讼的子女住所在斯洛文尼亚共和国；或者

（2）原告与被告均为斯洛文尼亚公民，不论其住所位于何处；或者

（3）原告为未成年人并且是斯洛文尼亚公民。

2. 对于本条第 1 款未提及的法定抚养之诉，即使被告住所不在斯洛文尼

亚共和国，只要原告为斯洛文尼亚公民且其住所在斯洛文尼亚共和国，斯洛文尼亚共和国法院亦有管辖权。

3. 对于配偶之间以及原配偶间的法定扶养之诉，如果配偶双方的最后共同住所在斯洛文尼亚共和国，且原告在诉讼时及诉讼后居住于斯洛文尼亚共和国，斯洛文尼亚共和国法院亦有管辖权。

第 75 条

对于法定扶养之诉，如果被告在斯洛文尼亚共和国有可供支付扶养费的财产，则斯洛文尼亚共和国法院亦可管辖。

第 76 条

对于子女照管、教养与抚养的决定，如果这些诉讼与婚姻诉讼或者与确定及撤销父亲或母亲身份之诉一并审理，并且依本法规定斯洛文尼亚共和国法院有管辖权，则斯洛文尼亚共和国法院亦可管辖。

第 77 条

1. 对于亲权的丧失或恢复、亲权的延展、指定父母一方为子女财产监护人、子女的准正以及其他有关父母与子女间个人身份与关系事项的决定，不能满足本法第 48 条第 3 款规定的条件的，只要请求人与被请求人均为斯洛文尼亚公民，或仅有一人参与诉讼而且该人为斯洛文尼亚公民，斯洛文尼亚共和国法院亦可管辖。

2. 对于本条第 1 款所指事项，如果子女为斯洛文尼亚公民且其住所在斯洛文尼亚共和国，则斯洛文尼亚共和国法院亦有管辖权。

第 78 条

1. 宣告失踪的斯洛文尼亚公民死亡，不论该人住所位于何处，由斯洛文尼亚共和国法院专属管辖。

2. 对于在斯洛文尼亚共和国境内死亡的外国公民，可以依照斯洛文尼亚共和国法律由斯洛文尼亚共和国法院证明其死亡。

第 79 条

1. 对于斯洛文尼亚公民的不动产遗产的管理，如果该遗产处于斯洛文尼亚共和国，由斯洛文尼亚共和国法院专属管辖。

2. 若斯洛文尼亚公民的不动产遗产位于外国，仅当依照不动产所在国法律规定该国任何机关均无管辖权时，斯洛文尼亚共和国法院方可管辖。

3. 对于斯洛文尼亚公民动产遗产的管理，如果该动产遗产位于斯洛文尼亚共和国境内，或者依照动产所在国法律规定该国任何机关均无管辖权或这类机关拒绝管理该遗产时，斯洛文尼亚共和国法院有管辖权。

4. 对于因继承关系引起的诉讼以及涉及债权人对遗产的请求权的诉讼管辖权，亦适用本条第 1 款、第 2 款与第 3 款的规定。

第 80 条

1. 对于外国公民不动产遗产的管理，如果不动产位于斯洛文尼亚共和国，由斯洛文尼亚共和国法院专属管辖。

2. 对位于斯洛文尼亚共和国境内的外国公民的动产遗产的管理，斯洛文尼亚共和国法院有管辖权，但遗产人国籍国法院对于斯洛文尼亚公民动产遗产的管理无管辖权时除外。

3. 因继承关系引起的诉讼以及涉及债权人对遗产请求权的诉讼管辖权，适用本条第 1 款与第 2 款规定。

4. 如果斯洛文尼亚共和国法院对外国公民遗产的管理无管辖权，则它可决定遗产的保护措施，并对位于斯洛文尼亚共和国的遗产享有的权利进行保护。

第 81 条

1. 对无国籍人、国籍不明者或者难民的不动产遗产的管理，如果不动产位于斯洛文尼亚共和国境内，由斯洛文尼亚共和国法院专属管辖。

2. 对无国籍人、国籍不明者或者难民的动产遗产的管理，如果动产位于斯洛文尼亚共和国或者遗产人死亡时住所在斯洛文尼亚共和国，斯洛文尼亚共和国法院有管辖权。

3. 因继承关系引起的诉讼以及债权人对遗产的请求权的诉讼管辖权，亦适用本条第 1 款与第 2 款规定。

4. 若遗产人住所不在斯洛文尼亚共和国，则参照适用对外国公民遗产管理的规定，此时该外国指遗产人死亡时住所地国。

第 82 条

1. 对于批准结婚，如果申请人双方或一方为斯洛文尼亚公民，不论欲结婚者住所位于何处，斯洛文尼亚共和国机关有管辖权。

2. 只要请求批准结婚的未成年人为斯洛文尼亚公民，或欲在国外结婚的双方均为斯洛文尼亚公民，由斯洛文尼亚共和国机关专属管辖。

第 83 条

1. 对于决定收养或解除收养住所在斯洛文尼亚共和国的斯洛文尼亚公民，由斯洛文尼亚共和国机关专属管辖。

2. 收养与解除收养的决定，如果收养人为斯洛文尼亚公民且其住所在斯洛文尼亚共和国，斯洛文尼亚共和国机关有管辖权。

3. 配偶双方共同收养的，只要配偶一方为斯洛文尼亚公民且其住所在斯洛文尼亚共和国，则斯洛文尼亚共和国机关足以据此行使管辖权。

第 84 条

对斯洛文尼亚公民的监护事项，不论其住所位于何处，由斯洛文尼亚共和国机关专属管辖，但本法另有规定的除外。

第 85 条

对于住所在外国的斯洛文尼亚公民，如果斯洛文尼亚机关已经查明，有管辖权的机关已依照外国法作出决定或者已采取措施保护斯洛文尼亚公民的人身、权利及利益，则斯洛文尼亚共和国机关对其监护事项将不作出决定，亦不得对之进行干涉。

第 86 条

1. 为保护斯洛文尼亚共和国境内的或其财产在斯洛文尼亚共和国境内的外国公民的人身、权利及利益，斯洛文尼亚共和国机关可采取必要临时措施，并将此通知该外国人国籍国主管机关。

2. 对于住所在斯洛文尼亚共和国的外国公民，如果该外国公民国籍国主管机关未对其人身、权利及利益进行保护，斯洛文尼亚共和国机关可作出决定并采取措施。

第二节　其他规定

第 87 条

1. 自然人的当事人能力与诉讼能力，依其国籍国法。

2. 如果外国公民依照本条第 1 款规定无诉讼能力，而依照斯洛文尼亚共和国法律有诉讼能力，则其可自行参与诉讼。

3. 本条第 2 款所指的外国公民的法定代理人可进行诉讼行为，除非该外国公民宣称自己参与诉讼。

4. 外国法人的当事人能力，依本法第 17 条所指引的法律。

第 88 条

如果相同当事人就同一事项正在外国法院进行诉讼，斯洛文尼亚共和国法院可根据一方当事人的请求中断诉讼，具体而言：

（1）在外国进行的民事诉讼向被告送达传票早于在斯洛文尼亚共和国进行的诉讼，或者外国的非讼程序早于在斯洛文尼亚共和国的程序；

（2）外国判决有可能在斯洛文尼亚共和国予以承认；

(3) 存在互惠关系。

第 89 条

判断斯洛文尼亚共和国法院有无管辖权，以诉讼开始时存在的事实为根据。

第 90 条

1. 住所不在斯洛文尼亚共和国的外国公民或无国籍人在斯洛文尼亚共和国法院提起诉讼的，应被告请求，相关原告必须提供诉讼费用担保。

2. 被告最迟必须于法院在预备庭开庭期间提出本条第 1 款所指的请求，如此种预审未曾进行，则应在就其抗辩进行第一次庭审时，或其已获悉有理由提出担保请求时提出。

3. 诉讼费用必须用现金支付，但法院亦可准许用其他形式提供担保。

第 91 条

1. 在下列情况下，被告无权请求诉讼费用担保：

(1) 原告国籍国不要求斯洛文尼亚共和国公民提供担保；

(2) 原告在斯洛文尼亚共和国享有避难权；

(3) 诉讼请求涉及原告基于斯洛文尼亚共和国境内的雇佣关系的请求权；

(4) 婚姻诉讼、确定或撤销父亲或母亲身份之诉以及法定扶养之诉；

(5) 涉及汇票或支票的诉讼、反诉或因支付令引起的诉讼。

2. 适用本条第 1 款第 1 项时，如果对斯洛文尼亚共和国公民在原告国籍国是否有义务提供担保存在疑问，由司法主管部门作出相关答复。

第 92 条

1. 在允许提供诉讼费用担保的裁决中，法院应决定担保的金额及提供担保的期限，并向原告指明不按时提供担保的法律后果。

2. 若证明原告未能按时提供诉讼费用担保，而被告却已在追索法律补偿的诉讼中请求担保的，则视为原告撤诉或放弃法律补偿。

3. 若被告已及时提出由原告提供诉讼费用担保的申请，只要法院未就此作出有法律效力的裁决，则被告无义务继续参与案件主要问题的诉讼；若请求被批准，则在原告提供担保前被告均无此义务。

4. 如果法院驳回提供诉讼费用担保的请求，只要该驳回请求的裁定尚未生效，法院仍可决定继续进行诉讼。

第 93 条

1. 在互惠前提下，外国公民有权请求免于支付诉讼费用。

2. 如果对互惠有疑问，由司法主管部门对是否免于支付诉讼费用作出答复。

3. 如果外国公民住所在斯洛文尼亚共和国，则本条第 1 款规定的互惠并非请求免于支付诉讼费用的前提条件。

4. 住所或居所在斯洛文尼亚共和国的无国籍人，有权请求免于支付诉讼费用。

第四章　外国判决的承认与执行

第一节　外国法院判决的承认与执行

第 94 条

1. 外国法院的判决，只有经斯洛文尼亚共和国法院承认，方与斯洛文尼亚共和国法院的判决具有同等地位并在斯洛文尼亚共和国具有法律效力。

2. 本条第 1 款所指的外国法院判决亦包括法院调解。

3. 外国法院判决亦包括外国其他机关作出的、与法院判决或法院调解具有同等地位的调整本法第 1 条所指关系的判决。

第 95 条

1. 在申请承认外国法院判决时，申请人须附上外国法院判决原件或经认证的该判决副本以及外国主管法院或其他机关依照该国法律作出有关判决的法律效力的证明。

2. 若外国法院判决或经认证的副本未采用法院国的官方语言，则申请人亦得附上经认证的用法院国官方语言制作的外国法院判决的译文。

第 96 条

1. 如果斯洛文尼亚共和国法院根据外国法院对其作出判决的当事人的抗辩，查明该人系程序不当而未能参与诉讼时，拒绝承认外国法院判决。

2. 尤其是如果外国法院对其作出判决的当事人由于本人未被送达传票、起诉状或有关诉讼开始的决定，或根本未曾予以送达而未能参与诉讼，除非其以某种方式参与案件主要问题的一审诉讼程序，否则拒绝承认该外国法院判决。

第 97 条

1. 外国法院判决的事项属于斯洛文尼亚共和国法院或其他机关专属管辖的，拒绝承认该外国法院判决。

2. 若被告请求承认由外国法院作出的有关婚姻诉讼的判决，或者原告提出该请求而被告无异议的，则斯洛文尼亚共和国法院的专属管辖权不构成承认该判决的障碍。

第 98 条

1. 根据对其作出判决的当事人的抗辩，如果外国法院仅基于下列情况而行使管辖权的，斯洛文尼亚共和国法院拒绝承认该外国法院判决：

（1）原告国籍；

（2）原告在判决国的财产；

（3）向被告本人送达起诉状或其他引起诉讼开始的法律文书。

2. 根据对其作出判决的当事人的抗辩，如果作出判决的法院未考虑涉及斯洛文尼亚共和国法院管辖权的条约，法院亦可拒绝承认该外国法院判决。

第 99 条

1. 如果斯洛文尼亚共和国法院或其他机关已就同一事项作出有法律效力的判决或另一外国法院就同一事项所作的判决已在斯洛文尼亚共和国得以承认，则拒绝承认外国法院判决。

2. 如果相同当事人之间以前就同一事项提起的诉讼已在斯洛文尼亚共和国法院中止，法院应推迟承认外国法院判决，直至该诉讼已最终有效地结束。

第 100 条

如果承认外国法院判决的结果违背斯洛文尼亚共和国的公共秩序，则不予承认该外国法院判决。

第 101 条

1. 无互惠关系的，拒绝承认外国法院的判决。

2. 对于外国法院在婚姻诉讼或确定及撤销父（母）亲身份之诉中所作的判决，以及斯洛文尼亚公民请求承认与执行外国法院判决时，不存在互惠关系不构成承认外国法院判决的障碍。

3. 推定存在承认外国法院判决方面的互惠关系，除非有相反证明；对互惠关系有疑问时由司法主管机关作出答复。

第 102 条

1. 对外国法院就该国公民身份地位问题所作的判决，斯洛文尼亚共和国予以承认，无需依照本法第 97 条、第 100 条与第 101 条的规定进行审查。

2. 若斯洛文尼亚共和国主管机关查明，外国判决涉及斯洛文尼亚公民的身份地位，则承认该判决时需依照本法第 95~101 条的规定进行审查。

第 103 条

1. 外国法院判决的执行，适用本法第 95~101 条的规定。

2. 申请执行外国法院判决者，除提交本法第 95 条规定的证明外，还须提交依照判决作出国法律规定该判决具有可执行性的证明。

第二节　外国仲裁裁决的承认与执行

第 104 条

1. 外国仲裁裁决，指不在斯洛文尼亚共和国领域内作出的仲裁裁决。

2. 外国仲裁裁决具有该裁决作出地国的国籍。

3. 尽管仲裁裁决在斯洛文尼亚共和国作出，但适用了外国程序法的，只要其不违背斯洛文尼亚共和国的强制性规定，亦视为外国仲裁裁决。

4. 本条第 3 款所指的外国仲裁裁决，具有所适用的程序法所属国的国籍。

第 105 条

1. 如果请求承认与执行外国仲裁裁决的当事人在向法院提出申请时附上下列文件的，承认并执行该外国仲裁裁决：

（1）仲裁裁决正本或经认证的副本；

（2）仲裁协议正本或经认证的副本。

2. 若外国仲裁裁决或仲裁协议或者经认证的副本未采用被请求承认与执行该裁决的法院国官方语言，则请求承认与执行该裁决的当事人必须附上经权威人士制作的该语言译本。

第 106 条

1. 如果法院查明有下列情形的，拒绝承认与执行外国仲裁裁决：

（1）依斯洛文尼亚共和国法律规定，仲裁庭无权作出裁决；

（2）承认与执行裁决的结果违背斯洛文尼亚共和国的公共秩序；

（3）无互惠关系；

（4）仲裁协议未采用书面形式或未通过交换信函、电报或电传等方式缔结；

（5）一方当事人依照支配其行为能力的准据法规定无缔结仲裁协议的能力；

（6）依照当事人选择的某国法律，或者当事人未选择法律时依照仲裁作出地国的法律，仲裁协议无效；

（7）承认与执行仲裁裁决的被申请人未被通知指定仲裁员或未被告知仲裁程序，或因其他事由未能在仲裁程序中主张权利的；

（8）仲裁庭的组成或仲裁程序不符合仲裁协议；

（9）仲裁庭超越仲裁协议规定的权限；

（10）仲裁裁决对当事人不是终局的或尚无执行力，或者仲裁裁决或其执行已被仲裁作出地国或准据法所属国主管机关撤销；

(11) 仲裁裁决模糊不清或自相矛盾。

2. 若外国仲裁裁决中有部分涉及已裁决的问题并可与仲裁庭超越权限的那部分区别开来，则仲裁庭未超越权限的那部分裁决得以承认与执行。

第 107 条

如果本法第 106 条第 1 款第 10 项所指的主管机关已开始进行撤销或中止执行外国仲裁裁决的程序，则法院可推迟对承认与执行该裁决的申请作出裁定；应债权人及债务人的请求，法院在债务人提供相应担保的条件下推迟裁定。

第三节 承认与执行外国法院判决及仲裁裁决的程序

第 108 条

1. 承认外国法院判决或仲裁裁决的程序始于（当事人的）申请。

2. 在个人身份问题上有合法利益者，均可请求承认外国法院就其个人身份事项所作之判决。

3. 承认外国法院判决或仲裁裁决的事宜，由各县（区法院）的法官决定。

4. 各地实际主管法院负责承认外国法院判决或仲裁裁决事宜。

5. 在其领域执行外国法院判决或仲裁裁决的各地方法院负责执行外国法院判决或仲裁裁决。

6. 若对承认外国法院判决或仲裁裁决未作出特别裁定，则各法院均可将承认该法院判决或仲裁裁决作为先决问题加以决定，但该决定仅对相关诉讼程序有效。

第 109 条

1. 在承认外国法院判决或仲裁裁决的程序中，法院仅限于审查是否满足本法第 94~107 条规定的前提条件。

2. 法院查明不存在承认障碍的，则作出承认外国判决的决定。

3. 法院将承认外国判决的决定送达对方当事人及其他诉讼参与人，并告知这些人可在该决定送达后 15 日内提出异议。

4. 作出承认外国判决决定的法院由 3 名法官组成合议庭对异议作出裁定。若对异议的裁定取决于有争议的事实，则法院待开庭审理后再作裁定。

5. 对于法院驳回请求承认外国判决的裁定以及对于法院对异议作出的裁定，允许向最高法院提出申诉。

6. 无论本条第 3 款规定如何，承认外国法院有关离婚判决的裁定，如果申请人为斯洛文尼亚共和国公民且被申请人住所或居所不在斯洛文尼亚共和国，法院不向被申请人送达。

第 110 条

假如案件由斯洛文尼亚共和国法院或其他机关判决，诉讼费用由法院依相关规定确定。

第 111 条

本章未作特别规定的，承认外国法院判决或仲裁裁决的程序参照适用有关非讼程序的法律规定。

第五章 特别规定

第 112 条

1. 如果斯洛文尼亚共和国领事所在国不反对或者国际条约有规定的，斯洛文尼亚共和国公民可在斯洛文尼亚共和国领事主持下在国外缔结婚姻。

2. 斯洛文尼亚共和国公民可在斯洛文尼亚共和国的哪些驻外代办处缔结婚姻，由外事主管部门确定。

第 113 条

侨居外国的斯洛文尼亚共和国公民的监护事项，如果斯洛文尼亚共和国领事所在国不反对或国际条约有规定的，由斯洛文尼亚共和国领事办理。

第 114 条

斯洛文尼亚共和国公民可依照法定遗嘱的有关规定在斯洛文尼亚共和国驻外领事处设立遗嘱。

第 115 条

1. 斯洛文尼亚共和国领事可依照国际条约与接受国的规定核实签名、笔迹与副本。

2. 外事主管部门负责制定本条第 1 款所指事项的具体规则。

第 116 条

1. 司法主管部门可出具供外国机关使用的有关法律规则在斯洛文尼亚共和国生效或已生效的证书。

2. 本条第 1 款所指的证书，必须载明法规的名称、生效或失效日期以及法律条文的标准规定。

第 117 条

如果当地无领事代表，以及在接受国境内无领事馆的地区，斯洛文尼亚共和国使节亦可履行本法规定的斯洛文尼亚共和国领事的职责。

第六章　附则

第 118 条

自本法生效之日起，不再适用《关于解决在特定关系上与其他国家的法律冲突的法律》。①

第 119 条

本法于《斯洛文尼亚共和国官方公报》公布后第十五日生效。

---

① 《关于解决在特定关系上与其他国家的法律冲突的法律》（Gesetz über die Lösung von Gesetzeskollisionen mit Vorschriften anderer Staaten in bestimmten Verhältnissen），即 1982 年《南斯拉夫社会主义联邦共和国法律冲突法》。——译者注

保加利亚共和国《关于国际私法的法典》*

（2005 年 5 月 4 日文本）

第一编　总则

第一章　本法典的适用范围

第 1 条　调整对象

1. 本法典的各条款调整：

（1）保加利亚法院、其他机关的国际管辖权以及国际民事诉讼程序；

（2）适用于具有国际因素的私法关系的准据法；

（3）外国判决及其他文书在保加利亚共和国的承认与执行。

2. 本法典意义上的私法关系，是指与两个或多个国家有联系的私法关系。

第 2 条　最密切联系原则

1. 具有国际因素的私法关系，由与其有最密切联系的国家的法律支配。本法典有关确定准据法的条款均为该原则的体现。

2. 如果依照本法典第三编的各条款不能确定应适用的法律，则适用依其他标准与该私法关系有最密切联系的国家的法律。

第 3 条　（本法典）与国际条约、国际法文书以及其他法律的关系

1. 本法典各条款不影响已对保加利亚共和国生效的国际条约、其他国际法文书或者其他法律中有关国际私法关系的规定的适用。

2. 在适用国际条约或其他国际法文书时，应考虑这些规定的国际性质、所进行的识别和必要性，以实现对其解释和适用的一致性。

---

* 保加利亚共和国《关于国际私法的法典》于 2005 年 5 月 4 日在召开的第 39 届国民议会上通过，并公布于 2005 年 5 月 17 日的第 42 号《保加利亚法律公报》（Dăržaven Vestnik），自 2005 年 5 月 21 日起生效。本法典系根据德文译本（资料来源：RabelsZ Bd. 71 (2007), S. 457-493）译出，保加利亚语文本为官方文本（http://www.lex.bg/laws/ldoc.php? IDNA=2135503651）。本译文原载于《中国国际私法与比较法年刊》第十一卷（2008），北京大学出版社 2008 年版，第 581~615 页。此处略有修改，——译者注

第二编　保加利亚法院及其他机关的管辖权、国际民事诉讼程序

第二章　保加利亚法院及其他机关的管辖权

第4条　一般管辖权

1. 在下列情况下，保加利亚法院和其他机关具有国际管辖权：

（1）被告的惯常居所、章程所规定的所在地或者实际管理机构所在地在保加利亚共和国境内；

（2）原告或者申请人系保加利亚国民或者在保加利亚共和国登记注册的法人。

2. 如果争议产生于与法人分支机构之间的直接关系，而且该分支机构在保加利亚共和国注册登记，则可在保加利亚法院向该法人提起诉讼。

第5条　涉及人身权利事件的管辖权

保加利亚法院和其他机关除了可根据第4条行使管辖权外，对下列事项也有管辖权：

（1）姓名的变更与保护，但该人须为保加利亚国民或其惯常居所在保加利亚共和国境内；

（2）保加利亚国民的行为能力的限制或剥夺，以及撤销对保加利亚国民的行为能力的限制或剥夺的诉讼；

（3）监护或者保佐的设立或终止，但被监护人或被保佐人须为保加利亚国民或其惯常居所在保加利亚共和国境内；

（4）保加利亚国民或者惯常居所确实在保加利亚共和国境内者的失踪或死亡宣告。

第6条　结婚

1. 如果拟结婚者一方为保加利亚国民或其惯常居所在保加利亚共和国境内，则在保加利亚户籍登记处办理结婚登记。

2. 拟结婚的双方均为外国人的，如果该外国法律允许，则可在其本国驻保加利亚共和国的使馆或领事馆办理结婚登记。

3. 在国外的保加利亚国民，如果该外国法律允许，可在该外国主管机构处办理结婚登记。

4. 双方均在国外的保加利亚国民，如果保加利亚使馆或领事馆所驻国法

律允许，则可在保加利亚驻该国的使馆或领事馆处办理结婚登记。

5. 拟结婚的一方为保加利亚国民，另一方为外国人的，如果保加利亚使馆或领事馆所驻国或者该外国人的本国法允许，可在保加利亚驻该国的使馆或领事馆处办理结婚登记。

第 7 条　婚姻之诉的管辖权

婚姻之诉，如果夫妻一方为保加利亚国民或在保加利亚共和国境内有惯常居所，由保加利亚法院管辖。

第 8 条　涉及配偶相互间的人身和财产关系的事件的管辖权

对符合第 7 条规定的、涉及配偶相互间的人身和财产关系的事项，保加利亚法院亦可行使管辖权。

第 9 条　出身事件的管辖权

1. 对于有关出身的确定或撤销的诉讼，保加利亚法院除了可根据第 4 条行使管辖权外，如果作为诉讼当事人的子女或者父母一方为保加利亚国民或者其惯常居所在保加利亚共和国境内，保加利亚法院亦可管辖。

2. 符合第 1 款条件的，该管辖权规定也适用于涉及父母与子女之间的人身和财产关系的事项。

第 10 条　收养事件的管辖权

1. 对涉及收养的许可、解除或终止的事项，除了第 4 条规定的情形外，如果收养人、被收养人或者被收养人的父母一方为保加利亚国民或者惯常居所在保加利亚共和国境内，则保加利亚法院或其他机关亦可管辖。

2. 如果收养人或者被收养人为保加利亚国民或者惯常居所在保加利亚共和国境内，以及在第 4 条规定的情形下，保加利亚法院对涉及收养人和被收养人之间的财产关系的事项具有管辖权。

第 11 条　扶养事件的管辖权

对于扶养之诉，除了第 4 条规定的情形外，如果被扶养人（扶养权利人）的惯常居所在保加利亚共和国境内，保加利亚法院亦可管辖。

第 12 条　物权事件的管辖权

1.《民事诉讼法典》第 83 条所指的涉及位于保加利亚共和国境内的不动产的诉讼、有关前述不动产的执行和保全的诉讼以及有关不动产上的物权的转让或认证（Beglaubigung）的诉讼，由保加利亚法院和其他机关专属管辖。

2. 对于因不动产物权提起的诉讼，除了第 4 条规定的情况外，如果不动产位于保加利亚共和国境内，保加利亚法院也可管辖。

第 13 条　知识产权事件的管辖权

1. 对于有关知识产权以及与此有关的权利的诉讼，如果此类权利系在保加利亚共和国境内获得保护，由保加利亚法院管辖。

2. 对于有关知识产权标的物的诉讼，如专利系在保加利亚共和国取得或者注册，则由保加利亚法院专属管辖。

第 14 条　继承事件的管辖权

对于《民事诉讼法典》第 84 条所指的诉讼以及其他与继承有关的诉讼，如果遗产人死亡时在保加利亚共和国境内有惯常居所或者为保加利亚国民，或者遗产人财产的一部分在保加利亚共和国境内，则由保加利亚法院或其他机关管辖。

第 15 条　因合同关系所生权利事件的管辖权

对于因合同关系提起的诉讼，除了第 4 条规定的情形外，如果债务履行地或者被告的主要营业所所在地在保加利亚共和国境内，保加利亚法院亦可管辖。

第 16 条　消费者事件的管辖权

1. 对于消费者提起的诉讼，除了第 4 条规定的情形外，如果消费者的惯常居所在保加利亚共和国境内并且满足第 95 条规定的条件的，保加利亚法院亦可管辖。

2. 争议发生后，当事人可以缔结法院管辖协议。

第 17 条　劳务争议的管辖权

1. 如果劳工或职员在保加利亚共和国境内从事惯常劳动，以及在第 4 条规定的条件下，保加利亚法院对劳务争议具有管辖权。

2. 争议发生后，当事人可以缔结法院管辖协议。

第 18 条　因侵权行为所生权利事件的管辖权

1. 因侵权行为提起的损害赔偿之诉，除了第 4 条规定的情况外，如果损害行为系在保加利亚共和国境内实施，或者全部或部分的损害结果发生于保加利亚共和国境内，保加利亚法院亦可管辖。

2. 被害人直接对损害行为人的保险人提起的诉讼，第 1 款所规定的管辖权亦成立。

第 19 条　涉及在保加利亚共和国境内注册的法人的法律地位事件的排他性管辖权

1. 对于《民事诉讼法典》第 80 条第 1 款第 4 项所指的诉讼，如果法人已在保加利亚共和国境内注册，由保加利亚法院专属管辖。

2. 如果公司或其他法人已在保加利亚共和国境内注册，则对因该公司或其他法人的无效或解散、有关其机构章程的废除、成员资格的保护、商事公司的改制以及改制时的金钱补偿等事件而提起的诉讼，适用第1款规定。

第20条 多方被告之诉的管辖权

对多方被告提起的诉讼，如果保加利亚法院对其中一个被告行使管辖权的理由成立，则由保加利亚法院管辖。

第21条 因事件之间的内在关联性而取得的管辖权

1. 如果保加利亚法院对多个原告之一提起的诉讼具有管辖权，只要这些原告提起的诉讼相互间所具有的关联性允许法院对其进行合并审理，则保加利亚法院亦有权审理其他原告提起的诉讼。

2. 如果保加利亚法院对本诉具有国际管辖权，并且满足《民事诉讼法典》第104条所规定的条件，则对反诉亦有权管辖。

第22条 排他性管辖权

保加利亚法院和其他机关仅在有明确规定的情况下，方可行使排他性国际管辖权。

第23条 将案件移交外国法院

1. 如果案件以财产权为诉讼标的，而且争议不在保加利亚法院的专属管辖范围内，当事人可书面协议将争议交给外国法院管辖。在有此种法院管辖协议时，如果向保加利亚法院起诉，被告最迟必须于案件一审结束作出裁决之前提出管辖权异议。第1句之规定不适用于扶养之诉。

2. 在符合第1款第1句规定的条件下，可以将本由外国法院管辖的案件移交给保加利亚法院审理。但该规定不适用于扶养之诉。

3. 只要该协议无其他约定，则推定当事人协议将争议的专属管辖权移交给保加利亚法院或者外国法院。

第24条 保加利亚法院管辖权的默示成立

如果根据第23条第1款协议由保加利亚法院管辖，则在无此种协议的情况下，如果被告在第一审结束前通过法律争议中的诉讼行为明示或默示接受管辖，法院亦可据此行使管辖权。

第25条 诉讼保全的管辖权

如果保全措施的客体位于保加利亚共和国境内，而且外国法院所作的判决要在保加利亚共和国承认和执行，即使保加利亚共和国法院对诉讼的审理无国际管辖权，但保加利亚共和国法院对于该诉讼的保全措施仍可行使管辖权。

第 26 条　强制执行的管辖权

如果履行义务者在保加利亚共和国境内有惯常居所，或者强制执行措施的客体位于保加利亚共和国境内，则保加利亚共和国的执行机构对于该强制执行措施的实施具有专属管辖权。

第 27 条　情势变更时的管辖权

1. 如果诉讼开始时，行使国际管辖权的理由成立，即使该理由后来在诉讼中不复存在，仍由已行使管辖权的法院管辖。

2. 即使法院在诉讼开始时无国际管辖权，但在诉讼过程中产生了管辖权根据，那么，该法院的这种管辖权即告成立。

第 28 条　法院审查

法院依职权对国际管辖权进行审查。要确定这种管辖权是否成立，由上诉审作出裁定。

第三章　诉讼程序

第 29 条　准据法

保加利亚法院和其他机关依照保加利亚法律对案件进行审理。

第 30 条　证据

1. 举证责任的承担，依照据以对待证明的案情的结果作出判决的实体法。

2. 只要案件的准据法对《保加利亚共和国民事诉讼法典》第 133 条规定的情况允许证人佐证，如果案情发生于该准据法所属国境内，则允许采取这些证据。

3. 即使保加利亚共和国法院对诉讼无管辖权，但如果对该诉讼作出判决所必需的证据处于保加利亚共和国境内，则该证据的保全措施亦由保加利亚法院实施，并在采取保全措施当日告知对方，但这种保全措施必须立即执行者除外。

第 31 条　对外国诉讼行为的认定

外国诉讼行为或官方文件的有效性，由保加利亚共和国法院或其他机关根据该行为实施地或者出具地国家的法律认定。

第 32 条　传讯和文书的送达

1. 在外国传讯或者送达通知或文书，应通过保加利亚外交或领事代表以及外国主管机关进行，并由保加利亚机关通过司法部根据司法部规定的程序向保加利亚外交或领事代表以及外国主管机关提出该传讯或送达请求。

2. 保加利亚外交或领事代表只能对保加利亚公民进行传讯或送达行为。

第 33 条 接收法院传票的地址

1. 当事人在国外有已知地址的，在该地址进行传讯，并在传讯中告知当事人必须在保加利亚共和国境内指定一个接收法院传票的地址。

2. 第 1 款所指义务也针对在保加利亚境内者的法定代理人、监护人以及被委托人，如果这些人正在国外，则为在保加利亚共和国境内者的被委托人。

3. 不履行第 1 款和第 2 款规定的义务时，为当事人确定的随后传讯及其他文书均归入卷宗，并视为已送达。当事人在第一次被传讯时应被告知这些后果。

第 34 条 通过代理人传讯

如果当事人在国外有已知的地址，而且当事人在保加利亚共和国境内的代理人已经以当事人的名义实施了与已开始的诉讼有关的行为，则可通过该代理人进行传讯。

第 35 条 公告传讯

1. 如果当事人在国外有已知的地址，但采用一切办法都不能在该地址对其进行传讯，则应至少在开庭审理一个月之前通过《保加利亚法律公报》的非正文部分公告传讯当事人。

2. 当事人在公告传讯后仍未出庭参与诉讼的，法院为其指定代理人。

第 36 条 司法协助

1. 保加利亚机关有义务应外国机关的要求实施司法协助，除非履行该项要求违背保加利亚的公共秩序。

2. 被请求的行为依照保加利亚法律执行。如果保加利亚法律允许，可根据外国机关的申请依照外国法执行该行为。

3. 如果保加利亚机关请求外国给予司法协助，可要求按照保加利亚法律执行司法协助行为。

第 37 条 对诉讼未决的抗辩

如果相同当事人之间基于相同事实就同一诉讼请求已在外国法院提起诉讼，并且可预见该诉讼将在合理的期限内作出终局判决，而该判决将在保加利亚共和国境内予以承认和执行，则保加利亚法院应依职权中止已受理的诉讼。

第 38 条 对优先法律关系的管辖权

1. 保加利亚法院即便对相关案件无管辖权，但可以对解决争议具有重要意义的法律关系发表意见。

2. 如果对于该具有重要意义的法律关系已在外国开始了诉讼但尚未作出

判决，只要假设该外国法院判决将在保加利亚共和国境内得到承认的理由成立，则保加利亚法院可中止已受理的相关诉讼。

第三编　准据法

第四章　一般规定

第 39 条　识别

1. 如果准据法的确定取决于对案件事实或法律关系的识别，则依保加利亚法律进行识别。

2. 如果相关的法律制度或者法律概念在保加利亚法律中不存在，而且根据保加利亚法律进行解释后也不能确定，则在识别时应考虑规定这些法律制度或法律概念的外国法。

3. 识别时应顾及所调整的法律关系中的国际因素以及国际私法的各种特性。

第 40 条　指引

1. 在本法典意义上，某特定国家的法律系指该国包括冲突规范在内的所有法律规范，但本法典或其他法律另有规定的除外。

2. 对保加利亚法律的反致和对第三国法律的指引（转致），不得适用于：

（1）法人以及无权利能力的个人组合的法律地位；

（2）法律行为的形式；

（3）对准据法的选择；

（4）扶养；

（5）合同关系；

（6）非合同关系。

3. 在第 1 款所指情况下，如果接受这种指引，则适用保加利亚或第三国的实体法。

第 41 条　对多元法制国家法律的适用

1. 如果本法典指引适用其法律的国家系由多个具有自身法律制度的领土单位组成，则依该国法律确定应适用其中哪一法律。

2. 如果相关国家由多个领土单位组成，而各领土单位均有自己的调整合同之债和非合同之债的法律规定，则在依照本法典第十章和第十一章确定准据法时，各领土单位均视为一个国家。

3. 如果本法典指引适用其法律的国家具有多种适用于不同种类人群的法律制度，则依该国法律确定应适用其中哪一法律。

4. 如果第 1 款至第 3 款所指国家无任何确定准据法（应适用的法律）的标准，则适用与法律关系有密切联系的各该法律。

第 42 条　连结因素的变更

据以确定准据法的情势事后发生变更的，无任何追溯力。

第 43 条　外国法内容的查明

1. 法院或者其他法律适用机关依职权查明外国法的内容，并可借助于国际条约中规定的协助方式，请求司法部或其他机构以及专家、专业机构提供答复。

2. 各当事人可以提供证明其据以提出请求或抗辩的外国法条款内容的文件，或者以其他方式支持法院或其他法律适用机关查明外国法的内容。

3. 在当事人选择准据法的情况下，法院或其他法律适用机关可责令当事人参与查明所选择法律的内容。

第 44 条　外国法的解释和适用

1. 外国法的解释和适用，应按照该法律来源国的解释和适用方式进行。

2. 对外国法的不适用以及错误解释和适用，均可提出上诉。

第 45 条　公共秩序

1. 根据本法典本应适用的某外国法规定，仅在其适用的结果明显与保加利亚的公共秩序不相容时，方不予以适用。

2. 在判断这种不相容性时，应考虑法律关系与保加利亚法律的联系程度以及该外国法适用结果的重要性。

3. 如果确定存在第 1 款所指的不相容性，则适用该外国法中其他合适的法律规定。无此种规定时，出于调整该法律关系的必要性，适用保加利亚的法律规定。

第 46 条　干预规范

1. 本法典的规定，不影响保加利亚法律中强制性规范的适用。无论所指引的外国法规定如何，这些强制性规范在对其调整对象和立法目的上均强行适用。

2. 与法律关系有密切联系的其他国家的强制性规范，如果根据其所属国法律的规定，不论本法典的冲突规范所指引的准据法为何国法律，均应予以适用，则法院得考虑适用该强制性规范。在决定应否适用这种干预规范时，法院应考虑该规范的性质、适用对象以及其适用或不适用的结果。

第 47 条　互惠

1. 外国法的适用，不受互惠关系存在与否的限制。

2. 在某法律规定要求有互惠关系存在时，除非有相反证据，否则推定存在这种互惠关系。

第五章　法律关系主体的法律地位

第一节　自然人的法律地位

第 48 条　一般规定

1. 在本法典意义上，自然人的本国法系指其国籍所属国的法律。

2. 具有两个或多个国籍的自然人，如果保加利亚是其国籍之一，则以保加利亚法律为其本国法。

3. 具有两个或多个国籍的自然人，若其惯常居所设在其中一国，则以该惯常居所地国法为其本国法。若该人在其国籍所属国中均无惯常居所，则适用与其有最密切联系的国家的法律。

4. 在本法典意义上，无国籍人以其惯常居所地国法为本国法。

5. 在本法典意义上，难民或寻求庇护者以其惯常居所地国法为本国法。

6. 如果第 3 款、第 4 款和第 5 款所指之人无任何惯常居所或惯常居所无法查明，则适用与其有最密切联系的国家的法律。

7. 在本法典意义上，自然人的惯常居所系指该自然人主要为了生存需要而设立住所之地，且与为居留或设立住所必需的注册登记或许可证无关。在确定该地点时，尤其应考虑个人或职业特征等情况，这些情况可从该人与该地点的稳固联系或者其创设这种联系的意图等推断出来。

第 49 条　权利能力

1. 人的权利能力，依其本国法。

2. 外国人和无国籍人在保加利亚共和国享有与保加利亚国民同等的权利，但法律另有规定的除外。

第 50 条　行为能力

1. 人的行为能力，依其本国法。如果相关法律关系的准据法在行为能力方面规定有特别条件的，则适用该法律的规定。

2. 如果合同系由处于同一国境内的当事人所订立，一方当事人根据该国法律具有行为能力，则该当事人不得援引另一国法律主张无行为能力，除非缔约对方在订立合同时已知晓其无行为能力或由于疏忽而不知晓。

3. 第2款规定不适用于家庭关系或继承关系中的行为以及涉及行为实施地国以外的其他国家境内的不动产物权的行为。

第51条　已取得的权利能力和行为能力

已依本国法取得的权利能力和行为能力，不受国籍变更的影响。

第52条　商人的行为能力

未设立法人但从事商业活动者的行为能力，依照其注册为商人所在地国法律确定。如果无需注册，则适用该商人的总事务所所在地国法。

第53条　姓名

1. 自然人的姓名及其变更，依其本国法。

2. 国籍变更对姓名的影响，依已取得的国籍所属国法律确定。对于无国籍人，其惯常居所地变更对姓名的影响，依该人新设立的惯常居所所在地国法确定。

3. 姓名的保护，由根据本法第十一章规定应适用的法律支配。

4. 姓名及其变更，可以依保加利亚法律规定，但以惯常居所在保加利亚共和国境内者有此请求为限。

第54条　对行为能力的限制或剥夺

1. 对自然人的行为能力进行限制或者剥夺的条件及后果，依其本国法。如果该人的惯常居所在保加利亚共和国境内，则法院可以适用保加利亚法律。

2. 撤销对行为能力的限制或剥夺的条件，亦依照第1款规定所适用的法律。

第55条　失踪和死亡宣告

1. 失踪或死亡宣告的条件和后果，依被宣告失踪或死亡者有最后确切消息时的国籍所属国法。若其为无国籍人，失踪或死亡宣告的条件和后果，依其最后的惯常居所地国法。

2. 为保护某自然人位于保加利亚共和国境内的财产而采取的临时措施，依保加利亚法律。

3. 根据具有合法利益者的申请，对惯常居所在保加利亚共和国境内者，可依照保加利亚法律宣告其失踪或死亡。

第二节　法人、无权利能力的个人组合以及国家的法律地位

第56条　法人

1. 法人以其注册地国法为准。

2. 如果对法人的设立无注册要求或者（该法人）在多个国家注册，适用

该法人的组织章程所规定的所在地国家的法律。

3. 如果第2款所指的组织章程规定的所在地与该法人的实际管理机构所在地不一致，则适用该法人实际管理机构所在地国法。

4. 对于法人的分支机构，以该分支机构注册地国法为准。

第57条　无权利能力的个人组合

对于非法人的社团或者组织，以该社团或组织注册地或设立地国法为准。

第58条　准据法的适用范围

根据第56条和第57条确定的准据法调整下列事项：

（1）设立、法律性质和法律上的组织形式；

（2）名称或公司名称；

（3）权利主体和领导体系；

（4）机构的组成、权限和职能；

（5）代表机构；

（6）成员资格以及与此相关的权利和义务的取得和丧失；

（7）履行义务的责任；

（8）违反法律或组织章程的后果；

（9）改组或解散。

第59条　所在地迁移和改组

将所在地迁往另一国或者在不同国家具有所在地的法人改组，仅在该行为的实施符合这些国家的法律时发生法律效力。

第60条　国家参与具有国际因素的私法关系

本法典的规定，亦适用于国家作为当事人参与的具有国际因素的私法关系，但法律另有规定的除外。

第六章　法律行为、代理和时效

第61条　法律行为的形式

法律行为的形式依支配法律行为的准据法。满足行为实施地国法的形式要求的法律行为在形式上为有效。

第62条　私人代理中的代理人和第三人之间的关系

1. 在代理人和第三人之间的关系上，代理人代理权的成立和范围、代理人实际上或名义上行使代理权的行为的结果，由代理人实施代理行为时其总事务所所在地国法支配。

2. 在下列情况下，不论第1款规定如何，仍适用代理人行为地国法：

（1）代理人的总事务所或其惯常居所位于该国，而且代理人在该国以被代理人的名义实施了代理行为；

（2）第三人的总事务所或惯常居所位于该国；

（3）代理人在交易所实施代理行为或参与了拍卖；

（4）代理人未设立任何总事务所。

3. 被代理人或者第三人可以书面形式选择适用于第1款所指事项的法律。这种法律选择必须为对方当事人明确地接受，且不得影响代理人的利益。

第63条　时效

时效，以调整相应法律关系的法律为准。

第七章　物权和知识产权

第一节　物权

第64条　一般规定

1. 动产和不动产的占有、所有权及其他物权，依该物之所在地国法。

2. 某物应视为动产还是不动产以及物权的种类，依第1款所指的法律确定。

第65条　物权的取得和终止

1. 物权和占有的取得和终止，由实施物权行为时或者决定物权的取得或终止的情势发生时该物之所在地国法支配。

2. 通过占有取得物权或其他物权，依占有时效届满时该物之所在地国法。在另一国的占有时间应予以考虑。

第66条　既得权

物之所在地发生变更时，行使依照该物以前所在地国法所取得的权利时不得违背该物之新所在地国家的法律。

第67条　运输中的物品

1. 运输中物品的物权的取得和终止，依目的地国法。

2. 游客携带的供个人使用的物品之物权，依该游客的惯常居所地国法。

第68条　交通工具

交通工具的物权之取得、转让和终止，依：

（1）船舶所悬挂的国旗国法；

（2）航空器注册地国法；

(3) 为铁路或公路交通运输目的而经营交通工具者的事务所所在地国法。

第 69 条 注册

取得、转让或消灭物权的法律行为之注册，依该物在实施法律行为时的所在地国法。

第 70 条 文物

如果被列入一国文化遗产的物品被非法带至该国境外，则该国要求返还该物品的请求权适用该国的法律，除非该国已选择适用在提出返还请求时该物品所在地国家的法律。

第二节 知识产权

第 71 条 一般规定

1. 著作权以及与著作权相关的权利的产生、内容、转让和终止，依著作权被请求保护地国家的法律。

2. 工业产权标的物上的权利的产生、内容、转让和终止，依专利权授予地或者注册地国家的法律或者提出授予专利权或注册专利权的申请所在地国家的法律。

第 72 条 基于雇用关系而创设的知识产权标的物上的权利

在雇主与创作者的关系上，对于在雇用关系期间创设的知识产权标的物上的权利所有人的确定，亦适用支配雇用合同的法律。

第 73 条 合同准据法

涉及知识产权标的物上权利的转让或使用权转让的合同，由根据本法典第十章确定的准据法支配。

第三节 物权或知识产权的准据法的适用范围

第 74 条 准据法的适用范围

根据本章第一节和第二节规定应适用的法律调整下列事项：

(1) 权利的产生、种类、内容和范围；

(2) 权利所有人；

(3) 权利的可转让性；

(4) 权利的设立、变更、转让或消灭方式；

(5) 注册的必要性以及权利能否对抗第三人。

第八章 家庭关系

第 75 条 婚姻的形式

1. 婚姻的形式，依缔结婚姻所在机构的所属国法律。

2. 在经授权的外交或领事代表处缔结婚姻的形式，依（该外交或领事代表的）派遣国法律。

3. 在外国缔结的婚姻，只要其符合根据第 1 款和第 2 款指引的法律所规定的形式，则在保加利亚共和国得以承认。

第 76 条 结婚的条件

1. 结婚的条件，依各方当事人结婚时的国籍国法决定。对于在外国结婚的保加利亚国民，可根据《保加利亚共和国家庭法典》第 12 条第 2 款的规定由保加利亚的外交或领事代表颁发许可证。

2. 如果当事人一方为保加利亚国民或其惯常居所在保加利亚共和国境内，且婚姻在保加利亚婚姻登记处缔结，但应适用的外国本国法存在禁止结婚的规定，而该规定与保加利亚法律上的结婚自由原则相抵触，则该禁止结婚的规定不予以适用。

第 77 条 无婚姻障碍的证明

外国人或无国籍人必须向保加利亚婚姻登记处证明：

（1）其本国法承认在外国主管机关处缔结的婚姻；

（2）根据其本国法不存在任何结婚障碍。

第 78 条 婚姻的解除

婚姻的解除，依适用于结婚条件的法律。

第 79 条 夫妻之间的人身和财产关系

1. 夫妻相互间的人身关系，依其共同本国法。

2. 具有不同国籍的夫妻之间的人身关系，依其共同惯常居所地国法，若无共同的惯常居所地，则依与夫妻双方均有最密切联系的国家的法律。

3. 夫妻相互间的财产关系，依适用于其人身关系的法律。

4. 夫妻双方可以选择调整其财产关系的准据法，但以根据第 1 款和第 2 款确定的法律允许此种选择为限。

第 80 条 法律选择协议

1. 根据第 79 条第 4 款选择准据法时，须采取书面形式，并注明日期，附上夫妻双方的签名。

2. 法律选择协议的订立和效力，依所选择的法律。

3. 法律选择可在结婚前或结婚后作出。夫妻双方可以变更或者废除法律选择。如果法律选择系在结婚后作出，则该法律选择自结婚时发生效力，但当事人另有约定的除外。

第 81 条　法律选择能否对抗第三人

如果夫妻间的财产关系应以所选择的外国法为准，则仅在第三人知晓适用该法律或者由于自身的疏忽而未能知晓时，这种法律选择方可对抗第三人。对于不动产物权，仅在该物权符合物之所在地国法所规定的注册要求时，方可对第三人提出抗辩。

第 82 条　离婚

1. 具有同一外国国籍的夫妻之间的离婚，依其提出离婚申请时的国籍国法。

2. 具有不同国籍的夫妻之间的离婚，依其提出离婚申请时的共同惯常居所地国法。如果夫妻双方无共同的惯常居所，则适用保加利亚法律。

3. 如果所适用的法律不许离婚，而在提出离婚申请时夫妻一方为保加利亚国民或其惯常居所在保加利亚共和国境内，则适用保加利亚法律。

第 83 条　出身

1. 出身，依子女在出生时已取得的国籍国法。

2. 尽管有第 1 款规定，但如果对子女更有利，可适用：

（1）子女的国籍国法或者在查明出身时该子女的惯常居所地国法；或者

（2）支配子女出生时其父母相互间人身关系的法律。

3. 如果第三国法律允许查明子女的出身，则接受对该第三国法律的转致。

4. 认领，只要其符合已实施认领行为的认领人的本国法、认领时子女的本国法或者认领时子女的惯常居所地国法，均为有效。

5. 认领的形式，由认领行为实施地国法或者根据第 4 款规定应适用的法律支配。

第 84 条　收养

1. 收养的条件，依提出收养申请时收养人和被收养人的国籍国法。

2. 如果收养人和被收养人国籍不同，适用其中一方的本国法。

3. 如果被收养人为保加利亚国民，收养应取得司法部的许可。颁发同意由外国人收养保加利亚国民许可证的条件和程序，依司法部的有关规定。

4. 如果被收养人为保加利亚国民，惯常居所在另一国家的（具有保加利亚或外国国籍）收养人也必须满足该另一国法律规定的收养条件。

5. 收养的效力，依收养人和被收养人的共同本国法。如果其国籍不同，适用其共同的惯常居所地国法。

6. 收养的解除，依第 1 款、第 2 款和第 4 款规定的适用于收养条件的法律。

7. 除第 6 款规定的解除收养外，收养终止的原因，依第 5 款规定的适用于收养的效力的法律。

8. 终止收养时，应考虑未成年的被收养人的利益。

第 85 条　父母与子女间的关系

1. 父母与子女间的关系，依其共同的惯常居所地国法。

2. 如果父母和子女无共同的惯常居所，其相互间关系依子女的惯常居所地国法，如果对子女更有利，也可适用子女的本国法。

第 86 条　监护与托管

1. 监护与托管的设立及终止，依被监护人或被托管人的惯常居所地国法。

2. 被监护人或被托管人与监护人或托管人之间的关系，适用依第 1 款确定的准据法。

3. 承担监护或托管的义务，依被指定为监护人或托管人的本国法。

4. （如果被监护人或被托管人的）人身及其动产或不动产财产位于保加利亚共和国境内，可根据保加利亚法律采取临时或紧急保护措施。

第 87 条　扶养

1. 扶养义务，依扶养权利人的惯常居所地国法，除非其本国法对其更为有利。此时，适用扶养权利人的本国法。

2. 如果扶养权利人和扶养义务人具有同一国国籍，而且扶养义务人的惯常居所也在该国境内，则适用其共同的本国法。

3. 如果根据第 1 款和第 2 款规定应适用的法律不允许判给扶养费，则适用保加利亚法律。

4. 如果涉及因解除婚姻或离婚的以前的夫妻之间的扶养义务，依第 78 条或第 82 条规定的准据法。

第 88 条　扶养准据法的适用范围

1. 抚养的准据法确定：

（1）能否请求扶养以及请求抚养的范围与对象；

（2）谁可以请求扶养以及扶养的期限；

（3）能否变更扶养以及变更扶养的条件；

（4）请求扶养的权利消灭的原因；

(5) 扶养义务人向代为支付扶养费的机构进行补偿的义务。

2. 尽管应适用的外国法有另外规定，但在计算扶养费时应考虑扶养义务的实际情况和扶养权利人的实际需要。

第九章 继承关系

第 89 条 法定的继承顺位

1. 动产的继承顺位，依被继承人死亡时的惯常居所地国法。

2. 不动产的继承顺位，依不动产所在地国法。

3. 被继承人可以选择其所有财产的继承顺位均依其选择法律时的国籍国法。

4. 准据法的选择及其废除的效力的条件，依所选择的法律。准据法选择及其废除均必须以遗嘱的形式作出。

5. 对准据法的选择，不得有损于根据第 1 款和第 2 款应适用的法律所规定的给继承人的保留份额。

第 90 条 遗嘱继承

1. 人通过遗嘱处分其财产（设立或废除遗嘱）的能力，依第 89 条规定的准据法。

2. 遗嘱，如果其符合下列国家法律的规定，则在形式上有效：

(1) 设立地国；或者

(2) 遗嘱人在设立遗嘱时或者死亡时的国籍国；或者

(3) 遗嘱人在设立遗嘱时或者死亡时的惯常居所地国；或者

(4) 作为遗嘱标的物的不动产所在地国。

3. 第 2 款亦适用于废除遗嘱的形式。

第 91 条 准据法的适用范围

继承的准据法调整（下列事项）：

(1) 继承开始的时间和地点；

(2) 继承人的范围和继承顺位；

(3) 继承份额；

(4) 继承能力；

(5) 对被继承人债务的承担以及该债务在继承人之间的分配；

(6) 继承的接受和拒绝；

(7) 接受继承的期限；

(8) 可支配的部分；

(9) 遗嘱的有效要件。

第 92 条　无人继承的遗产

如果根据继承的准据法无任何继承人，在保加利亚共和国境内的遗产归保加利亚国库或乡镇所有。

第十章　合同关系

第 93 条　准据法的选择

1. 合同，依合同当事人所选择的法律。这种选择必须是明示的，或者可从合同条款或者合同关系的各种情况中推断出来。

2. 如果无另外约定，则可认定当事人选择适用的应是其认识或务必认识的习惯，这种习惯在国际商务中广为人知，且在相关交易中经常受到这类合同当事人的尊重。

3. 当事人可以就整个合同或合同的某部分进行法律选择。

4. 当事人可随时协议合同受此前所选择的法律以外的另一国法律支配。合同订立后变更准据法的，不得影响第 98 条意义上的合同形式有效性以及第三人权利。

5. 在法律选择时，如果合同的所有要素仅与同一个国家有联系，则该国的不得通过行使法律选择自由的权利予以规避的强制性规范的适用不受选择外国法的影响。

6. 对于选择准据法的合意的成立和效力，适用第 97 条和第 98 条的规定。

第 94 条　未选择法律时的准据法

1. 如果当事人未选择准据法，则适用与合同有最密切联系的国家的法律。如果合同的某部分可与合同的其余条款相分离，且该部分与另一个国家有更密切的联系，则可例外地对该部分适用该另一国的法律。

2. 推定实施特征性履行的一方当事人在订立合同时的惯常居所地国或者主要管理机构所在地国与合同有最密切联系。

3. 如果合同系由第 2 款所指的当事人在进行商业或职业活动时订立，则推定合同与该当事人的主要事务所所在地国有最密切联系。如果履行地与该当事人的主要事务所所在地不一致，则推定合同与订立合同时实施履行行为的事务所所在地国有最密切联系。

4. 如果特征性履行不能确定，则不适用第 2 款和第 3 款的规定。

5. 如果合同以不动产物权为标的，则推定合同与该不动产所在地国有最密切联系。

6. 第 2 款和第 3 款的规定不适用于货物运输合同，并推定该货物运输合同与承运人在订立合同时的主要事务所所在地国有最密切联系，但同时下列地点也必须在该国：

（1）装货地；或者

（2）卸货地；或者

（3）货物发运人的主要事务所。

7. 第 6 款的规定亦适用于有关单程运输的租赁合同以及服务于货物运输这个主要事项的其他合同。

8. 如果总体情况表明合同与另一国有更密切的联系，则不适用第 2 款、第 3 款、第 5 款、第 6 款、第 7 款的规定。此时，适用该另一国法律。

第 95 条　消费者合同的准据法

1. 本法典意义上的消费者合同，系指一方当事人购买货物、享受服务或获得信贷是出于本人或其家庭成员的需要，并非为了销售、生产或者职业行为的目的而订立的合同。

2. 与消费者订立的合同，依当事人所选择的法律。但是，准据法的选择不得剥夺消费者惯常居所地国的强制性规范给予消费者的保护，如果：

（1）合同的订立系由于某项给消费者的具体报价或在该国的广告所致，而且消费者在该国实施了所有为订立合同所必需的行为；

（2）合同对方或其代理人在该国接受了消费者的订单；

（3）合同涉及货物的销售，且卖方为了促使消费者购买货物而安排消费者去另一国提交订单。

3. 未选择准据法时，在第 2 款所指情况下订立的合同，适用消费者的惯常居所地国法。

4. 第 2 款和第 3 款规定不适用于运输合同以及专门在消费者惯常居所地国以外的另一国提供服务的合同。这些合同依第 93 条和第 94 条规定。

5. 为提供包括运送和提供住宿在内的复合服务而支付总价款的合同，依被第 2 款和第 3 款指引适用的法律。

第 96 条　个人劳务合同的准据法

1. 劳务合同，依双方当事人选择的法律。但是，准据法的选择不得剥夺未选择法律时应适用的强制性规范给予劳动者或者职员所提供的保护。

2. 未选择法律时，劳务合同依劳动者或者职员惯常从事劳动所在地国法，即使其暂时被派往另一国亦然。

3. 如果劳动者或者职员并非总在同一个国家从事劳动，则适用雇主的惯常居所地国法或者主要事务所所在地国法。

4. 在第 2 款和第 3 款所指情形下，如果总体情况表明，劳务合同与另一国有更密切联系，则适用该另一国法律。

第 97 条 合同的订立和效力

1. 合同或者合同某条款的成立及效力，依假设该合同或合同条款有效时根据本章规定应适用的那个国家的法律确定。

2. 如果合同情况表明，依照第 1 款所指的法律来确定其行为的后果显失公平，则合同各方当事人均可援引其惯常居所地国法以确认其不赞同合同。

第 98 条 合同的形式

1. 合同的效力，应遵守依照本章规定适用于合同的法律或者合同缔结地国法的形式要求。

2. 如果当事人在订立合同时分别位于不同的国家境内，如果合同满足了依照本章规定适用于合同的法律或者任何一方当事人所在地国法的形式要求，则为有效。

3. 如果合同系通过代理人订立，则适用第 1 款和第 2 款规定时必须考虑该代理人所在地国法。

4. 在第 95 条所指情况下与消费者订立的合同的效力，必须遵守消费者的惯常居所地国法的形式要求。

5. 与现有合同或将来合同相关的单方意思表示的效力，必须满足依照本章规定应适用或本应适用的法律或者意思表示作出地国法的形式要求。

6. 如果合同以不动产物权为标的，则不论合同缔结地位于何处或者合同准据法为何，必须满足该不动产所在地国法中必须适用的强制性形式要求。

第 99 条 法定的债权转让

1. 如果第三人有义务向债权人进行清偿，或者该第三人已向债权人清偿，则该第三人能否或者能在多大范围内行使已被清偿的债权人根据其债务关系的准据法对债务人享有的全部或部分权利，依支配该第三人对债权人的义务的准据法确定。

2. 如果多个（第三）人均应履行同一义务，且债权人已从其中一人处得到清偿，则第 1 款同样适用。

第 100 条 债权转让

1. 已转让债权的（原）债权人与新债权人之间的关系，依照本章对合同所规定的适用于债权转让的法律确定。

2. 债权的可转让性、新债权人与债务人的关系、债权转让得以对抗债务人的条件以及债务人履行清偿的效果，依支配被转让的债权的法律确定。

第 101 条　证据

1. 依照本章规定适用于合同的法律，如果其含有法律推定或涉及举证责任的其他规定，则也适用于与合同有关的证据。

2. 合同或者单方意思表示，得用法院地法或者第 98 条所指的支配合同形式的法律所许可的各种证据方式加以证明。

第 102 条　准据法的适用范围

1. 依照本章规定适用于合同的法律调整（下列事项）：

（1）合同的解释；

（2）义务的履行；

（3）完全不履行或部分不履行义务的后果；

（4）损失范围的确定；

（5）义务消灭的原因；

（6）合同无效的后果；

（7）时效；

（8）作为期限届满后果的权利终止。

2. 就履行义务的种类和方式以及债权人在债务人不履行义务时可采取的措施而言，法院应完全或部分地考虑合同履行地国法。

第 103 条　本章规定的解释和适用

在解释和适用本章规定时，应考虑：

（1）本章规定与欧洲共同体成员国之间于 1980 年 6 月 19 日在罗马签署的《关于合同之债的法律适用公约》相一致的情况；以及

（2）该公约条款在已生效的国家被解释或适用的类型或方式实现统一的必要性。

第 104 条　本章规定的不适用性

本章规定不适用于因本票、汇票及支票所产生的义务。

第十一章　非合同关系

第一节　侵权行为

第 105 条　一般规定

1. 因侵权行为引起的义务，由直接损害的发生地或可能发生地国法支配。

2. 如果造成损害者与受害者在损害发生时在同一国有惯常居所或者事务所，则适用该国的法律。

3. 不管第 1 款和第 2 款的规定为何，如果总体情况表明，侵权行为与另一国有实质性更密切联系，则适用该另一国法律。当事人之间的以前关系，例如与侵权行为有密切关系的合同，亦可成为这种实质性更密切联系的依据。

第 106 条 产品损害责任

1. 如果损害系因产品瑕疵所致，或者存在造成损害的危险，则损害赔偿义务依受害者的惯常居所地国法，除非承担责任者证明，在该国市场取得该产品并未征得其同意。此时，适用承担责任者的惯常居所地或者事务所所在地国法。

2. 第 105 条第 2 款和第 3 款规定的适用不受第 1 款的影响。

第 107 条 不正当竞争与限制竞争

1. 因不正当竞争或者限制竞争而产生的义务，依照竞争者相互间的利益或者消费者的集体利益直接地并且明显地受到损害或可能受到损害地国法。

2. 如果不正当竞争仅仅影响到单个竞争者的利益，则适用第 105 条第 2 款、第 3 款的规定。

第 108 条 对人格权的侵害

1. 由于通过大众媒体，如印刷品、广播、电视或其他信息手段，侵害人格权而产生的义务，依受害者的选择适用：

（1）其惯常居所地国法；或者

（2）损害发生地国法；

（3）承担责任者的惯常居所地或者事务所所在地国法。

2. 在第 1 款第 1 种和第 2 种情况下，要求承担责任者应能理性地估计到将在相关国家发生损害。

3. 在人格权受侵害时针对大众媒体的抗辩权，依（信息）公布地或者信号发射地国法。

4. 第 1 款规定亦适用于因侵害与保护个人资料相关的权利而产生的义务。

第 109 条 环境损害

因环境损害而产生的义务，依损害发生地或者可能发生地国法，除非受害者选择适用致害行为实施地国法。

第 110 条 对知识产权的侵害

因侵害著作权、与著作权相关的权利以及知识产权标的物上的权利而产生的义务，依该权利被保护地国法。

第二节　不当得利、无因管理

第 111 条　不当得利

1. 因不当得利而产生的义务，依不当得利发生地国法。

2. 如果不当得利的发生与当事人之间的另一法律关系有关，如与不当得利有密切联系的合同，则适用调整该另一法律关系的法律。

3. 如果各方当事人在不当得利发生时在某同一国家有惯常居所或者事务所，则适用该国的法律。

4. 如果总体情况表明，不当得利与另一个国家存在实质性更密切联系，则适用该另一国法律。

第 112 条　无因管理

1. 由于无因管理而产生的义务，依管理人在实施管理行为时的惯常居所地或者事务所所在地国法。

2. 如果管理行为与当事人之间的另一法律关系有关，例如与无因管理有密切联系的合同，则适用调整该另一法律关系的法律。

3. 如果由于无因管理而产生的义务与保护自然人或者某具体财产有关，适用无因管理行为发生时该人或财产所在地国法。

4. 如果总体情况表明，无因管理与另一个国家存在实质性更密切联系，则适用该另一国法律。

第三节　非合同关系的一般规定

第 113 条　准据法的选择

1. 因本章第一节和第二节所调整的非合同关系所致的义务产生后，当事人可以将这类义务由其所选择的法律支配。准据法的选择必须是明示的，或者可以清楚地从案件的各类情况中推断出来，而且不得损害第三者的权利。

2. 义务产生时，如果非合同关系的所有因素与所选择的法律所属国以外的另一国家有联系，则法律的选择不影响该另一国家的那些不得通过行使契约自由权予以规避的强制性规范的适用。

3. 第 1 款与第 2 款的规定不适用于第 110 条所调整的义务。

4. 法律选择协议的成立和效力，相应适用第 97 条和第 98 条的规定。

第 114 条　非合同关系的准据法的适用范围

1. 适用于非合同关系所致义务的法律调整（下列事项）：

(1) 承担责任的条件和范围以及义务承担者；

（2）消除责任的原因以及责任的限制与分配；

（3）法院为了预防、终止损害的发生或者为了确保损害或损失得到赔偿而可以采取的措施；

（4）可要求予以赔偿的损害或者损失的种类；

（5）受法律规范调整的损害或损失范围的确定；

（6）赔偿请求权的可转让性；

（7）因人身受到伤害或损失而请求赔偿者；

（8）因另一人致害而产生的责任；

（9）义务消灭的方式、时效以及作为期限届满结果的权利的终止；

（10）义务的证明，但以所适用的法律含有法律推定或涉及举证责任的其他规定为条件。

2. 准据法不适用于国家、公法法人及其机构或代理人对实施其职责范围内的行为所承担的责任。

第 115 条　遵守有关安全以及行为规范的规定

无论准据法为何，在确定责任时，应遵守致害行为发生地和致害行为发生时有关安全以及行为规范的规定。

第 116 条　对保险人之诉

受害者或者被害人向承担责任的保险人直接提起诉讼的权利，由适用于因相应的非合同关系所致义务的法律支配，除非受害者或者被害人自己选择以保险合同的准据法为依据提起诉讼。

第四编　外国法院判决及其他文书的承认与执行

第十二章　承认与执行外国法院判决及其他文书的条件与程序

第 117 条　承认与执行的条件

外国法院以及其他机关所作的判决及文书得以承认并被宣告予以执行，如果：

（1）根据保加利亚法律的规定，外国法院或机关具有管辖权，除非在财产争议中，起诉者的国籍或者其在法院地国的注册行为构成外国法院或机关行使管辖权的唯一根据；

（2）向被告送达了起诉书副本，当事人被合法传唤，未违反保加利亚法律中与保护当事人有关的基本原则；

（3）保加利亚法院未就相同当事人之间因同一事实、同一诉讼请求而提起的诉讼作出已发生法律效力的判决；

（4）相同当事人无任何的因同一事实、同一诉讼请求而由保加利亚法院审理的悬而未决的诉讼，而该诉讼已在外国法院或机关开始，并且作出了有待于请求予以承认与执行的判决；

（5）作出承认与执行宣告不违反保加利亚的公共秩序。

第 118 条　承认的管辖权

1. 外国法院判决由被请求的机构予以承认。

2. 在有关承认外国法院判决的条件发生争议时，可在索非亚城市法院提起确认之诉。

第 119 条　作出可执行宣告的管辖权

1. 为宣告执行外国法院判决之目的，得向索非亚城市法院提起诉讼。

2. 提出请求时，应附上法院所作判决的经认证的副本以及该法院出具的证实该判决已具有法律效力的证明。这些文件须经保加利亚共和国外交部认证。

3. 第 2 款亦适用于第 118 条所指的情况。

第 120 条　对承认与执行条件的审查

1. 法院依职权对第 117 条规定的条件进行审查。

2. 对于承认与执行外国法院的判决，诉讼的被告不得以违反第 117 条第 2 项为理由提出本应向外国法院提出的异议。

第 121 条　审查的范围和对债务人的保护

1. 法院不得对外国法院已经判决的争议的实质问题进行审理。

2. 债务人得援引外国法院判决发生法律效力后产生的情况为根据主张义务消灭。

3. 外国法院判决已基于可执行宣告发生法律效力后，债务人不得援引第 2 款所指的情况主张义务消灭。

第 122 条　法院调解的承认与执行

只要法院调解在调解作出地国与法院判决具有同等法律效力，则法院调解亦适用第 117~121 条的规定。

第 123 条　外国官方文件的可执行性

某项用以证明某债权在文件出具地国具有可执行性的外国官方文件，如果要在保加利亚共和国具有可执行性，亦适用第 117~121 条规定的条件。

第 124 条　对外国执行及保护措施结果的承认

如果外国采取执行及保护措施的机构依照保加利亚法律规定具有管辖权，而且该措施不违背保加利亚的公共秩序，则该措施的民事法律后果在保加利亚共和国受到尊重。

附则

§1. 在《关于消费者保护和商事规则的法律》（《保加利亚法律公报》1999 年第 30 号，2003 年第 17、19 号）中，废除第 37a 条。

§2. 在《关于债权债务关系与合同的法律》（《保加利亚法律公报》1950 年第 275 号，1951 年第 69 号，1952 年第 92 号，1963 年第 85 号，1973 年第 27 号，1977 年第 16 号，1982 年第 28 号，1990 年第 30 号，1993 年第 12、56 号，1996 年第 83、104 号，1999 年第 83、103 号，2000 年第 34 号，2003 年第 19 号对此进行了修订）中，废除第 437~449 条。

§3. 在《商法》（《保加利亚法律公报》1991 年第 48 号，1992 年第 25 号，1993 年第 61、103 号，1994 年第 63 号，1995 年第 63 号，1996 年第 42、59、83、86、104 号，1997 年第 58、100、124 号，1998 年第 52、70 号，1999 年第 33、42、64、81、90、103、114 号，2000 年第 84 号，2002 年第 28、62 和 96 号，2003 年第 19、31 和 58 号，2005 年第 31 号）中，废除第 281 条和第 282 条。

§4. 在《民事诉讼法典》（《保加利亚法律公报》……）中，废除第 7 条、第 9 条第 3 款和第 4 款、第 132 条以及第 32 章。

§5. 在《家庭法典》（《保加利亚法律公报》1985 年第 51 号，1992 年第 11 和 15 号，2003 年第 63 和 84 号）中作如下修订：

1. 废除第 129~135 条和第 137~143 条。

2. 在第 136 条中，

（1）废除第 1 款；

（2）第 2 款作如下修改：

“（2）年满一周岁的保加利亚公民可被外国人收养，该外国人应提交根据其本国法准许收养子女的许可证。例外地，考虑到子女的健康状况或者其他重要情况，而且出于其独特利益的需要，未满一周岁的子女也可被收养。”

（3）废除第 3、4、5、7、8、9 款。

§6. 在《非营利法人法》（《保加利亚法律公报》2000 年第 81 号，2001

年第41、98号，2002年第25、120号）中，作如下修订：

1. 第四章标题作如下修改："外国非营利法人的分支机构"。

2. 废除第51条。

3. 在第52条中：

（1）标题改为"分支机构的建立"；

（2）废除第1款。

§7. 在《海上航运法典》（《保加利亚法律公报》1970年第55、56、58号，1975年第55号，1987年第10号，1990年第30号，1998年第85号，2000年第12号，2001年第41号，2002年第113号，2004年第55号）中，废除第21条、第24条和第26条。

本法典在2005年5月4日召开的第39届国民议会上通过，有国民议会的公章为证。

斯洛伐克共和国《关于国际私法与国际民事诉讼规则的法律》*

（2007 年 7 月 1 日文本）

斯洛伐克共和国国民议会通过下列法律：

序论

第 1 条　本法宗旨

本法的宗旨是确定适用于含有国际因素的民法、商法、家庭法、劳动法及其他类似法律关系的法律，规定外国人的法律地位并规定斯洛伐克司法当局调整和审理此类关系的诉讼程序，以促进各国之间的合作。

第 2 条　国际条约

本法的规定，仅在对斯洛伐克共和国有约束力的国际条约或实施国际条约的立法无另外规定时，方予以适用。

---

* 原捷克斯洛伐克社会主义共和国于 1963 年通过《关于国际私法与国际民事诉讼规则的法律》后，经第 158/1969 号和第 234/1992 号法律修订。1993 年 1 月 1 日，捷克和斯洛伐克联邦共和国解体为捷克共和国、斯洛伐克共和国。斯洛伐克共和国于 1993 年 12 月 4 日通过了《关于国际私法与国际民事诉讼规则的法律》的第 97/1993 号法律。此后，斯洛伐克共和国国民议会又通过第 48/1996 号法律、第 589/2003 号法律、第 36/2005 号法律、第 336/2005 号法律和第 237/2007 号法律对其进行修订，现行文本为 2007 年 7 月 1 日修订文本。本法根据英文译本翻译（资料来源：http：//www. jafbase. fr/docUE/Slovaquie/LoiDIP. pdf）。本译文原载于《中国国际私法与比较法年刊》第十六卷（2013），法律出版社 2015 年版，第 540~555 页。——译者注

第一部分　关于法律冲突和外国人法律地位的规定

一、法律冲突

第3条　权利能力和行为能力

1. 人的权利能力和行为能力，由其国籍国法律支配，但本法另有规定的除外。

2. 外国人在斯洛伐克共和国境内实施的法律行为，如果其依照斯洛伐克法律具有行为能力，即视为有行为能力，但本法另有规定的除外。

第4条　法律行为

为了合理调整法律关系，一切法律行为的有效性及其无效的后果，除非有特别规定，适用支配该法律行为效力的同一法律；但其方式，除支配该合同的法律要求采用书面形式之外，只要满足该行为的意思表示地法律即可。

物权

第5条

动产或不动产的物权，由物之所在地法律支配，但本法或特别法另有规定的除外。

第6条

动产物权的取得与消灭，由取得或消灭此种权利的事实发生时该物之所在地法律支配。依照合同约定处于运输途中的动产，其权利之取得与消灭，由该标的物之发运地法律支配。

第7条

应在公共登记簿注册的权利，即使致使这些被登记权利成立、消灭、限制或移转的法律原因由其他法律支配，仍适用不动产所在地法律的规定。

第8条

占有取得，由时效期限开始时物之所在地法律支配；但是，财产被移转至占有届满地国之后，如果完全具备该国取得时效的要件，则通过占有取得而获得财产者可以援用此种占有时效的届满地国法律。

合同与侵权

第9条　法律选择

1. 合同当事人可以选择支配他们之间财产关系的法律，但法律有特别规定的除外；如果情况表明，对当事人的意思表示不存在疑问时，他们亦可默示地选择法律。

2. 除非订立合同的当事人意思表示另有规定，否则当事人所选择的法律中的冲突规则不予考虑。

3. 如果消费者合同的当事人所选择的法律给予消费者权利的保护弱于斯洛伐克法律，则他们之间的合同关系应适用斯洛伐克法律。

第 10 条

1. 当事人未选择准据法时，他们之间的合同关系应由适宜合理地调整此种关系的法律支配。

2. 除非法律有特别规定，一般依照下列法律适用原则：

（1）买卖合同及物品加工供应合同，由缔结合同时卖方或加工者所在地（住所地）法律支配；

（2）涉及不动产的合同，由不动产所在地法律支配；

（3）运输合同（运送合同、发货合同及其他合同），由缔结合同时承运人或发货人的所在地或住所地法律支配；

（4）保险合同，包括不动产的保险合同，由缔结保险合同时保险人的所在地（住所地）法律支配；

（5）委托合同及类似合同，由缔结合同时受委托人所在地（住所地）法律支配；

（6）代理合同及经纪合同，由缔结代理合同时本人的所在地（住所地）法律支配；

（7）多边商业交易合同，由最适宜调整整个多边关系的法律支配。

3. 其他合同，除非法律有特别规定，一般由双方当事人的所在地（或住所地）国法律支配。由所在地（住所）不在同一国境内的双方当事人当面缔结的合同，由合同缔结地法律支配；通过通信方式缔结的合同，由承诺人的所在地（住所地）法律支配。

第 11 条

依照本法第 9 条、第 10 条所确定的法律，亦适用于债务的变更、担保及不履行的后果，但当事人的意图或案件的性质另有说明的除外。

第 12 条

当事人之间有关动产的下列问题，适用依照本法第 9～11 条所确定的法律：

（1）物品的处分权移转给买受人的时间；

（2）买受人取得所转让物品的所有权及孳息物的时间；

（3）所转让物品的灭失风险转移给买受人的时间；

（4）所转让物品产生的损害赔偿请求权转移给买受人的时间；

（5）对所转让物品之所有权的保留。

第 13 条

1. 债权的消灭时效，由适用于该债务本身的法律支配。

2. 债权的抵销，由适用于被抵销的债权的法律支配，但合理调整该法律关系的相关规定另有要求的除外。

第 14 条

单方法律行为引起的法律关系，由债务人的所在地（住所地）国法律支配。

第 15 条

侵权赔偿的请求权，由损害发生地或致害事件发生地法律支配。

劳动法

第 16 条

1. 个人劳动合同引起的法律关系，除当事人之间另有约定外，适用劳动者工作地法律。但是，如果劳动者的工作地在一国，但与其签订劳动合同的单位组织的管理中心却在另一国时，则适用该单位组织的管理中心所在地法律，但劳动者在其工作地国有住所的情形除外。

2. 有关运输工人的劳动关系，对于铁路或公路运输，适用用人单位的管理中心所在地法律；对于内河航运和航空运输，适用用人单位的登记地法律；对于海上运输，适用船旗国法律。

继承法

第 17 条

继承，由被继承人死亡时的国籍国法律支配。

第 18 条

1. 设立及撤销遗嘱之能力，以及意思表示及意思表示的瑕疵的效力，由被继承人作出意思表示时的国籍国法律支配。该规定亦适用于法律所允许的其他死因处分行为之方式。

2. 遗嘱的方式，由被继承人设立遗嘱时的国籍国法律支配，但符合遗嘱设立地国法律者，亦为有效。遗嘱之撤销方式，亦适用该规定。

家庭法

夫妻关系

第 19 条

缔结婚姻的能力及婚姻成立的有效要件，由当事人的国籍国法律支配。

第 20 条

举行婚姻的方式，由婚姻举行地法律支配。

第 20a 条

斯洛伐克公民在国外缔结的婚姻，即使未在经正式授权的斯洛伐克共和国当局而在其他机关办理，只要在婚姻缔结地国有效并且不存在根据斯洛伐克实体法不得结婚的任何情况，则在斯洛伐克共和国有效。如果夫妻一方不是斯洛伐克公民，则其缔结婚姻的能力由其国籍国法律支配。

第 21 条

1. 夫妻之间的人身及财产关系，由其共同国籍国法律支配；夫妻双方国籍不同时，其人身及财产关系，适用斯洛伐克法律。

2. 婚姻财产制的协议，依照缔结该协议时支配夫妻财产关系的法律确定。

第 22 条

1. 离婚，由提起离婚诉讼时夫妻双方的共同国籍国法律支配；夫妻双方国籍不同的，适用斯洛伐克法律。

2. 依照前款规定应适用的外国法律不许离婚，或者所规定的离婚条件非常苛刻时，如果夫妻双方或至少其中一方长期居住在斯洛伐克共和国境内，则适用斯洛伐克法律。

3. 上述规定亦适用于婚姻无效之宣告或者婚姻是否存续之确认。

父母子女关系

第 23 条

1. 亲子关系之成立（确认或否认），由子女因出生而取得的国籍国法律支配。

2. 如果子女居住在斯洛伐克共和国境内，只要对子女最为有利，亲子关系之成立（确认或否认）可适用斯洛伐克法律。

3. 就承认亲子关系的效力而言，只要其满足承认国的法律即可。

第 24 条

1. 父母与子女之间的关系，包括亲权的归属或消灭，由子女的惯常居所地国法支配。就保护子女的人身或财产而言，法院可例外地考虑适用与案情有实质联系的另一国法律。

2. 依照子女以前的惯常居所地国法律取得的亲权，不因子女惯常居所发生变化而受影响。但是，如果父母亲一方未取得依照斯洛伐克法律本应具有的亲权，则自斯洛伐克共和国成为该子女的惯常居所地国时起，取得此种权利。

3. 亲权的行使，由子女的惯常居所地国法律支配。

4. 为本条款之目的，对于未成年难民、因本国发生动乱而流离失所至斯洛伐克共和国境内的儿童以及无法确定其惯常居所的儿童，斯洛伐克共和国视为其惯常居所地。

第 24a 条

父母对其子女的抚养义务，适用子女的惯常居所地国法律。其他扶养义务，适用扶养权利人的住所地国法律。

第 25 条

1. 单身母亲对子女的生父提出的请求权，适用子女出生时该母亲的国籍国法律。

2. 如果该母亲为居住在斯洛伐克共和国境内的外国公民，而子女的生父是斯洛伐克公民，则该母亲的请求权由斯洛伐克法律支配。

第 26 条

1. 收养，由收养人的国籍国法律支配。

2. 作为收养人的夫妻双方国籍不同时，必须满足夫妻双方国籍国法律所规定的收养要件。

3. 依照第 1 款、第 2 款规定应适用的外国法不许收养或者规定的收养条件非常苛刻时，如果收养人或者至少进行收养的夫妻一方已长期居住在斯洛伐克共和国境内，则适用斯洛伐克法律。

第 26a 条

在收养者进行收养之前，儿童的安置应由该儿童的惯常居所地国法律支配。

第 27 条

收养及其他类似关系的设立，是否应征得子女、他人或当局之同意的问题，必须按照子女的国籍国法律确定。

监护

第 28 条

对未成年人设立或终止监护关系的要件，由未成年人的惯常居所地国法律支配。该监护关系原则上适用于未成年人的人身及其位于各地的财产。

第 29 条

对未成年人监护的接受及进行监护之义务，由监护人的国籍国法律支配。

第 30 条

监护人与未成年人之间的法律关系，由监护法院或当局之所在地国法律支配。

第 31 条

有关未成年人监护的前述规定，类推适用于诸如对无行为能力的成年人的监护等类似保护措施。

二、外国人地位

第 32 条

1. 外国公民在其人身权利和财产权利方面，享有与斯洛伐克公民同等的权利和义务，但本法或特别法另有规定的除外。

2. 如果一国给予斯洛伐克公民不同于其本国公民的差别待遇时，斯洛伐克外交部可同主管当局协商决定，对该国公民不适用本条第 1 款的规定。

3. 前述第 1 款、第 2 款的规定，在涉及财产关系时，类推适用于法人。

第 33 条　双重国籍或国籍不确定

1. 具有斯洛伐克国籍的人，如果同时另一国也承认其为该国公民，应以斯洛伐克国籍为准。

2. 同时具有几个他国国籍的人，以最后取得的国籍为准。

3. 无国籍、无法确定其国籍或者不能确定最后取得的国籍的人，应视为具有其住所地国家之国籍；不能确定其住所时，应视为具有其居所地国家之国籍；如居所亦不能确定时，则作为斯洛伐克公民对待。

三、共同规定

第 34 条　法律体系

如果应适用的法律所属国存在数个法律体系时，则依照该国法律确定应适用哪个具体法律体系的规定。

第 35 条　反致及转致

如果依照本法应适用的外国法指引适用斯洛伐克法律或第三国法律，只要它能公平、合理地调整所涉法律关系，则可接受此种指引。

第 36 条　公共秩序

外国的法律规定，如果其适用的结果与斯洛伐克共和国的社会制度、政治制度和法律制度的根本原则相抵触，则不予适用。

第二部分　国际民事诉讼法

一、管辖权

第 37 条

除下列条款另有规定外，如果被告的住所或者所在地位于斯洛伐克共和国境内，或者案件涉及财产权且被告的财产在斯洛伐克共和国境内，则斯洛伐克法院具有管辖权。

第 37a 条

斯洛伐克法院在下列情况下亦具有管辖权：

（1）对于与个人劳动合同有关的事项，提起诉讼的劳动者在斯洛伐克共和国境内有住所；

（2）对于与保险合同有关的事项，提起诉讼的投保人、被保险人或者受益人以及被告的住所或所在地在斯洛伐克共和国境内；

（3）对于与消费者合同有关的事项，提起诉讼的消费者的住所或者所在地在斯洛伐克共和国境内；

（4）对于与其他合同有关的事项，货物的交付地或理应交付地、服务的提供地或者理应提供地在斯洛伐克共和国境内；在所有其他情况下，履行地在斯洛伐克共和国境内。

第 37b 条

斯洛伐克法院在下列情况下亦具有管辖权：

（1）对于与侵权、违法行为或准违法行为有关的事项，致害事件发生地在斯洛伐克共和国境内的；

（2）对于因刑事犯罪产生的民事损害赔偿请求，由斯洛伐克当局机关提起公诉的；

（3）因法人的分支机构、代理机构或者其他营业所的运营引起的纠纷，该分支机构、代理机构或者其他营业所在斯洛伐克共和国境内的。

第 37c 条

在下列情况下，斯洛伐克法院亦可因诉讼当事人一方的行为而具有管辖权：

（1）各个诉求之间具有内在联系，因而有必要一起审理，以免作出相互矛盾的判决；

（2）反诉系由本诉所依据的相同事实而发生的，且斯洛伐克法院对本诉具有管辖权。

第 37d 条 专属管辖

斯洛伐克法院在下列情况下具有专属管辖权：

（1）在以不动产物权或不动产租赁为标的之诉讼程序中，不动产在斯洛伐克境内的；

（2）在涉及专利、商标、设计、要求进行注册或交存的其他类似权利的注册或有效性的诉讼程序中，已在斯洛伐克共和国境内申请交存或者注册，或者已在斯洛伐克共和国境内交存或注册，或者根据国际条约应视为已在斯洛伐克共和国交存或注册的。

第 37e 条 协议管辖

1. 法院对合同纠纷或者侵权（违法行为或准违法行为）纠纷的管辖权可由当事人约定。除非当事人另有约定，此种管辖权具有排他性。对于第 37d 条所指事项，当事人对管辖权的约定无效。

2. 如果当事人约定由斯洛伐克法院管辖，则不得协议改变法院的主体事项管辖权。

3. 约定管辖权的协议应采用书面形式或有书面证明。如果此种协议与国际贸易合同或国际商务合同有关，只要其采用符合贸易或商业惯例的形式并且通常为有关合同当事人各方遵守即可。

4. 仅对当事人一方有利的管辖权协议，不得损害该当事人在其他法院提起诉讼的权利。

5. 对于与个人劳动合同、保险合同及消费者合同有关的事项，约定管辖权的协议只有在它不排除原告的住所地国法院的管辖权或者它系在争议发生后订立时，方为有效。

6. 当事人约定将专属管辖权赋予外国法院时，如果所选择的外国法院拒绝行使管辖权，斯洛伐克法院则可受理。

第 37f 条

1. 即使斯洛伐克法院对案件的实质性问题无管辖权，但可应一方当事人的请求命令采取临时措施。

2. 上述临时措施仅在斯洛伐克共和国境内有效。

对家庭事项的管辖权

第 38 条

1. 对于婚姻事项（离婚、宣告婚姻无效或者确认婚姻是否存续），如果至少夫妻一方为斯洛伐克公民，则斯洛伐克法院具有管辖权。

2. 夫妻双方都不是斯洛伐克公民时，斯洛伐克法院在下列情况下具有管辖权：

（1）夫妻至少有一方居住在斯洛伐克共和国境内，且作出的判决能在夫妻双方的国籍国得到承认的；

（2）夫妻中至少有一方长期居住在斯洛伐克共和国境内的；

（3）就婚姻无效的原因而言，夫妻双方均生活在斯洛伐克共和国，即使当事人未请求，但依照斯洛伐克法律规定应宣布为无效婚姻的。

第 38a 条

如果扶养权利人或扶养义务人的住所或惯常居所在斯洛伐克共和国境内，则斯洛伐克法院对于扶养义务事项具有管辖权。

第 39 条

1. 对于未成年人的亲权事项，只要未成年人的惯常居所在斯洛伐克共和国境内或者其惯常居所无法查明，则斯洛伐克法院具有管辖权。

2. 对于逃难儿童或者因其本国发生动乱而流离失所，并处于斯洛伐克境内的儿童的亲权事项，斯洛伐克法院也具有管辖权。

3. 斯洛伐克法院对亲权事项的实质问题无管辖权时，只得采取保护子女的人身或财产的必要措施，并将该措施通知其惯常居所地国的主管当局。采取此种措施时，斯洛伐克法院应适用斯洛伐克的实体法规定。

4. 在婚姻事项的诉讼程序中，斯洛伐克法院在下列情况下，对于夫妻双方共同子女的亲权问题具有管辖权：

（1）该子女的惯常居所在斯洛伐克共和国境内；

（2）夫妻至少一方对该子女行使亲权，夫妻双方已同意接受法院的管辖，并且此种管辖权的行使对子女最为有利。

第 40 条

亲子关系成立（确认或否认）之请求，如果被告所属的基层法院不在斯洛伐克共和国境内，可向原告所属的斯洛伐克共和国基层法院提出；如果原告在斯洛伐克共和国境内也没有所属的基层法院时，只要父母一方或子女是斯洛伐克公民，即可向斯洛伐克共和国最高法院所指定的法院提出请求。

第 41 条

1. 对于收养事项，收养人是斯洛伐克公民的，斯洛伐克法院具有管辖权；已婚夫妻双方为收养人的，只要夫妻一方为斯洛伐克公民并居住在斯洛伐克共和国境内，斯洛伐克法院即可管辖。

2. 收养人或者收养的夫妻双方均不是斯洛伐克公民时，斯洛伐克法院在下列情况下具有管辖权：

（1）收养人或至少进行收养的夫妻一方居住在斯洛克共和国境内，并且斯洛伐克法院的判决能在收养人或者进行收养的夫妻双方的国籍国得到承认的；或者

（2）收养人或至少进行收养的夫妻一方长期居住在斯洛伐克共和国境内的。

第 41a 条

1. 收养的儿童具有斯洛伐克国籍并在斯洛伐克共和国境内有惯常居所的，只能由斯洛伐克法院宣告。

2. 如果法院已作出了有关将未成年子女由未来养父母照管的判决，而在作出判决时该子女在斯洛伐克共和国境内不再有惯常居所，在这种情况下，斯洛伐克法院也有权对收养予以宣告。

第 42 条　对行为能力及监护事项的管辖权

1. 对于涉及行为能力的限制或剥夺以及监护等事项，如果当事人的惯常居所在斯洛伐克共和国境内，斯洛伐克法院具有管辖权。

2. 如果斯洛伐克法院根据第 1 款规定没有管辖权，则只能采取保护其人身或财产所必要的措施，并将该措施通知其惯常居所地国的主管当局。采取此类措施时，斯洛伐克法院应适用斯洛伐克实体法的规定。

第 43 条　对死亡宣告事项的管辖权

1. 宣告失踪的斯洛伐克公民死亡，由斯洛伐克法院专属管辖。

2. 斯洛伐克法院可根据斯洛伐克的实体法宣告失踪的外国公民死亡，但此种宣告的法律效力仅限于定居在斯洛伐克共和国的外国公民以及位于斯洛法克共和国境内的财产。

对继承事项的管辖权

第 44 条

被继承人死亡时为斯洛伐克公民的，斯洛伐克法院对其继承事项均有管辖权。但是，对于在外国的财产，只有当外国把财产交给斯洛伐克当局，或者外

国承认斯洛伐克司法当局所作判决的法律效力时，方由斯洛伐克法院对该事项进行审理。

第 45 条

1. 对于在斯洛伐克共和国境内的外国人的遗产，斯洛伐克法院在下列情况下应对继承事项进行审理：

（1）被继承人的国籍国既不将斯洛伐克公民的财产转交给斯洛伐克法院，又不承认斯洛伐克法院判决的法律效力，或者该外国拒绝解决继承问题或不作出决定的；或者

（2）被继承人曾居住在斯洛伐克共和国境内，并且居住在斯洛伐克共和国的继承人提出这种请求的；

（3）不动产在斯洛伐克共和国境内的。

2. 在任何其他情况下，斯洛伐克法院对外国公民的遗产，只能采取必要的保护措施。

第 46 条　宣告文书无效的管辖权

对于外国签发的文书，斯洛伐克法院有权宣告其无效，但此种宣告的法律效力，视情况的性质而定，仅限于斯洛伐克共和国境内。

第 47 条　免受斯洛伐克法院的司法管辖

1. 外国国家，根据国际条约、其他国际法规则或者斯洛伐克的特别立法在斯洛伐克共和国境内享有司法豁免权的人，不受斯洛伐克法院的司法管辖。

2. 第 1 款的规定亦适用于文书送达、传唤上述人员作为证人、判决的执行以及其他诉讼行为。

3. 但是，斯洛伐克法院在下列情况下具有管辖权：

（1）诉讼标的物是在斯洛伐克共和国境内的、第 1 款所指国家或人员的不动产，或者是他们对他人所有的不动产主张的权利以及因这些不动产的租赁所产生的权利，但诉讼标的是交付租金的不在此限；

（2）诉讼标的物是第 1 款所指人员在其公务外所取得的继承财产；

（3）诉讼标的物与第 1 款所指人员在其公务外进行的雇佣或商业交易活动有关的；

（4）第 1 款所指的国家或人员自愿接受斯洛伐克法院管辖的。

4. 在第 3 款所述情况下，诉讼文书的送达，须由外交部执行。这种送达不能执行时，则法院应为了接收诉讼文书的目的，或者视情况而定，为了捍卫权利之目的，指定文书的保管人。

二、关于诉讼程序的规定

第 48 条

在诉讼中，斯洛伐克法院应根据斯洛伐克的诉讼程序规则进行审理，所有当事人在维护其权利方面享有平等地位。

外国人的诉讼地位

第 49 条

外国公民的诉讼行为能力，由其国籍国法律支配。但是，如果该外国公民依照斯洛伐克法律具有诉讼行为能力，即视为有诉讼行为能力。

第 50 条

在有互惠的情况下，外国公民免交诉讼费和担保费用，并有权无偿任命保护其权益的代理人。

第 51 条

1. 法院根据被告的申请，命令发生财产纠纷的外国原告提供诉讼费用担保，如外国原告在规定期限内不提供时，法院不予继续审理，终结诉讼程序。

2. 在下列情况下，无需命令原告提供诉讼费用担保：

（1）被告虽然明知原告不是斯洛伐克公民或者原告已丧失斯洛伐克国籍而应诉，或者诉讼程序开始以后才提出诉讼担保申请的；

（2）在类似案件中，原告的国籍国不要求斯洛伐克公民提供诉讼担保的；

（3）原告在斯洛伐克共和国境内的不动产足以偿付被告在诉讼中所主张费用的；

（4）提起诉讼的请求涉及支付令的；

（5）原告免交诉讼费用和担保费用的。

第 52 条

外国法院或当局签发的文书，在签发国被视为公文的，则只要经过正式认证，在斯洛伐克共和国境内即具有公文的证据效力。

外国法律与互惠的确定

第 53 条

1. 司法当局应采取一切必要措施去确定应适用的外国法的内容；如不知悉该外国法的内容，则可请求司法部提供这方面的资料。

2. 司法当局在裁决第 1 款所指事项时产生疑问，可请示司法部。

第 54 条

司法部经与外交部及其他有关各部商定而发布的涉及他国的互惠声明，对法院和其他机关具有拘束力。

国际司法协助

第 55 条

除非另有规定，司法当局应通过司法部与外国当局接洽。

第 56 条

斯洛伐克司法当局在互惠条件下，应外国司法当局的请求给予司法协助。在下列情况下，拒绝予以司法协助：

（1）执行所请求的协助行为不属于被请求的斯洛伐克司法当局的管辖范围；但是，该协助行为如属于其他司法当局或斯洛伐克其他机关的主管范围，此种请求应发送至主管当局去执行；

（2）请求协助之行为违背斯洛伐克的公共秩序。

第 57 条

1. 进行所请求的司法协助时，应适用斯洛伐克法律；应外国当局的请求，可按照该外国的程序规则给予司法协助，但不得违背斯洛伐克的公共秩序。

2. 根据外国当局的要求，可在证人、鉴定人及当事人宣誓后对其进行审问。对于向国外索赔的主张或保全措施至关重要的事实宣誓书，同样适用该规定。

3. 证人和当事人的誓词是："我宣誓：我对法院所询问的一切事实均予以如实的陈述，毫无虚言。"

4. 鉴定人的誓词是："我宣誓：我将按照我最好的知识和良知去提交我的鉴定意见。"

5. 在事后提交誓词的情况下，誓词可予以相应变更。

第 58 条

外国诉讼文书未附上经核对的捷克语或斯洛伐克语译文的，如收件人自愿受领，则送达给收件人；如收件人拒绝接受，则应告知其可能产生的法律后果。

第 59 条

1. 应斯洛伐克司法当局的请求，斯洛伐克的外交或领事机关应该：

（1）向其驻扎国国内的人送达文书，但以此种行为是国际条约或其他国际法规则所允许或者不违背送达国的法律为限；

（2）向在送达国享有外交特权或豁免权的斯洛伐克公民送达文书，并且在他们作为证人、鉴定人或当事人时，对他们进行审问；

（3）根据外交部的授权，可对证人、鉴定人及当事人进行审问以及实施其他诉讼行为，但以这些人自愿出庭，而且这不违背给予司法协助的国家的法律规定为限。

2. 斯洛伐克外交或领事机关的行为，应遵照提出请求的司法当局所适用的法律进行，他们所执行的行为与司法当局自己所为的行为具有同等效力。

第 60 条

外国当局应斯洛伐克司法当局的请求而履行的送达文书、调取证据行为，即使未遵守外国法的规定，只要其符合斯洛伐克法律的规定，即具有法律效力。

第 61 条　斯洛伐克法律的证明书

对在外国因主张权利而请求提供斯洛伐克现行法律的证明书的任何人，司法部应出具此种证明书。但是，不得在证明书上对法律解释或具体适用加以说明。

第 62 条　文书的认证

司法当局签发、核对或在其面前所签署的文书要在外国予以使用时，应根据当事人的请求，由下列机关或部门认证：

（1）对于在地区法院（regional court）辖区内的区法院（district court）、公证人、法警所出具的文书或核对的文书、签名，以及翻译人员制作的译文或者专家提交的书面意见，由地区法院予以认证；

（2）对于不在前项所列范围之内的其他文书，由司法部认证。

第 62a 条　法院在跨境案件中的其他职责

1. 拟根据国际条约或互惠原则并通过提起扶养之诉或者请求执行斯洛伐克法院判决而在国外主张扶养权的人，可请求其居住地的区法院协助其制作申请书。区法院负有义务制作该申请书。

2. 拟向外国法院提起诉讼的人或者外国诉讼中的被告，可请求其居住地的区法院协助其制作根据国际条约在国外诉讼中所享有的法律援助申请书。区法院负有义务制作该申请书。

3. 法院可基于申请人的请求为本条第 1 款或第 2 款所指申请书及辅助文件安排翻译，费用由申请人承担。如果申请人符合免交诉讼费的规定要求，则翻译费由国家承担。

4. 在国际条约允许向国外请求执行由国内一审法院所作判决的情况下，

也适用本条第 1 款至第 3 款的规定。

三、外国判决的承认及执行

第 63 条

外国当局就本法第 1 条所指事项（假设它们在斯洛伐克共和国境内均在法院管辖之列）作出的判决，包括由其批准的解决措施，以及有关这些事项的外国公证文书（以下简称“外国判决”），只要其已得到斯洛伐克当局的承认，即在斯洛伐克共和国具有法律效力。

第 64 条　承认外国判决的条件

外国判决在下列情况下不予承认与执行：

（1）承认外国判决违背斯洛伐克当局的专属管辖权，或者，如果类推适用斯洛伐克有关管辖权的规定，外国当局对案件无管辖权；

（2）该判决在原审国既无既判力，又无强制执行性；

（3）该判决是在诉讼程序中舞弊取得的；

（4）对方当事人被外国当局剥夺了参加诉讼程序的机会，特别是没有被正式送达传票或启动诉讼的其他文书；但是，如果判决已正式送达对方当事人且其没有对此上诉，或者如果其已声明不坚持要求审查这种情况，法院则无须审查；

（5）斯洛伐克已对该事项作出了具有既判力的判决，或者就同一事项作出的外国判决此前已在斯洛伐克共和国得到承认或者具有执行力；

（6）承认外国判决违背斯洛伐克公共秩序。

第 65 条

涉及婚姻事项或者亲子关系之成立（确认或否认）事项的外国判决，如果至少当事人一方为斯洛伐克公民，以及有关收养具有斯洛伐克国籍的儿童的外国判决，应在斯洛伐克共和国予以承认，但被第 64 条第 2 项至第 6 项规定排除的情况除外。

第 66 条

1. 有关儿童的安置或者探望的外国判决，在下列情况下，可不予承认与执行：

（1）属于第 64 条第 1 项至第 5 项所规定的情形之一；

（2）在对案件进行实质审理时，该儿童没有获得陈述意见机会，但法院因情况紧急而没有听取儿童的陈述或者该儿童因年幼和不够成熟而不能表达自己意见的情况除外；

（3）出于最有利于儿童的考虑，承认该判决明显违背斯洛伐克公共秩序。

2. 对于有关儿童安置或探望的外国判决，如果有人主张该判决侵犯了他的亲权而且系在其没有获得陈述意见机会的情况下作出的，除非情况紧急，否则法院可基于该人的请求不予承认。

第 67 条

1. 有关婚姻事项、亲子关系之成立（确认或者否认）或收养子女等事项的外国判决，应由斯洛伐克法院通过专门裁决予以承认。

2. 有关儿童安置或探望的外国判决，应由斯洛法克法院作出专门裁决或者命令执行的方式予以承认。

3. 其他的外国判决，由斯洛伐克法院通过命令执行或者签发执行令的方式予以承认；外国判决不需要执行的，斯洛伐克当局可视同斯洛伐克法院所作判决予以承认。基于外国判决的原告或被告的请求，斯洛伐克法院通常以专门裁决的方式对承认外国判决作出裁定。

第 68 条　外国判决的效力

1. 经斯洛伐克法院承认的外国判决，具有与斯洛伐克法院所作判决同等的法律效力。

2. 有关婚姻事项、亲子关系之成立（确认或者否认）或收养子女等事项的外国判决，即使未经承认，只要双方当事人不是斯洛伐克公民并且不违背斯洛伐克公共秩序，也与斯洛伐克法院所作判决具有同等的法律效力。

申请承认外国判决的程序

第 68a 条　法院管辖权

下列法院有权受理请求承认外国判决的申请：

（1）承认有关婚姻事项、亲子关系之成立（确认或者否认）或收养子女等事项的外国判决的，由布拉提斯拉法地区法院受理；

（2）承认有关儿童安置或探望的外国判决的，由儿童惯常居所地的区法院受理，或者，无惯常居所时，由儿童居所地的区法院受理；若无此种法院，则由巴拉提斯拉法第一区法院受理。

（3）承认不在上述第 2 项规定范围内的外国判决的，由有权命令执行或者签发执行令的法院受理。

第 68b 条

1. 承认程序，自外国判决中所指的当事人提交申请时开始，对于有关婚姻事项、亲子关系成立（确认或否认）之事项或者收养子女等事项的外国判决，自对案件有利害关系的人提交申请时开始。

2. 诉讼程序的当事人应是请求承认外国判决的申请人和全体对方当事人。如果申请人不能在申请书中载明对方当事人，则诉讼当事人应是外国判决中所指的全体当事人。

3. 为送达文书之目的，住所或所在地在外国的申请人，应选定一个住所或所在地在斯洛伐克共和国境内的代理人；在指定的宽限期仍不能选定代理人的，留置在法院的文书具有送达的效力；申请人应被告知其法律后果。

4. 对于住所地或者所在地不在斯洛伐克共和国境内的其他诉讼当事人，类推适用本条第 3 款的规定。

第 68c 条　请求承认外国判决的申请材料

1. 请求承认外国判决的申请书应载明所呈送的法院、申请人的身份、有关事项以及申请目的；申请书应签收并注明递交日期。此外，申请书应载明外国判决、原裁决机关的名称、外国判决发生法律效力的日期或者提供其具有执行力的信息，并列出附于申请书的所有佐证文件。提交申请书时，一并附上数份佐证文件的副本，一份副本由法院存留，并送达各方当事人一份副本。

2. 申请书应有下列佐证材料：

（1）完整的外国判决书原件或经正式核对的副本；

（2）外国主管当局出具的证明外国判决具有拘束力、执行力或者对该判决的普通上诉期限已届满的证书；

（3）证明不存在第 64 条第 4 项所指不予承认的事由的文件或者对方当事人有关不再坚持审查该事由的声明；

（4）经正式核对的、所有佐证文件的斯洛伐克语译文。

3. 必要时，法院可要求申请人在 15 日或更长的宽限期内补齐其申请材料。如果申请人没有根据法院的要求纠正或补齐其申请材料，并因此使诉讼程序无法继续进行，法院应终结诉讼，并将其法律后果告知申请人。

第 68d 条

1. 提交请求承认外国判决的申请书后，在就承认判决的申请所作裁决具有拘束力之前，执行外国判决或签发执行令的诉讼程序应暂缓进行。

2. 如果外国判决在其原审国被提起上诉的，在就该上诉所作的裁决产生拘束力之前，法院应暂停有关承认或执行（签发执行令）该外国判决的诉讼程序。

第 68e 条　案件的审理

1. 除非当事人一方自送达承认外国判决的申请书之日起 15 日内对承认外

国判决提出异议，否则法院无需对案件进行审理。

2. 当事人各方书面声明同意承认外国判决的，法院无需送达申请书，也无需对案件进行审理。当事人提交的这种书面声明应附有经正式核对的斯洛伐克语译文。

第 68f 条　外国判决的审查范围

1. 法院有义务去调查外国当局据以行使管辖权的案件事实。

2. 外国判决不应予以实质性的审查。

第 68g 条　法院裁决

1. 对于有关婚姻事项、亲子关系之成立（确认或者否认）或收养子女等事项，法院应以判决方式对请求承认外国判决的申请作出裁决，在其他情况下以裁定方式作出裁决。

2. 承认外国判决的任何条件均不具备的，法院即应拒绝承认。在所有其他情况下，法院应承认外国判决。

3. 如果外国判决含有一份以上判决书，且不可能或者不要求承认所有判决书，则法院仅承认该外国判决中能承认或要求承认的部分。申请人自己也可要求部分地承认判决。

第 68h 条

1. 本小节的规定，类推适用于请求在斯洛伐克共和国不予承认外国判决的申请程序。

2. 有关承认外国判决的诉讼程序的规定，类推适用于有关请求宣告外国判决在斯洛伐克共和国具有执行力或不具有执行力的诉讼程序。

第 68i 条　过渡条款

1. 依照修订前的法律规定启动的承认与执行外国判决的诉讼程序，应根据这些规定予以终结。

2. 斯洛伐克法院依照修订前的法律规定取得管辖权的，继续享有管辖权。

3. 当事人各方依照修订前的法律规定书面约定的法院管辖权，继续有效。在本次修订文本施行前所缔结的选择法院协议的效力，适用修订前的法律规定。

最后条款

第 69 条

废除 1948 年法规汇编中《关于国际和区际私法以及外国人民事法律地位

的第 41 号法律》。

第 70 条

本法自 1964 年 4 月 1 日起施行。①

① 最后的修订文本自 2007 年 7 月 1 日起施行。——译者注

马其顿共和国《关于国际私法的法律》*

（2007 年 7 月 4 日文本）

第一章　基本规定

适用范围

第 1 条

1. 本法包括用以确定具有国际因素的人之身份关系、家庭关系、劳务关系、财产权关系和其他物权关系的准据法之规则。

2. 本法也包括关于马其顿共和国法院和其他机关在处理本条第 1 款所指关系时的管辖权、诉讼程序以及承认外国法院判决和外国其他机关裁决的规则。

第 2 条

如果本法第 1 条所指关系已由其他法律或国际协定所调整，则不适用本法的规定。

避让条款

第 3 条

1. 如果所有情况表明，案件与本法所指引的法律无任何重要联系，而与另一法律具有本质上的更密切联系，则作为例外不适用本法所指引的法律。

2. 如果当事人已进行了法律选择，则不适用本条第 1 款的规定。

法律遗漏的填补

第 4 条

如果本法对第 1 条第 1 款所指关系的准据法未作任何规定，则类推适用本法的规定和原则、马其顿共和国的法律原则以及国际私法原理。

---

* 《马其顿共和国关于国际私法的法律》于 2007 年 7 月 4 日通过，并在 2007 年 7 月 12 日第 87 号《马其顿共和国法律公报》第 23 页和第 36 页分别公布了该法律的马其顿语文本和阿尔巴尼亚语文本。本法根据 Christa Jessel-Holst 博士的德文译本（资料来源：IPRax 2008，Heft 2，S. 158-168）翻译。本译文原载于《中国国际私法与比较法年刊》第十二卷（2009），北京大学出版社 2009 年版，第 538～567 页。——译者注

公共秩序

第 5 条

如果适用外国法的结果与马其顿共和国的公共秩序相抵触，则不适用该外国法。

反致和指引

第 6 条

1. 如果依照本法规定应适用某外国法，则应考虑该外国法有关确定准据法的规则。

2. 如果该外国法关于确定准据法的规则反致马其顿共和国法律，则适用马其顿共和国的法律，而无须考虑有关确定准据法的规则。

3. 在当事人有权选择准据法的情况下，不适用本条第 1 款和第 2 款的规定。

法律行为的形式

第 7 条

法律行为，就其形式而言，如果按照行为完成地法律或者行为实施地法律为有效，或者按照支配法律行为内容的准据法为有效，则在形式上视为有效，但本法或其他法律另有规定的除外。

时效

第 8 条

时效，适用支配法律行为内容的准据法。

外国法的适用

第 9 条

外国法应按照其本意和所包含的概念加以适用。

法律制度不统一

第 10 条

1. 如果应适用法律制度不统一国家的法律，而本法之规定又未指向该国特定的法域，则依照该国法律制度的规定确定应适用的法律。

2. 如果本条第 1 款规定的方式不能确定应适用法律制度不统一国家的哪一法域的法律，则适用该国与案件有最密切联系的法域的法律。

多国籍人

第 11 条

1. 如果马其顿共和国国民同时还具有其他国家的国籍，则在适用本法时应认为其只有马其顿共和国国籍。

2. 如果非马其顿共和国国民之人具有两个或多个外国国籍，在适用本法时应以他既为其国民又在其境内有住所的那国的国籍为准。

3. 如果本条第 2 款所指之人在有其国籍的任何一国均无住所，在适用本法时应以他既为其国民又与之有最密切联系的国家的国籍为准。

无国籍人

第 12 条

1. 如果某人无任何国籍或其国籍无法确定，则依其住所确定准据法。

2. 如果本条第 1 款所指之人无任何住所或其住所无法确定，则依其居所地确定准据法。

3. 如果本条第 1 款所指之人的居所也无法确定，则适用马其顿共和国的法律。

外国法的查明

第 13 条

1. 法院或者本法规定的其他机关依职权查明应适用的外国法的内容。

2. 本条第 1 款所指机关可以就应适用的外国法的内容请示主管司法事务的行政机关。

3. 各方当事人在诉讼中也可提交有关外国法内容的公证文书。

4. 在具体案件中，如果依照本条第 1 款、第 2 款和第 3 款规定的方式均无法查明外国法的内容，则适用马其顿共和国的法律。

可直接适用的规范

第 14 条

用以确定本法第 1 条所指关系的准据法的各条款，并不排除马其顿共和国强制性规范的适用，不论确定准据法的规范有何规定，这些强制性规范基于本法或者其他法律的规定均应予以适用。

第二章　准据法

自然人的权利能力和行为能力

第 15 条

1. 自然人的权利能力和行为能力，依其国籍国法。

2. 依其国籍国法为无行为能力的自然人，如果依债务发生地法具有行为能力，则视为有行为能力。

3. 对于自然人行为能力的剥夺或限制，适用本条第 1 款规定的法律。

4. 本条第 2 款之规定不适用于家庭关系及继承关系。

法人的权利能力和行为能力

第 16 条

1. 法人的权利能力和行为能力，依其国籍国法。

2. 法人具有其据以设立的法律所属国的国籍。

3. 如果法人的实际所在地不在其设立地国而在另一国，而且根据该另一国法律具有其国籍，则该法人应视为该另一国法人。

监护和临时保护措施

第 17 条

1. 监护的设立和终止以及监护人和被监护人之间的关系，依被监护人的国籍国法。

2. 对马其顿共和国境内的外国人和无国籍人采取的临时保护措施，依马其顿共和国法律决定，且其效力一直保持至有关国家作出决定并采取必要措施为止。

3. 不在马其顿共和国境内的外国人和无国籍人，但其财产在马其顿共和国境内的，则对该财产的保护也适用本条第 2 款的规定。

对失踪者的死亡宣告

第 18 条

对于失踪者的死亡宣告，依该人失踪时的国籍国法。

自然人的姓名

第 19 条

自然人姓名的确定或者变更，依该人的国籍国法。

所有权及其他物权

第 20 条

1. 对于所有权及其他物权关系，依该物之所在地法。

2. 对于本条第 1 款所指的、涉及运输中的货物的关系，依目的地国法。

3. 对于本条第 1 款所指的、涉及运输工具的关系，依该运输工具的国籍国法，但马其顿共和国法律另有规定的除外。

合同的一般规则

第 21 条

1. 合同依合同当事人所选择的法律，但本法或国际协定另有规定的除外。

2. 当事人选择法律的意思表示可明确作出，也通过合同条款或者其他情况体现出来。

3. 当事人可决定将准据法适用于整个合同或该合同的某一部分。

4. 有关选择准据法的合同的效力，依所选择的法律判定。

未选择法律时合同的准据法

第 22 条

1. 如果未选择应适用的法律，合同依与其有最密切联系的国家的法律。

2. 应对合同实施特征性履行的一方当事人在接受报价时的住所地国或所在地国视为与合同有最密切联系的国家，除非案件的特别情况表明该合同与另一国有更密切联系。

3. 不论本条第 2 款规定为何，对于货物运输合同，推定其与承运人在订立合同时的住所地国——如果承运人为自然人——或者所在地国——如果承运人为法人——有最密切联系，但装货地、卸货地或者作为运输受益者的自然人住所地或作为运输受益者的法人所在地也必须均在该国境内。

不动产合同

第 23 条

不动产合同，只能依该不动产所在地国法。

劳务合同

第 24 条

1. 对于劳务合同，当事人未作法律选择的，依劳务方根据合同惯常从事劳务所在地国法，即使其临时在另一国进行劳务亦然。

2. 如果依照合同劳务方不只在一国从事劳务，则依雇佣方的所在地国法或者住所地国法。

3. 在有关法律选择的合同中，当事人不得排除雇佣方的所在地国法——雇佣方为法人——或者雇佣方的住所地国法——雇佣方为自然人——有关保护劳务方权利的强行规范的适用。

消费者合同

第 25 条

1. 为适用本法，消费者合同是指向消费者提供动产或权利的合同以及向消费者提供服务的合同。

2. 为适用本法，消费者是指直接为个人需要而非出于职业或其他商业目的而购买产品或享用服务之自然人。

3. 如果整个运输或提供服务均不在消费者的住所地国进行，则

（1）运输合同，以及

（2）有关向消费者提供服务的合同

不得视为本法上的消费者合同。

4. 在下列情况下，无论本法有何其他规定，消费者合同适用消费者的住所地国法：

（1）订立合同系因在该国的报价或广告所致，而且消费者在该国实施了为订立合同所必需的行为；

（2）消费者的合同对方或其代理人在该国受理了消费者的订单；

（3）买卖合同已在另一国订立或者消费者已在另一国提交了订单，而整个行程是卖方为让消费者订立该合同而特意安排的。

5. 在本条第 4 款所指情况下，当事人对准据法的选择不得排除消费者住所地国法中有关保护消费者权利的强行规范的适用。

合同准据法的适用范围

第 26 条

如果合同当事人无其他约定，就合同双方当事人之间的关系而言，本法第 21 条、第 22 条和第 23 条所规定的法律也适用于：

（1）确定动产的取得者或受让方获得对该标的物之产品或者成果的权利的时间；

（2）确定取得者或受让方承担有关该标的物的风险的时间。

标的物之交付方式

第 27 条

标的物之交付方式以及在该物被拒收时应采取的措施，依该物之交付地法，但当事人另有约定的除外。

债权转让和债务承担

第 28 条

债权转让或债务承担对于未参与该转让的债务人或者未参与该承担的债权人的效力，适用支配该债权或债务的准据法。

从属法律行为

第 29 条

从属法律行为，适用主要法律行为的准据法，但法律行为本身、法律或国际协定另有规定的除外。

单方法律行为

第 30 条

单方法律行为，债务人为自然人的，依债务人的住所地国法；债务人为法人的，则依债务人的所在地国法。

不当得利

第 31 条

不当得利，依该项得利由之产生、可能产生或由之造成的那种法律关系的准据法。

无因管理和其他非合同之债

第 32 条

1. 无因管理，依管理者的行为实施地法。

2. 因使用无人委托管理之物所生之债以及其他非因损害责任所生之非合同之债，依该债务据以产生的事实发生地法律。

非合同损害责任

第 33 条

1. 对于非合同的损害责任，依行为实施地法律。如果施害人本能或本应预料损害结果的，则作为例外，依受害人请求适用结果发生地法。

2. 如果法律关系与依据本条第 1 款所确定的法律无任何紧密联系，而与另一法律存在明显联系，则适用该另一法律。

3. 不论本条第 1 款与第 2 款规定为何，损害事件发生后，当事人可选择应适用的法律。

因发生在航行于公海上的船舶或发生在航空器内的事件所致损害的赔偿

第 34 条

如果引起损害赔偿义务的事件发生在航行于公海上的船舶或发生在航空器内，则船舶所属国法或者航空器注册地国法应视为造成据以引起损害赔偿义务的事实发生地法。

继承

第 35 条

继承，依被继承人死亡时的国籍国法。

遗嘱能力

第 36 条

设立遗嘱的能力，依遗嘱人设立遗嘱时的国籍国法。

遗嘱形式

第 37 条

1. 遗嘱的形式，如果依照下列法律之一为有效者，则属有效：

（1）遗嘱设立地法；

（2）遗嘱人设立遗嘱时或死亡时的国籍国法；

(3) 遗嘱人设立遗嘱时或死亡时的住所地法；

(4) 遗嘱人设立遗嘱时或死亡时的居所地法；

(5) 马其顿共和国法律；以及

(6) 对于不动产，则依不动产所在地法。

2. 撤销遗嘱的形式，如果该形式根据本条第 1 款所规定的据以设立有效遗嘱的法律之一为有效，则属有效。

结婚条件

第 38 条

1. 结婚条件，依结婚时当事人各自的国籍国法。

2. 要求在马其顿共和国主管机关登记结婚者，即使按照其国籍国法具备结婚条件，但如果该人按照马其顿共和国法律存在（未解除的）以前婚姻、近亲以及智力缺陷等结婚障碍的，则不允许其结婚。

婚姻形式

第 39 条

婚姻形式，依婚姻缔结地法。

婚姻无效

第 40 条

婚姻的无效，适用本法第 38 条所规定的结婚所依据的法律。

离婚

第 41 条

1. 离婚，依起诉时夫妻双方的国籍国法。

2. 如果夫妻双方在起诉时国籍不同，则离婚依其最后的共同住所地国法，如果双方的共同住所根本就不存在，则依受理离婚案件的法院地国法。

3. 如果夫妻一方为马其顿共和国国民，则不论本条第 2 款规定为何，离婚依马其顿共和国法律。

夫妻人身关系和法定财产关系

第 42 条

1. 夫妻的人身关系和法定财产关系，依其国籍国法。

2. 夫妻双方国籍不同的，依其住所地国法。

3. 夫妻双方既无共同国籍，住所又不在同一国家的，依其最后的共同住所地国法。

4. 依本条第 1 款、第 2 款和第 3 款仍不能确定应适用的法律时，依马其顿共和国法律。

夫妻契约财产关系

第 43 条

1. 夫妻契约财产关系，依订立契约时支配其人身关系和法定财产关系的法律。

2. 不论本条第 1 款规定为何，夫妻双方可书面协议选择下列法律作为支配其契约财产关系的法律：

（1）夫妻一方的国籍国法；或者

（2）至少夫妻一方的住所地国法；或者

（3）对于不动产，则为不动产所在地法。

婚姻无效或婚姻终止时的夫妻人身关系、法定财产关系和契约财产关系

第 44 条

1. 如果婚姻无效或已终止，人身关系和法定财产关系，依本法第 42 条所规定的法律。

2. 在本条第 1 款所指情况下，夫妻双方的契约财产关系，依本法第 43 条所规定的法律。

未婚同居者的财产关系

第 45 条

1. 未婚同居者的财产关系，依当事人双方的国籍国法。

2. 如果本条第 1 款所指之人的国籍不同，则依其最后的共同住所地国法。

3. 未婚同居者的契约财产关系，依订立契约时支配其财产关系的法律。

父母和子女之间的关系

第 46 条

1. 父母和子女之间的关系，依其国籍国法。

2. 父母和子女的国籍不同的，依其共同的住所地国法。

3. 父母和子女既国籍不同，住所又不在同一国境内的，则依子女的国籍国法。

父亲或母亲身份的承认、确定或撤销

第 47 条

对父亲或母亲身份的承认、确定或撤销，依子女的国籍国法。

扶养义务

第 48 条

对于除父母和子女之外的血亲之间的扶养义务，或者对于姻亲之间扶养义务，依提出扶养要求的亲属一方的国籍国法。

准正

第49条

1. 对于采取事后结婚方式对非婚生子的准正，依父母双方的国籍国法，父母国籍不同的，依致使准正有效的父母一方的国籍国法。

2. 子女、其他人或国家机关对准正的同意，依子女的国籍国法。

设立和终止收养的条件

第50条

1. 设立收养的条件、终止收养，依收养人和被收养人的国籍国法。

2. 收养人和被收养人国籍不同的，则设立收养的条件、终止收养重叠适用收养人和被收养人双方的国籍国法。

3. 如果夫妻双方共同收养，则设立收养的条件、终止收养，除了依被收养人的国籍国法之外，还应依夫妻一方或双方的国籍国法。

4. 收养的形式，依收养设立地法。

收养的效力

第51条

1. 对于收养的效力，依收养人和被收养人在设立收养时的国籍国法。

2. 收养人和被收养人的国籍不同的，依其住所地国法。

3. 收养人和被收养人既国籍不同，住所又不在同一国境内的，则依被收养人的国籍国法。

第三章　国际管辖权与诉讼程序

第一节　马其顿共和国法院和其他机关对具有国际因素的案件的管辖权

国际管辖权的基本规则

第52条

1. 如果被告的住所地或者所在地在马其顿共和国境内，则马其顿共和国法院拥有管辖权。

2. 如果被告在马其顿共和国和其他国家均无住所，但在马其顿共和国境内有居所的，则马其顿共和国法院拥有管辖权。

3. 如果诉讼中被告众多且具有共同诉讼人的性质，只要被告之一在马其顿共和国境内有住所或者所在地，则马其顿共和国法院拥有管辖权。

4. 如果主债务人与担保人在同一诉讼中被诉，而且对主债务人提起的诉讼由马其顿共和国法院管辖，则马其顿共和国拥有管辖权。

5. 如果反诉请求与本诉请求具有联系，则马其顿共和国法院对反诉也拥有管辖权。

非诉讼程序的管辖权

第 53 条

对非诉讼程序的法律关系作出裁决的，如果被申请人的住所或者所在地在马其顿共和国境内，以及只有一人参加诉讼程序，而该人的住所或者所在地在马其顿共和国境内时，则马其顿共和国法院拥有管辖权，但本法另有规定的除外。

专属国际管辖权——一般规则

第 54 条

在本法或其他法律有明确规定的情况下，马其顿共和国法院拥有专属管辖权。

基于外国法中的标准所确立的管辖权

第 55 条

如果外国法院基于马其顿共和国关于法院管辖权的规定中不存在的管辖标准，在针对马其顿共和国国民的案件中行使管辖权，则马其顿共和国法院在以该国国民为被告的案件中也据此拥有管辖权。

协议国际管辖权

第 56 条

1. 当事人只有在至少有一方为外国国民或者所在地在外国的法人，而且根据本法或其他法律的规定，不属于由马其顿共和国法院专属管辖的案件中，方能达成由外国法院管辖的协议。

2. 不论本条第 1 款有何规定，在涉及消费者关系和保险关系的案件中，如果消费者或者属于自然人的被保险人的住所在马其顿共和国境内，则当事人不得达成由外国法院管辖的协议。

3. 当事人只有在至少一方为马其顿共和国国民或者所在地在马其顿共和国境内的法人时，方能达成由马其顿共和国法院管辖的协议。

4. 如果涉及本法第 73～83 条所指案件的管辖权，则不适用本条第 1 款、第 2 款和第 3 款的规定。

基于被告同意所确立的国际管辖权

第 57 条

1. 在依据本法第 56 条第 3 款、第 4 款规定允许协议由马其顿共和国法院管辖的案件中，马其顿共和国法院也可基于被告的同意行使管辖权。

2. 如果被告对起诉提出答辩或者对支付令提出异议，或者在预审程序中，如果无预审程序而在主要问题的第一主审程序中出庭应诉并且不对管辖权提出任何异议，则视为被告同意由马其顿共和国法院管辖。

对无国籍人的特别国际管辖权

第 58 条

1. 当根据本法规定，马其顿共和国法院的管辖权取决于诉讼当事人具有马其顿共和国国籍这个前提条件时，这种管辖权也适用于对住所在马其顿共和国境内的无国籍人提起的诉讼。

2. 本条第 1 款的规定也相应地适用于马其顿共和国其他机关的管辖权。

对在外国执行公务的马其顿共和国国民提起诉讼的国际管辖权

第 59 条

对于由国家机关派往国外执行公务或工作，并在外国生活的马其顿共和国国民提起的诉讼，如果所涉当事人在派遣时其住所在马其顿共和国境内，则马其顿共和国法院拥有管辖权。

非合同损害责任案件的国际管辖权

第 60 条

1. 对于非合同损害责任案件，如果施害行为或损害结果发生在马其顿共和国境内，则马其顿共和国法院拥有管辖权。

2. 对于根据有关保险公司直接责任的那些规定应向第三人赔偿损害而对保险公司提起的财产和人身保险诉讼以及根据损害赔偿的给付请求而对应履行给付的债务人提起的诉讼，也适用本条第 1 款的规定。

根据债务履行地确立的合同案件的国际管辖权

第 61 条

对于合同案件，如果诉讼标的是应在或本应在马其顿共和国履行的债务，则马其顿共和国法院也有管辖权。

基于诉讼标的所在地而确立的国际管辖权

第 62 条

1. 在有关财产请求权的案件中，如果诉讼标的物在马其顿共和国境内，则马其顿共和国法院拥有管辖权。

2. 如果被告的财产在马其顿共和国境内，而且原告的住所地或者所在地也在马其顿共和国境内，只要原告能证明将从该项财产中执行判决，则马其顿共和国法院也有管辖权。

被告居住在马其顿共和国境内时所产生的债务纠纷的国际管辖权

第 63 条

对于被告居住在马其顿共和国境内时所产生的债务纠纷，马其顿共和国法院也有管辖权。

在马其顿共和国境内产生或应在马其顿共和国履行的债务纠纷的国际管辖权

第 64 条

对于因在马其顿共和国境内产生或应在马其顿共和国境内履行的债务而对自然人或者所在地在外国的法人提起的诉讼，如果该人的分支机构或代理机构在马其顿共和国境内，或者被授权经营业务者的所在地在马其顿共和国境内，则马其顿共和国法院也有管辖权。

有关法人的成立、终止以及地位变更的案件的专属国际管辖权

第 65 条

对于有关商业公司、其他法人或者自然人与法人的联合体的成立、终止以及地位变更的案件，以及涉及其机构所作决定的有效性的案件，如果公司、其他法人或者联合体的所在地在马其顿共和国境内，由马其顿共和国法院专属管辖。

涉及在公共注册机关处注册的案件的专属国际管辖权

第 66 条

对于涉及在马其顿共和国境内的公共注册机关注册的效力的案件，由马其顿共和国法院专属管辖。

涉及工业产权的申报和效力的案件的专属国际管辖权

第 67 条

对于涉及工业产权的申报和效力的案件，如果该申报书系在马其顿共和国境内递交，则由马其顿共和国法院专属管辖。

对于执行的批准和实施的专属国际管辖权

第 68 条

对于执行的批准和实施，如果该项执行在马其顿共和国境内进行，则由法院或者依法行使公共权力者专属管辖。

不动产纠纷的专属国际管辖权

第 69 条

对于有关不动产所有权及其他物权的纠纷、因妨碍不动产的占有而产生的纠纷以及因不动产的租借关系或租赁关系、有关住宅或店房的使用合同而产生的纠纷，只要不动产在马其顿共和国境内，则由马其顿共和国法院专属管辖。

因妨碍动产占有而产生的纠纷的国际管辖权

第 70 条

对于因妨碍动产占有而产生的纠纷，如果该妨碍行为发生在马其顿共和国境内，则马其顿共和国法院也有管辖权。

对涉及航空器或船舶的特定案件的国际管辖权

第 71 条

1. 对于涉及航空器或船舶的物权纠纷以及因航空器或船舶的抵押而产生的纠纷，如果为航空器或者船舶办理注册手续的注册机关位于马其顿共和国境内，则马其顿共和国法院也有管辖权。

2. 对于因妨碍占有本条第 1 款所指航空器或船舶而产生的纠纷，如果为航空器或船舶办理注册手续的注册机关位于马其顿共和国境内，或者当妨碍行为发生于马其顿共和国境内时，则马其顿共和国法院也有管辖权。

对涉及马其顿共和国境内财产的夫妻财产关系的特定案件的国际管辖权

第 72 条

1. 对涉及马其顿共和国境内财产的夫妻财产关系的案件，如果被告在马其顿共和国境内无任何住所，而原告在起诉时却在马其顿共和国境内有住所或居所的，则马其顿共和国法院也有管辖权。

2. 如果大部分财产在马其顿共和国境内，而另一部分在外国，马其顿共和国法院在该案中只能对位于马其顿共和国境内的那部分财产作出裁决；只有在被告同意由马其顿共和国审理该案的情况下，才可对位于外国的那部分财产也作出判决。

3. 对于有关夫妻财产关系的案件，不论该婚姻是否存续、终止或已被确认不存在，马其顿共和国法院均根据本法规定具有管辖权。

婚姻案件的国际管辖权

第 73 条

1. 对于确认婚姻是否存在、婚姻无效或者离婚的案件（婚姻案件），即使被告在马其顿共和国境内无住所，但在下列情况下，马其顿共和国法院也拥有管辖权：

（1）夫妻双方均为马其顿共和国国民，不论他们住所在何处，或者

（2）原告为马其顿共和国国民且其住所在马其顿共和国境内，或者

（3）夫妻双方的最后住所都曾在马其顿共和国境内，但原告在起诉时在

马其顿共和国境内有住所或者居所的。

2. 如果夫妻中被告一方为马其顿共和国国民且其住所均在马其顿共和国境内，则马其顿共和国法院拥有专属管辖权。

基于夫妻双方的最后共同住所而对婚姻案件确立的国际管辖权

第 74 条

对于本法第 73 条所指案件，如果夫妻双方为外国国民，但其最后的共同住所在马其顿共和国境内，只有在被告同意由马其顿共和国法院审理此类案件，并且夫妻双方的国籍国法允许行使这种管辖权时，马其顿共和国法院才有管辖权。

离婚案件的国际管辖权

第 75 条

对于离婚案件，如果原告为马其顿共和国国民，而且本来拥有管辖权的法院所属国法律未规定离婚制度的，则马其顿共和国法院也有管辖权。

确认或者否认父亲或者母亲身份案件的国际管辖权

第 76 条

1. 对于确认或者否认父亲或者母亲身份的案件，即使被告在马其顿共和国境内无住所，但在下列情况下，马其顿共和国法院也有管辖权：

（1）原告和被告均为马其顿共和国国民，不论他们住所在何处，或者

（2）原告为马其顿共和国国民且其住所在马其顿共和国境内。

2. 针对子女提起的诉讼，如果该子女为马其顿共和国国民，而且其住所或者居所在马其顿共和国境内，则由马其顿共和国法院专属管辖。

外国国民之间的确认或者否认父亲或者母亲身份案件的国际管辖权

第 77 条

对于本法第 76 条所指案件，如果双方当事人均为外国国民，原告或原告之一的住所在马其顿共和国境内，则只有在被告同意由马其顿共和国法院审理此案，而且其国籍国法规定允许行使这种管辖权时，马其顿共和国法院才有管辖权。

对在父母照料下的子女的保护、培养（Aufziehung）和教育案件的国际管辖权

第 78 条

1. 对于有关在父母照料下的子女的保护、培养和教育的案件，如果被告在马其顿共和国境内无住所，只要父母双方均为马其顿共和国国民，或者该子女为马其顿共和国国民并且住所在马其顿共和国境内，则马其顿共和国法院也

有管辖权。

2. 如果被告和子女均为马其顿共和国国民，而且双方在马其顿共和国境内均有住所，则由马其顿共和国法院专属管辖。

3. 马其顿共和国其他机关在解决有关在父母照料下的子女的保护、培养和教育等问题时，其管辖权类推适用本条第 1 款、第 2 款以及本法第 52 条的规定。

子女法定抚养案件的国际管辖权

第 79 条

1. 对于有关子女法定抚养的案件，即使被告在马其顿共和国境内无住所，但在下列情况下，马其顿共和国法院也有管辖权：

（1）子女在马其顿共和国起诉并在马其顿共和国境内有住所，或者

（2）原告和被告均为马其顿共和国国民，不论其住所在何处，或者

（3）原告为未成年子女并且是马其顿共和国国民。

2. 对于夫妻之间以及已解除婚姻关系的前夫妻之间的法定扶养案件，如果夫妻双方的最后共同住所曾在马其顿共和国境内，而且原告在起诉时住所在马其顿共和国境内，则马其顿共和国法院也有管辖权。

基于可供支付抚养的财产而发生法定抚养案件的国际管辖权

第 80 条

对于法定抚养案件，如果被告在马其顿共和国境内有可供支付抚养的财产，则马其顿共和国法院也有管辖权。

有关子女的保护、教育和抚养案件的国际管辖权

第 81 条

对于有关保护、教育和抚养子女的案件，如果此类案件可与马其顿共和国法院依据本法拥有管辖权的准正案件或者确认或否认父亲或母亲身份的案件一并裁决，则马其顿共和国法院也有权作出裁决。

涉及亲权的案件的国际管辖权

第 82 条

1. 在对剥夺与恢复亲权、延续亲权、使父母一方在管理子女财产方面具有监护人地位、宣告子女为婚生以及对有关家庭状况和父母子女关系的其他事项作出裁决时，如果不满足本法第 52 条第 3 款规定的条件，只要申请人和被申请人均为马其顿共和国国民，或者当只有一人参加诉讼而该人是马其顿共和国国民时，则马其顿共和国法院也有管辖权。

2. 对于本条第 1 款所指事项，如果子女为马其顿共和国国民且其住所在

马其顿共和国境内，则马其顿共和国法院也有管辖权。

准许未成年人结婚的国际管辖权

第83条

1. 对于未成年人结婚的准许，如果申请人为马其顿共和国国民，或者申请人之一为马其顿共和国国民，不论要求结婚者住所位于何处，马其顿共和国法院均有管辖权。

2. 如果请求准许结婚的未成年人为马其顿共和国国民，或者拟结婚的双方均为马其顿共和国国民，而婚姻在外国缔结，则由马其顿共和国法院专属管辖。

马其顿共和国国民的遗产争议、继承权关系案件以及债权人对马其顿共和国国民的遗产提出债权请求的案件的国际管辖权

第84条

1. 对马其顿共和国国民的不动产遗产争议，如果该遗产位于马其顿共和国境内，则马其顿共和国法院有专属管辖权。

2. 如果马其顿共和国国民的不动产遗产位于外国，只有在依不动产所在地国法律该国机关无权管辖时，马其顿共和国法院方有管辖权。

3. 对马其顿共和国国民的动产遗产争议，如果该动产在马其顿共和国境内，或者依照动产所在地国法律，该国机关无管辖权或者该机关拒绝审理该遗产争议，则马其顿共和国法院拥有管辖权。

4. 本条第1款、第2款、第3款的规定也适用于继承权关系案件，以及债权人对遗产提出债权请求的案件的管辖权。

外国国民的遗产争议、继承权关系案件以及债权人对外国国民的遗产提出债权请求的案件的国际管辖权

第85条

1. 对外国国民的不动产遗产争议，如果该遗产位于马其顿共和国境内，则马其顿共和国法院有专属管辖权。

2. 对马其顿共和国境内的外国国民的动产遗产争议，马其顿共和国法院拥有管辖权，但遗产人所属国的法院对马其顿共和国国民的动产争议不予管辖者除外。

3. 本条第1款、第2款的规定，也适用于继承权案件以及债权人对遗产提出债权请求的案件的管辖权。

4. 当马其顿共和国法院对外国国民的遗产争议无管辖权时，法院可决定采取措施，以保全遗产和保护对马其顿共和国境内的遗产之权利。

无国籍人的遗产争议、继承权关系案件以及债权人对无国籍人的遗产提出债权请求的案件的国际管辖权

第 86 条

1. 对无国籍人、国籍不明者以及具有难民身份者的不动产遗产争议，如果该遗产位于马其顿共和国境内，则马其顿共和国法院有专属管辖权。

2. 对无国籍人、国籍不明者以及具有难民身份者的动产遗产争议，如果该动产位于马其顿共和国境内，或者遗产人死亡时其住所在马其顿共和国境内的，马其顿共和国法院拥有管辖权。

3. 本条第 1 款、第 2 款的规定，也适用于继承权关系案件以及债权人对遗产提出债权请求的案件的管辖权。

4. 如果遗产人在马其顿共和国境内无住所，而查明遗产人死亡时在某个外国有住所，则类推适用处理外国国民遗产争议所适用的有关规定。

收养的国际管辖权

第 87 条

1. 对于收养以及终止收养住所在马其顿共和国境内的马其顿共和国国民的决定，由马其顿共和国机关专属管辖。

2. 如果收养人为马其顿共和国国民且住所在马其顿共和国境内，则马其顿共和国机关对决定收养以及终止收养拥有管辖权。

3. 夫妻双方共同收养的，如果夫妻一方为马其顿共和国国民，则马其顿共和国机关足以据此行使管辖权。

监护案件的国际管辖权

第 88 条

对马其顿共和国国民的收养案件，不论其住所位于何处，由马其顿共和国机关专属管辖，但本法另有规定的除外。

对在外国有住所的马其顿共和国国民的监护案件不采取措施

第 89 条

对在外国有住所的马其顿共和国国民的监护案件，如果查明，依照外国法律具有管辖权的机关已经作出决定或者已采取了保护马其顿共和国国民的人身、权利和利益的保障措施，则马其顿共和国机关不再作出决定和采取措施。

对外国国民采取临时措施的国际管辖权

第 90 条

1. 为了保护处于马其顿共和国境内或在马其顿共和国境内有财产的外国人的人身、权利和利益，马其顿共和国机关得采取必要的临时措施，并将此告知该人所属国的主管机关。

2. 对在马其顿共和国有住所的外国国民的监护案件，如果其所属国机关对该人的人身、权利和利益未采取保障措施时，马其顿共和国机关应作出决定并采取措施。

对失踪者宣告死亡的国际管辖权

第 91 条

1. 对失踪的马其顿共和国国民宣告死亡的案件，不论该人住所位于何处，均由马其顿共和国法院专属管辖。

2. 对于在马其顿共和国境内死亡的外国国民，马其顿共和国法院可以根据马其顿共和国法律证实其死亡。

第二节　对具有国际因素的诉讼程序的其他规定

自然人作为当事人的能力和诉讼能力

第 92 条

1. 自然人作为当事人的能力和诉讼能力，依其国籍国法。

2. 如果外国国民依照本条第 1 款规定无诉讼能力，但依照马其顿共和国法律有诉讼能力的，则可独立参加诉讼活动。

3. 本条第 2 款所指的外国国民的法定代理人，只有在该外国国民未声明亲自参与诉讼时，方可参加诉讼活动。

4. 外国法人作为当事人的能力，依本法第 16 条所规定的法律。

外国的诉讼未决

第 93 条

如果外国法院正在审理相同当事人就同一法律问题提起的诉讼，在下列情况下，马其顿共和国法院可应当事人的请求，中止诉讼程序：

（1）就该案件首先在外国法院提起了诉讼；

（2）马其顿共和国法院对该案的审理不拥有专属管辖权。

马其顿共和国法院管辖权的确定

第 94 条

马其顿共和国法院管辖权的确定，由诉讼开始时既存的事实决定。

诉讼费用担保义务

第 95 条

1. 如果外国国民或在马其顿共和国无住所的无国籍人在马其顿共和国法院提起诉讼，应按照作为被告的马其顿共和国国民的请求，提供诉讼费用担保。

2. 被告必须最迟在预审中提出本条第 1 款所指的请求，如果预审未进行，则在开始审理主要问题之前的第一次庭审时或者在其已获知有担保请求的条件时提出。

3. 诉讼费用担保应交纳现金，但法院可准许以其他方式提供担保。

诉讼费用担保义务的免除

第 96 条

1. 在下列情况下，被告无权请求诉讼费用担保：

（1）原告所属国不要求马其顿共和国国民提供诉讼费用担保；

（2）原告在马其顿共和国享有庇护权；

（3）诉讼请求涉及原告基于其在马其顿共和国的劳务关系而提出的要求；

（4）涉及婚姻案件、有关确认或否认父亲或母亲身份的案件以及法定抚养的案件；

（5）涉及汇票或支票之诉、反诉或发布支付令的案件。

2. 如果对于本条第 1 款第 1 项所指的精神，马其顿共和国国民在原告所属国是否负有担保义务存有疑义，负责司法事务的国家行政机关应作出答复。

对诉讼费用担保的命令

第 97 条

1. 法院在对诉讼费用担保的请求所作的决定中，应确定担保的数额和必须提供担保的期限，并告知原告法律所规定的未证明按时提供担保的后果。

2. 如果原告在规定的期限内未证明已提供诉讼费用担保，则视为撤销诉讼，或者如果担保请求是在上诉程序开始时提出，则视为放弃上诉。

3. 如果被告按时提出要求原告提供诉讼费用担保的请求，则在未就他的请求作出有效决定之前，或如果请求被批准，则在原告未提供担保之前，无义务继续参与案件实质问题的诉讼活动。

4. 如果法院驳回诉讼费用担保请求，可以决定在驳回的裁定生效之前继续诉讼程序。

免交诉讼费用

第 98 条

1. 在互惠条件下，外国国民有权请求免交诉讼费用。

2. 在对是否存在免交诉讼费用方面的互惠存有疑义时，负责司法事务的国家行政机关应予以说明。

3. 对在马其顿共和国境内有住所或居所的外国国民，本条第 1 款所指之互惠并不构成行使免交诉讼费用请求权的条件。

4. 无国籍人，如果在马其顿共和国境内有住所或居所，有权请求免交诉讼费用。

第四章　外国法院判决的承认与执行

第一节　概念

外国法院判决

第 99 条

1. 外国法院判决系指由外国国家的法院所作的判决。

2. 在法院达成的和解协议（法院和解）也视为本条第 1 款意义上的外国法院判决。

3. 其他机关作出的决定，如果在作成国境内与法院判决或法院和解具有同等地位，并可据以调整本法第 1 条所规定的各种关系，也视为外国法院判决。

承认

第 100 条

外国法院的判决，只有被马其顿共和国法院所承认，才能同马其顿共和国法院的判决具有同等地位，并在马其顿共和国境内产生法律效力。

第二节　承认的条件

法律效力的证明

第 101 条

1. 申请承认外国法院判决者，有义务在提交承认外国法院判决的申请时，附上外国法院判决的正本或经认证的副本，并提供有管辖权的外国法院或其他机关出具的、依照判决作出地国法该判决已发生法律效力的证明。

2. 如果外国法院判决正本或经认证的副本，不是用承认该判决的法院正式使用的语言作成，则请求承认外国法院判决的当事人必须提交该法院正式使用的语言的经认证的译文。

外国法院判决的可执行性证明

第 102 条

申请承认外国法院判决者，如果在申请承认外国法院判决的同时还要求承认该判决的可执行性效力，则除了必须提交本法第 101 条第 1 款所规定的证明外，还须提交关于依照判决作出地国法律该判决具有可执行性的证明。

不尊重辩护权

第 103 条

如果当事人一方证明有下列情况，马其顿共和国法院拒绝承认外国法院的判决：

（1）其由于非正常原因未能在诉讼中进行辩护；

（2）未按照判决作出地国法律规定的方式向其送达传票、诉状或其他开始诉讼程序的决定，或者根本就未试图送达，除非其以某种其他方式在一审程序中就案件的实质问题参加了诉讼。

马其顿共和国法院的专属管辖权

第 104 条

1. 如果马其顿共和国法院对该案件拥有专属管辖权，则不予承认外国法院的判决。

2. 如果被告要求承认外国法院对婚姻案件所作的判决，或者如果原告提出这种要求，而被告不提出异议，则马其顿共和国法院的专属管辖权不妨碍承认该判决。

由于外国法院仅基于原告的国籍而行使管辖权或者由于不考虑当事人选择由马其顿共和国法院管辖的协议而不予以承认

第 105 条

1.（马其顿共和国）法院根据判决相对人的抗辩，查明外国法院仅基于原告的国籍而行使管辖权，则拒绝承认该外国法院的判决。

2.（马其顿共和国）法院根据判决相对人的抗辩，查明作出判决的外国法院没有遵守当事人选择由马其顿共和国法院管辖的协议，则拒绝承认该外国法院的判决。

就相同当事人之间的同一案件所作判决具有法律效力

第 106 条

1. 如果马其顿共和国法院或者其他机关就同一案件已作出了具有法律效力的判决，或者某个其他外国法院就同一案件所作的判决已被马其顿共和国承认，则不予承认外国法院的判决。

2. 如果相同当事人之间就同一法律案件先前已向马其顿共和国法院提起了诉讼，在该诉讼程序依法终止之前，（马其顿共和国）法院将中止承认外国法院的判决。

违反公共秩序

第 107 条

如果承认外国法院判决的效果违反马其顿共和国的公共秩序，则不予承认该判决。

外国法院对马其顿共和国国民的身份（地位）所作的判决

第 108 条

在对马其顿共和国国民的身份（地位）问题作出判决时，依照本法本应适用马其顿共和国法，如果适用了外国法律，只要该判决在本质上不违背本适用于该法律关系的马其顿共和国法律，则亦承认外国法院的判决。

外国法院对属于判决作成地国国民的外国人的身份（地位）所作的判决

第 109 条

1. 外国法院对有关判决作成地国国民的身份（地位）问题所作的判决，在马其顿共和国得以承认，法院无须按照本法第 104 条和第 107 条的规定予以审查。

2. 如果马其顿共和国的主管机关查明，外国法院的判决涉及马其顿共和国国民的身份（地位）问题，对该判决的承认，必须按照本法第 101～107 条的规定予以审查。

外国法院对不属于判决作成地国国民的外国人的身份（地位）所作的判决

第 110 条

如果外国法院的判决涉及不属于判决作成地国国民的外国人的身份（地位）问题，仅在该判决满足该当事人所属国有关承认的条件时，该判决方得以承认。

第三节　承认外国法院判决的程序

第 111 条

1. 承认外国法院判决的程序，自提出申请时开始。

2. 任何对外国法院就身份（地位）事项所作的判决具有法定利益者，均可请求承认之。

第 112 条

1. 对承认外国法院判决的裁定，由初级法院①的独审法官作出。

2. 对于外国法院判决的承认，由各实质主管法院实行地域管辖。

3. 如果尚未对承认外国法院判决作出特别裁定，各法院均可在诉讼程序中如同对先决问题一样，就是否承认该判决作出决定，但该决定仅对该诉讼程序有效。

第 113 条

1. 在承认外国法院判决的程序中，法院仅限于审查是否满足本法第 101~110 条所规定的条件。

2. 如果法院经审查认定不存在承认外国法院判决的任何障碍，则作出承认该判决的裁定。

3. 法院将承认外国法院判决的裁定送达对方当事人以及参与作出该外国法院判决的诉讼程序的其他人，并告知他们自送达之日起十五日有权对承认外国法院判决的裁定提出异议。

4. 对依据本条第 3 款提出的异议，曾裁定承认外国法院判决的法院责令由三名法官组成合议庭对之作出裁定。如果对异议的裁定取决于有争议的事实，则法院待该争议事实审结后再作出裁定。

5. 对法院驳回请求承认的裁定，以及本条第 4 款所指的对异议所作的裁定，在该裁定送达之日起八日内可以向有管辖权的上诉法院提出上诉。

6. 如果请求承认外国法院判决之人为马其顿共和国国民，而对方当事人在马其顿共和国无任何住所或居所，则不论本条第 3 款的规定为何，法院不必将有关承认外国法院所作的离婚判决的裁定送达对方当事人。

第 114 条

对于在承认外国法院判决的程序中所产生的费用，由法院依照假设马其顿共和国法院或其他机关对该同一案件进行判决时所依据的收费标准作出决定。

第 115 条

如果本章无特别规定，有关非讼案件的规定也相应地适用于承认外国法院判决的程序。

---

① 根据 2006 年第 58 号《马其顿共和国法律公报》公布的《马其顿共和国法院组织法》第 22 条规定，马其顿法院系统由初级法院、上诉法院、行政法院和最高法院组成。另设有宪法法院，负责违宪审查并作出裁决。——译者注

第 116 条

本法第 111~115 条的规定也相应地适用于承认外国仲裁裁决的程序。

第五章　特别条款

在被授权的马其顿共和国驻外国领事或外交代表机构处结婚

第 117 条

1. 如果马其顿共和国的代表机构驻在国不反对或者国际协定有规定，马其顿共和国国民可以在被授权的马其顿共和国驻外国领事代表机构或执行领事事务的外交代表机构处登记结婚。

2. 为在外国的马其顿共和国国民之间办理结婚手续的马其顿共和国的代表机构，由外交部长确定。

为在外国的马其顿共和国国民办理监护事务

第 118 条

如果马其顿共和国的代表机构驻在国不反对或者国际协定有规定，马其顿共和国的领事代表机构或者（执行领事事务的）外交代表机构为在外国的马其顿共和国国民办理监护事务。

为在外国的马其顿共和国国民制作遗嘱

第 119 条

马其顿共和国的领事代表机构或执行领事事务的外交代表机构，可以按照适用于设立合法遗嘱的条款，为在国外的马其顿共和国国民制作遗嘱。

马其顿共和国驻外领事或外交代表机构对签名、手稿和副本的认证

第 120 条

1. 马其顿共和国驻外国的领事代表机构或执行领事事务的外交代表机构，可以根据国际协定或驻在国的规定，对签名、手稿和副本进行认证。

2. 本条第 1 款所指事务的执行，由外交部长确定。

对马其顿共和国现行的或曾施行的法律规定的证明

第 121 条

1. 为供外国机关使用的目的，由负责司法事务的国家行政机关提供有关马其顿共和国现行的或曾施行的法律规定的证明。

2. 在本条第 1 款所指证明中，应载明法规名称、制定日期或者失效日期，以及该法规相关条款的原文。

第六章　过渡条款与最后条款

本法的施行

第 122 条

1. 本法有关确定准据法的各条款不适用于本法生效前产生的关系。

2. 如果在本法生效前法院已作出了一审判决或终止一审诉讼的裁定，则后续的（weitere）诉讼程序依照以前的关于具有国际因素的案件的管辖权和诉讼程序以及承认外国法院判决的规定进行。

3. 如果本条第 2 款所指的一审判决在本法生效后被撤销，则后续的诉讼程序依照本法有关具有国际因素的案件的管辖权和诉讼程序以及承认外国法院判决的规定进行。

失效的法律

第 123 条

自本法生效之日起，《关于解决在特定关系上与其他国家的法律冲突的法律》① 终止适用。

本法的生效

第 124 条

本法自《马其顿共和国法律公报》公布后第八日生效。

---

① 即原南斯拉夫社会主义联邦共和国 1982 年颁布的《南斯拉夫社会主义联邦共和国关于解决在特定关系上与其他国家的法律冲突的法律》，简称《南斯拉夫法律冲突法》。——译者注

土耳其共和国2007年《关于国际私法与国际民事诉讼程序法的第5718号法律》*

（2007年11月27日文本）

第一章　国际私法

第一节　总则

第1条　适用范围

1. 具有外国因素的私法行为和私法关系的法律适用、土耳其法院的国际管辖权以及外国法院判决的承认与执行，由本法调整。

2. 土耳其共和国缔结或参加的国际条约的规定，不受本法影响。

第2条　外国法的适用

1. 法官依职权适用土耳其的冲突法规则以及根据这些规则所确定的外国法律。为查明所援引的外国法内容，法官可要求当事人给予协助。

2. 如果尽了所有努力仍不能查明适用于案件的外国法的相关规定，则适用土耳其法律。

3. 如果应适用的外国法的冲突规范指引另一法律，则仅在人法、家庭法方面的争议中遵守该指引，并适用该另一法律中的实体规范。

4. 在允许选择法律的情况下，适用所选法律的实体规范，但当事人另有其他明确约定的除外。

5. 如果应适用的法律所属国具有两个或多个在内容上相互歧异的法律区域，则由该国法确定应适用哪一区域的法律。若无此种规定，则适用与争议有最密切联系的区域的法律。

---

* 土耳其共和国《关于国际私法与国际民事诉讼程序法的第5718号法律》于2007年11月27日通过，公布于2007年12月12日土耳其第26728号《法律公报》第1~10页，并于2007年12月12日起施行。本法根据科隆大学教授Hilmar Krüger博士和Füsun Nomer-Ertan博士的德文译本翻译（资料来源：IPRax 2008，Heft 3，S. 283-290）。本译文原载于《中国国际私法与比较法年刊》第十二卷（2009），北京大学出版社2009年版，第513~530页。——译者注

第 3 条　连结点的变更

在根据国籍、住所或者惯常居所决定准据法的情况下，如果无相反规定，则以起诉时的国籍、住所或者惯常居所为准。

第 4 条　依照国籍原则确定准据法

在基于本法规定根据国籍原则确定准据法的情况下，若本法无相反规定，则：

（1）对于无国籍人和难民，适用住所地法；若无住所，适用惯常居所地法；若无惯常居所，适用该人在起诉时的所在地国法。

（2）对于同时具有土耳其国籍的多国籍人，适用土耳其法律。

（3）对于不具有土耳其国籍的多国籍人，适用与之有最密切联系的国家的法律。

第 5 条　违反公共秩序

如果适用于特定案件的外国法规定，明显违背土耳其的公共秩序，则不予适用；此时，如有必要，适用土耳其法律。

第 6 条　土耳其法律中直接适用的规范

在适用外国法的情况下，如果就土耳其法律中直接适用的规范的立法宗旨和适用范围而言，案情应以这些直接适用的规范为准，则适用土耳其法律中的这些规范。

第 7 条　法律行为的方式

法律行为，可以采用行为实施地法或者适用于法律行为的准据法中的实体规范所规定的方式完成。

第 8 条　时效

时效，依适用于相关法律行为或法律关系的法律。

第二节　连结规则

第 9 条　能力

1. 权利能力和行为能力，依当事人的本国法。

2. 如果某人依其本国法无行为能力，但依法律行为实施地国法有行为能力，则该人就该法律行为而言视为有行为能力。但该规定不适用于依家庭法、继承法所实施的法律行为以及涉及另一国境内的不动产物权的法律行为。

3. 根据当事人本国法为已成年者，并不因为国籍的变更而丧失其成年资格。

4. 法人、团体的权利能力和行为能力，依其章程所规定的管理中心所在地的法律。如果管理中心的实际所在地位于土耳其境内，则可适用土耳其法律。

5. 无章程的法人、无法人人格的团体的能力，依其管理中心的实际所在地法律。

第 10 条 监护、禁治产、照管

1. 设立或撤销监护、禁治产的原因，依为之请求设立或撤销监护、禁治产者的本国法。

2. 根据外国人本国法无法设立监护或不得被禁治产的，如果该外国人的惯常居所在土耳其境内，则依土耳其法律作出有关设立或撤销监护、禁治产的决定。在当事人被迫居留于土耳其的情况下，也适用土耳其法律。

3. 涉及禁治产、监护以及照管的所有事件，除有关设立或撤销监护、禁治产的原因之外，均依土耳其法律。

第 11 条 失踪或死亡宣告

失踪或死亡宣告，依被宣告失踪或死亡者的本国法。如果依照当事人的本国法不能宣告失踪或死亡，但当事人的财产在土耳其境内、其配偶或者其继承人之一为土耳其国民，则可依土耳其法律进行失踪或死亡宣告。

第 12 条 婚约

1. 订立婚约的能力和条件，依订立婚约时当事人各自的本国法。

2. 婚约的效力和后果，适用双方当事人的共同本国法，双方当事人国籍不同的，则适用土耳其法律。

第 13 条 婚姻及其一般效力

1. 结婚的能力和条件，依结婚时当事人各自的本国法。

2. 结婚的形式，适用婚姻举行地国法。

3. 婚姻的一般效力，依夫妻双方的共同本国法。当事人国籍不同的，适用的共同惯常居所地法，如无共同惯常居所地，则适用土耳其法律。

第 14 条 离婚和别居

1. 离婚和别居的原因及后果，依夫妻双方的共同本国法。双方当事人国籍不同的，适用共同惯常居所地法，如无共同惯常居所地，则适用土耳其法律。

2. 因夫妻离婚产生的扶养请求，适用本条第 1 款规定。别居和婚姻的无效，也适用该规定。

3. 离婚所产生的父母亲赡养以及父母亲赡养事项，亦依本条第 1 款规定。

4. 对临时措施的请求，适用土耳其法律。

第 15 条　夫妻财产关系

1. 就夫妻财产关系而言，夫妻双方可在其结婚时的惯常居所地法或者结婚时夫妻一方的本国法中作出明确选择；未作出法律选择的，适用结婚时夫妻双方的共同本国法，没有共同本国法的，适用结婚时夫妻的共同惯常居所地法，如果连共同惯常居所地也没有的，则适用土耳其法律。

2. 不动产财产的分配，适用该财产所在地国法。

3. 夫妻双方在结婚后又取得新的共同国籍的，在不影响第三人权利的条件下，可适用该新的共同国籍国法。

第 16 条　出身的确立

1. 出身的确立，依子女出生时的本国法；如果根据该法律，出身不能确立，则依子女的惯常居所地法。如果依照这些法律，出身均不能确立，则依子女出生时母亲或父亲的本国法；如果依照这些法律，出身仍不能确立，则依子女出生时母亲和父亲的惯常居所地法；如果依照该惯常居所地法也不能确立，则以子女的出生地法为准。

2. 出身的撤销，亦依出身据以确立的法律。

第 17 条　出身的效力

出身的效力，依出身据以确立的法律。但是，如果母亲、父亲和子女具有共同本国法的，则出身的效力适用该共同的本国法；无共同本国法的，则适用共同的惯常居所地法。

第 18 条　收养

1. 收养的能力和条件，依收养时当事人各自的本国法。

2. 收养以及夫妻另一方对收养的同意，一并适用夫妻双方的本国法。

3. 收养的效力，依收养人的本国法；夫妻双方共同收养的，依调整婚姻一般效力的法律。

第 19 条　扶养

扶养请求权，依扶养请求权人的惯常居所地法。

第 20 条　继承

1. 遗产继承，依死者的本国法。就土耳其境内的不动产而言，适用土耳其法律。

2. 遗产继承的开始、遗产的取得和分割，依遗产所在地法。

3. 位于土耳其境内的无人继承遗产，归土耳其国库所有。

4. 设立遗嘱的方式，适用本法第 7 条的规定。立嘱人按照其本国法规定的方式设立遗嘱的，亦为有效。

5. 设立遗嘱的能力，依立嘱人设立遗嘱时的本国法。

第 21 条　物权

1. 动产、不动产的所有权及其他物权，依实施法律行为时该物之所在地国法。

2. 处于运输途中之物的物权，适用送达地国法。

3. 在物的场所发生变化时，尚未取得的物权，依该物的最后所在地国法。

4. 与不动产物权有关的法律行为的方式，依物之所在地国法。

第 22 条　运输工具

1. 涉及航空运输工具、海上运输工具以及有轨运输工具的物权，适用其来源国法。

2. 涉及航空运输工具、海上运输工具以及有轨运输工具的物权，其来源国系指这些运输工具的注册登记地；海上运输工具无注册登记地的，则其来源国系指船籍港；有轨运输工具的来源国系指其发证许可地。

第 23 条　知识产权的准据法

1. 知识产权，依照据以提出保护请求的国家的法律。

2. 在侵权事件发生后，当事人各方可协议选择将法院地法适用于因侵害知识产权而提出的请求权。

第 24 条　合同之债的准据法

1. 合同之债，依当事人明示选择的法律。基于合同条款或者根据当时各种情况所推定的法律选择，具有同等效力。

2. 当事人可协议将所选择的法律适用于整个合同或者仅适用于合同的某部分。

3. 当事人可随时作出或者变更法律选择。在合同订立后进行的法律选择，只要不影响第三人的权利，亦属有效。

4. 当事人各方未选择法律的，合同之债适用与合同有最密切联系的法律。这种最密切联系的法律，系指承担特征性履行的债务人订立合同时的惯常居所地法；如果订立合同属于商业或职业行为，则指承担特征性履行的债务人的营业地法；若无营业地，则适用住所地法；如果承担特征性履行的债务人具有多个营业地，则适用与合同有最密切联系的营业地法。但是，如果根据当时的整体情况，合同与另一法律具有更密切的联系，则合同依该另一法律。

第 25 条　有关不动产的合同

有关不动产或者有关不动产使用的合同，依不动产所在地国法。

第 26 条　消费者合同

1. 非出于职业或者营业目的而订立的有关购置动产、提供服务或信贷的消费者合同，依当事人选择的法律，但不得剥夺消费者惯常居所地法中的强制性规范给予消费者的最低保护。

2. 当事人未选择法律的，适用消费者的惯常居所地法。要适用消费者的惯常居所地法，必须满足下列条件：

（1）在消费者惯常居所地国订立合同系由于给消费者的特别报价或广告所致，而且消费者为订立合同已在该国实施了必要的法律行为；或者

（2）合同另一方当事人或者其代理人已在该国接受了消费者的订单；或者

（3）如果涉及买卖合同，卖方为了促使消费者订立合同而安排了一次旅行，而消费者必须已旅行至其惯常居所地以外的另一国并在该另一国提交了订单。

3. 在本条第 2 款所指情形下成立的消费者合同，其形式适用消费者的惯常居所地法。

4. 除了一揽子旅游外，本条不适用于运输合同和有必要在消费者惯常居所地国以外的其他国家向消费者提供服务的合同。

第 27 条　雇佣合同

1. 雇佣合同，依当事人选择的法律，但不得剥夺雇员惯常作业地法中的强制性规范给予雇员的最低保护。

2. 当事人未选择法律的，雇佣合同适用雇员从事惯常劳动的作业地法。雇员临时在另一国从事劳动的，则该作业地不得视为惯常作业地。

3. 假如雇员持续在多个国家从事劳动，而不是在一个特定国家从事惯常劳动，则雇佣合同适用雇主的主要管理机构所在地国法。

4. 如果根据当时的整体情况，雇佣合同与另一法律具有更密切联系，则雇佣合同适用该另一法律，而不适用本条第 2 款和第 3 款的规定。

第 28 条　涉及知识产权的合同

1. 涉及知识产权的合同，依当事人选择的法律。

2. 当事人未选择法律的，合同关系适用转让知识产权或其使用权的一方当事人在订立合同时的营业地法；该当事人无营业地的，适用其惯常居所地法。但是，如果根据当时的整体情况，合同与另一法律具有更密切联系，则合同依该另一法律。

3. 雇员与雇主之间有关无形财产权的合同，如果该无形财产权系由雇员

在其工作范围内并在作业期间创设，则适用支配雇佣合同的法律。

第 29 条　货物运输合同

1. 货物运输合同，依当事人选择的法律。

2. 当事人未选择法律的，适用与合同有最密切联系的国家的法律；承运人在订立合同时的主要营业地所在国推定为与合同有最密切联系的国家，但以装载地、卸载地或者发运人的主要营业地也在该国境内为条件。单程租船合同以及与货物运输的主要标的物有关的其他合同，亦依本条规定。

3. 如果根据当时的整体情况，货物运输合同与另一法律具有更密切联系，则合同依该另一法律。

第 30 条　代理权

1. 被代理人和代理人之间代为实施法律行为的权限，依适用于他们之间的合同关系的法律。

2. 代理人为被代理人向第三人实施代理行为的条件，依代理人的营业地法。代理人无营业地、第三人无法知悉该营业地或者在营业地之外行使代理权的，代理权依其实际行使地国法。本款规定也适用于无权代理时代理人和第三人之间的法律关系。

3. 如果代理人和被代理人之间存在雇佣关系，而且代理人无任何自己的营业地，则代理权依被代理人的营业地国法。

第 31 条　直接适用的规范

在适用支配合同关系的法律时，如果第三国法律与合同具有密切联系，则应考虑该第三国法律中直接适用的规范。① 在考虑这些规范以及判断应否适用这些规范时，应考察这些规范的目的、定性、内容及后果。

第 32 条　合同关系的成立及其实质效力

1. 合同关系或者合同某条款的成立及其实质效力，依假定该合同有效时应适用的法律。

2. 如果当时的情况表明，一方当事人行为的效力由第 1 款所指的应适用的法律支配显失公平，则意思表示的成立，适用主张其同意为无效的该方当事人的惯常居所地国法。

---

① 与本法第 6 条规定有所不同，第 31 条指的是：不论合同由内国法还是外国法支配，均要考虑第三国法律中的强制性规范。至于如何解释第 6 条和第 31 条彼此间的关系，或许只能由司法判例来回答。——译者注

第 33 条　履行的种类、方式和措施

对于行为、法律行为以及在履行合同时对物采取的保护措施，应考虑行为的实施地、法律行为的成立地或者措施的采取地国法。

第 34 条　侵权行为

1. 侵权行为所生之债，依侵权行为实施地国法。

2. 当侵权行为的行为地与结果发生地位于不同国家时，适用结果发生地国法。

3. 侵权行为所生之债与另一国具有更密切联系的，则适用该另一国法律。

4. 受害人可直接根据适用于侵权行为或保险合同的法律规定，向责任人的保险人提出赔偿请求。

5. 在侵权行为发生后，当事人可明示选择应适用的法律。

第 35 条　侵害人格权的责任

1. 因通过诸如出版物、无线电广播、电视等媒体以及通过互联网或者其他大众通信手段侵害人格权而产生的请求权，依受害人的选择适用：

（1）受害人的惯常居所地国法，但必须以施害人能预料损害发生在该国境内为条件；

（2）施害人的营业地国法或惯常居所地国法；

（3）损害产生地国法，但必须以施害人能预料损害发生在该国境内为条件。

2. 人格权被侵害时，对周期性媒体所提出的抗辩权，只能适用印刷品发行地或广播发射地国法。

3. 因处理个人数据以及由于损害个人数据的知情权致使人格权受到侵害而产生的请求权，亦适用本条第 1 款的规定。

第 36 条　制造者的非合同性责任

因产品造成损害而产生的责任，依受害人的选择适用施害人的惯常居所地、营业地或者产品获得地国法。施害人不得为了适用产品获得地国法，而指证该产品系在未征得其同意的情况下进入该国。

第 37 条　不正当竞争

1. 因不正当竞争而产生的请求权，依直接产生不正当竞争效果的市场所在地国法。

2. 如果不正当竞争的权利损害只针对受害人的商业利益，则适用企业的营业地国法。

第 38 条　妨碍竞争

1. 因妨碍竞争而产生的请求权，依该妨碍行为直接涉及的市场所在地国法。

2. 在土耳其发生的妨碍竞争行为受外国法支配时，所提出的损害赔偿额不得高于假设适用土耳其法律所得的赔偿额。

第 39 条　不当得利

1. 因不当得利而产生的请求权，适用支配该得利行为据以发生的既有的或者推定的法律关系的法律。在其他情况下，不当得利适用不当得利发生地国法。

2. 不当得利发生后，当事人可明示选择应适用的法律。

第二章　国际民事诉讼程序法

第一节　土耳其法院的国际管辖权

第 40 条　国际管辖权

土耳其法院的国际管辖权，依国内法中有关属地管辖权的规则确定。

第 41 条　有关土耳其国民法律地位的诉讼

土耳其国民，如果外国法院对于有关其法律地位的诉讼不予管辖或者不能管辖的，则可在具有属地管辖权的土耳其法院提起该诉讼；如果这种法院不存在，则可向位于土耳其境内的其居所地法院起诉；在土耳其境内无居所地的，则向土耳其境内的其最后住所地法院起诉；无最后住所地的，由安卡拉、伊斯坦布尔或伊兹密尔法院管辖。

第 42 条　有关外国人法律地位的各种诉讼

在土耳其境内无住所的外国人，有关其监护、照管、禁治产、失踪和死亡宣告的诉讼，由当事人在土耳其境内的居所地法院管辖，无居所地的，由其财产所在地法院管辖。

第 43 条　有关遗产继承的诉讼

有关遗产继承的诉讼，由死者在土耳其境内的最后住所地法院管辖；如果死者在土耳其境内无最后住所地，则由遗产所在地法院管辖。

第 44 条　有关雇佣合同和雇佣关系的诉讼

对于因雇佣合同以及因个人之间的雇佣关系引起的争议，由雇员从事惯常劳动所在的土耳其境内的作业地法院管辖。对于雇员向雇主提起的诉讼，雇主住所地法院、雇员住所地法院或者雇员惯常居所地的土耳其法院均可管辖。

第 45 条　有关消费者合同的诉讼

1. 对于因本法第 26 条所指的消费者合同引起的争议，依消费者的选择由消费者的住所地、惯常居所地以及对方当事人的营业地、住所地或惯常居所地的土耳其法院管辖。

2. 对于因第 1 款所指消费者合同而对消费者提起的诉讼，由消费者惯常居所地的土耳其法院管辖。

第 46 条　有关保险合同的诉讼

对于因保险合同引起的争议，由保险人的主要管理机构所在地以及保险人在土耳其的分支机构所在地或者代表保险人签订保险合同的保险人代理机构的营业地的土耳其法院管辖。向投保人、被保险人或者受益人提起的诉讼，由该投保人、被保险人或者受益人的住所地或者惯常居所地的土耳其法院管辖。

第 47 条　协议管辖及其限制

1. 在土耳其法院无专属管辖权的属地管辖案件中，当事人可以就涉外合同争议协议选择由外国法院管辖。合同的效力应加以书面证明。对于外国法院认为无管辖权或者对土耳其法院行使管辖权不提出任何异议的诉讼，由土耳其法院管辖。

2. 第 44 条、第 45 条和第 46 条所规定的属地管辖权，不得由当事人的协议予以排除。

第 48 条　诉讼担保

1. 外国自然人或者法人在土耳其法院提起诉讼、参加诉讼或者请求强制执行的，应按照法院规定的方式向土耳其法院提供诉讼担保，以支付诉讼费、执行费以及可能向对方当事人支付的损失赔偿费。

2. 存在互惠关系时，法院可免除原告、诉讼参加人或者请求强制执行者提供担保的义务。

第 49 条　外国国家的司法豁免权

1. 外国国家在参与私法关系而产生法律争议时，不得享受司法豁免权。

2. 在上述情况下，可向外国国家的外交代表送达司法文书。

第二节　外国法院判决及仲裁裁决的承认与执行

第 50 条　执行令

1. 外国法院作出的，并且根据该国法律已经发生法律效力的民事判决，仅在当土耳其主管法院签发执行令时，方能在土耳其得到执行。

2. 外国法院在刑事判决中作出的附带私法关系的判决，同样可依照有关规定申请发布执行令。

第 51 条　属物管辖和属地管辖

1. 在属物管辖中，由大区法院签发执行令。

2. 请求发布执行令的申请应向被申请执行者在土耳其的住所地法院提出；无住所地的，向被申请执行者的居所地法院提出；如果在土耳其境内既无住所又无居所，则向安卡拉、伊斯坦布尔或者伊兹密尔法院提出。

第 52 条　请求执行的申请书

任何对执行判决有合法利益者均可请求执行判决。请求执行的申请书应以书面作成。申请书的份数应与对方当事人的人数相同。申请书应包括下列内容：

（1）申请人、被申请人的姓名、住址，如果有法定代表人或代理人的，应包括这些人的姓名和地址。

（2）作出判决的法院所属国国名、法院名称、作出判决的日期、判决的编号和判决概要。

（3）如果只希望执行部分判决，应指明要执行的部分。

第 53 条　附加于申请书的文件

请求执行的申请书应附加下列文件：

（1）经外国主管机关认证的外国法院判决书原件，或者经作出判决的司法机关认证的判决书副本以及经过公证的译本。

（2）确认判决发生法律效力的证明或者经该国主管机关认证的文件，以及经公证的译本。

第 54 条　请求执行的条件

符合下列条件的，由主管法院签发执行令：

（1）土耳其共和国与作出判决的外国之间存在互惠保证的协定，或者该外国有可能基于法律规定或司法实践承认土耳其法院的判决；

（2）判决涉及的对象不在土耳其法院专属管辖案件之列，或者判决系由与诉讼标的或者当事人无任何实际联系却自认为有管辖权的法院作出，而被告也对此未提出异议；

（3）判决未明显违反公共秩序；

（4）被申请执行人对于执行申请书未向土耳其法院提出任何下列异议：被申请人未被按照有关国家的法律规定进行合法传唤、未被通知出庭应诉、缺席判决，或者判决系在被申请人未出庭的情况下作出并违反了该外国的法律。

第 55 条　送达与异议

1. 请求执行的申请书应在法院审结的当天与判决书一并送达对方当事人。对非讼案件所作裁定的承认与执行亦适用本规定。对于无对方当事人而作出的非讼案件的裁定，不适用有关送达的规定。申请书将按照简易程序的有关规定进行审查，待裁决作出后该简易程序即终止。

2. 对方当事人可以以申请执行不符合本节规定的条件，或外国判决已部分执行或全部执行，以及执行裁决存在困难等理由而提出抗辩。

第 56 条　法院裁定

法院可裁定部分或全部执行外国判决，或驳回执行请求。该裁定应载明于外国判决之下，由法官签名并加盖公章。

第 57 条　执行裁决和上诉

1. 裁定予以执行的外国判决，依照执行土耳其法院所作判决一样的程序予以执行。

2. 对法院作出执行判决或驳回执行请求的裁定而提起的上诉，适用一般规定。当事人提起上诉的，执行即中止。

第 58 条　承认

1. 经法院查明符合执行条件的外国法院判决，可作为不可撤销的证据或者作为具有法律效力的裁判予以承认。但此种承认不适用第 54 条第 1 项规定。

2. 对非讼案件所作裁定的承认，也适用本条规定。

3. 如果基于外国法院判决的行政行为应在土耳其执行，适用与上述相同的程序。

第 59 条　作为具有法律效力的判决和不可撤销的证据的效力

外国判决一旦具有法律效力，则视为具有法律效力的判决或不可撤销的证据。

第 60 条　外国仲裁裁决的执行

1. 具有法律效力、具有执行力或者对各方当事人具有约束力的外国仲裁裁决，可宣告予以执行。

2. 请求执行外国仲裁裁决的，应向当事人通过书面协议选择的大区法院提出书面申请。当事人未协议选择的，可向仲裁裁决的被执行方当事人在土耳其的住所地管辖法院提出；被执行方当事人在土耳其无住所的，可向其在土耳其的居所地法院提出，如果连居所地也没有，则向可被执行的财产所在地法院提出。

第 61 条　申请和程序

1. 请求执行外国仲裁裁决的当事人，除了提交与对方当事人的人数相应的书面申请外，还应附上下述文件：

（1）仲裁协议或仲裁条款的原本，或经公证的副本；

（2）具有法律效力和执行力的或者对各方当事人具有约束力的仲裁裁决的原本，或经公证的副本；

（3）本条第 1 项和第 2 项所指文件的经公证的译本。

2. 法院在就仲裁裁决的可执行性问题作出裁定时，类推适用第 55 条、第 56 条和第 57 条的规定。

第 62 条　拒绝（执行外国仲裁裁决的）理由

1. 在下列情况下，法院应驳回执行外国仲裁裁决的申请：

（1）无仲裁协议或者在主合同中未订明仲裁条款的；

（2）仲裁裁决违反公序良俗；

（3）根据土耳其法律，作为仲裁裁决对象的争议不得采用仲裁程序裁决；

（4）仲裁员未通知当事人一方出庭，并且该当事人也未事后明示同意的；

（5）被申请执行一方的当事人未被通知指定仲裁员或未被给予提出辩护的机会；

（6）根据当事人协议选择的法律，或者未协议选择法律时根据仲裁裁决地法，仲裁协议或仲裁条款无效；

（7）指定仲裁员或者仲裁员适用的程序违反当事人的协议，或者当事人无此协议时，违反仲裁裁决地法律；

（8）仲裁裁决所涉及的事项，在仲裁协议或仲裁条款中未作规定，或者超越了仲裁协议或者仲裁条款规定的范围；

（9）根据仲裁地国的法律规定或者根据仲裁程序，仲裁裁决尚无法律效力、尚不能执行或者尚不具有约束力，或者仲裁裁决已被裁决地的主管机关撤销。

2. 对于第 1 款第 4 项至第 9 项规定的情况，由被申请执行一方的当事人负责举证。

第 63 条　对外国仲裁裁决的承认

对外国仲裁裁决的承认，同样依有关执行仲裁裁决的规定。

第三章　最后条款

第 64 条　被废除的法律条款

失去法律效力的有：

（1）1982 年 5 月 20 日关于国际私法与国际诉讼程序法的第 2675 号法律；

（2）1956 年 6 月 29 日第 6762 号法律即《土耳其商法典》第 866 条第 2 项；

（3）1951 年 12 月 5 日第 5846 号法律即《土耳其有关精神作品和艺术品的法律》第 88 条。

第 65 条　生效

本法自公布之日起生效。

第 66 条　实施

本法的规定由部长理事会负责实施。

捷克共和国 2012 年 1 月 25 日
《关于国际私法的法律》[*]

捷克共和国议会通过下列法律：

第一编　总则

第 1 条　调整对象

本法在含有国际因素的关系方面调整的是：

（a）私法关系应依照哪一国家的法制（Rechtsordnung）确定，包括适用所指定的准据法以外的其他规定；

（b）外国人和外国法人在私法关系中的法律地位；

（c）法院和其他机关在调整和裁决（a）项和（b）项所述关系时的管辖权和程序，包括当国际因素本身构成一个单独诉因时的诉讼程序；

（d）外国判决的承认与执行；

（e）与外国之间的司法协助；

（f）与破产有关的某些事项；

（g）与仲裁程序包括外国仲裁裁决的承认与执行有关的某些事项。

第 2 条　国际条约与欧洲联盟的规定

在经公布的，并对捷克共和国有约束力的国际条约范围内，以及在欧盟可

---

[*] 捷克共和国 2012 年 1 月 25 日《关于国际私法的法律》（**Zákon** ze dne 25. ledna 2012 o **mezinárodním právu soukromém**）公布于《捷克法律公报》第 91/2012 号，自 2014 年 1 月 1 日起施行。本法根据科隆大学学术助理 Martin T. Ondrejka 和布拉格卡尔大学 Peter Dobiáš 博士的德文译本翻译（资料来源：IPRax 2014，Heft 1，S. 91-109），官方文本为捷克语。本译文原载于《中国国际私法与比较法年刊》第十七卷（2014），法律出版社 2016 年版，第 360~391 页。湖南师范大学法学院副教授王葆莳博士对部分条文的措辞提出了宝贵的意见，在此谨致谢意。——译者注

直接适用的法律规定①的框架内，本法得以适用。

第 3 条　法律条款中可强行适用的规定

本法的规定，不得排除适用捷克法制中那些载明在其适用范围内，无论法律关系依照哪一法制确定，均必须强行适用的法律规定。

第 4 条　公共秩序保留

依照本法规定本应适用的外国法制中的规定，如其适用的结果显然违背公共秩序的基本原则，则不予适用。基于同样理由，外国判决、外国法院和解、外国公证书及其他文书、外国仲裁裁决、司法协助方面的诉讼行为以及对在外国或依照外国法制产生的法律事实的认可，均不得予以承认。

第 5 条　法律规避

为了能不适用本法的强行规定，或者为了使故意制造或伪造的事实未发生时本应适用的法律以外的其他法律得以适用而故意制造或伪造的事实，不予考虑。

第二编　国际民事诉讼法的一般规定

第一题　审判权(Gerichtsbarkeit)

第 6 条　捷克法院的审判权

1. 如果依照捷克法律规定，所在地位于捷克共和国的法院具有管辖权（zuständig）时，则捷克法院享有审判权，但本法或其他法律另有规定的除外。

2. 如果捷克法院享有审判权，则其对因同一法律关系或同一事实而引起的反诉亦有审判权。

第 7 条　捷克法院审判权的例外

1. 外国国家因履行其国家、政府或其他公共权能或职能而实施的诉讼行

---

① 例如：欧洲议会与理事会 2008 年 6 月 17 日《关于合同之债法律适用的第 593/2008 号条例》（“罗马Ⅰ”）、欧洲议会与理事会 2007 年 7 月 11 日《关于非合同之债法律适用的第 864/2007 号条例》（“罗马Ⅱ”）、欧盟理事会 2000 年 12 月 20 日《关于民商事管辖权及判决的承认与执行的第 44/2001 号条例》、欧盟理事会 2003 年 11 月 27 日《关于婚姻事项及父母亲责任事项的管辖权、判决的承认与执行并废除第 1347/2000 号条例的第 2201/2003 号条例》、欧盟理事会 2008 年 12 月 18 日《关于扶养义务事项的管辖权、法律适用、判决的承认与执行以及合作的第 4/2009 号条例》、欧盟理事会 2009 年 11 月 30 日《关于由欧洲共同体签订 2007 年 11 月 23 日〈有关扶养义务法律适用的海牙议定书〉的决定》、欧盟理事会 2000 年 5 月 29 日《关于破产程序的第 1346/2000 号条例》。

为及事实性的行为（tatsächliche Handlungen），包括其用于或被指定用于实施上述行为的财产而涉诉时，不受捷克法院审判权的约束。

2. 捷克法院审判权的例外情形，并不包括其他行为、诉讼性的和事实性的行为或事件以及依照一般国际法或国际条约可在另一国法院向某外国国家主张权利的范围内的行为或事件。

3. 根据国际条约、一般国际法或者捷克法律规范而在捷克共和国享有特定豁免权的人、国际组织和机构，不受捷克法院审判权的约束。

4. 第 1 款和第 3 款的规定也适用于送达文书、传唤证人、执行判决和其他诉讼行为。

5. 向外国国家、国际组织和机构以及在不属于免受捷克法院审判权约束的情形下享有豁免权的个人送达时，由外交部转交。如果依照这种方式无法送达，则由法院指定替代人选。

6. 捷克其他公共权力机关在对本法所调整事项作出裁判时，其程序类推适用第 1 款至第 5 款的规定。

第二题　关于诉讼程序的规定

第 8 条　一般规定

1. 捷克法院应根据捷克诉讼程序的规定进行审理。在诉讼过程中，所有当事人在主张其权利时享有平等地位。

2. 其他国家未决的诉讼程序并不妨碍相同当事人就同一事项在捷克法院提起诉讼。在其他国家提起的诉讼尚未审结，之后又向捷克法院提起诉讼的，如果外国机关所作的判决预期能在捷克共和国得以承认，则向捷克法院提起的诉讼应予中止。

外国人和外国法人的诉讼地位

第 9 条

1. 外国人的诉讼行为能力，依其经常居所地国法律；但其根据捷克法律具有诉讼行为能力的，即视为有此种能力。

2. 外国人不是自然人的，其诉讼行为能力依其设立地法律；但其根据捷克法律具有诉讼行为能力的，即视为有此种能力。

第 10 条

在有互惠保证时，外国人和外国法人与捷克共和国国民一样，在同等条件下有权请求免交诉讼费用，提供担保，并有权为维护其权利而申请无偿法律援助。互惠保留不适用于欧洲联盟成员国和欧洲经济区其他国家的国民。

第 11 条

1. 法院可根据被告的申请，责令经常居所地位于外国的外国人和请求作出财产纠纷判决的外国法人提供诉讼费用担保。若其在法院指定的期限内不提供担保，法院在不违背被告意愿的情况下继续或终止诉讼程序，并通知原告。

2. 在下列情况下，不得责令提供担保：

(a) 虽然被告明知原告不是捷克共和国国民、捷克法人或者已丧失捷克国籍，不再是捷克法人，或者在捷克共和国无任何经常居所却应诉，或者在实施诉讼行为以后才申请诉讼担保的；

(b) 对同一类案件，原告的本国对捷克共和国国民或捷克法人不要求提供诉讼担保的；

(c) 原告在捷克共和国境内的不动产足以支付在诉讼程序中给被告产生的各种费用；

(d) 以申请支付令的方式启动诉讼程序的，或者

(e) 原告被免除诉讼费用和预付税金的。

3. 欧盟成员国或者组成欧洲经济区的其他国家的国民不得被课加提供担保的义务。

第 12 条　外国公文书

1. 由外国的法院、公证人或机关签发的文书，只要在签发地具有公文效力，或者由在捷克共和国任职的外交代表或领事官员签发，经规定的认证，则在捷克共和国境内亦有公文的证据效力。

2. 在外国签发的文书，虽未经规定的认证，但只要符合国际法习惯，并且捷克共和国的主管驻外代表毫不怀疑其真实性，则该驻外代表应在该文书上注明其对该文书的真实性没有疑义。

第 13 条　互惠的认定

司法部应根据请求向法院提供有关外国互惠方面的信息。

第三题　外国判决的承认与执行

第 14 条

外国法院和行政机关对那些属于捷克法院管辖范围内的私法案件所作的判决，以及有关此类事项的外国法院和解、公证文书或其他公文书（以下简称

“外国判决”），如果其经外国主管机关的确认已发生法律效力并且已得到捷克（审判）机关的承认，则在捷克共和国具有法律效力。

第 15 条

1. 如果本法无其他特别规定，在下列情况下不得承认外国判决：

（a）案件应由捷克法院专属管辖，或者虽然根据有关捷克法院管辖权的规定外国机关具有审判权，但其诉讼程序不为任何外国机关所使用的，除非外国判决的相对当事人自愿服从该外国机关的审判；

（b）在捷克法院就同一法律关系提起的诉讼尚未审结，并且提起该诉讼的时间早于在外国提起的就其判决请求予以承认的诉讼；

（c）对同一法律关系，捷克法院已作出了生效判决，或者第三国审判机关作出的生效判决已在捷克共和国得到承认；

（d）外国审判机关在审理案件时剥夺了本应承认的判决的相对当事人依法参加诉讼的机会，尤其是未向当事人本人送达传票和起诉状；

（e）承认外国判决违反捷克公共秩序的；或者

（f）无互惠保证的；但外国判决不针对捷克共和国国民或捷克法人的，不要求有互惠关系。

2. 第 1 款第（d）项所述的法律障碍（Hindernis），仅在应予承认的判决所针对的诉讼当事人提出申请时方予以考虑。该规定亦适用于第 1 款第（b）项和第（c）项所述的障碍，除非承认外国判决的机关已知晓该障碍的存在。

第 16 条

1. 对于外国法院就财产案件所作的判决，如同捷克审判机关所作出的判决一样，捷克法院予以事实承认，无需特别的宣告。反之，如果因公共秩序保留或者由于其他可被直接考虑的拒绝承认的事由而被提出异议，则中断诉讼程序，诉讼程序的恢复期限类推适用第 2 款的规定。该事由依法消失后或者在上述期限届满仍无成效，被中断的诉讼程序继续进行。

2. 如果本法未规定外国判决无需其他程序地予以承认，那么，就其他事项所作的外国判决，应基于一项特殊裁决予以承认。即使在外国判决无需其他程序而予以承认的情况下，也可基于申请而通过特殊裁决予以承认。主管受理宣告承认外国判决的属地法院，一般为请求承认的普通区法院，在其他情况下，除非本法另有规定，则为对承认该判决有影响的案件事实发生地或者可能发生地在其辖区的区法院。法院以判决书的形式就承认事宜径行作出裁决，而无须进行审理。

3. 对于外国有关财产权利的判决，只要满足本法所规定的承认条件，则由捷克法院裁决发布执行令予以执行，并附具理由。

第四题　有关承认与执行外国判决的特别规定

第 17 条

在那些根据欧盟可直接适用的法律条款或者国际条约的规定，要求有可执行宣告的承认与执行程序中，本题的规定可予以适用。

第 18 条

如果一方当事人已依照欧盟可直接适用的法律条款或者国际条约的规定，请求以特别程序就承认事宜作出裁决，则法院以判决书的形式就承认事宜径行作出裁决，而无须进行审理。

第 19 条

1. 在申请可执行性宣告的同时，亦可根据其他法律规定提出申请，要求对执行该判决作出安排。在这种情况下，法院应在一份合一判决书中对这两项申请单独作出裁决，并必须附具理由。即使只针对其中一项申请作出裁决，亦应附具理由。

2. 假如法院依照第 1 款的规定进行诉讼，并且欧洲联盟可直接适用的法律条款或国际条约所规定的对有关承认或执行外国判决的裁决的上诉期限比其他法律针对执行一项判决所作的裁决提起上诉所规定的期限更长，则该较长的期限也适用于针对执行一项判决的可执行性宣告所作裁决提起的上诉。

3. 如果受理上诉的法院对据以不承认外国判决的理由进行审查，并且第一审法院未曾依照欧盟可直接适用的法律条款或国际条约中的规定对这些理由进行审查而将这些理由作为不予承认外国判决的理由，则上诉法院会因为一审法院拒绝该请求而推翻其判决。

4. 要求对一项判决作出可执行性宣告的裁决，其发生法律效力的时间不得早于据以宣告该判决具有可执行性的要求。

第三编　国际私法的一般规定

第 20 条　识别

1. 为了找到可适用的冲突规范以确定准据法而对一个特定法律关系或法律问题进行的法律评判，通常依照捷克法律。

2. 对于特定的法律关系或法律问题应适用一个以上法制的法律规定的，

在依照第 1 款规定对这些法律规定进行评判时，应考虑该规定在其本国法制中所承担的职能。

3. 如果既已确定了基本法律关系的准据法，通常也依照该法律来评判与该基本法律关系有牵连的特定法律关系或法律问题。

4. 在本法冲突规范中规定的用以确定准据法的连结标准，依照捷克法律进行评判。

第 21 条　反致与转致

1. 本法规定应适用外国法，而该外国法规定又反致捷克法律的，则适用捷克法律中的实体法条款。外国法规定指向另一外国法律的，则适用该另一外国的实体法规定，前提是其依照该国的冲突法规定应予以适用；在其他情况下，适用捷克法律中的实体法规定。

2. 反致和转致不适用于债权债务关系和劳动法律关系。当事人协议选择准据法的，则仅在当事人协议有规定时方考虑其冲突法规定。

第 22 条　先决问题

1. 在确定先决问题的准据法时，适用本法的规定。捷克法院对于某先决问题无审判权，而又要对其作出单独裁决的，则为了确定该先决问题的准据法，应适用据以确定主要问题的法律所属国的冲突法规定，前提是该主要问题应适用外国法。

2. 如果捷克主管机关、某一外国法院或者机关曾对先决问题作出了具有法律效力的判决，而该判决又满足在捷克共和国予以承认的条件，则法院应遵从该判决。

第 23 条　外国法的查明与适用

1. 如本法无其他规定，外国法的规定应如同在其来源国一样，以同样的形式、在同样的范畴内依职权适用。为了对案件作出实体判决而应予适用的外国法规定，如果其并不违反捷克的强行法规定，则在其效力范围内予以适用，无需考虑其制度属性或其公法性质。

2. 如无其他相反规定，依职权查明根据本法应予适用的外国法的内容。法院或对本法所调整事项作出裁决的公共权力机关，为了确定外国法的内容应采取一切必要措施。

3. 如果法院或对本法所调整事项作出裁决的公共权力机关不熟谙外国法的内容，为查明该外国法之目的，可以要求司法部发表意见。

4. 如果应适用其法律的国家存在多个具有不同法制的领土单位或者对特定的人群施行不同的法律规定时，则根据该国的法律规定来决定应适用哪一法制（法域）的法律。

5. 如果在合理的时间内不能查明或者无法查明外国法，则适用捷克法律。

第 24 条　例外地、辅助性地确定准据法

1. 依照本法规定本应适用的法制，如果考虑案件的所有情势，尤其是根据法律关系当事人的正当期望，适用所援引的法律显得不合理，有悖于理性、合理地调整现有法律关系，则作为例外不予援用。在这种条件下，如果不涉及第三人权利，则适用适于调整该法律关系的法制。

2. 对于在本法适用范围内的特定法律关系或法律问题，如果不能根据其他法律的规定确定其准据法，则该法律关系或法律问题适用与其有最密切联系的国家的法律，但当事人已为其选择了法律或者已表明适用某一特定法律的除外。

第 25 条　其他外国法中的强行适用规定

即使本法对适用其他国家法制的条款未作出规定，但只要根据该法所属法制的规定，无论法律关系所涉的权利和义务应依哪一法制，其均应予以适用，则可基于一方当事人的请求，适用该其他国家法制的规定。适用该法制的前提是，法律关系所涉的权利和义务与该其他国家有充分的重要联系，并且在该法律规定的特性、目标或者结果——尤其是对当事人而言，其适用或不适用将产生的结果——方面具有正当性。援引此种法律规定的当事人，必须提供有关该法律规定的效力和内容的证据。

私法关系中的外国人和外国法人的法律地位

第 26 条

1. 外国人，系指非捷克共和国国民的自然人。外国法人，系指其注册登记地在捷克共和国领域外的法人。

2. 外国人和外国法人在人身权和财产权方面享有与捷克国民和法人同等的权利和义务，但本法或特别法另有规定的除外。

3. 如果某外国将捷克国民或法人与其本国国民或法人进行区别对待，外交部可同捷克主管机关以在官方公报告知的方式决定不适用第 2 款规定。但该规定不适用于所涉的外国人或者外国法人根据欧洲联盟法享有与捷克共和国国民或捷克法人同等权利或义务的情形以及将侵犯外国人人权的情形。

第 27 条

外国人和外国法人在捷克共和国领域内实施劳动法、著作权法和职业保护法方面的经营行为时，其地位依照其他法律规定。

第 28 条　多重国籍或者国籍不明

1. 某人在（法院）作出裁决时为捷克共和国国民，并且其他国家也将他视为其国民的，则以捷克共和国的国民身份为准。

2. 某人在（法院）作出裁决时同时有多个外国国籍，则以最后取得的国籍为准，但该人的生活重心在具有其国籍的另一外国的情形除外；此时，以其生活重心所在国的国籍为准。

3. 在（法院）作出裁决时不具有任何国家的国籍或者其国籍无法根据第 2 款确定者，视为作出裁决时其经常居所所在国的国民；如果其经常居所无法确定，则视为作出裁决时其居所所在国的国民。如果其居所也无法确定，则为本法之目的，视其为捷克共和国国民。

4. 如果某人为请求国际法保护者、受认可的避难者或其依照避难法而享受额外的保护，或者其依照其他法律或者国际条约的规定属于无家可归者，则其身份地位依照《关于难民地位的公约》和《关于无国籍人地位的公约》的规定确定。

第四编　关于各类私法关系的规定

第一题　权利能力与行为能力

第 29 条　自然人

1. 人的权利能力与行为能力，依照该人的经常居所所在国的法制确定，但本法另有规定的除外。

2. 如果本法无其他规定，实施法律行为的自然人依照其实施该法律行为所在地的现行法制具有此种能力，即视为有能力。

3. 自然人姓名的更改，依照其国籍国法。该自然人可援引适用其经常居所所在国的法制。

第 30 条　法人

1. 法人的法律人格以及不同于自然人的权利能力，依照其据以设立的国家的法制。依照该法制确定的事项还包括：法人的商号、名称以及内部的股份关系，法人与其股东或理事的关系，股东之间或者理事之间的相互关系，股东或理事对法人债务的责任，谁代表法人机构行事，以及法人的消灭。

2. 就法人开展日常业务的限制而言，只要该法人在开展该业务时依照该行为实施地的现行法制具有此种能力即可。

3. 注册登记地在捷克共和国的法人，只能依照捷克法制设立。依照外国法设立、所在地在外国的法人将其注册登记地迁入捷克共和国境内的可能性，只要国际公约、欧盟可直接适用的法律条款或者其他法律规定允许，则不受影响。

签发汇票或支票的能力

第 31 条

1. 一个人处理汇票债务或支票债务的能力，依照其国籍国法确定。如果国籍国法规定以另一国法律为准，则适用该另一国法律。

2. 依照第 1 款所指的法律不具有处理汇票债务或支票债务能力的人，只要其依照汇票或支票签发地国法具有（签发）汇票或支票的能力，则同样有效地承担义务。涉及捷克共和国国民或者在捷克共和国境内有经常居所的人时，该规定不适用。

第 32 条

支票的付款人，由支票兑付地国法确定。如果依照该法，支票对付款人失效，只要支票所载明的签发地国的法律未规定支票因此而失效，则因签发支票而产生的义务依然有效。

对行为能力的限制和照管事项

第 33 条

1. 对于行为能力的限制事项和照管事项，如果所涉当事人在捷克共和国具有经常居所或者为捷克国民，即使其经常居所在外国，捷克法院均具有审判权。如果外国采取的措施能充分保护捷克国民的权利和利益，则捷克法院不必启动司法程序。

2. 如果根据第 1 款规定捷克法院不具有审判权，则捷克法院仅限于实施为保护捷克国民的人身和财产所必要的行为，并告知该人经常居所地国的主管当局。如果外国主管当局在一定期限内未确定该人的法律地位时，则捷克法院可确定其法律地位。

3. 如果涉及请求予以国际保护者、避难者或者依照特别法律规定而享受额外保护者，则捷克法院无需依照第 2 款规定进行告知。此时，捷克法院可确定该人的法律地位。

第 34 条

成立及解除照管的条件、限制及丧失行为能力的条件，依照被照管人的经常居所地国法确定。照管原则上及于被照管人的人身及其财产，而无需考虑该财产位于何处，前提是该财产所在国认可该照管措施。

第 35 条

接受照管及履行照管的义务，适用照管人的经常居所地国的法制。

第 36 条

照管人和被照管人之间的法律关系，适用照管法院和照管机关所在地国的法制。

第 37 条

如果第 34~36 条无其他规定，则由捷克法院依照捷克实体法指定照管。

第 38 条

外国人的国籍国或者经常居所所在国的法院或机关就该外国人的禁治产或剥夺自由事项以及照管事项所作的具有法律效力的判决，无需其他程序地一概予以承认。

死亡宣告或失踪宣告

第 39 条

1. 捷克国民的死亡或失踪宣告，由捷克法院专属管辖。

2. 捷克法院可宣告外国人死亡或失踪，其法律后果及于捷克国民、在捷克共和国境内有经常居所的人以及位于捷克共和国境内的财产。

3. 对于宣告死亡事项或宣告失踪事项，捷克法院始终适用捷克的实体法。

第 40 条

就外国人的死亡宣告或失踪宣告所作的具有法律效力的外国判决，如果已由该外国人的国籍国或者最后的经常居所地国的法院或官员确认，则无需其他程序地一概予以承认。

第二题　法律行为

第 41 条

法律行为的成立和效力以及法律行为无效的后果，依照支配该法律行为所涉的法律关系的同一法制确定，但法律另有规定以及案件性质另有推定的除外。为查明准据法之目的，假设该法律行为有效。

第 42 条

1. 合同或者其他法律行为，只要其形式符合下列国家的法制的规定，则在形式上有效：

（1）合同或者其他法律行为以及因该行为而成立的法律关系的准据法所属国；

（2）行为人之一作出意思表示所在地国；

（3）行为人之一的经常居所或注册登记地所在国；

（4）该法律行为所涉的不动产所在国。

2. 如果适用于或应适用于因法律行为而成立的法律关系的法制，或者该法律行为所涉的不动产所在地国的法制规定必须符合特定的形式作为有效要件，则应遵守此种形式要求。

第 43 条　汇票和支票的批注形式和拒兑

1. 汇票和支票的批注形式，依照批注地国的法制。支票的批注形式，只要遵守兑付地法所规定的形式即可。

2. 汇票或支票的首次批注在形式上的瑕疵，倘若依照第 1 款规定属于无效的汇票或支票批注符合汇票或支票的后续批注的签注地国的法制，则不影响汇票或支票的后续批注的效力。

3. 捷克共和国的国民在外国所作的汇票批注及支票批注，如果其满足捷克法律在形式上的要求，则在捷克共和国对捷克共和国的其他国民有效。

4. 拒兑的形式和期限，以及主张及维护汇票和支票权利所必需的其他行为的形式，依照拒兑或者其他行为的实施地国的法制确定。

第三题　代理

第 44 条

1. 法定代理或者基于法院或机关的裁决而设立的代理以及代理的效力，援用有关法定代理的规定所属法制或者作出该项据以设立代理的裁决的法院或机关所属国的法制。对于一般行为，就此项代理的有效性而言，只要其满足该行为实施地现行法制的规定即可。

2. 由代理人实施的法律行为，只要其符合下列地点的法制的规定，即对被代理人具有法律效力：

（a）代理人实施行为地；

（b）被代理人的注册登记地或者经常居所地；

（c）代理人的注册登记地或者经常居所地；

（d）法律行为所涉及的不动产所在地。

3. 代理人实施的法律行为，如果其符合因代理人的法律行为而得以成立的法律行为所依照的或应该依照的法制的规定，则亦对被代理人发生效力。

4. 就授权形式的遵守而言，只要其形式满足第 2 款或第 3 款所述任一法制的规定或者授权作出地现行法制的规定即可。

5. 因超越代理权而产生的被代理人和第三人之间的法律关系，以及未经授权而为他人行事者与第三人之间的法律关系，依照被代理人或者未经授权而为他人行事者的注册登记地或者经常居所地的法制的规定。但是，第三人可援引适用代理人或者未经授权而为他人行事者的行为地现行法制的规定。

第 45 条　代理权和进行商业交易时的授权书

基于代理权而实施的行为对被代理人的效力，依照代理权授予者的注册登记地或者经常居所所在国的法制的规定；进行商业交易时基于授权书而实施的行为的效力，对于被代理人而言，依照被代理人的商业机构、分支机构或者致使代理人的经营行为得以发生的营业场所所在国的法制。但是，如果依照代理人或者被授权人与第三人实施法律行为所在地的现行法制的规定，并且在涉及与不动产有关的法律行为时，依照不动产所在地现行有效的法制，均能产生此种法律效力即可。

第四题　时效

第 46 条

时效，依照适用于作为时效客体（标的）的权利的同一法制确定。

第五题　家庭法

第一节　夫妻之间的关系

第 47 条　审判权

1. 如果国际条约或者欧盟可直接适用的法律条款无其他规定，只要夫妻一方为捷克共和国国民或者被告在捷克共和国境内有经常居所，捷克法院即可对离婚之诉、婚姻无效之诉、婚姻是否成立的确认之诉行使审判权。

2. 夫妻双方均为外国人并且被告在捷克共和国或者欧盟其他成员国均无经常居所，并且其不属于欧盟任何成员国的国民，在大不列颠及北爱尔兰联合王国或者爱尔兰也无住所，则在下列任一情况下，捷克法院对第 1 款所述事项具有审判权：

(a) 夫妻双方曾在捷克共和国拥有经常居所，并且原告的经常居所仍在捷克共和国境内；

(b) 原告在捷克共和国境内有经常居所，并且夫妻另一方已参加该诉讼程序；或者

(c) 原告在捷克共和国境内有经常居所，并且在起诉前拥有该经常居所至少满一年。

3. 夫妻之间或者原夫妻之间的扶养请求之诉，捷克法院的审判权依照欧盟可直接适用的法律条款确定。①

准据法

第 48 条

1. 缔结婚姻的能力及成立婚姻的有效要件，依照当事人的国籍国法律确定。

2. 结婚的形式，依照婚姻缔结地法律。

3. 在捷克共和国的驻外使领馆（主管）机关缔结婚姻的，依照捷克法律的规定。

4. 捷克国民不可在外国驻捷克共和国的使领馆主管机关处缔结婚姻。

第 49 条

1. 夫妻之间的人身关系，依照夫妻双方（共同）的国籍国法制。夫妻双方国籍不同的，其人身关系依照双方（共同）的经常居所所在国法律，否则依照捷克法制。

2. 夫妻之间相互义务的履行，依照国际条约所规定的，并且欧盟可直接适用的法律条款规定予以适用的法制。②

3. 夫妻之间的财产关系，依照夫妻双方（共同）的经常居所所在地国法律；没有共同经常居所地的，依照夫妻双方（共同）的国籍国法律；没有共

---

① 欧盟理事会 2008 年 12 月 28 日《关于扶养义务事项的管辖权、准据法、判决的承认与执行并进行合作的第 4/2009 号条例》；欧盟理事会 2009 年 11 月 30 日《关于由欧洲共同体签署 2007 年 11 月 23 日〈关于扶养义务法律适用的海牙议定书〉的第 2009/941 号（欧共体）决定》。

② 欧盟理事会 2008 年 12 月 28 日《关于扶养义务事项的管辖权、准据法、判决的承认与执行并进行合作的第 4/2009 号条例》；欧盟理事会 2009 年 11 月 30 日《关于由欧洲共同体签署 2007 年 11 月 23 日〈关于扶养义务法律适用的海牙议定书〉的第 2009/941 号（欧共体）决定》。

同国籍的，依照捷克法制。

4. 有关财产关系的合同协议，依照订立有关夫妻财产关系的合同时作准的法制。此外，夫妻双方对于有关其财产关系的合同协议，亦可约定其财产关系依照夫妻一方的国籍国法律或者夫妻一方的经常居所地国法律，或者在涉及不动产时约定依照不动产所在地国的法制，或者依照捷克法制。如果该协议系在外国签署，则对此协议必须制作公证文书或者类似证书。

第 50 条

1. 离婚，依照诉讼程序开始时据以确定夫妻双方人身关系的法律所属国的法制。

2. 依照第 1 款规定应适用的外国法律不准离婚或者离婚条件极为严格时，若夫妻至少一方为捷克共和国国民或者夫妻至少一方在捷克共和国境内有经常居所，则适用捷克法制。

3. 在宣告婚姻无效或者确认婚姻是否成立时，结婚的能力和形式，依照结婚时作准的法制确定。

4. 原夫妻之间的扶养义务，依照国际条约所规定的，并且欧盟可直接适用的法律条款规定予以适用的法制确定。

对外国判决的承认

第 51 条

1. 如果诉讼当事人中至少有一方曾为捷克国民，并且不违反第 15 条第 1 款第（a）项至（e）项的规定，就离婚、依法分居、宣告婚姻无效、确认婚姻是否成立等事项作出的具有法律效力的外国判决，在捷克共和国只能基于一项独立的裁决予以承认。

2. 有关是否承认第 1 款所述判决的裁决，只能由最高法院作出。除了诉讼当事人以外，能证明有法律上利害关系的任何人均可提出（承认判决的）申请。检察总长可出席该裁判程序。最高法院不必进行审理即可通过判决书作出裁决。

3. 第 1 款所述判决，仅在其认定事实的方式和方法基本符合捷克实体法的相应规定时，方予以承认。

第 52 条

如果所有诉讼当事人在判决时均为该判决作出国的国民，则对第 51 条所指事项作出的具有法律效力的判决，在捷克共和国境内无需其他程序即产生与捷克法院所作的具有法律效力的判决一样的法律后果。其他外国机关对这些事项所作的具有法律效力的裁决，如果已被双方当事人的国籍国承认的，亦同。

第二节　父母与子女之间的关系及其他（亲属）关系

第 53 条　确认及撤销父母身份事项的审判权

确认及撤销父母身份之诉，可向被告所在的捷克共和国境内的普通管辖法院提出；被告在捷克共和国境内没有普通管辖法院的，可向原告的普通管辖法院提出。原告在捷克共和国境内没有普通管辖法院，只要父母一方或者子女为捷克国民，捷克法院亦有审判权。

第 54 条　确认及撤销父母身份事项的准据法

1. 父母身份的确认或撤销，依照子女因其出生而取得的国籍所属国的法律。如果该子女因出生而取得一个以上的国籍，则依照捷克法制确定。只要对子女有利，适用其生母怀孕时的经常居所所在国的法制。

2. 如果子女在捷克共和国境内有经常居所，并且对子女有利，确认或撤销父母身份适用捷克法制。

3. 对于确认父母身份的效力而言，只要其满足有权作出承认宣告的国家的法律即可。如果在外国的司法程序或非司法程序中根据该外国的法制规定，可撤销父母身份并确认另一人的父母身份，即足以证明该人父母身份确认的有效性。

第 55 条　承认有关确认及撤销父母身份的外国判决

1. 承认外国具有法律效力的有关确认及撤销父母身份的判决，如果至少有一方诉讼当事人曾为捷克共和国国民，则类推适用第 51 条的规定。

2. 如果所有诉讼当事人在判决时均为该具有法律效力的判决作出国的国民，或者其他外国机关已承认所有外国诉讼当事人的国籍国作出的此项判决，则承认外国具有法律效力的有关确认及撤销父母身份的判决，类推适用第 52 条的规定。

第 56 条　未成年人的抚养、教育及监护事项的管辖权

1. 只要欧盟未通过可直接适用的法律条款对抚养及父母责任事项的审判权进行调整，假如未成年人的经常居所在捷克共和国境内，或者其为捷克共和国国民，即使其经常居所在外国境内，那么未成年人的抚养、教育及父母监护的其他事项，包括人身及财产保护事项，由捷克法院行使审判权。假如外国采取的措施足以保护捷克共和国国民的权利和利益，则捷克法院不必启动诉讼程序。

2. 对于经常居所在外国，但无人对其行使父母权利和履行父母义务的捷克共和国国民，如果这属于法院主管范围，并且未成年人经常居所所在国认可此项管辖权，则捷克驻外使领馆可接管监护义务。捷克驻外使领馆应毫不延迟地将监护措施告知负责儿童国际保护的捷克当局。①

3. 对于抚养之诉，诉讼中提出撤销或变更捷克法院针对经常居所在外国的权利人所作判决的申请的，捷克法院亦有审判权。

4. 应经常居所在捷克共和国境内的义务人的申请，捷克法院有权对变更或撤销由外国机关课加的抚养义务（事项）作出判决，前提是权利人的经常居所不在作出决定的机关所属国境内。

5. 在捷克共和国境内无经常居所但在捷克共和国境内居留的外国未成年人，其父母进行离婚诉讼时，只要该未成年人将居留于捷克共和国境内，并且外国主管机关未采取任何处置措施，则捷克法院有权决定离婚后父母对未成年子女的权利及义务。

第 57 条　未成年人的抚养、教育和监护事项及其他关系的准据法

1. 父母与子女之间的关系，在抚养事项上，依照国际条约所规定的，并且欧盟可直接适用的法律条款规定予以适用的法制。权利人因其他关系产生的扶养请求权事项，其准据法以同样方式确定。

2. 对于父母的权利、义务以及保护子女的人身和姓名的预防措施等其他事项，其准据法依照国际条约确定。②

第 58 条　对外国有关未成年人事项的判决的承认

有关未成年人的抚养、教育及监护事项以及其他事项的具有法律效力的外国判决，如果其由该外国子女所属国或者经常居所所在国作出，并且所有当事人均为外国人，则无需其他程序地予以承认。假如因该项外国判决而被课加履行财产义务，则只要不违背第 15 条第 1 款第（b）项至（e）项的抗辩理由，则可承认并执行该判决。

第三节　未婚母亲的权利

第 59 条

1. 子女的生母针对未与其结婚的生父提出的请求权，依照该母亲在子女

---

① 负责儿童国际保护的捷克当局名称为“儿童国际法保护办公室”（Úřad pro mezinárodně právní ochranu dětí）。——译者注

② 1996 年 10 月 19 日制定于海牙的《关于父母亲责任及保护子女措施的管辖权、法律适用、承认及执行并进行合作的公约》。——译者注

出生时的经常居所所在国法律确定。但该母亲可援引适用其在子女出生时所属国的法制。未婚孕妇的请求权，依照在提出请求时其经常居所所在国的法制确定，除非她援引适用她在提出请求时所属国的法制。

2. 假如子女的生母为外国人，在子女出生时在捷克共和国境内有经常居所，并且子女的生父为捷克共和国国民，该生母的权利依照捷克法律确定。

第四节　收养

第60条　审判权

1. 有关收养子女的事项，如果收养人为捷克共和国国民，审判权属于捷克法院。收养人双方已婚的，只要其中一方为捷克共和国国民即可。

2. 收养人或夫妻任何一方不是捷克共和国国民的，在下列情况下，由捷克法院行使审判权：

(a) 收养人或者进行收养的夫妻至少有一方旅居在捷克共和国境内，并且捷克法院的判决能被收养人的国籍国或者进行收养的夫妻双方的国籍国承认，或者

(b) 收养人或者进行收养的夫妻至少有一方在捷克共和国境内有经常居所。

3. 如果收养所涉及的未成年人为捷克共和国国民，并且其经常居所在捷克国籍国境内，则有关其收养的审判权专属于捷克法院。

准据法

第61条

1. 收养子女，必须满足作为被收养人的子女所属国的法制以及收养人所属国的法制所规定的条件。

2. 作为收养人的夫妻双方国籍不同时，必须满足夫妻双方的国籍国的法制以及被收养的子女所属国的法制所规定的要件。

3. 依照第1款和第2款规定必须适用的外国法不准收养或者收养条件非常严格时，如果收养人、作为收养人的夫妻至少有一方或者被收养人在捷克共和国境内有经常居所，适用捷克法律的规定。

第62条

1. 收养的效力，依照收养时所有当事人（共同）的国籍国法制；没有共同国籍国的，依照收养时所有当事人的共同经常居所所在国法制；没有共同经常居所的，依照被收养的子女的国籍国法制。

2. 被收养人和收养人之间的关系，在收养人方面就父母亲的权利和义务、教育和抚养等事项而言，类推适用依照第57条所确定的法制。

第63条 对外国判决的承认

1. 如果在进行收养时，收养人、进行收养的夫妻一方或者被收养人为捷克共和国国民，只要有关收养的外国判决不违背公共秩序，不违反捷克法院的专属审判权，并且捷克法律的实体法规定允许收养，则在捷克共和国予以承认。对于承认的程序，适用第16条第2款的规定。

2. 如果所有诉讼当事人在判决当时为外国人，只要有关收养的外国判决不违背公共秩序并且该判决在所有诉讼当事人的国籍国得到承认，则在捷克共和国无需其他程序地一概予以承认。

3. 对于在外国通过判决之外的方式实现的收养，类推适用第1款和第2款的规定。

第五节 未成年人的监护及照管

第64条 审判权

1. 捷克法院对于未成年人的监护及照管事项的审判权，类推适用第56条第1款的规定。

2. 如果依照第1款规定捷克法院对这些事项无审判权，则捷克法院类推适用第33条第2款、第3款的程序。

第65条 准据法

1. 对于未成年人的监护及照管，适用对该事项作出裁决的法院或机关所在国的法律。但是，出于保护未成年人的人身或财产的必要性，可例外地适用或援用与案情有实质联系的另一国家的法律。

2. 未成年人的经常居所发生变更或其经常居所将在另一国家，则自变更时起，监护及照管的要件依照该另一国家的法制确定，即使监护及照管系在未成年人的住所所在国设立亦然。

3. 在适用第1款和第2款规定时，不予考虑反致和转致。

4. 第35条和第36条的规定，予以类推适用。

第66条 对外国判决的承认

对有关未成年人的监护及照管事项的外国判决的承认，类推适用第38条的规定。

第六题　经注册的同性伴侣关系及类似关系

第 67 条

1. 对于经注册的同性伴侣关系或类似关系的解除、无效或不成立，假如经注册的同性伴侣关系在捷克共和国缔结，或者至少伴侣一方为捷克共和国国民并且在捷克共和国境内有经常居所，捷克法院有权作出裁决。

2. 经注册的同性伴侣关系和类似关系及其效力，缔结此种关系的能力，此种关系的缔结及其解除、无效或不成立，依照缔结或曾经缔结经注册的同性伴侣关系或类似关系的所在国的法制确定。依照同一法制确定的还有同性伴侣关系的人身关系和财产关系。

3. 有关经注册的同性伴侣关系或类似关系的解除、无效或不成立的外国判决，如果系在经注册的同性伴侣关系或类似关系的缔结地国作出或者此种关系已被该国承认，则无需其他程序地一概予以承认。

第七题　物权

第 68 条　不动产物权的审判权

捷克共和国境内的不动产物权的审判权，专属于捷克法院或捷克其他主管机关。

准据法

第 69 条

1. 不动产物权和有体动产物权，依照物之所在地法律，但本法或特别法规另有规定的除外。不动产或动产的区分，亦依照物之所在地法律确定。

2. 在公共登记簿注册的船舶或飞行器上的物权，此种物权的成立及消灭，依照该登记簿保管处所在辖区所属国的法律。

第 70 条

1. 有体动产物权的取得及消灭，依照据以引起该物权取得及消灭的事件发生时该物之所在地法律。

2. 有体动产所有权的取得及消灭以及基于合同所进行的转移，依照所有权据以取得或消灭的合同之准据法确定。

3. 假如作为有体动产物权的取得及消灭之根据的法律行为，在自有体动产交付开始后的交付期间业已成立，则物权的取得及消灭，依照该物之发运地法律。但是，假如该动产物权之取得与消灭取决于所持有的有价证券，而退还或处分该动产又要求出示该有价证券的，则适用处分该动产时证券所在地的法律。

第 71 条

在不动产或动产所在地施行的有关在公共登记簿及类似表册上注册的规定，即使经注册的权利的成立、消灭、限制或转移的法律原因受其他法律支配，仍应予以适用。

第 72 条

取得时效，依照时效期限开始时物之所在地法律。但是，时效取得者可以援引取得时效发生地国法律，前提是从该物转移至该国开始，依照该国法律规定，已完全具备取得时效的条件。

第 73 条　信托基金或类似机构

1. 信托基金或类似机构（以下简称“基金”），只要发起人所指定的法律能调整、规范基金或者该法律的规定能对其适用，则依照发起人所指定的法律。

2. 如果法律根据第 1 款规定不能确定或无法适用，基金依照与其有最密切联系的国家的法律。在确定该种法律时，应尤其考虑：

（a）基金的管理地；

（b）构成基金的主要财产所在地；

（c）信托管理人的注册登记地或者经常居所地；

（d）通过设立基金所要追求的目标以及实现这些目标的地点。

3. 如果基金的某特定部分能与其他部分相分离，则可为该特定部分单独确定准据法。

4. 在外国设立的基金，只要其具备捷克法律所规定的基金基本特征，则在捷克法律领域内亦予以承认。

第八题　继承法

审判权

第 74 条

1. 对于继承事项的审理，如果被继承人死亡时在捷克共和国境内有经常居所，则捷克法院具有审判权。

2. 涉及捷克共和国境内的不动产的，捷克法院对审理继承事项具有专属审判权。

3. 被继承人死亡时在捷克共和国境内无经常居所的，如果对审理捷克共和国境内的遗产的继承案件有审判权的机关所属国拒绝将在捷克共和国境内有经常居所的被继承人的遗产交给捷克法院审理，又拒绝承认（捷克法院）判决的法律效力，或者外国拒绝受理遗产继承案件或不作出决定的，则由捷克法院审理捷克共和国境内的遗产继承案件。经常居所在境外的捷克国民遗留在捷克共和国境内的遗产，只要继承人之一在捷克共和国境内有经常居所并提出继承遗产的请求，捷克法院始终有权对此作出裁决。

4. 在不属于第 1 款至第 3 款所述的其他情况下，捷克法院对外国人遗留的财产，只能采取必要的保管措施。

5. 在第 4 款所述情况下，法院应当事人的请求出具证明，以说明遗产继承案件的审理不属于捷克法院审判权的范畴；在出具证明前，如果有正当理由，法院可进行预审。如果财产应被移交给外国，则应在法院发布公告的 15 日内通知内国继承人和债权人，以便让其知晓；并向知情的当事人送达该通知。

6. 如果根据准据法的规定，财产数额小，应移交给遗产管理人或者为此指定的人员的，则第 4 款、第 5 款规定不予适用。

第 75 条

如果涉及位于外国的财产，只有在该财产被移交给捷克法院或者外国承认捷克法院就遗产继承案件所作判决的法律效力时，捷克法院才审理该案件。

准据法

第 76 条

继承关系，依照被继承人死亡时其经常居所所在国的法制。如果被继承人曾为捷克共和国国民或者至少一个继承人在捷克共和国境内有经常居所，则适用捷克法律。

第 77 条

1. 设立或撤销遗嘱的能力，以及意思表示及意思表示瑕疵的效力，依照被继承人意思表示时的国籍国法律或者经常居所所在国法制确定。进行或者撤销其他死因处分的能力，以及法律所容许的其他死因处分的认定，亦适用以这种方式确定的法制。

2. 遗嘱，只要其符合下列任一国家法制的规定，即在方式上有效：

（a）被继承人意思表示时或死亡时的国籍国；

（b）遗嘱设立地国；

（c）被继承人意思表示时或死亡时的经常居所地国；

（d）适用于继承关系的法制或者在设立遗嘱时本应适用于继承关系的法制；

（e）所涉的不动产之所在国。

该规定亦适用于遗嘱的撤销方式。

3. 继承合同的一方当事人被视为被继承人时，第 2 款的规定亦适用于继承合同的形式和其他死因处分行为。该规定亦适用于继承合同和其他死因处分行为的撤销方式。

4. 被继承人可在遗嘱中指定，继承关系依照被继承人设立遗嘱时其经常居所地国法制确定，以取代本应适用的法律，对于不动产遗产亦然；或者其可指定，继承关系，包括不动产遗产在内，依照其在设立遗嘱时的国籍国的法制确定。

5. 对于继承关系，继承合同的各方当事人可选择适用第 4 款所述的法制之一，但应附带说明继承合同的一方当事人被视为被继承人。该规定同样类推适用于其他死因处分行为。

第 78 条

无任何继承人时，位于捷克共和国境内的、属于被继承人的遗产或权利归捷克共和国所有；对此事项的裁决，由捷克法院行使审判权。

第 79 条　对外国判决的承认

一项有关遗产继承案件的具有法律效力的外国判决，如果其系在被继承人死亡时的经常居所地国或国籍国作出，并且所涉国家将在捷克共和国境内有经常居所的被继承人的遗产继承案件交由捷克法院审理或者其承认捷克法院对此类案件所作判决的法律效力，则只要其不违背捷克法院的审判权，无需其他程序地一概予以承认。对一项外国判决的承认，不符合第 78 条规定的，则予以排除。

第九题　知识产权

第 80 条

知识产权，依照授予该权利并给予其保护的国家的法制确定。

第十题　有价证券、投资工具或者其他文件

第 81 条　宣布文件无效

捷克法院对于在外国签发的文件，只有在其宣布文件无效将视案件性质可能在捷克共和国产生法律后果时，才可宣布为无效。

有价证券、投资工具的准据法

第 82 条

有价证券是否有效发行，权利是否以这种方式与其产生关联，即人们在发行有价证券后的有效期内无需有价证券就可主张这些权利，以及哪些权利和法律后果与其有关联，根据有价证券的性质依照下列法律确定：

（a）据以确定发行有价证券的法人之权利能力及内部关系的法律；

（b）据以发行有价证券并调整法律关系的法律；

（c）有价证券发行地的现行法律；

（d）有价证券发行者的注册登记地或者经常居所所在国的法律，前提是适用其他法律不违背有价证券的性质；或者

（e）有价证券上所指定的法律，前提是有价证券的性质允许这样。

第 83 条

1. 如果法律无其他规定，有价证券上的权利，依照该证券所在地的现行法律；有价证券的转让，适用该证券在处分时所在地的法律。

2. 有价证券的抵押权，依照在判决当时抵押权人的经常居所地或者注册登记地的现行法律，但当事人已选择其他法律的除外；排除反致和转致。所涉的有价证券，为了发行及处分财产之目的而必须提交时，适用该有价证券在判决当时所在地的现行法律。

3. 尽管有第 1 款和第 2 款的规定，处分那些已入账的或不动产化的有价证券、其他在登记簿注册的有价证券或者在账册上注册并表现为有价证券的权利时，依照进行注册的登记簿保管处所在国法律；排除反致与转致。允许（当事人）选择法律，前提是所选择的法律为当时登记簿保管人注册登记地或者办事处所在国的法律，并且保管账册属于该人的日常活动。

4. 如果投资工具，包括与此相关的权利，被指定用于担保下述人员或机构的权利：

（a）具有有效账目的（本国）支付系统、外国支付系统的参与者或运营商，具有有效账目的（本国）清算系统或外国清算系统的参与者或运营商，

前提是其权利因参与或运营该系统而得以产生，或者

（b）欧盟某个成员国或者欧洲经济区某个国家的中央银行或者欧洲中央银行，那么，这些人员或者受其委托而行事的人进行担保的权利，依照该投资工具的登记簿保管国的法律，在该登记簿进行注册将产生实质性的法律效力。

5. 投资证券、集体投资证券或货币市场工具作为货币抵押品而发行的，为此进行了所有权或者其他物权的注册登记，或者出于将投资证券、集体投资证券或货币市场工具登记为货币抵押品而发行的，使权利人能直接或间接地持有该证券或工具，哪怕只是暂时的合法所有人，则下列事项依照登记簿保管处所在国的法律确定：

（a）货币抵押品的法律性质或此种货币抵押的物权法效力；

（b）货币抵押成立、交付货币抵押品的要件以及货币抵押对第三人产生效力的其他必要条件；

（c）因在登记簿注册而产生的货币抵押品的所有权或其他物权的顺位，以及非所有权人取得所有权的条件；

（d）当决定性事件发生时，从货币抵押品上获得清偿的条件和方式。

6. 假如股权凭证由捷克共和国境内的股份公司发行并且被准许在捷克共和国境内的监管市场进行交易，那么，为股权凭证所有人确定的收购招标以及与此有关的涉外法律问题，依照捷克法制。

7. 在第 4 款所述情况下，不得选择该款所指法律以外的其他法律；在第 5 款所述情况下，不得选择其他的法律，并且排除反致和转致。

8. 参与跨境改组的任意法人所发行的有价证券，则该证券和股份的存在及留置权转让，依照其他法律规定。

第十一题　债法

第一节　基本规定

第 84 条

本题的规定与欧盟可直接适用的法律条款和国际条约的规定①，一并予以

---

① 尤其是欧洲议会及理事会 2008 年 6 月 17 日《关于合同之债法律适用的第 593/2008 号条例》（“罗马Ⅰ”）、欧洲议会及理事会 2007 年 7 月 11 日《关于非合同之债法律适用的第 864/2007 号条例》》（“罗马Ⅱ”）、欧盟理事会 2000 年 12 月 22 日《关于民商事管辖权及判决的承认与执行的第 44/2001 号条例》、1971 年《关于交通事故法律适用的海牙公约》和 1963 年《原子能损害民事责任维也纳公约》和 1988 年《关于适用维也纳公约及帕里公约的联合议定书》。

适用。本题的各项规定，仅限于调整不属于欧盟可直接适用的法律条款及国际条约适用范围内的问题，除非这些可直接适用的法律条款和条约允许由本法调整。

第二节　程序规定

第 85 条　审判权

对于债务事项和其他财产权益事项，捷克法院亦可基于当事人的书面协议行使审判权。但此种协议不得改变捷克法院的实体管辖权（sachliche Zuständigkeit）。

第 86 条　协议由外国法院管辖

1. 对于债务事项及其他财产权益事项，各方当事人亦可以书面形式协议由外国法院管辖。对于保险合同和消费者合同，只能在争议发生后，或者该协议使只有保险人、被保险人、其他权利人、受害人或者消费者能在另一国家法院起诉时，才允许订立此种协议。

2. 曾依照第 1 款规定协议由外国法院管辖的，则排除了捷克法院的管辖权；但在下列情况下，捷克法院同样审理案件：

（a）当事人在法院宣称不再坚持该协议；

（b）在外国作出的判决在捷克共和国得不到承认；

（c）外国法院拒绝受理案件；或者

（d）有关由外国管辖的协议违反公共秩序。

第三节　合同

第 87 条

1. 合同当事人未协议选择准据法的，合同依照与其有最密切联系的国家的法律确定。法律选择必须是明示的或者能显而易见地从合同条款或者案件情势中推断出来。

2. 通过消费者合同成立的法律关系与欧盟某一成员国领域联系密切的，如果诉讼程序在捷克共和国进行，并且为合同所选择的法律或者以其他方式适用的法律是非欧盟成员国的其他国家的法律，则不得剥夺消费者由捷克法律所赋予的保护。

3. 保险合同，依照保险人的经常居所所在国的法律确定。合同当事人可以为保险合同选择所适用的法律。如果所涉的保险合同与欧盟可直接适用的法律条款有关，则合同当事人可在欧盟此种法律条款许可的范围内，任意选择准据法。

4. 对于约定在一个以上使用期限内有偿使用一处或多处住宿的合同，并且合同约定周期为一年以上的（以下简称“分时度假产品”），假如合同的效力期限在一年以上（以下简称“长期度假产品”），住宿的有利条件，是帮助有偿转让分时度假产品、长期度假产品或者参与交换系统，即让消费者能相互行使权利，使用依照其他法律规定与分时度假产品相关的住宿或其他服务，并且准据法为欧盟成员国以外的其他国家的法律时，假如在捷克共和国进行诉讼并且具有下列情形的，则消费者不得被剥夺法律上的保护：

（a）所涉的任何一项不动产在欧盟某一成员国境内，或者

（b）与所涉不动产相关的经营者在欧盟某一成员国境内经营业务，或者具有在欧盟某一成员国境内经营业务的目的。

第四节　劳动法

第 88 条　审判权

1. 对劳动法事项，捷克法院亦可基于双方当事人的书面协议行使审判权。但是，此种协议不得改变捷克法院的实体管辖权。

2. 在其他情况下，捷克法院本应有管辖权时，则只能在争议发生后或者订立由外国法院管辖的协议使只有受雇佣者能在其他国家法院起诉，方可订立此种协议。第 86 条第 2 款规定予以类推适用。

第 89 条　某些劳动关系的准据法

通过合同以外的方式成立的劳动关系，依照据以成立该劳动关系的国家的法制确定。

第五节　单方法律行为

第 90 条

因单方法律行为引起的法律关系，依照实施单方法律行为者在实施该法律行为时的经常居所或者注册登记地所在国的法制，但其已选择了另一法制的除外。

第六节　债务担保、不履行债务及变更债务的后果

第 91 条

1. 除了涉及物权、法律另有规定以及从事物的性质另有推定的情形，或者已通过单方意思表示进行担保的人选择适用其他法律的情形外，债务担保，

依照与被担保的债务同一法制确定。债权或其他权利上的抵押权，依照支配该债权或其他权利的同一法律，但当事人选择其他法律的除外。第三人的权利不受法律选择或者变更法律选择的影响。针对债务人所主张的权利，只能源于支配其所担保的债务的法制。

2. 不履行债务的后果，依照支配该债务关系的同一法制。

3. 法定权利及义务的转移，依照可适用于调整该项转移的法律规定所属的法制，但案件性质另有推定的除外。个别权利与债务，仍依照该项转移发生前支配该权利与债务的法律。

第七节　抵销

第 92 条

抵销，依照被抵销的债权的同一法制确定。当事人可通过协议选择适用其他法制。

第八节　汇票法和支票法关系

第 93 条

1. 汇票承兑人和本票出票人的承兑意思表示的效力，依照支付地法律确定。

2. 票据的其他意思表示的效力，依照该意思表示作出地所在国的法律确定。

第 94 条

对所有票据债务人行使追索权的期限，由出票地法律确定。

第 95 条

汇票的持有人是否取得基于其出票行为而产生的债权，由出票地法律确定。

第 96 条

汇票的承兑能否限于部分数额以及持有人是否有义务接受部分支付，由支付地法律确定。

该原则同样适用于本票的支付。

第 97 条

支付地法律确定票据遗失或被盗窃时应采取的措施。

第 98 条

支票批注的效力，依照该批注作出地所在国的法律确定。

第 99 条

对所有支票债务人行使追索权的期限，由支票出具地法律确定。

第 100 条

支票支付地所在国的法律，确定：

(a) 支票是否有必要见票即付或者能否在见票后一定期限内兑付，以及支票上批注的日期晚于实际出具日期时将产生哪些效力；

(b) 出示期限；

(c) 支票能否被承兑、证明、确认或者签注以及这些批注的效力有哪些；

(d) 持有人能否要求部分支付以及他是否必须接受部分支付；

(e) 支票能否“打叉”（gekreuzt）或者加上“仅用于结算”或同等意义的批注，该“打叉”或结算批注或同等意义的批注有哪些效力；

(f) 持票人是否享有特别清偿权以及该权利包括哪些内容；

(g) 出票人能否撤回支票或者对支票的兑现提出异议；

(h) 支票被遗失或被盗窃时应采取的措施；

(i) 对背书人、出票人和其他支票债务人行使追索权是否以作出拒付或类似表示为必要条件。

第九节　某些非合同之债

第 101 条

因侵犯隐私或者人格权包括诽谤在内，而产生的非合同之债，通常依照损害发生地法律。此外，受害人可以选择下列地点所在国的法律：

(a) 受害人的经常居所或者注册登记地；

(b) 致害人的经常居所或者注册登记地；

(c) 在致害人能预见侵权结果情况下的结果发生地。

第五编　涉外司法协助

第 102 条

除非另有规定，司法机关通过司法部与外国当局接洽。

第 103 条

应外国司法机关的请求，捷克司法机关在互惠条件下给予司法协助。但在下列情形下，拒绝予以司法协助：

(a) 请求执行的行为不属于被申请的捷克法院的管辖范围；但是，如果

该项请求属于其他法院或者捷克其他机关权限范围的，应转交给所委任的机关去执行；或者

(b) 请求执行的行为违反捷克公共秩序。

第 104 条

1. 所请求的司法协助应根据捷克规定执行；应外国机关的要求，可按照外国的程序规定予以司法协助，但以所请求的行为不违反捷克公共秩序为限。

2. 根据外国机关的请求，证人、鉴定人及诉讼当事人亦可在宣誓后进行陈述。

3. 证人和诉讼当事人的誓词为："我宣誓：对法院所询问的一切，我全面、客观地如实陈述，不作任何隐瞒。"

4. 鉴定人的誓词为："我宣誓：按照良心和确信陈述意见。"

5. 涉及其他宣誓的，誓词可适当变更。

第 105 条

如果外国文书未附有经认证的捷克语译文，如果收件人愿意受领，则送达给收件人；如收件人拒绝受领，则应告知其可能产生的法律后果。

第 106 条

1. 捷克驻外使领馆外交官或领事，根据捷克法院的请求，执行下列行为：

(a) 向使领馆驻在国境内的人送达文书，但以此种行为是国际条约或者一般国际法所允许的，或者不违背该行为执行地国的法律规定为限；

(b) 对驻在国境内享有外交特权与司法豁免的捷克共和国国民送达文书，并且在他们作为证人、鉴定人或者当事人时，对他们进行审问；

(c) 对证人、鉴定人和当事人进行审问及其他诉讼行为，但以这些人同意出庭，并且不违背行为实施地国的现行法律规定或者不存在重要的法律障碍为限。

2. 捷克驻外使领馆外交官或领事的行为，如果是遵照提出申请的法院所适用的同一规定进行的，则与申请的法院自己所为的行为具有同等效力。

3. 如果遗产继承诉讼在国外进行并且案件情况表明，继承人为捷克国民或者在捷克共和国境内有经常居所，应外交部的请求，法院应采取行为对遗产进行确认。外交部所在地辖区的地方法院具有属地管辖权。

第 107 条

基于捷克司法机关的请求并由外国当局执行的送达行为，以及由该外国当局进行的调查取证，即使其未遵守外国法的规定，但只要符合捷克法律，亦同样有效。

第 108 条　关于捷克法律的证明

在国外主张权利者需要提供捷克共和国现行法律的证明时，司法部应为其出具该证明。在此种证明中，不得对法律规定的解释或适用加以说明。

第 109 条　文书的更高级认证

由法院出具的或认证的文书，或者由公证员或者法院执行官出具或认证的文书，如果需要在国外使用的，应持有人的申请，由司法部会同外交部进行更高级的认证。更高级的认证与文书的简单复制无关。

第 110 条　司法部的意见

在审理本法所调整的事项出现疑义时，司法部应根据法院的请求发表意见。

第六编　破产程序

第一题　一般规定

第 111 条

1. 根据欧盟可直接适用的法律规定①，捷克法院对启动破产程序具有审判权的，只要破产程序在非欧盟成员国的其他国家境内被赋予效力，那么在赋予效力的范围内，该破产程序亦涉及债务人在该其他国家境内的资产。如果外国的法制允许，破产管理人可以在该法制的范围内、在该外国领域内行使其权利。

2. 假如债务人在捷克共和国有常设机构，在捷克共和国境内有经常居所或注册登记地的债务人提出申请，或者债务人的债权系在经营该常设机构时产生，则捷克法院可启动并推进破产程序。在这种情况下，破产程序的效力仅限于捷克共和国境内的资产。

3. 除了欧盟可直接适用的法律规定涉及的情况外，其关于法律条款的可适用性的冲突规范应相应地予以适用。

4. 如果作出的判决是有关具有有效账目的（本国）支付系统、外国支付系统，具有有效账目的（本国）结算系统或外国结算系统的参与人的破产问题，或者针对这些当事人作出其他判决，或者作出具有类似效力的机关决定，

---

① 欧盟理事会 2000 年 5 月 29 日《关于破产程序的第 1346/2000 号条例》。

该当事人因参与该系统而产生的权利与义务，依照该系统的参与人在执行账目清算或者结算时的法律关系所依据的法律确定。其他的法律选择予以排除。

5. 假如作出该判决的外国是债务人的主要利益中心地，只要债务人在捷克共和国境内的财产并非已依照第 2 款启动的破产程序的标的物，则在互惠条件下承认该外国有关破产事项的判决。在这些情况下，以及在涉及已成为外国破产程序标的物的财产尚未在捷克法院启动破产程序的其他情况下，涉及给予互惠保证的外国法院的，则应外国法院的请求，将债务人在捷克共和国境内的动产移交给该法院。只有在从现有资产中剔除出某些财物的权利以及在破产申请提交给外国法院或其他主管机关之前债权人所主张的被担保的权利得到清偿后，债务人的财产方可移交至外国。

第二题　金融机构的破产

第 112 条

1. 本法意义上的“金融机构”是指银行、储蓄所、信用合作社、外国银行，只要其根据欧盟法取得统一执照，在第 113 条第 1 款至第 4 款以及第 114 条第 2 款至第 4 款情形下，还包括在至少两个成员国有分支机构的非欧盟或欧洲经济区成员国的外国银行（以下简称“成员国”）。

2. 本法意义上的“金融机构破产”系指通过下列程序或安排解决的一种情势：

（a）对金融机构提起的集体程序，由一个成员国的管理机构或法院开启或执行，其目的在于在前述机构的监管下分配财产，包括通过免除余债或具有同样效力的其他安排（以下简称“破产程序”）而终结程序的情形，或者

（b）旨在维持或恢复金融机构财务状况并且对第三人的现有权利可能产生影响的安排，包括含有暂停支付、暂停债权的执行、推迟与执行判决有关的安排或者缩减债权的可能性的各种安排（以下简称“重组”）。

3. 除非另有规定，根据授予金融机构营业执照或类似资格的国家的现行法律规定和程序规则进行重组。

4. 除非另有规定，破产程序应根据给金融机构颁发营业执照或类似资格的国家的现行法律规定和程序规则进行，特别是在涉及以下事项时：

（a）作为现有资产组成部分的财产，以及对破产程序启动前属于金融机构的财产的处置；

（b）金融机构及破产程序执行人的授权委托；

（c）主张抵销的条件；

（d）破产程序对那些金融机构作为其当事人的现有合同的影响；

（e）破产程序对单个债权人提起的司法程序及仲裁程序的影响，但第114条第2款所指的程序除外；

（f）作为金融机构的财产必须申报的债权以及对破产程序启动后所产生的债权的处置；

（g）规定债权的申报、核实和认定的规则；

（h）规定资产出售所得收益的分配、确定债权以及在破产程序启动后其债权基于物权或通过抵销而得到部分清偿的债权人权利的顺位的规则；

（i）破产程序终结的条件与后果；

（j）债权人在破产程序终结后享有的权利；

（k）支付破产程序费用的责任人；

（l）有关因债权人损害而引起的法律行为的失效、无效或可撤销性的规则。①

5. 启动破产程序和重组

（a）对劳动合同及劳动关系的影响，只能依照（欧盟）成员国支配劳动合同的法制确定；

（b）对合同的影响，如果被授予使用或者取得不动产权利的，只能依照不动产所在的（欧盟）成员国的法律确定；此外，所涉物为动产还是不动产，由该法律决定；

（c）对需要在公共登记簿注册的不动产、船舶、飞机的物权的影响，只能依照该登记簿保管处所在辖区所属的成员国法律确定。

第113条

1. 主张和执行因投资工具上的权利所生的债权，这种权利的存在或者行使要求在成员国保管的或寄存的登记簿、账号或者中央存款系统上注册的，依照该成员国的法律确定。

2. 有关终局和解的协议，如果该协议系根据合同订立，则只能依照适用于合同的法律确定。

3. 在不影响第1款规定的前提下：

---

① 欧洲议会与理事会2001年4月4日《关于信贷机构的重组与清算的第2001/24号（欧共体）指令》。

（a）有关回购的协议，只能适用支配该协议的法律；

（b）在监管市场范围内通过投资工具进行的交易，只能适用此类交易所依据的合同的准据法。

4. 如果因损害债权人而受益的人证明有下列情形之一，则第 112 条第 4 款的规定并不适用于有关因损害债权人的行为而引起的法律行为的失效、无效或可撤销的规则：

（a）损害债权人的行为，系根据已给金融机构颁发营业执照或类似资格的国家以外的其他成员国的法律确定，并且

（b）该法律在特定情况下并不容许干预此种法律行为的手段。

5. 第 112 条第 4 款的规定并不适用于有关因损害债权人而引起的法律行为的失效、无效或可撤销的规则，此种原因来源于重组的法律规定，并且法院已对重组作出了判决，只要该行为系在被接受前所主张，并且所实施的行为的受益人能证明：

（a）损害债权人的行为，系根据已给金融机构颁发营业执照或类似资格的国家以外的其他成员国的法律确定，或者

（b）该法律在特定情况下并不容许干预此种法律行为的手段。

第 114 条

1. 如果金融机构在破产程序启动后或者在接受重组后，通过某种行为以履行的方式变卖：

（a）不动产；

（b）在公共登记簿注册的船舶或飞机；

（c）投资工具或者与此相关的权利，而此种权利的存在或转让需要在某成员国保管或寄存的登记簿、账户或中央存款系统注册，那么，该行为的效力依照不动产所在的成员国或者保管登记簿、账户或存款系统所在辖区的成员国法律确定。

2. 重组或者破产程序对正在进行的司法程序的影响，涉及从金融机构剥夺的资产或财产权的，只能依照运行该司法程序的成员国的法律。

3. 要求抵销金融机构债权的可能性，依照适用于该金融机构债权的法律；第 112 条第 4 款第（i）项的规定不受影响。

4. 在本条第 1 款至第 3 款、第 112 条第 3 款至第 5 款以及第 123 条所述情况下，不得选择其他法律。

第三题　保险破产

第 115 条

1. 本法所指的“保险破产”，是指受下列程序或安排调整的一种状况：

（a）一种集体诉讼程序，其中包括变卖保险人的财产，并将变卖所得收益在债权人、股票持有人、股东之间分配，包括成员国的行政机关或司法机关的干预，还包括通过和解或类似安排终结集体诉讼程序这种情况，而无需考虑是否会引起支付不能，或者是自愿还是强制的（以下简称“保险破产情况下的破产程序”），或者

（b）包括成员国行政机关或司法机关的干预在内的安排，其目的旨在维持或恢复某人的良好财务状况并且对第三人的现有权利产生影响，包括含有暂停支付、暂停债权执行、推迟与执行判决有关的安排或者缩减债权等可能性的各种安排（以下简称“保险破产情况下的重组”）。

2. 本法意义上的“保险企业”，也指保险企业的分支机构，前提是该保险公司的注册登记地在任一成员国境内，并且依照欧盟法被授予在任一成员国境内营业的执照。

3. 在保险（包括其分支机构在内）破产情况下，如果无其他规定，重组安排依照授予保险机构营业执照的国家的现行法律规定和程序执行。① 重组安排并不妨碍启动清算程序。重组安排在第 1 句所指国家生效时起，亦在所有成员国产生效力。

4. 保险破产情况下的破产程序，如果无其他规定，依照授予保险营业执照的国家的现行法律规定和程序执行，尤其是在涉及下列事项时：

（a）作为现有资产组成部分的财产，以及对保险破产情况下在破产程序启动后受理和进行保险的财产的处置；

（b）保险机构及破产程序执行人的授权委托；

（c）主张抵销的条件；

（d）保险破产情况下破产程序对那些金融机构作为其当事人的既有合同的影响；

（e）保险破产情况下破产程序对单个债权人提起的司法程序及仲裁程序

---

① 欧洲议会及理事会 2009 年 11 月 5 日《关于接收和进行保险和再保险业务的第 2009/138 号指令》。

的影响，但第 116 条第 4 款所指的程序除外；

(f) 作为金融机构的财产必须申报的债权以及对保险破产情况下破产程序启动后所产生的债权的处置；

(g) 规定债权的申报、核实和认定的规则；

(h) 规定资产出售所得收益的分配、确定债权以及在保险破产情况下破产程序启动后其债权基于物权或通过抵销而得到部分清偿的债权人权利的顺位的规则；

(i) 保险破产情况下破产程序终结——尤其是以和解的方式——的条件与后果；

(j) 债权人在保险破产情况下破产程序终结后享有的权利；

(k) 保险破产情况下支付破产程序费用和支出的责任人；

(l) 有关因损害债权人而引起的法律行为的失效、无效或可撤销性的规则。

5. 保险破产情况下的重组安排或启动破产程序

(a) 对劳动合同及劳动关系的影响，只能依照适用于劳动合同的成员国法律确定；

(b) 对合同的影响，如果被授予使用或者取得不动产权利的，只能依照不动产所在的成员国法律确定；

(c) 对不动产和需要在公共登记簿注册的船舶、飞机的物权的影响，只能依照该登记簿保管处辖区所属的成员国法律确定。

第 116 条

1. 在不影响债权人和第三人对债务人资产的物权的前提下，保险破产情况下重组安排或破产程序对监管市场上的人员的权利和义务的影响，依照适用于该市场的法制确定；第 115 条第 4 款第 (l) 项对法律行为的适用不受影响，但以为了延迟依照适用于该市场的法制所确定的支付或交易之目的为限。

2. 如果因损害债权人而受益的人证明有下列情形之一，则第 115 条第 4 款第 (l) 项的规定并不适用于有关因损害债权人而引起的法律行为的失效、无效或可撤销性的规则：

(a) 损害债权人的行为，系根据已给保险机构颁发营业执照的国家以外的其他成员国的法律确定，并且

(b) 该法律在特定情况下并不容许任何干预此种法律行为的手段。

3. 在保险破产情况下，如果保险机构在接受重组后或者启动破产程序后，通过某种行为以履行的方式变卖：

(a) 不动产;

(b) 在公共登记簿注册的船舶或飞机;

(c) 投资证券、其他证券或者与此相关的权利，而此种权利的存在或转让需要在某成员国保管或寄存的登记簿、账户或中央存款系统注册，那么，该投资工具的效力依照不动产所在的成员国或者保管登记簿、账户或存款系统所在辖区的成员国法律确定。

4. 在保险破产情况下，重组安排或启动破产程序对正在进行的司法程序的影响，涉及从保险机构剥夺的资产或财产权的，只能依照运行该司法程序的成员国的法律。

5. 要求抵销债务人债权的可能性，依照适用于该债务人的债权的法律；第115条第4款第（1）项的规定不受影响。

6. 在本条第1款、第3款至第5款以及第115条第3款至第5款所述情况下，不得选择其他法律。

第七编　仲裁程序以及对外国仲裁裁决的承认与执行

第117条　仲裁协议

1. 仲裁协议的范围，依照捷克法制确定。仲裁协议的其他事宜，依照仲裁裁决作出地国的法制确定。

2. 仲裁协议的形式，依照适用于仲裁协议其他事宜的法律。但是，只要满足意思表示作出地法制的要求即可。

第118条　外国人作为仲裁员的资格

外国人，只要根据其国籍国法具有法律行为能力，就可成为仲裁员；但是，其根据捷克法律具有这种能力即可。被选为解决消费者合同纠纷的仲裁员，其履行职责的附加要求由其他法律确定。

第119条　准据法的确定

解决争议所适用的法律系当事人所选择的法律。当事人未选择该法律的，由仲裁员依照本法的规定确定。所适用的法律中的冲突法规定，只有当其系当事人的法律选择行为所致时，方可予以援用。如果当事人明确授权仲裁员，则仲裁员可根据公平原则对争议作出裁决；涉及消费纠纷的，其他适用于消费者保护的法律规定须予以适用。在仲裁程序中对争议作出裁决时，第87条第2款亦应适用。

对外国仲裁裁决的承认与执行

第 120 条

在外国作成的仲裁裁决，在有互惠保证时，视为内国仲裁裁决在捷克共和国予以承认与执行。如果外国国家对外国的仲裁裁决一般以互惠为条件宣告予以执行时，亦视为有互惠保证。

第 121 条

外国仲裁裁决有下列情形之一的，拒绝予以承认与执行：

(a) 根据裁决作出地国的法律，仲裁裁决不具有拘束力或者不可执行；

(b) 仲裁裁决在作成地国或者裁决所依据的法律所属国被撤销；

(c) 法院撤销捷克仲裁裁决的理由欠缺；

(d) 违背公共秩序。

第 122 条

1. 对外国仲裁裁决的承认，不需要通过特别判决作出裁决。外国仲裁裁决，在参照第 120 条和第 121 条规定的条件下，将如同捷克仲裁裁决一样予以承认。

2. 外国仲裁裁决的执行，由捷克法院通过判决的形式作出安排，并附具理由。

第八编　过渡及最终条款

第 123 条　过渡条款

1. 法律关系的成立及存续以及在本法生效之日前因该法律关系所引起的行为事实，包括法律选择，依照以前的法律规定进行裁判。但是，倘若法律关系具有长期持续性，并涉及当事人重复性或者持续性的行为，该行为在本法生效之日后仍对法律关系有决定作用，只要涉及此种行为与事实，则本法的规定亦适用于该法律关系。

2. 对于在本法生效之日前已启动的诉讼程序，仍适用以前有关捷克法院审判权的法律规定。在承认与执行的条件方面，该规定亦适用于有关承认与执行外国判决、外国仲裁裁决的案件的程序。

第 124 条　废除条款

废止：

(1)《关于国际私法与国际民事诉讼法的第 97/1963 号法律》。

（2）《关于修改〈关于国际私法与国际民事诉讼法的第 97/1963 号法律〉的第 361/2004 号法律》。

（3）《关于补充和修改民事诉讼法、公证法以及国际私法与国际民事诉讼法的第 158/1969 号法律》第三部分。

（4）～（19）（略）。

第九编　生效

第 125 条

本法于 2014 年 1 月 1 日起生效。

黑山共和国《关于国际私法的法律》*

（2013 年 12 月 23 日文本）

第一编　准据法

第一章　基本规定

第 1 条　本法的调整对象

本法包括关于确定具有国际因素之私法关系准据法的规则（简称“冲突规范”）、法院及其他机关审理此类关系的管辖权规则、程序规则以及承认与执行外国的法院判决、仲裁裁决及其他机关所作裁决的规则。

第 2 条　与国际条约及其他法律的关系

对于本法第 1 条所指的各种关系，如其已由国际条约或其他法律调整，则不适用本法的规定。

第 3 条　比照适用（Entsprechende Anwendung）

对于本法第 1 条所指的关系，本法未规定应适用的法律的，则比照适用本法的规定与原则、黑山法律制度的原则和国际私法的原则。

第 4 条　反致与转致

如依照本法规定应适用某一外国的法律，则该国的包括其冲突规范在内的法律规定应得以适用，但本法或其他法律另有规定的除外。

对于下列事项，不得反致黑山法律或者转致第三国法律：

（1）法人和非法人社团的法律地位；

（2）法律行为的形式；

---

* 黑山共和国《关于国际私法的法律》公布于 2014 年 1 月 9 日《黑山官方公报》（*Službeni list Crne Gore*）第 1 号，官方文本为黑山语，本法系根据德国汉堡马克斯-普朗克外国私法与国际私法研究所 Christa Jessel-Holst 的德文译本（资料来源：*IPRax* 2014，Heft 6，S. 556-572）翻译。本译文原载于《中国国际私法与比较法年刊》第十九卷（2016），法律出版社 2017 年版，第 409~438 页。中国政法大学国际法学院的薛童博士对本译文一些用语的措辞、表达提出了非常宝贵的建议。在此深表谢意。——译者注

（3）准据法的选择；

（4）扶养；

（5）合同关系；

（6）非合同关系。

外国冲突规范反致黑山法律或者指向第三国法律的，则适用黑山或第三国的实体法规定。

第 5 条　法律制度不统一

如应适用法律制度不统一国家的法律，且本法的规定又未指定该国具体的法律区域，则根据该法律制度的规定确定应适用的法律。

如根据本条第 1 款规定的方法不能确定应适用法律制度不统一国家哪一区域的法律，则适用该国与案情有最密切联系的那一区域的法律。

第 6 条　对应当适用的外国法内容的查明

法院或者其他裁判主管机关（以下简称“法院或其他主管机关”）依职权查明应适用的外国法的内容。

本条第 1 款所指机关在查明外国法内容时，应依照国际条约的规定，但它们亦可从司法主管部门获取有关外国法的信息或者请求法律专家和专业研究机构发表意见。

诉讼当事人双方亦可提交关于外国法内容的证书或者以其他方式协助法院或其他主管机关（查明外国法）。

双方当事人业已选择应适用的外国法的，法院或其他主管机关则可要求其协助查明外国法的内容。

第 7 条　外国法的解释与适用

应如同在所涉外国法所属国那样解释和适用外国法律。

未适用外国法以及错误地解释和适用外国法，构成上诉之理由。

第 8 条　例外条款

如果案件的整体情势表明，私法关系与根据本法确定的法律只有非常松散的联系，而与另一法律存在实质性更密切联系，则例外地不适用根据本法所确定的法律。

当事人为其私法关系自行选择了准据法的，则不适用本条第 1 款的规定。

第 9 条　公共秩序

外国法的规定，如其适用的结果显然违反黑山的公共秩序，则不予适用。

第 10 条　强制规范

黑山的法律规范，如遵守该种法律规范被视为对维护公共利益，尤其是对维护国家的政治、社会和经济组织具有决定性作用，则对属于其适用范围内的所有案件均应予以适用，而不论准据法为何。

例外地，法院可考虑适用与私法关系有密切联系的另一国的强制规范。

在决定是否考虑本条第 2 款所指的规范时，法院须考量该规范的性质、目的及其适用或不适用的后果。

第二章　人的法律地位

第一节　自然人的法律地位

第 11 条　国籍

一个自然人是否具有某特定国家的国籍，依照该国法律确定。

黑山公民同时亦具有其他国家国籍的，视其只有黑山国籍。

对于非黑山公民并具有两个或多个国籍的人，视其具有从总体上看与他有最密切联系的国家的国籍，尤其是考虑其经常居所。

对于无国籍人或其国籍无法确定的人，依其经常居所确定应适用的法律。

对于具有难民或者避难者身份的人，以其经常居所所在国法律为准。

一个人的经常居所无法确定时，以与其有最密切联系的国家的法律为准。

第 12 条　经常居所

在本法意义上，一个自然人的经常居所系指该自然人的主要居留地，而不论是否在主管机关注册和公示，是否有居留或定居的许可，也不论该居留是否自始就有时间限制。对于经常居所的确定，应考虑能体现与该地点的长期联系或者有建立此种联系意图的个人或职业性质等情况。

对于实施交易行为的自然人的经常居所，就本法第五章和第六章所指的各种关系而言，适用本法第 40 条和第 51 条的规定。

第 13 条　权利能力

自然人的权利能力，以其国籍国法为准。

第 14 条　行为能力

自然人的行为能力，以其国籍国法为准。如果适用于某特定法律关系的法律对行为能力有特别要求的，则适用该法律的规定。

如订立合同的双方当事人在同一国家领域内，则依照该国法律具有行为能力的一方当事人，不得援引另一国法律主张自己无行为能力，但对方当事人在订立合同时已知晓其无行为能力或因为重大过失而不知晓的除外。

本条第2 款的规定不适用于家庭关系、继承关系中的行为以及与位于行为实施地国以外的其他国家领域内的不动产之物权有关的行为。

第 15 条　经营者的行为能力

从事经营活动，但不设立法人的自然人的行为能力，依照该人登记为经营者的国家的法律确定。如无须登记，则适用该人的主要营业所所在地国法律。

第 16 条　监护

监护的指定、终止以及监护人和被监护人之间的关系，以被监护人的国籍国法为准。

关于外国人或居留于黑山共和国领域内的无国籍人的临时保护措施，依照黑山法律决定，在具有管辖权的法院或其他机关所属国未作出决定或未采取必要措施之前，这种临时保护措施继续有效。

本条第 2 款的规定亦适用于对不在黑山领域内的外国人或无国籍人在黑山共和国领域内的财产之保护。

第 17 条　人名

人名的确定及其变更，适用该人的国籍国法律。

变更国籍对人名的影响，依照该人已取得的国籍所属国法律确定。如该人为无国籍人，则其经常居所的变更对人名的影响，依照该人的新经常居所所在地国法律确定。

对人名的保护，适用依照本法第六章所规定的法律。

作为本条第 1 款规定的例外，因为在黑山结婚或者在结婚后而需要确定或者变更人名时，夫妻双方可依照其一方所属国的法律选择人名，或者当夫妻一方在黑山领域内有经常居所时，依照黑山法律选择人名。在结婚后宣告变更人名的，则此种宣告必须以公文书的形式作出。

作为本条第 1 款的例外，亲权持有人可以对民政官员宣告其子女的姓氏适用父母一方所属国的法律，或者当父母一方的经常居所在黑山领域内时，适用黑山法律。在出具出生证之后宣告变更姓氏的，则此种宣告必须以公文书的形式作出。

就根据本条第 4 款和第 5 款对人名或者子女姓氏所作选择的有效性而言，变更年满十周岁的未成年人的姓氏时，如其具有表达意思的能力，则应征得其同意。

第 18 条　失踪者的死亡宣告

失踪者的死亡宣告，以该人失踪时的国籍国法律为准。失踪者无国籍时，宣告其死亡的条件和后果，适用该人最后的经常居所地国法律。

为维护和保护失踪者在黑山领域内的财产而采取的临时措施，适用黑山法律。

对于在黑山领域内有经常居所者，根据对此有正当利益者的请求，可依照黑山法律宣告其死亡。

第二节　法人、非法人社团及国家的法律地位

第 19 条　法人

法人，以其据以设立的国家的法律为准。

法人的实际主事务所不在其设立地所在国而在另一国，并且依照该另一国的法律应以该国法律为准，则适用该法人的实际主事务所所在国的法律。

第 20 条　非法人社团

不具有法律人格的社团，以其登记地或设立地国家的法律为准。

第 21 条　准据法的适用范围

依照本法第 19 条和第 20 条应适用的法律，具体调整下列事项：

（1）成立、法律性质和法律上的组织形式；

（2）名称或商号；

（3）法律主体及领导管理制度；

（4）法人或社团的机构的构成、权限和职能；

（5）代理；

（6）成员资格的取得、丧失以及与此相关的权利和义务；

（7）承担债务的责任；

（8）违反法律或者组织章程的后果；

（9）法人或者社团的重组和清算。

第 22 条　国家作为国际私法关系的主体

本法亦适用于国家作为当事人所参与的国际私法关系，但法律另有规定的除外。

第三章　法律行为、代理和时效

第 23 条　法律交易与法律行为（Rechtsgeschäft und -handlung）的形式

如本法无其他规定，法律交易与法律行为倘若依照其实施地法或者依照支配该法律交易或法律行为的内容的准据法是有效的，则视为形式上有效。

第 24 条　委托代理

被代理人和第三人之间的关系、代理人代理权的产生及范围、行使代理权

或者表见代理的后果，适用被代理人和第三人所选择的法律，前提是代理人已知晓或理应知晓该法律选择。

未选择准据法时，对于本条第1款所述问题，适用代理人的行为地国的法律。如代理人的行为系在履行其职务活动中实施，则适用代理人的营业地法律，前提是第三人已知晓或理应知晓该营业地。

作为本条第1款和第2款的例外，对于本条第1款所述问题，如代理系以某项不动产上的权利为标的，则适用该不动产所在地国法律。

根据本条第1款和第2款所确定的法律，亦适用于因代理人在其代理权限范围内所实施的行为、越权代理或者无权代理而产生的代理人与第三人之间的关系。

第25条　时效

时效，适用支配法律交易或者法律行为的内容的法律。

第四章　物权、知识产权

第一节　物权

第26条　不动产物权

不动产物权的取得、消灭、内容和行使，适用该不动产所在地国法律。

第27条　动产物权

动产物权的取得和消灭，适用实施行为时或者据以取得或消灭物权的情势发生时该动产所在地国法律。

如具体行为或者据以取得或者消灭动产物权所必需的情势在一个国家发生，则此种行为或情势视为在据以取得或消灭物权的最后行为或者情势发生地国完成。

动产物权的内容和行使，适用该物之所在地国法律。

第28条　物的种类

某物应视为动产还是不动产，依照该物之所在地国法律判断。

第29条　将动产带入黑山（准据法的变更、动态冲突）

某项被带入黑山的动产已在另一国合法地取得了物权的，倘若黑山法律规定的物权与在该另一国取得的物权在内容和效果上具有等价性，则对已取得的物权在黑山予以认可本条第1款意义上的动产物权的内容、行使和登记，适用黑山法律。

如依照黑山法律，本条第1款意义上的物权必须登记，并且在该物进入黑山领域内之日起30日内予以登记的，该物进入黑山领域内之日期视为登记日期。

第30条　运输中的物品

运输中物品的物权的取得和消灭，适用其目的地国法律。

游客随身携带的私人用品的物权，适用该游客的经常居所地国法律。

第31条　交通工具

交通工具上的物权的取得、转让和消灭，适用下列国家的法律：

（1）船舶所悬挂的国旗所属国；

（2）航空器登记地国；

（3）铁路或公路运输经营者的营业所所在地国。

第32条　登记的法律效力

据以取得、转让或消灭物权的登记之法律效力，适用在进行该项交易时该物之所在地国法律。

第33条　文化财产

被列入特定国家文化遗产的物品，被非法带离该国国境的，国家要求返还该物之请求权，适用该国的法律，但是该国已选择在其提出返还该物品之请求时该物之所在地国法律的除外。

如果将某特定物列入其文化遗产的国家的法律对文化财产的善意占有人不给予任何保护，该占有人可援引提出返还请求时该物之所在地国法律对其所给予的保护。

第34条　物权准据法的适用范围

适用于物权的法律，特别调整下列事项：

（1）权利的成立、种类、内容和范围；

（2）权利持有人；

（3）权利的可转让性；

（4）取得、转让和消灭权利的方式；

（5）登记的必要性以及对第三人权利进行抗辩的可能性。

第二节　知识产权

第35条　一般规定

著作权的成立、有效性、范围、归属、可转让性、有效期和侵害，知识产权的相邻权以及其他未登记权利，适用寻求对其进行保护所在地国法律。

工业产权上已注册权利的成立、有效性、范围、归属、可转让性、有效期和侵害，适用批准或登记该权利的国家的法律。

第 36 条　雇佣关系存续期间作品的知识产权

支配雇佣合同的法律，亦适用于知识产权或工业产权的权利持有人之确定，前提是该项权利之标的物系创作于劳动关系存续期间。

第 37 条　知识产权合同

与知识产权或工业产权有关的合同，适用本法第五章和第七章所规定的法律。

第五章　合同关系

第 38 条　准据法的选择

合同，适用双方当事人所选择的法律。法律选择必须是明示的或者通过合同条款或者案件情况明确体现出来。当事人可就合同的全部或部分进行法律选择。

双方当事人可随时约定其合同适用另一法律。本法第 45 条意义上的合同形式有效性及第三人权利，不受合同订立后所进行的准据法变更的影响。

如果在法律选择时，与案件情况有关的所有其他因素均位于所选择的法律所属国以外的另一国家，则法律选择不影响对该另一国家那些不得通过协议加以减损的法律规定的适用。

当事人关于准据法之合意的成立及效力，适用本法第 14 条第 2 款、第 44 条和第 45 条的规定。

第 39 条　未选择法律时的准据法

双方当事人未依照本法第 38 条规定进行法律选择的，在不损抑本法第 41 条、第 42 条和第 43 条规定的前提下，合同准据法依如下方式确定：

（1）动产买卖合同，适用卖方的经常居所地国法律；

（2）服务合同，适用服务提供者的经常居所地国法律；

（3）以不动产物权以及不动产的租借或用益租赁为标的之合同，适用不动产所在地国法律；

（4）供私人临时使用连续不超过六个月的不动产租借或用益租赁合同，如果租借人或承租人为自然人并且其经常居所也在所有权人（出租人）的经常居所地国领域内，则适用所有权人（出租人）的经常居所地国法律；

（5）特许销售合同，适用特许证持有人的经常居所地国法律；

（6）分销合同，适用分销商的经常居所地国法律；

（7）以拍卖方式订立的动产买卖合同，如拍卖地能够确定，则适用拍卖举行地国家的法律。

如合同不在本条第 1 款规定之列，或者合同的各组成部分涉及本条第 1 款规定的一种以上事项的，则合同适用提供特征性履行的一方当事人的经常居所地国法律。

如案件的所有情况表明，合同显然与本条第 1 款或第 2 款所指国家以外的另一国家有更密切联系，则适用该另一国家的法律。

依照本条第 1 款、第 2 款规定无法确定应适用的法律时，则合同适用与其有最密切联系的国家的法律。

第 40 条　经常居所

为本章之目的，公司或者从事经营活动的其他主体，无论其为法人或无法律人格的社团，其经常居所地系指其主要管理机构所在地。

为从事经营活动而行事的自然人，其经常居所系指其主要营业所所在地。

如合同系在经营分支机构、代表机构或者其他营业所的过程中订立，或者根据该合同规定，合同的履行由该分支机构、代表机构或其他营业所负责，则经常居所系指该分支机构、代表机构或其他营业所所在地。

在确定经常居所时，以订立合同的时间为准。

第 41 条　运输合同

双方当事人未依照本法第 38 条就货物运输合同进行法律选择的，如接货地、交货地或者发货人的经常居所地也在承运人的经常居所地国领域内，则适用承运人的经常居所地国法律。不具备上述条件时，则应适用双方当事人协议选择的交货地法律。

旅客运输合同的准据法，当事人只能选择下列地点所在国的法律：

（1）旅客的经常居所地；

（2）承运人的经常居所地；

（3）承运人的主要管理机构所在地；

（4）始发地；

（5）目的地。

双方当事人未依照本条第 2 款选择适用于旅客运输合同的法律时，如果始发地或者目的地也在旅客的经常居所地国领域内，则适用旅客的经常居所地国法律。不具备上述条件时，则应适用承运人的经常居所地国法律。

第 42 条　消费者合同

消费者合同，适用消费者的经常居所地国法律，如果经营者：

（1）在消费者的经常居所地国领域内进行职务活动或经营活动；或者

（2）此项活动以某种方式在该国或者包括该国在内的多个国家进行，并且合同系在该活动范围内。

双方当事人可以选择其他法律，但该法律选择不得导致依照本条第1款未选择法律时本应适用的、不得通过协议减损的法律规定给予消费者的保护被剥夺。

不满足本条第1款要求时，为确定消费者合同的准据法，适用本法第38条、第39条的规定。

本条第1款、第2款的规定不适用于：

（1）有关提供服务的合同，如果向消费者提供的服务必须专门在消费者经常居所地国以外的其他国家提供；

（2）除一揽子旅游合同之外的运输合同；

（3）以不动产物权或者不动产的租借、用益租赁为标的之合同，但有关不动产的分时使用权的合同除外。

第43条　个人雇佣合同

个人雇佣合同，适用双方当事人依照本法第38条所选择的法律。但是，当事人的法律选择，不得导致未选择法律时依照本条第2款、第3款规定本应适用的、不得通过协议减损的法律规定给予雇员的保护被剥夺。

应适用于雇佣合同的法律未通过法律选择予以确定的，雇佣合同适用雇员在履行合同的过程中从事经常劳动所在地国或者出发地国法律。即使雇员临时在另一国家进行劳动，其经常劳动所在地国并不因此发生变化。

如不能依照本条第2款规定确定应适用的法律，则合同适用雇用该雇员的营业所所在地国法律。

第44条　成立及实质有效性

合同或其某项条款的成立和有效性，依据假设该合同或条款有效时应适用于合同的法律判断。

但是，如情况表明，依本条第1款所指的法律确定一方当事人行为的效力有失公平，则该当事人可援引其经常居所地国法律主张其并未同意该合同。

第45条　合同的形式

合同各方当事人或其代理人在订立合同时在同一国家领域内的，只要合同满足依照本法应适用于合同的法律或者合同缔结地法律所规定的形式要件，则合同在形式上有效。

合同各方当事人或其代理人在订立合同时在不同国家领域内的，只要合同满足依照本法应适用于合同的法律、合同当事人一方或者其代理人在订立合同时的所在国法律或者合同当事人一方在订立合时的经常居所地国法律所规定的形式要件，则合同在形式上有效。

与已订立的或将订立的合同有关的单方法律交易，如果其满足依照本法应适用于或本应适用于合同的法律、该法律交易的实施地国法律或者法律交易实施者此时的经常居所地国法律所规定的形式要件，则在形式上有效。

消费者合同的形式，以消费者经常居所地国法律为准。

以不动产物权或者不动产的租借、用益租赁为标的之合同，适用该不动产所在地国的形式规定，只要依照该国法律规定：

（1）无论该合同在哪一国订立或适用哪一法律，均应予以适用；

（2）不得通过协议加以减损。

第 46 条　债权的转让

因债权转让而产生的转让人和受让人之间的关系，适用支配有关债权转让合同的法律。

支配被转让的债权的法律，决定该债权的可转让性、受让人和债务人之间的关系、债务人得以抗辩该项转让的条件以及因债务人的履行而产生的免除效果。

本条所指的“转让”之概念，包括债权的完全转让、为设立担保而进行的债权转让以及在债权上设立抵押权或者其他担保权的转让。

第 47 条　抵销

未以合同方式约定抵销权的，抵销适用被抵销的债权的准据法。

第 48 条　准据法的适用范围

适用于合同的法律，特别调整下列事项：

（1）合同的解释；

（2）合同义务的履行；

（3）在受诉法院国诉讼法赋予法院的权限内，完全不履行或者部分不履行合同义务的后果，包括依法律规范进行的估算损失；

（4）债务消灭的各种方式；

（5）诉讼时效；

（6）因期限届满而引起的权利丧失；

（7）合同无效的后果。

对于履行的方式、方法以及在履行有瑕疵的情况下债权人应采取的措施，应考虑合同履行地国的法律。

第 49 条　对本章规定的解释和适用

对本章规定的解释和适用，应符合欧洲议会与（欧盟）理事会 2008 年 6 月 17 日《关于合同之债准据法的第 593/2008 号条例》（“罗马Ⅰ”）。

第六章　非合同关系

第一节　一般规定

第 50 条　定义

在本章意义上，“损害”这个概念包括侵权行为、不当得利、无因管理或者缔约过失行为所引发的所有后果。

本章的规定，亦适用于可能产生的各种非合同之债。

本章所指的造成损害之事件，亦包括可能发生的造成损害之事件。

本章所指的损害，亦包括可能发生的各种损害。

第 51 条　经常居所

为本章之目的，公司或从事经营活动的其他主体，无论其为法人或者无法律人格的社团，其经常居所地系指其主要管理机构所在地。

但是，如果造成损害的事件或者损害系因经营分支机构、代表机构或者其他营业所而产生，则经常居所地系指该分支机构、代表机构或其他营业所所在地。

为从事经营活动而行事的自然人，其经常居所地系指其主要营业所所在地。

第二节　因侵权行为而产生的非合同之债

第 52 条　一般规则

除非本章另有规定，因侵权行为而产生的非合同之债，适用损害发生地国法律，而不论造成损害的事件或者间接损害后果发生在哪一国家。

但是，被请求承担责任者与受害人于损害发生时在同一国家有经常居所的，则侵权行为适用该国的法律。

如案件的所有情况表明，侵权行为显然与本条第 1 款或第 2 款所指国家以外的另一国家有更密切联系，则适用该另一国家的法律。显然与另一国家的更密切联系，可能是建立在当事人之间既有的，并且与所涉侵权行为密切相关的某种法律关系之上，如合同关系。

第 53 条　不正当竞争及限制自由竞争的行为

因不正当竞争而产生的非合同之债，适用影响或可能影响其领域内竞争关系或者消费者集体利益那个国家的法律。

不正当竞争行为仅影响某一特定竞争者利益时，适用本法第 52 条规定。

因某一限制竞争行为而产生的非合同之债，应适用受影响或可能受影响的市场所属国法律。

受影响或者可能受影响的市场在一个以上国家领域内，并且被告在黑山领域内有住所时，如黑山的市场因该诉讼请求所依据的、据以产生非合同之债的限制竞争行为而受到直接的、实质性的影响，则受害人可援引黑山法律提出其诉讼请求。当原告起诉一个以上被告时，只有针对每一个被告的诉讼请求所依据的限制竞争行为都直接地、实质性地影响了黑山市场的运行时，原告方可援引黑山法律提出诉讼请求。

依照本条第 1 款、第 2 款、第 3 款和第 4 款规定应适用的法律，不得通过本法第 63 条所指的协议加以损抑。

第 54 条　环境损害

因环境损害或由环境损害而导致的人身或财产损害而产生的非合同之债，适用本法第 52 条第 1 款所指的法律，但受害人决定援引造成损害的事件之发生地国法律提出诉讼请求的除外。

第 55 条　侵害人格权

因通过媒体，特别是通过新闻媒体作品、广播、电视或者其他信息媒介侵害人格权而产生的义务，依受害人的选择适用下列地点所在国法律：

（1）受害人的经常居所地；

（2）损害发生地；

（3）被请求承担责任者的经常居所或者营业所所在地。

在本条第 1 款第 1 项、第 2 项所指情形下，被请求承担责任者必须能合理预期损害将在受害人的经常居所地国或者在该损害发生地国发生。

通过媒体侵害人格权的，其抗辩权适用媒体侵害人格权的所在国法律。

本条第 1 款的规定，亦适用于因侵害与人格权保护相关的权利而产生的义务。

第 56 条　劳工行动

在不损抑本法第 52 条一般规则的前提下，在有未决或已实施的劳工行动造成损害的情况下，与雇员、雇主或者代表他们职业利益的组织的责任有关的非合同之债，适用劳工行动拟举行地或举行地国法律。

第 57 条　产品责任

因产品损害而产生的非合同之债，其准据法依照 1973 年《关于产品责任法律适用的海牙公约》确定。

第 58 条　公路交通事故责任

因公路交通事故而产生的非合同之债，其准据法依照《关于公路交通事故法律适用的海牙公约》确定。

第 59 条　公海上航行的船舶或者航空器上的损害

据以产生损害赔偿义务的事件发生在公海上航行的船舶或者航空器上的，则船籍国法律或者航空器登记地国法律视为损害赔偿义务所依据的事实发生地法律。

第三节　不当得利、无因管理和缔约过失

第 60 条　不当得利

因不当得利——包括无债清偿——而产生的非合同之债，如与当事人之间既有的一项法律关系——如合同或侵权行为——有关，并且该法律关系与不当得利有密切联系，则适用支配该法律关系的法律。

如依照本条第 1 款不能确定应适用的法律，并且当事人双方在引起不当得利的事件发生时在同一国家有经常居所时，则适用该国的法律。

如依照本条第 1 款、第 2 款不能确定应适用的法律，则适用不当得利发生地国法律。

第 61 条　无因管理

因无因管理而产生的非合同之债，如与当事人之间既有的一项法律关系——如合同或侵权行为——有关，并且该法律关系与无因管理有密切联系，则适用支配该法律关系的法律。

如依照本条第 1 款不能确定应适用的法律，并且当事人双方在损害事件发生时在同一国家有经常居所时，则适用该国的法律。

如依照本条第 1 款、第 2 款不能确定应适用的法律，则适用管理行为实施地国法律。

第 62 条　缔约过失

不论合同最终是否订立，因订立合同前的缔约过失而产生的非合同之债，适用调整该合同的法律或者假设该合同成立时应予以适用的法律。

如依照本条第 1 款不能确定应适用的法律，则应适用：

（1）损害发生地国法律，无论损害事件或者间接的损害后果发生在哪一国家；

（2）如双方当事人在导致损害的事件发生时在同一国家有经常居所，则

适用该国法律。

第四节　非合同关系的一般规定

第 63 条　准据法的选择

当事人可以通过下列方式选择非合同关系的准据法：

（1）在损害事件发生后订立协议；或者

（2）如各方当事人在从事商业活动，亦可通过在损害事件发生前自由达成协议的方式。

法律选择必须是明示的或者通过案件情况明确地体现出来，并且不得影响第三人的权利。

在导致损害的事件发生时，如案情的所有因素均位于被选法律所属国以外的另一国家，则当事人的法律选择不得影响该另一国那些不得通过协议加以减损的法律规定的适用。

因侵害知识产权而产生的非合同之债，排除了选择准据法的可能性。

第 64 条　准据法的适用范围

适用于非合同之债的法律，特别调整下列事项：

（1）承担责任的原因和范围，包括确定那些因其行为而可能承担责任的人；

（2）责任豁免的根据以及责任的任何限制或分配；

（3）损害或者所要求补偿依据的存在、种类及恢复原状；

（4）法院在其诉讼法所赋权限内可采取的预防、终止或者赔偿损害的措施；

（5）请求损害赔偿或者恢复原状之权利的可转让性，包括可继承性在内；

（6）有权获得精神损害赔偿的人；

（7）对其他人所致行为的责任；

（8）义务消灭的条件，有关时效或权利丧失的规定，包括有关时效期间开始、中断和中止的规定。

第 65 条　安全规则和行为规则的适用

在判断被请求承担责任者的行为时，应当实际地、适当地考虑据以承担责任的事件发生之时当地现行的安全规则和行为规则。

第 66 条　直接起诉责任人的保险人

如适用于非合同之债或保险合同的法律有相关规定，受害人可以直接对责任人的保险人提出诉讼请求。

第 67 条 对本章规定的解释和适用

对本章规定的解释和适用，应符合欧洲议会与（欧盟）理事会 2007 年 7 月 17 日《关于非合同之债准据法的第 864/2007 号条例》（“罗马Ⅱ”）。

本条第 1 款，不适用于本法第 57 条、第 58 条和第 59 条的规定。

第七章 合同关系和非合同关系的共同规定

第 68 条 法定的债权转让

债权人基于一项非合同之债而对某债务人享有债权，并且第三人有义务清偿该债权人或者已向债权人履行了清偿义务时，则支配第三人清偿债权人义务的法律，决定该第三人是否有权以及能在多大范围内行使原债权人对债务人依照支配他们之间关系的法律所享有的债权。

第 69 条 多方债务

如一个债权人因同一债权而对数个负有连带责任的债务人享有债权，并且其从其中一个债务人处得到全部或者部分清偿，则该债务人向其他债务人追偿的权利，依照支配该债务人因非合同之债而对债权人负有义务的法律确定。其他债务人，在支配债务人对债权人义务的法律的许可范围内，有权对该债务人行使他们对债权人所享有的抗辩权。

第 70 条 举证责任

调整非合同之债的法律，就非合同之债事项的适用而言，应当包括法律推定或者举证责任的分配规则。

法律交易或法律行为，可以通过受诉法院国法律所认可的任何证明方法加以证明，或者以本法第 45 条所指的、据以认定法律行为在形式上有效的法律所许可的证明方法证明，但以这种证明方法能由受诉法院实施为条件。

第八章 继承

第 71 条 一般规则

因死亡而发生的全部继承，适用被继承人死亡时的经常居所地国法律。

第 72 条 法律选择

被继承人对其所有遗产的继承，可以选择其国籍国法律、选择法律时或者其死亡时的经常居所地国法律。

不动产的继承，被继承人可以选择该不动产所在地国法律。

法律选择必须是明示的或者通过案件情况明确地体现出来，并采用法律对死因处分行为所规定的形式（遗嘱、共同遗嘱或者继承合同）。

对应适用的法律所作选择之存在及实质有效性，依照所选择的法律判断。

本条第1款至第3款的规定，亦适用于对以前法律选择的变更及撤销。

第73条　遗嘱的形式有效性

一项遗嘱，如其依照下列法律之一为有效，则在形式上有效：

（1）遗嘱设立地国法律；

（2）遗嘱人在设立遗嘱时或者死亡时的国籍国法律；

（3）遗嘱人在设立遗嘱时或者死亡时的住所地法律；

（4）遗嘱人在设立遗嘱时或者死亡时的经常居所地法律；

（5）黑山法律；

（6）对于不动产，还适用不动产所在国的法律；

（7）适用于继承的法律或者在设立遗嘱时假设应适用的法律。

遗嘱的撤销，如此种形式根据本条第1款的规定能有效设立遗嘱的法律是有效的，则在形式上有效。

下列事项，亦视为形式的组成部分：

（1）是否存在对遗嘱人的年龄、国籍或者其他人身属性的限制；

（2）满足证人方面的条件；

（3）对特定死因处分行为的禁止。

第74条　死因处分行为的成立、实质有效性、效果及解释

死因处分行为的成立、实质有效性、效果及解释，适用实施该处分行为时本应调整被继承人的遗产继承的法律。

处分行为，如其依照被继承人死亡时调整继承的法律是有效的，则亦为有效。此时，该法律亦适用于遗嘱的效力和解释。

本条第1款、第2款的规定，亦适用于设立遗嘱的能力。该能力不受准据法事后变更的影响。

共同遗嘱或者继承合同的当事人可以协议约定，他们的处分行为之成立、实质有效性、效果及解释，应由他们中的一方当事人根据本法第72条第1款、第2款和第5款所指定的法律调整。

第75条　无人继承遗产

无人继承的遗产，适用该遗产所在地国的法律。

第76条　适用范围

继承的准据法特别调整下列事项：

（1）继承开始的事由及时间；

（2）继承人和受遗赠人的范围、继承份额以及由继承案件所产生的其他权利；

（3）继承能力；

（4）无继承能力的特别事由；

（5）剥夺继承权和继承权的丧失；

（6）将属于遗产的资产转移给继承人和受遗赠人，以及接受或者放弃遗产或者遗赠的条件及其效力；

（7）继承人、遗嘱执行人及其他遗产管理人的权利，尤其是有关变卖财产和清偿债权人的权利；

（8）遗产债务的责任承担；

（9）遗产中可自由处分的部分、特留份及对遗嘱自由的其他限制，包括法院或者其他机关为了与被继承人亲近者的利益而对遗产进行的分割；

（10）退还礼物或者计算礼物价值的义务以及将礼物算入继承份额；

（11）遗产的分配。

第九章 家庭关系

第一节 婚姻

第 77 条 结婚的条件

结婚的条件，依照各方当事人结婚时的国籍国法律判断。

第 78 条 婚姻的形式

婚姻的形式，依照婚姻缔结地国法律。

第 79 条 宣告婚姻无效

宣告婚姻无效，适用曾调整结婚条件的法律。

第 80 条 夫妻之间的人身关系

夫妻之间的人身关系，适用其共同国籍国法律。

如夫妻双方的国籍不同，适用其共同的经常居所地国法律。

如夫妻双方既无共同国籍，在同一国家又无共同经常居所的，则适用其最后的共同经常居所地国法律。

如依照本条第 1 款、第 2 款和第 3 款规定不能确定应适用的法律，则适用黑山法律。

第 81 条 夫妻之间的财产关系

夫妻之间的财产关系，适用调整其人身关系的国家的法律。

因夫妻一方或双方的国籍或者经常居所的变更而导致准据法变更的，则不论何时取得新国籍或经常居所，夫妻之间的财产关系适用新的准据法。

第 82 条　夫妻之间的财产契约关系

夫妻双方可以书面形式约定，对于他们之间的财产契约关系应适用：

（1）夫妻一方的国籍国法律；

（2）夫妻一方的经常居所地国法律；

（3）夫妻双方拟在其领域内设立共同经常居所的国家的法律；

（4）对于不动产，适用不动产所在地法律。

法律选择可在结婚前或者结婚后进行。

夫妻双方可以变更或者撤销其法律选择。在结婚后进行的法律选择，如双方当事人无其他约定，则自结婚之时起即产生效力。

第 83 条　对第三人的保护

夫妻双方就其财产关系选择外国法的，不得损害第三人的权利，但第三人已知晓或理应知晓适用外国法的除外。

不动产物权，已满足了不动产所在地国法律所规定的登记要求的，则视为第三人已知晓适用所选择的法律。

第 84 条　未婚同居者的财产关系

对于未婚同居者之间的财产关系，适用本法第 81～83 条所规定的法律。

第 85 条　离婚

离婚，适用提出离婚请求时夫妻双方的共同国籍国法律。

夫妻双方国籍不同的，适用提出离婚请求时夫妻双方的共同经常居所地国法律。

如夫妻双方在提出离婚请求时既无共同国籍，在同一国家又无共同经常居所的，适用其最后的共同经常居所地国法律。

如依照本条第 1 款、第 2 款和第 3 款不能确定应适用的法律，则适用黑山法律。

如夫妻一方为在黑山无经常居所的黑山公民，并且依照本条第 1 款、第 2 款和第 3 款确定的法律不能解除婚姻，则离婚应适用黑山法律。

第 86 条　法律选择

在任何情况下，夫妻双方均可约定将本法第 85 条所述法律之一以及夫妻一方在提出离婚请求时的国籍国法律作为离婚的准据法。

法律选择的协议，须采用书面形式，并应在提出离婚请求前依法认证。

第二节　父母亲权利

第 87 条　子女的家庭地位

有关父亲或母亲身份的承认、认定或否认，适用子女在出生时已取得的国籍国法律。

如果对子女更为有利，可适用：

（1）子女的国籍国法律或者在认定其家庭地位时的经常居所地国法律；

（2）在子女出生时调整夫妻双方人身关系的法律。

对父亲或者母亲身份的承认，如符合承认者的国籍国法律或者承认时子女的国籍国法律或者经常居所地国法律，则为有效。

承认的形式，适用承认行为实施地国法律或者依照本条第 2 款确定的法律。

第 88 条　父母子女之间的关系

父母和子女之间的关系，适用子女的经常居所地国法律，或者，在对子女更为有利时，适用子女的国籍国法律。

第 89 条　收养

收养子女的成立要件、效力及终止，适用收养人的国籍国法律。

夫妻双方共同收养子女的，则应适用本法第 80 条所规定的法律。

子女的同意，除了适用本条第 1 款规定的法律外，亦应适用子女的国籍国法律。

收养的形式，适用收养成立地法律。

第三节　扶养

第 90 条　一般规则

如本法无其他规定，扶养义务适用扶养权利人的经常居所地国法律。

扶养权利人的经常居所发生变更的，则自变更之时起，适用其新的经常居所地国法律。

第 91 条　对特定扶养权利人有利的特别规则

关于下列扶养义务，适用特别规则：

（1）父母对子女；

（2）除父母以外的其他人对于未年满 21 周岁的人，但因本法第 92 条所述关系而产生的扶养义务除外；

（3）子女对其父母。

如扶养权利人依照本法第 90 条所规定的法律不能得到扶养，则应适用受诉法院地的现行法律。

扶养权利人已向扶养义务人的经常居所地国主管机关起诉的，则不论本法第 90 条有何规定，均应适用该国的法律。但是，扶养权利人根据该法律不能从扶养义务人那里得到任何扶养的，则应适用扶养权利人的经常居所地国法律。

如扶养权利人根据本法第 90 条及本条第 2 款、第 3 款所规定的法律不能从扶养义务人那里得到任何扶养，存在共同国籍时，应适用扶养权利人和义务人的共同国籍国法律。

第 92 条　有关夫妻之间及前夫妻之间的扶养的特别规则

关于夫妻之间、前夫妻之间或者其婚姻被宣告无效的当事人之间的扶养义务，如果当事人一方表示反对，并且另一国家尤其是其最后的共同经常居所地国法律与所涉的婚姻有更密切的联系，则不适用本法第 90 条的规定。此时，应适用该另一国的法律。

第 93 条　对特定人的扶养权利之抗辩

除了父母对子女的扶养义务以及本法第 92 条所述之扶养义务外，扶养义务人可以对权利人提出的扶养请求进行抗辩，即无论是根据义务人的经常居所地国法律，还是根据当事人的共同国籍国法律，均不存在该项义务。

第 94 条　为个别诉讼之目的选择准据法

不论本法第 90~93 条有何共同规定，扶养权利人和义务人可以仅为了在某特定国家进行个别诉讼之目的，明确指定以该国的法律作为某项扶养义务的准据法。

在启动诉讼程序前进行法律选择的，则应采用双方当事人签字的书面协议或者采用以后可查阅其内容的介质制作。

第 95 条　准据法的选择

不论本法第 90~93 条有何共同规定，扶养权利人和义务人可随时协议选择下列法律制度之一作为某项扶养义务的准据法：

（1）在法律选择时当事人一方的国籍国法律；

（2）在法律选择时当事人一方的经常居所地国法律；

（3）双方当事人已指定作为其财产关系准据法的法律或者事实上已适用的法律；

（4）双方当事人已指定作为其离婚或分居准据法的法律，或者事实上已适用于该离婚或分居的法律。

此种协议应以书面形式或者用以后可查阅其内容的介质制作，并且由双方当事人签字。

扶养义务涉及未年满 18 周岁的人或者因行为能力受到限制而无法保护其利益的成年人时，不适用本条第 1 款的规定。

不论当事人依照本条第 1 款所指定的法律为何，权利人能否放弃其扶养请求，适用选择法律时权利人的经常居所地国法律。

当事人所指定的法律，如其适用的结果显然对当事人一方有失公允，则不予适用，但当事人双方在选择法律时被全面告知并且充分知晓其所作选择后果的除外。

第 96 条 承担公共职责的机构

对于承担公共职责的机构因代为扶养某个权利人提供服务而请求偿付的权利，适用支配该机构的法律。

第 97 条 扶养准据法的适用范围

扶养义务的准据法，特别确定：

（1）扶养权利人能否、在何种范围内以及向谁请求扶养；

（2）扶养权利人可在何种范围内要求支付过去的扶养费；

（3）扶养费的计算依据及参照依据；

（4）谁有权提起扶养之诉，但诉讼能力和诉讼代理问题除外；

（5）诉讼时效或者提起诉讼的有效期限；

（6）承担公共职责的机构因代为扶养某个权利人提供服务而请求偿付时，义务人应履行的偿付义务范围。

第 98 条 扶养金额的计算

在计算扶养金额时，应考虑扶养权利人的需求、义务人的供养能力以及代为向权利人定期支付扶养费而可能受到的损失，但应适用的法律另有规定的除外。

第二编 管辖权和诉讼程序

第十章 黑山法院和其他机关对国际民事案件的管辖权

第一节 一般规定

第 99 条 一般管辖权

如被告在黑山有住所或者主事务所，黑山法院即有管辖权。

如被告在黑山和其他国家均无住所，只要在黑山领域内有居所地，黑山法院即有管辖权。

第 100 条　实体共同诉讼人（Materielle Streitgenossen）

如果诉讼中存在多个具有实体共同诉讼人身份的被告，只要其中一个被告在黑山领域内有住所或者主事务所，黑山法院即有管辖权。

第 101 条　关联诉讼的管辖权

如黑山法院对一起由数人提起的诉讼具有裁判管辖权，则该法院对于与该诉讼有关联的其他诉讼亦有管辖权。

关联诉讼，系指彼此之间联系如此紧密，以至于需要一并审理和判决，以避免作出相互矛盾的判决的诉讼。

第 102 条　根据营业活动所在地取得管辖权

对于因经营黑山领域内的分支机构、代表机构或者其他营业处而发生的各种争议，即使被告在黑山领域内没有主事务所，黑山法院仍有管辖权。

第 103 条　协议由黑山法院管辖

对于黑山法律允许当事人自由处分其权利的那些案件，当事人双方可协议约定由黑山的一个或多个法院对现有的或者将来因特定法律关系引起的法律争议进行裁判。

如当事人无其他约定，本条第 1 款所指的黑山一个或多个法院的管辖权为排他性选择管辖权。

第 104 条　协议由外国法院管辖

对于当事人可自由处分其权利的案件，如不属于黑山法院专属管辖，则当事人可以协议约定由外国的一个或多个法院对现有的或者将来因特定法律关系引起的法律争议进行管辖。

如当事人无其他约定，本条第 1 款所指的外国的一个或多个法院的管辖权是排他性选择管辖权。

第 105 条　管辖协议的形式

管辖协议的订立和确认应当：

（1）采用书面形式；

（2）采用符合当事人之间既有交易习惯的形式；

（3）在国际商事交易中，采用符合商事惯例的形式，这种惯例形式已为当事人所熟识或理应熟识，并且为所涉交易领域的合同当事人通常知晓和遵守。

能长期记录协议内容的各种电子数据交换，等同于书面形式。

第 106 条　被告对管辖权的默示同意

对于依照本法第 103 条允许协议由黑山一个或多个法院管辖的案件，可基于被告的同意确立相应的管辖权。

如被告递交答辩状或对支付令提出异议，或者在预审日期或——在无此种日期时——在第一次开庭审理时参与诉讼并且对管辖权未提出异议，或者提出反诉的，应认为被告同意由黑山法院裁判。

第 107 条　专属管辖权

如本法或其他法律有明确规定，则黑山法院具有专属管辖权。

第 108 条　对反诉的管辖权

对基于本诉中的同一合同或案情提起的反诉，黑山法院也具有管辖权。

第 109 条　非争议之诉的管辖权

在有数人参与的非争议之诉中对法律关系作出裁判时，如被请求人在黑山领域内有住所或主事务所，则黑山法院具有管辖权；但是，在只有一人参加该程序时，如该人在黑山有住所或主事务所，除本法另有规定外，则黑山法院具有管辖权。

第 110 条　临时措施及保护措施的管辖权

黑山法院即使依照本法对案件的实体事项没有裁判管辖权，但对于起诉时位于黑山领域内的人或财产有权指令采取临时措施及保护措施。

第 111 条　对在公共注册机构进行登记的管辖权

对于以在黑山领域内的公共注册机构登记的效力为标的之诉讼，黑山法院享有专属的管辖权。

第 112 条　管辖权的恒定

黑山法院及其他机关在国际案件中的管辖权，应根据诉讼开始之时存在的事实和案情依职权予以确认。

即使黑山法院或者其他机关据以行使管辖权的事实在诉讼中发生变更，该法院或机关仍具有管辖权。

第 113 条　必要管辖权

如果本法未规定黑山法院或其他机关具有管辖权，但在任何其他国家均无法启动诉讼程序或者无法在另一国家合理地启动此种程序，则与争议有充分联系的地点所在的黑山法院或其他机关具有管辖权。

第 114 条　平行诉讼

如相同当事人之间因同一诉讼请求在外国法院提起的诉讼尚未审结，有下列情形的，黑山法院应根据一方当事人的请求裁定中止诉讼：

（1）有关该案的诉讼首先在外国法院提起；

（2）黑山法院对所涉争议的审理无专属管辖权；

（3）外国法院的判决有理由预期能在黑山得到承认与执行。

第二节　特别规定

一、人的法律地位

第115条　监护事项的管辖权

对涉及黑山公民或者在黑山领域内有经常居所的人的监护事项，黑山机关具有管辖权。

为保护身处黑山领域内或者在黑山有财产的外国人之人身、权利和利益，黑山机关有权采取必要的临时措施。

第116条　人名

对于黑山公民或者在黑山有经常居所者的姓名之变更及保护，黑山法院和（或）机关具有管辖权。

第117条　对失踪者的死亡宣告

失踪者在失踪时具有黑山国籍或者在黑山有经常居所的，黑山法院对其死亡宣告具有管辖权。

第118条　法人

对于以公司或法人的成立、设立无效或解散或者其机关所作决定的效力为标的之诉讼，如果该公司或法人的主事务所在黑山领域内，则黑山法院享有专属管辖权。

二、物权和知识产权（诉讼）的管辖权

第119条　不动产

对于以不动产物权以及不动产的租借、用益租赁为标的之诉讼，如该不动产在黑山领域内，则黑山法院具有专属管辖权。

但是，对于供私人临时使用连续不超过六个月的不动产的租借或用益租赁之诉，如果所涉的租借人或承租人为自然人并且所有权人（出租人）以及租借人或者承租人在同一国家有住所，则被告住所地国的法院亦具有管辖权。

第120条　动产

对于有关动产物权的争议，如果该项动产在黑山领域内，则黑山法院具有管辖权。

第121条 航空器和船舶

对于有关航空器或船舶物权的诉讼以及因航空器、船舶的留置权而产生的争议，如果该航空器或者船舶在黑山注册机构登记，则黑山法院亦具有管辖权。

对于有关妨害对本条第1款所指航空器或船舶的占有的争议，如果该航空器或者船舶在黑山领域内的注册机构登记，或者妨害行为发生在黑山领域内，则黑山法院亦具有管辖权。

第122条 工业产权

对于以专利、商标、实用新型和外观设计或需要样品寄存或登记的其他权利的登记、效力为标的之诉讼，不论该争议是以起诉的方式还是以抗辩的方式提出，只要已在黑山申请了或进行了样品寄存或登记，或根据国际公约视同进行了样品寄存或登记，则黑山法院即享有专属管辖权。

三、合同诉讼的管辖权

第123条 一般规则

对于因合同关系引起的诉讼，如果法律争议的标的是已在或本应在黑山履行的义务，则黑山法院亦有管辖权。

如双方当事人无其他约定，本条第1款所指的义务履行地为：

(1) 对于动产销售，依照合同规定交付或理应交付财产的地点；

(2) 对于提供服务，依照合同规定提供或理应提供服务的地点。

第124条 消费者合同

在不损抑一般管辖权规则的前提下，对于消费者针对经营者提起的诉讼，只要消费者在黑山领域内有住所，黑山法院即具有管辖权。

对于住所在黑山的消费者，经营者只能向黑山法院提起诉讼。

仅在下列情况下，方可不依照本条第1款、第2款的规定，而以协议的方式确定管辖权：

(1) 在争议发生后达成协议的；

(2) 该协议赋予消费者向其他法院起诉的权利，而该法院行使管辖权的依据不在本条规定之列；或者

(3) 达成该协议的消费者和经营者在签订合同时，双方的住所或者经常居所在同一国家领域内，并且该国法院具有管辖权，但根据该国法律不许达成此类协议的除外。

本条第1款、第2款和第3款的规定，仅在下列情况下予以适用：

(1) 涉及采用分期付款方式购买动产的；

（2）涉及分期还款的借贷或者以融资购买某财产为目的之其他信贷业务；

（3）在所有其他情况下，合同系与一个在黑山领域内从事职业或商业活动或旨在以某种方式在黑山或者包括黑山在内的多个国家从事该活动的人签订，并且合同系在该项活动业务范围内订立。

本条第 1 款至第 4 款的规定，不适用于运输合同，但规定了一揽子运送及住宿服务统一价格的旅游合同除外。

第 125 条　个人雇佣合同

在不损抑一般管辖权规则的前提下，黑山法院对于雇员针对雇主提起的诉讼具有管辖权，如果：

（1）雇员经常在黑山劳动或者最后阶段经常在黑山劳动；或者

（2）雇员不在同一个国家从事经常性劳动，但聘用该雇员的分公司位于或曾位于黑山领域内。

对于住所在黑山的雇员，雇主只能向黑山法院提起诉讼。

仅在下列情况下，方可不依照本条的规定，而以协议的方式确定管辖权：

（1）在争议发生后达成协议的；

（2）该协议赋予劳动者向本条第 1 款、第 2 款规定的具有管辖权的法院以外的其他法院起诉之权利的。

四、非合同之诉的管辖权

第 126 条　一般规则

因非合同损害责任引起的诉讼，如损害发生于黑山领域内或者有发生损害的危险，则黑山法院亦具有管辖权。

本条第 1 款的规定，亦适用于依据有关保险公司直接责任的规定而向承保第三者赔偿损害责任的保险公司提起的诉讼以及因基于损害赔偿的求偿权而对赔偿债务人提起的诉讼。

五、继承案件的管辖权

第 127 条　一般规则

如被继承人死亡时在黑山领域内有经常居所，黑山法院对该继承案件具有管辖权。

第 128 条　基于财产所在地的管辖权

如被继承人死亡时其经常居所不在黑山领域内，黑山法院亦可基于案件事实确立管辖权，即属于遗产的财产在黑山领域内，并且：

（1）根据本法第72条规定，黑山法律被选为准据法；或者

（2）被继承人死亡时具有黑山国籍；

（3）本条的适用仅与在黑山领域内的物有关。

第129条　协议管辖

被继承人可通过死因处分行为指定依照本法第72条规定其法律被选为继承准据法的国家的一个或多个法院亦对审理遗产案件的全部或部分事项具有管辖权。所选择的法院管辖权是一项排他性选择管辖权。

六、家庭案件的管辖权

第130条　婚姻案件以及与此相关的争议

有关认定婚姻是否成立、离婚或者宣告婚姻无效之诉，黑山法院具有管辖权，如果：

（1）夫妻一方现在或者在结婚时为黑山公民；

（2）夫妻双方在黑山领域内有经常居所；

（3）夫妻一方为在黑山领域内有经常居所的无国籍人；或者

（4）夫妻一方在黑山领域内有经常居所，除非根据夫妻任何一方国籍国法律的规定，黑山法院作出的判决显然将得不到承认。

在婚姻诉讼中，如需对夫妻之间的扶养或婚后扶养、父母赡养、子女抚养或者婚姻财产关系作出判决，黑山法院亦可根据本条第1款确立管辖权。

未婚同居关系，亦适用本条第1款和第2款的规定。

第131条　出身案件

对于有关父亲或母亲身份的认定、否认之诉，黑山法院具有管辖权，如果子女、母亲、父亲或者声称自己为子女的父亲或母亲的人：

（1）是黑山公民；或者

（2）在黑山领域内有经常居所。

第132条　父母照顾

对有关在父母照顾下的子女的保护、抚育和教育之诉，如该子女为黑山公民或者其经常居所在黑山领域内，则黑山法院或其他机关具有管辖权。

如子女需要黑山机关予以照顾，则黑山法院或其他机关亦具有管辖权。

第133条　收养

对于与收养有关的问题的裁决，如果收养人、收养人一方或者子女有下列情形之一，则黑山法院或其他机关具有管辖权：

（1）是黑山公民；

(2) 在黑山领域内有经常居所。

第 134 条　扶养

对于扶养之诉，黑山法院具有管辖权，如果：

(1) 被告在黑山领域内有经常居所；或者

(2) 扶养权利人在黑山领域内有经常居所；或者

(3) 黑山法院在其审理的有关个人身份或父母照顾的诉讼中，需要就扶养事项作出裁决的。

第 135 条　其他家庭关系

对于其他家庭关系，如果黑山法院根据属地管辖权规则具有管辖权的，则黑山法院具有管辖权。

第十一章　其他规定

第 136 条　自然人的当事人能力和诉讼行为能力

自然人作为诉讼当事人的能力和实施诉讼行为的能力，适用其国籍国法律。

如外国人根据本条第 1 款规定无诉讼行为能力，但根据黑山法律具有诉讼行为能力的，则其可亲自实施诉讼行为。

在本条第 2 款所指的外国人未宣布亲自进行诉讼之前，其法定代理人可持续实施诉讼行为。

外国法人作为诉讼当事人的能力，由本法第 19 条所规定的法律决定。

第 137 条　诉讼费用担保义务

住所不在黑山的外国人和无国籍人在黑山法院起诉的，根据被告的请求，他应提供诉讼费用担保。

被告须在不迟于法院预审开庭的期间内，或者——如此种预审未曾举行——应在就其抗辩进行第一次庭审时，或在其知道有条件提出担保请求时提出该项申请。

诉讼费用担保以现金支付，但法院亦可准许以其他适当的方式提供担保。

第 138 条　诉讼费用担保义务的免除

在下列情况下，被告无权请求诉讼费用担保：

(1) 在原告国籍国，黑山公民没有提供诉讼费用担保的义务；

(2) 原告在黑山享有庇护权；

(3) 诉讼请求涉及原告基于在黑山的雇佣关系的请求权；

（4）涉及婚姻的诉讼、有关父亲或母亲身份认定或否认的诉讼以及法定扶养的诉讼；

（5）诉讼涉及汇票或支票、反诉或者发布支付令。

根据本条第 1 款第 1 项规定对黑山公民在原告国籍国是否有义务提供诉讼费用担保存有疑问时，国家司法管理机关应对此进行答复。

第 139 条　有关诉讼费用担保的裁决

在准许提供诉讼费用担保的裁决中，法院应确定担保费用的数额及提供担保的期限，并向原告指出如未证明其已在指定期限内提供此种担保时应承担的法定后果。

如证明原告未在指定期限内提供诉讼费用担保，应视为其已经撤诉，或者在上诉程序中被申请提供诉讼费用担保时，则应视为上诉人已撤回其上诉。

如果被告已及时地提出原告应提供诉讼费用担保的请求，只要法院未就被告的请求作出最终和有约束力的裁决，且原告未提供担保的，被告即无义务参加案件实质问题的审理。

法院如驳回提供诉讼费用担保的请求，即令此项驳回申请的裁定尚未终局与生效，它仍可决定诉讼应继续进行。

第 140 条　免于支付诉讼费用

在互惠条件下，外国人有权免于支付诉讼费用。

第三编　对外国判决的承认与执行

第十二章　对外国法院判决的承认与执行

第 141 条　外国法院判决

外国法院的判决，只有经黑山法院承认，方等同于黑山法院的判决并在黑山具有法律效力。

在法院达成的和解（以下简称“法院和解”），亦视为本条第 1 款所指的外国法院的判决。

其他机关作出的调整本法第 1 条所指关系的裁决，如在作出国被视为等同于法院判决或法院和解，亦视为外国法院的判决。

第 142 条　既判力的证明

如请求承认人在提交外国法院判决或其经认证的副本的同时，还提交了外国主管法院或其他机关的证明书，证明依照判决作出国的法律该判决是终局的和有约束力的，即应承认该外国法院的判决。

如外国法院判决或其经认证的副本未采用法院地的官方语言或官方使用的语言作成，则请求承认的当事人须提交该外国法院判决的经认证的译本。

第 143 条　未尊重答辩权

如在审理对其作出判决的当事人所提出的异议时，查明其因意外情况未能参加诉讼，则黑山法院应拒绝承认外国法院的判决。

尤其是传票、起诉状或判决书未送达给外国法院判决所针对的当事人本人，或根本未试图送达本人，或者因为其未被给予充分时间准备应诉，则应视为其未能参加诉讼，除非其已以某种其他方式在一审程序中就案件实质问题参加了诉讼。

第 144 条　黑山法院的专属管辖权

如黑山法院或其他机关对案件有专属管辖权，则不应承认外国法院的判决。

第 145 条　外国法院的过度管辖权

如果外国法院对案件确立国际管辖权所依据的事实，在黑山法律中却未规定其可作为黑山法院裁决该同一法律争议的国际管辖权依据，则不予承认外国法院的判决。

第 146 条　对相同当事人之间的同一案件存在终局判决

如黑山法院或其他机关已对相同当事人之间的同一案件作出了最终和有约束力的判决，或者另一外国法院对同一案件所作的判决已在黑山得到承认，则不予承认外国法院的判决。

如相同当事人之间就同一案件在黑山法院较早提起的诉讼正在进行，法院应暂缓承认外国法院的判决，直至上述诉讼最终有效地终止。

第 147 条　违反公共秩序

外国法院的判决，如承认该判决的结果显然违反黑山的公共秩序，则不予承认。

第 148 条　外国法院有关黑山公民个人身份或家庭状况的判决

如黑山法院认为外国法院的判决与黑山公民的个人身份有关，则为了承认之目的，应根据本法第 142～147 条规定对该判决进行审查。

第 149 条　对外国法院判决的执行

本法第 142～147 条的规定，亦适用于对外国法院判决的执行。

请求执行外国法院判决的人，除提交本法第 142 条所规定的证书外，还应提交依判决作出国法律能够执行该判决的证书。

第十三章　外国仲裁裁决的承认与执行

第 150 条　外国仲裁裁决

在黑山领域外作出的仲裁裁决，视为外国仲裁裁决。

外国仲裁裁决具有其作出国的国籍。

第 151 条　承认与执行

对外国仲裁裁决的承认与执行，适用 1958 年《关于承认及执行外国仲裁裁决的公约》。

第十四章　承认与执行外国法院判决及仲裁裁决的程序

第 152 条　程序的启动

承认外国法院判决或仲裁裁决的程序，应通过申请予以启动。

任何在个人身份问题上具有合法利益的人，均可请求承认外国法院就有关其个人身份的诉讼所作的判决。

对于外国法院判决或仲裁裁决的承认，由承认程序发生地的主管法院管辖。

对于外国法院判决或仲裁裁决的执行，由执行程序实施地的法院管辖。

第 153 条　诉讼届满和上诉

在承认外国法院判决或仲裁裁决的程序中，法院仅限于审查是否具备本法第 142~147 条所规定的条件。

如法院查明，不存在承认外国法院判决或仲裁裁决的障碍，应裁定承认外国法院判决或仲裁裁决。

有关承认外国法院判决或仲裁裁决的裁定书，应送达对方当事人或者参加外国法院诉讼程序的其他参与人，并依法告知其有权在自裁定书送达之日起 30 日内对该裁定提出上诉。

作出承认裁定的法院，应由三名法官组成的合议庭对上诉作出裁决。如对上诉的裁决取决于案件的争议事实，则法院在开庭审理之后作出裁决。

对于法院驳回承认外国法院判决或仲裁裁决请求的裁定，以及对法院就上诉所作的裁定，当事人有权自裁定书送达之日起 30 日内向二审法院提出特别上诉。

作为本条第 3 款的例外，如果申请承认人具有黑山国籍而对方当事人在黑山没有住所或居所，则法院无需将承认外国法院所作离婚判决的裁定书送达对方当事人。

第 154 条　特别上诉（Auβerordentliche Rechtsmittel）

对于承认外国法院判决或宣告外国法院判决具有可执行性的裁定，如该判决已在其作出国基于特别上诉而被撤销，当事人可申请再审。

第 155 条　将承认与宣告外国法院判决具有执行力作为先决问题

将承认与宣告一项外国法院判决具有执行力作为一个先决问题向黑山法院提出时，黑山法院在审理借以提出该先决问题的主要案件时，对该判决的承认或可执行宣告的裁决具有管辖权。

第 156 条　文件

在申请承认或执行外国法院判决时，应同时提交下列文件：

（1）判决书正本或经认证的副本，并附上经有资质的法院翻译认证的译本；

（2）证明判决依照作出国法律具有终局性和约束力的证书；

（3）在申请宣告判决具有执行力时，证明判决依照作出国法律具有执行力的证书。

第 157 条　（承认与执行）程序的费用

对于（承认与执行）程序的费用，由法院依照假如由黑山法院或其他机关对该事项作出裁决时应适用的规则作出决定。

第 158 条　依性质适用其他法律（Sinngemäβe Anwendung anderer Gesetze）

本章对承认外国法院判决或仲裁裁决的程序无其他特别规定的，依性质适用调整非诉讼程序之法律规定。

第四编　特别规定

第 159 条　在外交或领事代表处结婚

只要黑山外交或领事代表所在国不反对或者国际条约有规定，黑山公民可在黑山外交或领事代表主持下在其他国家缔结婚姻。

领事事务的主管部门应决定，黑山公民之间可在黑山哪些外交或领事代表处缔结婚姻。

第 160 条　监护事务

只要黑山外交或领事代表所在国不反对或者国际条约有规定，黑山的外交或领事代表可执行与在国外的黑山公民有关的监护事务。

第 161 条　设立遗嘱

黑山公民可以在黑山外交或领事代表处依照适用于成立合法遗嘱的规定在国外设立遗嘱。

第 162 条　对签字、手稿及副本的认证

黑山的外交或领事代表可依照国际条约以及外交或领事代表接受国的法律规定，对签字、手稿及副本进行认证。

负责领事事务的主管部门可制定执行本条第 1 款所指事务的详细规则。

第 163 条　出具有关黑山法律规定的证明

国家司法管理机关可制作供外国机关使用的有关在黑山施行的法律规定的证明。

本条第 1 款所指的证明，应载明法规的名称、制定日期、开始施行或终止施行的日期以及该法规有关条款的文字表述。

第五编　过渡和最后条款

第 164~167 条（略）

第 168 条　废除

本法开始施行之日，《关于解决在某些问题上与其他国家法律规则的法律冲突法》（《南斯拉夫社会主义联邦共和国公报》第 43/1982 号、第 72/1982 号和《南斯拉夫联盟共和国法律公报》第 46/1996 号）终止适用，《关于作为债权担保的抵押权法》第 15 条第 2 款第 1 项、《对外贸易法》第 10 条、《消费者保护法》第 3 条等法律规定予以废除。

第 169 条　生效

本法于《黑山法律公报》公布后第八日生效，并于公布之日起六个月后施行。

瑞士《关于国际私法的联邦法》*

（2017 年 4 月 1 日文本）

瑞士联邦议会，
基于联邦在对外关系方面的权限以及联邦宪法第 64 条之规定，
根据联邦委员会 1982 年 11 月 10 日的决议，
兹议决如下：

第一章　共同规定

第一节　适用范围

第 1 条

1. 在国际事项上，本法调整：
（a）瑞士法院或者行政机关的管辖权；
（b）法律适用；
（c）承认及执行外国判决的条件；
（d）破产及和解（le concordat）；
（e）仲裁。
2. 国际条约的规定予以保留。

---

* 瑞士《关于国际私法的联邦法》于 1987 年 12 月 18 日通过，1988 年 1 月 12 日公布，自 1989 年 1 月 1 日起施行。自 20 世纪 90 年代以来，瑞士《关于国际私法的联邦法》先后经历了 21 次修订，现行文本为 2017 年 4 月 1 日文本。部分条款的翻译，参考了陈卫佐博士所著的《瑞士国际私法法典研究》（法律出版社 1998 年版）第 263～322 页所附的译文。本译文原载于《民商法论丛》第 48 卷（法律出版社 2011 年版）第 618～667 页和《中国国际私法与比较法年刊》第十六卷（法律出版社 2015 年版）第 501～539 页，并根据瑞士联邦当局网站（http：//www. admin. ch/ch/d/sr/291/index. html#id-1）公布的 2017 年 4 月 1 日官方德文文本进行了局部修订。——译者注

第二节　管辖权

第 2 条 [Ⅰ. 一般情形]

本法对管辖权未作特别规定的，由被告住所地的瑞士法院或行政机关管辖。

第 3 条 [Ⅱ. 必要的管辖权]

本法未规定在瑞士的任何地方的法院或行政机关有管辖权，而诉讼不可能在外国进行或者在外国提起诉讼不合理时，由与案件有充分联系的瑞士地方法院或行政机关管辖。

第 4 条 [Ⅲ. 财产扣押的有效性]

本法未规定瑞士的其他地方的法院或行政机关有管辖权时，可在财产扣押地的瑞士法院提起有关财产扣押的有效性之诉。

第 5 条 [Ⅳ. 管辖法院的协议]

1. 在有关因特定法律关系引起的财产请求权方面，当事人得为解决已经发生或将要发生的争议约定管辖法院。该项约定可采用书面形式，通过电报、电传、传真或者任何其他能以文字证明该约定的通信方式作出。该项约定无其他规定时，所约定的法院享有专属管辖权。

2. 如果因滥用约定管辖法院而剥夺了瑞士法律所规定的某管辖法院对一方当事人的保护，则对管辖法院的该项约定无效。

3. 在下述情形下，被协议选择的法院不得拒绝管辖：

（a）一方当事人在被选择的法院所在州内有住所、惯常居所或营业所；

（b）依照本法，该诉讼应适用瑞士法律。

第 6 条 [Ⅴ. 默示接受法院管辖]

对于财产争议，被告对受理案件的瑞士法院不提出管辖权异议而直接就案件的实质问题应诉答辩的，法院即据此享有管辖权，除非该法院在第 5 条第 3 款允许的范围内拒绝管辖。

第 7 条 [Ⅵ. 仲裁协议]

当事人已就可仲裁的争议订立了仲裁协议的，受理案件的瑞士法院应拒绝管辖，除非：

（a）被告对法院不提出管辖权异议而直接就案件的实质问题应诉答辩；

（b）该法院认定仲裁协议失效、无效或无法履行；

（c）仲裁庭显然由于被申请人的原因而无法组成。

第 8 条 [Ⅶ. 反诉]

如果本诉与反诉之间互有关联，则受理本诉的法院也有权受理反诉。

第 8a 条 [Ⅷ. 共同诉讼与诉的合并]①

1. 如果一项诉讼所针对的多个共同诉讼人根据本法可在瑞士被诉，则对被诉的一方当事人有管辖权的瑞士法院对所有受诉的当事人均可管辖。

2. 如果对被诉的一方当事人提起的多项诉讼请求互有关联，且这些诉讼请求均可在瑞士提起，则对其中一项诉讼请求具有管辖权的各该瑞士法院均可管辖。

第 8b 条 [Ⅸ. 撤销之诉]

对于撤销之诉，如果根据本法，瑞士法院对诉讼当事人具有审判权，则由受理主诉讼（Hauptprozess）的瑞士法院管辖。

第 8c 条 [Ⅹ. 附带之诉]

在刑事诉讼中可附带提起民事诉讼的，如果依照本法，瑞士对该民事诉讼也具有审判权，则受理刑事诉讼的瑞士法院亦有权受理该民事诉讼。

第 9 条 [Ⅺ. 未决诉讼]②

1. 如果相同当事人之间就同一诉讼标的已在国外提起的诉讼尚未审结，且可预见外国法院在合理的期限内将作出一项能在瑞士得到承认的判决，则瑞士法院应中止诉讼。

2. 就确定一项未决的诉讼在瑞士提起的时间而言，以为了提起诉讼所必需的第一个诉讼行为的日期为准。启动调解程序即可视为该诉讼行为。

3. 能在瑞士得到承认的外国判决一旦呈递于瑞士法院，瑞士法院即应驳回该诉讼。

第 10 条③[Ⅻ. 临时措施]④

有权责令采取临时措施的是：

（a）对案件的实质问题具有管辖权的瑞士法院或行政机关；或者

---

① 第 8a~8c 条系根据 2009 年 12 月 11 日《关于批准并转化卢加诺公约的联邦法》第 3 条第 3 项增订，自 2011 年 1 月 1 日起生效（AS **2010** 5601；BBl **2009** 1777）。——译者注

② 根据 2009 年 12 月 11 日《关于批准并转化卢加诺公约的联邦法》第 3 条第 3 项修订后的文本，自 2011 年 1 月 1 日起生效（AS **2010** 5601；BBl **2009** 1777）。——译者注

③ 根据 2008 年 12 月 19 日《民事诉讼法》附件 1 第 Ⅱ 18 项修订后的文本，自 2011 年 1 月 1 日起生效（AS **2010** 1739；BBl **2006** 7221）。——译者注

④ 根据 2009 年 12 月 11 日《关于批准并转化卢加诺公约的联邦法》第 3 条第 3 项修订后的文本，自 2011 年 1 月 1 日起生效（AS **2010** 5601；BBl **2009** 1777）。——译者注

（b）措施执行地的瑞士法院与行政机关。

第11条①［XIII. 司法协助：1. 司法协助的传递②］

瑞士和其他国家之间的司法协助，由联邦司法部传递。

第11a条［2. 应适用的法律］③

1. 在瑞士履行的司法协助行为，依照瑞士法律予以执行。

2. 应申请机关的请求，如为执行一项在外国提出的请求所必需，且不存在与利害关系人有关的重大反对理由，亦可采用或考虑该外国法律规定的程序。

3. 如果符合瑞士法律规定但不为外国所承认的方式可能使一项值得保护的请求在外国得不到执行，则瑞士法院或行政机关可以依照外国法律规定的方式制作文书或接受在申请人的宣誓下作出的声明。

4. 在向瑞士或者从瑞士提出送达或者取证的司法协助请求时，可适用1954年3月1日《关于民事诉讼程序的海牙公约》。

第11b条［3. 诉讼费用担保］

诉讼费用担保，依照2008年12月19日《民事诉讼法》之规定。

第11c条［4. 无偿法律援助］

在同等条件下，住所在外国的人享有与住所在瑞士的人一样的无偿法律援助。

第12条（已废除）④

第三节　应适用的法律

第13条［Ⅰ. 指引的范围］

本法对外国法的指引，包括依照该外国法应适用于案件的所有规定。外国法律的规定，不得仅因其具有公法性质而被排除适用。

第14条［Ⅱ. 反致与转致］

1. 当指引的外国法律反致于瑞士法律或转致于另一外国的法律时，只有

---

① 根据2008年12月19日《民事诉讼法》附件1第Ⅱ 18项修订后的文本，自2011年1月1日起生效（AS 2010 1739；BBl 2006 7221）。——译者注

② 根据2009年12月11日《关于批准并转化卢加诺公约的联邦法》第3条第3项修订后的文本，自2011年1月1日起生效（AS 2010 5601；BBl 2009 1777）。——译者注

③ 第11a~11c条系根据2008年12月19日《民事诉讼法》附件1第Ⅱ 18项增订，自2011年1月1日起生效（AS 2010 1739；BBl 2006 7221）。——译者注

④ 本条款根据2008年12月19日《民事诉讼法》附件1第Ⅱ 18项废除，自2011年1月1日起施行（AS 2010 1739；BBl 2006 7221）。——译者注

当本法有规定时，方遵守该反致或转致。

2. 在民事身份或家庭状况问题上，接受（外国法）对瑞士法律的反致。

第 15 条 ［Ⅲ. 例外条款］

1. 如果根据所有情况，案件显然与本法所指引的法律仅有较松散的联系，而与另一法律却有更为密切的联系，则本法所指引的法律例外地不予适用。

2. 如果当事人进行了法律选择，则不适用前款规定。

第 16 条 ［Ⅳ. 外国法的查明］

1. 应适用的外国法的内容，应依职权查明。为此，可要求当事人予以协助。涉及财产请求权的，得要求当事人负举证责任。

2. 如果应适用的外国法内容无法查明，则适用瑞士法律。

第 17 条 ［Ⅴ. 保留条款］

如果适用外国法律规定导致与瑞士的公共秩序不相容，则排除其适用。

第 18 条 ［Ⅵ. 瑞士法律的强制适用］

不论本法所指定的法律为何，因其特殊目的而应予适用的瑞士法律中的强制性规定，应予以保留。

第 19 条 ［Ⅶ. 考虑外国法的强制性规定］

1. 依照瑞士法律观念值得保护且明显占优势的一方当事人利益要求考虑本法所指定的法律以外的另一法律的强制性规定时，如果案件与该另一法律有密切联系，则可考虑该另一法律的强制性规定。

2. 在决定是否考虑前款所指的另一法律的强制性规定时，应根据其所要达到的目的及其适用对于作出依照瑞士法律观念为适当的判决所可能产生的后果来判断。

第四节　住所、主事务所所在地和国籍

第 20 条 ［Ⅰ. 自然人的住所、惯常居所和营业所］

1. 在本法意义上，自然人：

（a）在其以定居的意思居留的国家内有住所；

（b）在其生活了较长时间的国家内有惯常居所，即使该时间在开始时是有限的；

（c）在其业务活动中心所在的国家内有其营业所。

2. 任何人不得同时拥有多个住所。如果一人没有住所，则代之以惯常居所。瑞士《民法典》有关住所和居所的规定不予适用。

第21条［Ⅱ. 公司和信托的主事务所所在地、营业所］①

1. 公司及第149a条所指的信托以其主事务所所在地为住所。

2. 公司章程或者组建公司的合同所指定的地点为公司的主事务所所在地。若无此种指定，则以公司的实际管理地为其主事务所所在地。

3. 信托条款中以书面形式或者其他能通过文字证明的方式所指定的信托财产管理地为信托的主事务所所在地。若无此种指定，则以信托的实际管理地为其主事务所所在地。

4. 公司或信托的营业所位于其主事务所所在地国家或者其一个分支机构所在的国家内。

第22条［Ⅲ. 国籍］

对自然人的国籍产生疑义的，依照疑义所涉及的国家的法律决定。

第23条［Ⅳ. 多重国籍］

1. 一人除瑞士国籍外还具有其他国籍时，就确定原籍地法院的管辖权而言，仅以瑞士国籍为准。

2. 一人具有多个国籍时，除本法另有规定外，在确定应适用的法律方面，应以与该人有最密切联系的国家的国籍为准。

3. 如果在瑞士承认外国判决取决于一人的国籍，则只需要考虑其国籍之一即可。

第24条［Ⅴ. 无国籍人和难民］

1. 一人依照1954年9月28日《关于无国籍人地位的纽约公约》被确认为无国籍人，或者与其本国关系中断致使其相当于无国籍人时，即视为无国籍人。

2. 一人依照1979年10月5日《庇护法》被确认为难民的，即视为难民。

3. 本法适用于无国籍人或难民时，应以住所取代国籍。

第五节　外国判决的承认与执行

第25条［Ⅰ. 承认：1. 原则］

符合下述条件的外国判决，在瑞士予以承认：

（a）作出判决的国家的法院或行政机关具有管辖权；

---

① 根据2006年12月20日联邦公报公布的《关于批准并转化〈关于信托的法律适用及其承认的海牙公约〉的联邦法》第2条修订后的文本，自2007年7月1日起生效（AS 2007 2849；BBl 2006 551）。——译者注

(b) 不能再对该判决提起普通的上诉或者该判决为终审判决;

(c) 不存在本法第 27 条规定的拒绝承认的理由。

第 26 条 [2. 外国机关的管辖权]

在下述任一情形下，外国机关具有管辖权:

(a) 本法某一条款对此有规定，或者在无此种规定时，被告在作出判决的国家有住所;

(b) 在财产争议方面，当事人各方通过达成一项依本法为有效的协议自愿服从作出判决的机关管辖;

(c) 在财产争议中，被告对作出判决的机关未提出管辖权异议而直接就争议事项应诉答辩;

(d) 在针对反诉作出判决的情形下，作出判决的机关对本诉有管辖权，且本诉与反诉之间互有实质性关联。

第 27 条 [3. 拒绝的理由]

1. 一项在外国作出的判决，如果承认该判决将显然与瑞士公共秩序不相容，应在瑞士拒绝予以承认。

2. 一方当事人证明外国判决有下述情形之一的，亦应拒绝予以承认:

(a) 依照该当事人住所地法律或者惯常居所地法律，该当事人未被合法传唤，但该当事人对法院未提出管辖权异议而直接就案件的实质问题应诉答辩的除外;

(b) 判决的作出违反了瑞士程序法的基本原则，尤其是未给予前述当事人出庭辩护的机会;

(c) 相同当事人之间已就同一标的在瑞士提起诉讼或该诉讼已在瑞士作出判决，或者该诉讼已由第三国先行判决且该判决能在瑞士得以承认。

3. 此外，不得对外国判决进行实质性审查。

第 28 条 [Ⅱ. 执行]

一项依照本法第 25 条至第 27 条规定获得承认的判决，经利害关系人请求，即宣告予以执行。

第 29 条 [Ⅲ. 程序]

1. 请求承认或执行外国判决的申请，应向被请求的州的主管机关提出。申请时应附加下述材料:

(a) 一份完整且经认证无误的判决书副本;

(b) 一份证明不能再对该判决提起普通的上诉或者该判决是终局判决的证明书;

（c）在缺席判决的情形下，一份证明败诉的当事人已被合法传唤并曾有出庭辩护机会的文书。

2. 在承认与执行程序中，应当听取对申请承认与执行外国判决有异议的当事人的意见；该当事人有权提出其证据及理由。

3. 如果一项外国判决被作为先决问题而被援引，则受理案件的机关得对承认问题自行作出裁定。

第 30 条［Ⅳ. 法院和解］

只要和解达成地国将法院和解视同司法判决，则本法第 25~29 条的规定亦适用于法院和解。

第 31 条［Ⅴ. 非讼管辖］

非讼事件的管辖机关所作出的决定或文书的承认与执行，类推适用本法第 25~29 条的规定。

第 32 条［Ⅵ. 在民事身份登记簿上登记］

1. 有关民事身份的外国判决或文书，应按照州民事身份监督机关的决定在民事身份登记簿上登记。

2. 凡符合本法第 25~27 条所规定的条件者，准予登记。

3. 如果不能确证当事人的诉讼权利在作出判决的外国受到充分尊重，则在登记前应先听取利害关系人的陈述。

第二章　自然人

第 33 条［Ⅰ. 原则］

1. 除本法另有规定外，在人法关系方面，由住所地的瑞士法院或行政机关管辖；管辖机关应适用住所地法律。

2. 对于因侵害个人权利而提出的请求，适用本法有关侵权行为的规定（第 129 条及以下）。

第 34 条［Ⅱ. 民事权利能力］

1. 民事权利能力适用瑞士法律。

2. 人格的开始及终止，由适用于以民事权利能力为先决条件的法律关系的法律支配。

第 35 条［Ⅲ. 民事行为能力：1. 原则］

民事行为能力，适用住所地法律。已取得的民事行为能力，并不受住所变更的影响。

第 36 条 [2. 交易的保护]

1. 法律行为的当事人依照住所地法律无行为能力，而依照法律行为实施地国家的法律有行为能力，不得主张自己无行为能力，除非对方当事人已知晓或理应知晓其无行为能力。

2. 前款规定不适用于家庭法、继承法方面的法律关系以及有关地产物权的法律行为。

第 37 条 [Ⅳ. 姓名：1. 原则]

1. 住所在瑞士者，其姓名依照瑞士法律；住所在外国者，其姓名依照其住所地国家的冲突法所指引的法律。

2. 但是，当事人可要求对其姓名适用其本国法律。

第 38 条 [2. 更改姓名]

1. 更改姓名的请求，由申请人住所地的瑞士行政机关管辖。

2. 在瑞士境内无住所的瑞士国民，可向其原籍州的行政机关请求更改姓名。

3. 更改姓名的条件及效力，适用瑞士法律。

第 39 条 [3. 在外国更改姓名]

在外国进行的姓名更改，如果在申请人的住所地国家或本国为有效，则在瑞士予以承认。

第 40 条 [4. 在民事身份登记簿上登记]

在民事身份登记簿上进行姓名登记时，依照瑞士关于登记簿管理的原则办理。

第 41 条 [Ⅴ. 宣告失踪：1. 管辖权和应适用的法律]

1. 宣告失踪，由失踪人最后为人所知的住所地的瑞士法院或行政机关管辖。

2. 此外，如果对于宣告失踪存在值得保护的利益，则瑞士法院或行政机关对宣告失踪也具有管辖权。

3. 宣告失踪的条件及效力，依照瑞士法律。

第 42 条 [2. 在外国作出的失踪和死亡宣告]

在外国作出的失踪或死亡宣告，如果是在失踪人最后为人所知的住所地国家或其本国作出，则在瑞士予以承认。

第三章　婚姻法

第一节　结婚

第 43 条［Ⅰ. 管辖权］

1. 如果已订婚的男女中的一方在瑞士有住所或具有瑞士国籍，则瑞士机关对结婚具有管辖权。

2. 在瑞士无住所的外国已订婚者，如果其婚姻在男女双方的住所地国家或者本国将得到承认，亦可由主管机关准许在瑞士结婚。

3. 不得仅以在瑞士宣告或承认的离婚在外国不被承认为由而拒绝批准结婚。

第 44 条［Ⅱ. 应适用的法律］①

在瑞士结婚，一概依照瑞士法律。

第 45 条［Ⅲ. 在外国结婚］

1. 在外国有效缔结的婚姻，在瑞士一概予以承认。

2. 如果已订婚的女方或者男方是瑞士国民或双方在瑞士均有住所，则其在外国缔结的婚姻应予以承认，除非其在外国结婚的意图显然在于规避瑞士法律关于婚姻无效的规定。②

3. 在外国有效缔结的同性婚姻，作为已注册的同性伴侣关系在瑞士予以承认。③

第 45a 条［Ⅳ. 婚姻的无效宣告］④

1. 宣告婚姻无效之诉，由夫妻一方住所地的瑞士法院管辖，在瑞士无住所的，由结婚地或者夫妻一方原籍地的瑞士法院管辖。

---

① 根据 2012 年 6 月 15 日《关于打击强迫婚姻的措施的联邦法》第 I 5 项修订的文本，自 2013 年 7 月 1 日起生效（AS **2013** 1035；BBl **2011** 2185）。——译者注

② 根据 1998 年 6 月 26 日的联邦法律附件 3 修订后的文本，自 2000 年 1 月 1 日起生效（AS **1999** 1118；BBl **1996** I 1）。——译者注

③ 根据 2004 年 6 月 18 日的《同性伴侣法》附件 17 增订，自 2007 年 1 月 1 日起生效（SR 211. 231）。

④ 本条规定系根据 1994 年 10 月 7 日的联邦法的附件Ⅱ2 增订，自 1996 月 1 月 1 日起生效（AS **1995** 1126；BBl **1993** I 1169）；现行文本系根据 2012 年 6 月 15 日《关于打击强迫婚姻的措施的联邦法》第 I 5 项修订，自 2013 年 7 月 1 日起生效（AS **2013** 1035；BBl **2011** 2185）。——译者注

2. 诉讼依照瑞士法律进行。

3. 临时措施和附带后果，类推适用第 62~64 条的规定。

4. 确认婚姻无效的外国判决，如果该判决系在婚姻缔结地国作出，则在瑞士予以承认。如果该诉讼系由夫妻一方提出，类推适用第 65 条的规定。

第二节 婚姻的一般效力

第 46 条 [Ⅰ. 管辖权：1. 原则]

对于有关婚姻效力的诉讼或命令采取的措施，由夫妻一方住所地的瑞士法院或行政机关管辖，如夫妻双方在瑞士均无住所，由其中任何一方的惯常居所地的瑞士法院或行政机关管辖。

第 47 条 [2. 原籍地管辖权]

夫妻双方在瑞士既无住所又无惯常居所并且其中一方是瑞士国民时，如果不能在夫妻一方的住所地或惯常居所地国家机关提起或提出有关婚姻效力的诉讼或申请，或者提起或提出该项诉讼或申请不合理，则对于有关婚姻效力的诉讼或命令采取的措施，由原籍地法院或行政机关管辖。

第 48 条 [Ⅱ. 应适用的法律：1. 原则]

1. 婚姻的效力，适用夫妻双方住所地国法律。

2. 夫妻双方的住所不在同一国家的，婚姻的效力，适用与案件有更密切联系的住所地国法律。

3. 原籍地的瑞士法院或者行政机关依照本法第 47 条规定具有管辖权时，则其应适用瑞士法律。

第 49 条 [2. 扶养义务]

夫妻之间的扶养义务，适用 1973 年 10 月 2 日《关于扶养义务法律适用的海牙公约》。

第 50 条 [Ⅲ. 外国判决或措施]

有关婚姻效力的外国判决和措施，如果系在夫妻一方的住所地国或惯常居所地国作出或采取，则在瑞士予以承认。

第三节 夫妻财产制

第 51 条 [Ⅰ. 管辖权]

对于有关夫妻财产制的诉讼或措施，其管辖权属于：

(a) 因夫妻一方死亡而引起夫妻财产制解体时，有权清理遗产的瑞士法院或行政机关（第 86~89 条）；

（b）因法院判决解除夫妻关系或因分居而引起夫妻财产制的解体时，有权判决解除夫妻关系或受理分居诉讼的瑞士法院（第 59 条、第 60 条、第 63 条、第 64 条）；

（c）在其他情形下，有权就婚姻效力的诉讼或措施作出决定的瑞士法院或行政机关（第 46 条、第 47 条）。

第 52 条［Ⅱ. 应适用的法律：1. 法律选择：a. 原则］

1. 夫妻财产关系，依照夫妻双方所选择的法律。

2. 夫妻双方可以选择双方住所所在的国家或者婚后将在其境内有住所的国家的法律，或者其中一方的本国法律。本法第 23 条第 2 款的规定不予适用。

第 53 条［b. 方式］

1. 法律选择必须以书面协议作出或者在婚约的具体条款中明确地体现出来。在其他情形下，法律选择由所选择的法律支配。

2. 法律选择可随时作出或变更。如果法律选择系在结婚后作出，其效力追溯至结婚之时，但当事人另有约定的除外。

3. 所选择的法律应予以适用，直至夫妻双方选择了另一法律或者撤销该项法律选择。

第 54 条［2. 未选择法律时：a. 原则］

1. 夫妻双方未进行法律选择时，夫妻财产关系适用：

（a）夫妻双方同时有住所的国家的法律，或者，如果情形不是这样，

（b）夫妻双方最后同时有住所的国家的法律。

2. 如果夫妻双方从未同时在同一国家有过住所，则适用其共同的本国法律。

3. 如果夫妻双方从未同时在同一国家有过住所，亦无共同国籍的，则适用瑞士法律中的夫妻财产分有制。

第 55 条［b. 住所变更时的可变性和追溯力］

1. 夫妻双方将其住所从一国移至另一国时，应适用新住所地国家的法律且其效力追溯至结婚之时。夫妻双方可通过书面形式约定排除该追溯力。

2. 如果夫妻双方以书面形式约定仍适用先前的法律或者在他们之间存在婚约时，则住所的变更对应适用的法律不具有任何效果。

第 56 条［3. 婚约的形式］

婚约的形式，只要符合支配婚约的法律或婚约订立地法律所规定的条件，即为有效。

第 57 条［4. 与第三人的法律关系］

1. 夫妻财产制对夫妻一方与第三人之间的法律关系的效力，适用该法律

关系产生时该夫妻一方的住所地国法律。

2. 如果第三人在该法律关系产生时已知晓或理应知晓夫妻财产关系的准据法的，则该法律应予适用。

第 58 条 [Ⅲ. 外国判决]

1. 有关夫妻财产关系的外国判决，符合下述条件之一者，在瑞士予以承认：

(a) 判决系由作为被告的夫妻一方的住所地国家作出或在该国得到承认；

(b) 判决系由作为原告的夫妻一方的住所地国家作出或在该国得到承认，且作为被告的夫妻一方在瑞士无住所；

(c) 判决系由依照本法规定应予适用的法律所属国作出或在该国得到承认；

(d) 涉及不动产的判决系由该不动产所在地作出或者在该地得到承认。

2. 有关夫妻财产关系的判决，如其作出属于保护夫妻关系的措施有关，或因死亡、婚姻无效之宣告、离婚或分居而引起，则其承认依照本法关于婚姻的一般效力、离婚或继承的规定（第 50 条、第 65 条及第 96 条）。

第四节　离婚与分居

第 59 条 [Ⅰ. 管辖权：1. 原则]

离婚和分居之诉的管辖权属于：

(a) 被告住所地的瑞士法院；

(b) 原告住所地的瑞士法院，前提是该原告在瑞士居住满一年或者为瑞士国民。

第 60 条 [2. 原籍地管辖权]

夫妻双方在瑞士均无住所且其中一方为瑞士国民的，如果离婚和分居之诉不能在夫妻一方的住所地提起或在夫妻一方的住所地提起该诉讼不合理，则离婚和分居之诉由原籍地法院管辖。

第 61 条 [Ⅱ. 应适用的法律]①

离婚和分居，适用瑞士法律。

第 62 条 [Ⅲ. 临时措施]

1. 受理离婚或分居之诉的瑞士法院，只要其对裁判案件并非显然无管辖

---

① 根据 2015 年 6 月 19 日的联邦法附件 3（离婚时的养老金补偿）修订后的文本，废除了该条原第 2~4 款规定，自 2017 年 1 月 1 日起施行（AS **2016** 2313；BBl **2013** 4887）。

权或者不被具有既判力的判决确认为无管辖权，则可采取临时措施。

2. 临时措施，适用瑞士法律。

3. 本法关于夫妻间扶养义务（第 49 条）、亲子关系的效力（第 82 条）以及未成年人保护（第 85 条）的规定予以保留。

第 63 条［Ⅳ. 附带后果］

1. 有权受理离婚或分居之诉的瑞士法院，亦有权对与离婚或分居有关的附带后果作出决定。本法关于未成年人保护的规定（第 85 条）予以保留。①

1a. 针对瑞士职业养老机构提出的养老金补偿请求，由瑞士法院专属管辖。②

2. 与离婚或分居有关的附带后果，适用瑞士法律。③ 本法关于姓名（第 37~40 条）、夫妻间的扶养义务（第 49 条）、婚姻财产制（第 52~57 条）、亲子关系的效力（第 82 条、第 83 条）以及未成年人保护（第 85 条）的规定予以保留。

第 64 条［Ⅴ. 判决的补充或更改］

1. 如果瑞士法院作出了离婚或分居判决，或者依照第 59 条或第 60 条规定具有管辖权，则对于补充或更改离婚或分居判决之诉亦有管辖权。本法关于未成年人保护的规定（第 85 条）予以保留。

1a. 针对瑞士职业养老机构提出的养老金补偿请求，由瑞士法院专属管辖。不存在第 1 款所述管辖权时，则由养老机构所在地的瑞士法院管辖。④

2. 离婚或分居判决的补充或更改，适用瑞士法律。⑤ 本法关于姓名（第 37~40 条）、夫妻间的扶养义务（第 49 条）、婚姻财产制（第 52~57 条）、亲子关系的效力（第 82 条、第 83 条）以及未成年人保护（第 85 条）的规定予以保留。

---

① 根据 2013 年 6 月 21 日的联邦法附件 3（父母照料）修订后的文本，自 2014 年 7 月 1 日起施行（AS **2014** 357；BBl **2011** 9077）。

② 本款规定系根据 2015 年 6 月 19 日的联邦法附件 3（离婚时的养老金补偿）增补，自 2017 年 1 月 1 日起施行（AS **2016** 2313；BBl **2013** 4887）。

③ 本句规定系根据 2015 年 6 月 19 日的联邦法附件 3（离婚时的养老金补偿）修订，自 2017 年 1 月 1 日起施行（AS **2016** 2313；BBl **2013** 4887）。

④ 本款规定系根据 2015 年 6 月 19 日的联邦法附件 3（离婚时的养老金补偿）增补，自 2017 年 1 月 1 日起施行（AS **2016** 2313；BBl **2013** 4887）。

⑤ 本句规定系根据 2015 年 6 月 19 日的联邦法附件 3（离婚时的养老金补偿）修订，自 2017 年 1 月 1 日起施行（AS **2016** 2313；BBl **2013** 4887）。

第 65 条 [Ⅵ. 外国判决]

1. 有关离婚或分居的外国判决，如果是在夫妻一方的住所地国家、惯常居所地国家或其本国作出，或被其中任何一国承认，则在瑞士予以承认。

2. 但在夫妻双方都不具有其国籍或只有作为原告的夫妻一方具有其国籍的国家作出的判决，只有在符合下述条件之一时，方能在瑞士予以承认：

(a) 在提起诉讼时，夫妻中至少有一方曾在该国有住所或惯常居所，并且作为被告的夫妻一方未曾在瑞士有住所；

(b) 作为被告的夫妻一方对外国法院不提出管辖权异议而服从该外国法院管辖；

(c) 作为被告的夫妻一方明确同意在瑞士对该外国判决予以承认。

第三（一）章① 注册同性伴侣关系②

第 65a 条 [Ⅰ. 对第三章规定的适用]③

第三章的规定，类推适用于注册的同性伴侣关系，但第 43 条第 2 款除外。

第 65b 条 [Ⅱ. 解除同性伴侣关系时注册地的管辖权]

同性伴侣双方在瑞士均无住所且任何一方均不是瑞士国民时，如果有关解除已注册的同性伴侣关系的诉讼或请求在其中一方的住所地不能提出或者在该地提出该项诉讼或请求不合理，则该项诉讼或请求由注册地的瑞士法院管辖。

第 65c 条 [Ⅲ. 应适用的法律]

1. 依照第三章规定应予以适用的法律对注册同性伴侣关系未作规定的，适用瑞士法律，但第 49 条的规定予以保留。

2. 除了第 52 条第 2 款所指的法律之外，同性伴侣双方还可以选择该同性伴侣关系注册地国法律。

第 65d 条 [Ⅳ. 注册地国的判决或措施]

在下述条件下，外国的判决或措施在瑞士予以承认：

(a) 该判决或措施在该同性伴侣关系注册地国作出或者采取；并且

---

① 本章规定系根据 2004 年 6 月 18 日《同性伴侣关系法》附件 17 而增订，自 2007 年 1 月 1 日起生效（AS **2005** 5685；BBl **2003** 1288）。——译者注

② 根据 2012 年 6 月 15 日《关于打击强迫婚姻的措施的联邦法》第 I 5 项修订的文本，自 2013 年 7 月 1 日起生效（AS **2013** 1035；BBl **2011** 2185）。——译者注

③ 本句规定系根据 2012 年 6 月 15 日《关于打击强迫婚姻的措施的联邦法》第 I 5 项修订，自 2013 年 7 月 1 日起生效（AS **2013** 1035；BBl **2011** 2185）。——译者注

（b）不能在其管辖权根据第三章规定在瑞士得以承认的国家提出诉讼或请求，或者在其管辖权根据第三章规定在瑞士得以承认的国家提出诉讼或请求不合理。

第四章　亲子关系

第一节　因出生而成立的亲子关系

第 66 条［Ⅰ．管辖权：1. 原则］

有关确认或否认亲子关系的诉讼，由子女的惯常居所地的瑞士法院或父母一方住所地的瑞士法院管辖。

第 67 条［2. 原籍地管辖权］

父母双方在瑞士均无住所且子女在瑞士无惯常居所时，如果有关确认或否认亲子关系的诉讼不能在父母一方住所地或子女的惯常居所地提起或者在该地提起该诉讼不合理，则此类诉讼由父母一方原籍地的瑞士法院管辖。

第 68 条［Ⅱ．应适用的法律：1. 原则］

1. 亲子关系的成立、确认或否认，适用子女的惯常居所地法律。

2. 如果父母双方在子女的惯常居所地国家均无住所，但父母与子女具有相同国籍，则适用其共同国籍国法律。

第 69 条［2. 决定性的时间］

1. 就确定亲子关系的成立、确认或否认所应适用的法律而言，以（子女的）出生日期为准。

2. 但是，在法院就亲子关系的确认或否认作出判决时，如果子女占优势的利益要求以提起诉讼的日期为准，则以提起诉讼的日期为准。

第 70 条［Ⅲ．外国判决］

有关亲子关系的确认或否认的外国判决，如果该判决是在子女的惯常居所地国、国籍国或者在父母一方的住所地国家或本国作出，则在瑞士予以承认。

第二节　认领

第 71 条［Ⅰ．管辖权］

1. 对认领子女事件的受理，由子女出生地或惯常居所地的瑞士行政机关以及父母一方的住所地或原籍地的瑞士行政机关管辖。

2. 如果认领事件发生于审判程序期间，且子女的出身问题在该审判程序中具有法律意义时，则受理诉讼的法院亦有权受理该认领事件。

3. 有权受理有关亲子关系的确认或否认之诉（第 66 条、第 67 条）的法院，亦有权审理对认领提出的异议。

第 72 条 ［Ⅱ. 应适用的法律］

1. 在瑞士境内认领子女的，依照子女惯常居所地法律、国籍国法律或者其父母一方住所地法律或本国法律进行，并以认领的日期为准。

2. 在瑞士认领子女的形式，适用瑞士法律。

3. 对认领提出的异议，适用瑞士法律。

第 73 条 ［Ⅲ. 在外国发生的认领和对认领的异议］

1. 在外国进行的子女认领，如果该认领行为依照子女惯常居所地法律、国籍国法律或者其父母一方住所地法律或者本国法律为有效，则在瑞士予以承认。

2. 有关对认领之异议的外国判决，如果是在本条第 1 款所述的任何一国作出，则在瑞士予以承认。

第 74 条 ［Ⅳ. 准正］

对在外国发生的准正的承认，类推适用本法第 73 条的规定。

第三节　收养

第 75 条 ［Ⅰ. 管辖权：1. 原则］

1 收养宣告，由收养人或收养人夫妻双方的住所地的瑞士法院或行政机关管辖。

2. 对于收养之异议，亦由有权受理有关亲子关系的确认或否认之诉（第 66 条、第 67 条）的法院管辖。

第 76 条 ［2. 原籍地管辖权］

收养人或者收养人夫妻双方在瑞士均无住所，且其中任何一方为瑞士国民时，如果不能在收养人的外国住所地进行收养或者在该地进行收养不合理，则收养事件由原籍地的法院或行政机关管辖。

第 77 条 ［Ⅱ. 应适用的法律］

1. 在瑞士进行收养的要件，适用瑞士法律。

2. 如果情况表明，收养在收养人或者收养人夫妻双方的住所地国家或者本国得不到承认，并因此对被收养人严重不利时，则（对于收养事件有管辖权的）行政机关还应考虑有关国家的法律所规定的要件。尽管如此，仍不能确保收养得以承认时，则不得对该收养予以宣告。

3. 对在瑞士宣告的收养所提出的异议，适用瑞士法律。在外国宣告的收养，只在依照瑞士法律存在提出异议的理由时，才能在瑞士被认定为无效。

第 78 条［Ⅲ. 外国的收养及类似制度］

1. 在外国进行的收养，如果是在收养人或者收养人夫妻双方的住所地国家或本国宣告的，则在瑞士予以承认。

2. 外国的收养或类似制度，如果其本质上具有不同于瑞士法律所规定的亲子关系的效力，则在瑞士只承认其在收养成立地国家所具有的效力。

第四节　亲子关系的效力

第 79 条［Ⅰ. 管辖权：1. 原则］

1. 有关父母与子女之间关系的诉讼，尤其有关子女抚养的诉讼，由子女的惯常居所地的瑞士法院或者作为被告的父母一方住所地的瑞士法院管辖，或者在作为被告的父母一方在瑞士无住所时，由其惯常居所地的瑞士法院管辖。

2. 本法关于姓名（第 33 条、第 37～40 条）、未成年人保护（第 85 条）以及继承（第 86～89 条）的规定予以保留。

第 80 条［2. 原籍地管辖权］

子女与作为被告的父母一方均在瑞士既无住所又无惯常居所，且其中任何一人为瑞士国民时，则原籍地法院具有管辖权。

第 81 条［3. 第三人的请求］

根据第 79 条、第 80 条规定具有管辖权的瑞士法院，亦有权受理：

（a）已预先支付了子女抚养费的行政机关所提出的返还抚养费的请求；

（b）由母亲提出的赡养请求以及偿还生育子女所需费用的请求。

第 82 条［Ⅱ. 应适用的法律：1. 原则］

1. 父母与子女之间的关系，适用子女的惯常居所地法律。

2. 如果父母任何一方在子女的惯常居所地国家均无住所，但父母与子女具有相同国籍的，则适用他们的共同国籍国法律。

3. 本法关于姓名（第 33 条、第 37～40 条）、未成年人保护（第 85 条）以及继承（第 86～89 条）的规定予以保留。

第 83 条［2. 扶养义务］

1. 父母子女之间的扶养义务，适用 1973 年 10 月 2 日《关于扶养义务法律适用的海牙公约》。

2. 如果前述公约对母亲提出的赡养请求以及偿还生育子女所需费用的请求未作规定，则类推适用该公约的规定。

第 84 条 [Ⅲ. 外国判决]

1. 有关父母与子女间关系的外国判决，如果该判决是在子女的惯常居所地国家或作为被告的父母一方的住所地或惯常居所地国家作出，则在瑞士予以承认。

2. 本法关于姓名（第 39 条）、未成年人保护（第 85 条）以及继承（第 86~89 条）的规定予以保留。

第五章 监护、成年人保护与其他保护措施①

第 85 条②

1. 在保护子女方面，有关瑞士法院或行政机关的管辖权、法律适用以及外国判决或措施的承认与执行等问题，均适用 1996 年 10 月 19 日《关于父母亲责任与子女保护措施的管辖权、法律适用、承认、执行与合作的海牙公约》。

2. 在成年人保护方面，有关瑞士法院或行政机关的管辖权、法律适用以及外国判决或措施的承认与执行等问题，均适用 2000 年 1 月 13 日《关于成年人国际保护的海牙公约》。

3. 此外，出于保护一人或其财产的需要，瑞士法院或行政机关可行使管辖权。

4. 在不属于本条第 1 款和第 2 款所指公约的缔约国的国家境内命令采取的措施，如果该措施是由子女或成年人的惯常居所地国家采取或在该国家得到承认，则予以承认。

第六章 继承法

第 86 条 [Ⅰ. 管辖权：1. 原则]

1. 遗产处理程序及遗产继承争议，由被继承人最后住所地的瑞士法院或行政机关管辖。

---

① 本标题系根据 2008 年 12 月 19 日《关于成年人保护、人法和子女法的联邦法》附件 13 修订，自 2013 年 1 月 1 日起生效（AS **2011** 725；BBl **2006** 7001）。——译者注

② 根据 2007 年 12 月 21 日《关于儿童的国际诱拐以及保护儿童与成年人的海牙公约的联邦法》第 15 条修订后的文本，自 2009 年 7 月 1 日起生效（AS **2009** 3078；BBl **2007** 2595）。——译者注

2. 不动产所在地国家的法律规定了专属管辖权的，不适用前款规定。

第 87 条 [2. 原籍地管辖权]

1. 如果被继承人曾经是瑞士国民且其住所在外国，当该外国机关对被继承人的遗产不予处理时，由被继承人原籍地的瑞士法院或行政机关管辖。

2. 最后住所地在外国的瑞士国民通过遗嘱或继承合同使其位于瑞士的那部分遗产或全部遗产服从瑞士法院或行政机关管辖或者由瑞士法律支配时，被继承人原籍地的瑞士法院或行政机关即具有管辖权。第 86 条第 2 款的规定予以保留。

第 88 条 [3. 遗产所在地的管辖权]

1. 如果被继承人为外国人且其最后住所在外国，当外国机关对位于瑞士的遗产不予处理时，由遗产所在地的瑞士法院或行政机关管辖。

2. 如果遗产位于多处，则由最先受理的瑞士法院或行政机关管辖。

第 89 条 [4. 保全措施]

如果被继承人最后住所在外国且在瑞士遗有财产，则该遗产所在地的瑞士行政机关为保护该遗产应采取必要措施。

第 90 条 [Ⅱ. 应适用的法律：1. 最后住所在瑞士]

1. 最后住所在瑞士的人，其遗产继承适用瑞士法律。

2. 但外国人可通过遗嘱或继承合同使其遗产继承受其任何一个本国法支配。如果该人在死亡时已不再具有该国国籍或已成为瑞士国民，则不适用前述规定。

第 91 条 [2. 最后住所在外国]

1. 最后住所在外国的人，其遗产继承适用其最后住所地国家的冲突法所指引的法律。

2. 在原籍地的瑞士法院或行政机关根据本法第 87 条规定有管辖权的范围内，最后住所在外国的瑞士被继承人的遗产继承适用瑞士法律，但被继承人在遗嘱或继承合同中明确表示保留适用其最后住所地法律的除外。

第 92 条 [3. 遗产继承的准据法和遗产清理的准据法的适用范围]

1. 遗产继承的准据法决定哪些财产属于遗产、谁有权继承及继承的份额、谁承担遗产债务、可援引的继承法上的制度、可采取的措施以及采取措施的条件等事项。

2. 具体措施的执行，适用有管辖权的机关所在地的法律。该法律尤其适用于保全措施、遗产清理以及遗嘱的执行。

第 93 条 [4. 方式]

1. 遗嘱的方式，适用 1961 年 10 月 5 日《关于遗嘱处分方式法律适用的海牙公约》。

2. 其他的死因处分方式，类推适用该公约的规定。

第 94 条 [5. 处分能力]

如果一人在实施处分行为时根据其住所地法律、惯常居所地法律或其任何一个本国法律有处分能力，即可进行死因处分。

第 95 条 [6. 继承合同以及其他相互的死因处分行为]

1. 继承合同，适用被继承人在订立合同时的住所地法律。

2. 如果被继承人在合同中指定其全部遗产受其本国法律支配，则该法律应取代其住所地法律而予以适用。

3. 相互的死因处分行为，只要符合每一处分人的住所地法律或者处分人双方所选择的共同本国法律，即为有效。

4. 本法关于方式和处分能力的规定（第 93 条和第 94 条）予以保留。

第 96 条 [Ⅲ. 外国的判决、措施、文书及权利]

1. 有关遗产继承的外国判决、措施及文书以及产生于在外国开始的遗产继承的权利，符合下述条件之一者，在瑞士予以承认：

（a）该判决、措施、文书或权利在被继承人最后住所地国家或被继承人所选择的法律所属国家作出、采取、制作或确认，或者在上述任何一个国家得到承认；

（b）该判决、措施、文书或权利涉及不动产，并且在不动产所在地国家作出、采取、制作或确认，或者在该国得到承认。

2. 如果一国对其境内的属于被继承人的不动产主张专属管辖权，则只有在该国作出、采取或制作的判决、措施或文书才予以承认。

3. 被继承人遗产所在地国家采取的保护措施，在瑞士予以承认。

第七章 物权

第 97 条 [Ⅰ. 管辖权：1. 不动产]

涉及瑞士境内不动产的物权之诉，由不动产所在地法院专属管辖。

第 98 条 [2. 动产]

1. 涉及动产物权之诉，由被告住所地的瑞士法院管辖，或者被告在瑞士无住所时，由其惯常居所地的瑞士法院管辖。

2. 在其他情况下，由动产所在地的瑞士法院管辖。①

---

① 本款系根据 2009 年 12 月 11 日《关于批准并转化卢加诺公约的联邦法》第 3 条第 3 项修订，自 2011 年 1 月 1 日起生效（AS 2010 5601；BBl 2009 1777）。——译者注

第 98a 条［3. 文化财产］①

对于 2003 年 6 月 20 日《文化财产转让法》所指的文化财产返还之诉，由作为被告的当事人一方的住所地、主事务所所在地法院或者文化财产所在地法院管辖。

第 99 条［Ⅱ. 应适用的法律：1. 不动产］

1. 不动产物权，适用不动产所在地法律。

2. 因不动产排泄致害而提起的请求，适用本法关于侵权行为的规定（第 138 条）。

第 100 条［2. 动产：a. 原则］

1. 动产物权的取得与丧失，适用据以取得或丧失物权的事实发生时该动产的所在地国法律。

2. 动产物权的内容与行使，适用动产所在地法律。

第 101 条［b. 运输中的物］

因某法律行为而处于运输途中的货物，其物权的取得与丧失，适用目的地国法律。

第 102 条［c. 运至瑞士的物］

1. 当一项动产自外国运至瑞士，且物权的取得与丧失尚未在外国发生，则已在外国发生的事实视为已在瑞士发生。

2. 当一项动产自外国运至瑞士，如果该财产的所有权保留已在外国有效地设立，即使其不符合瑞士法律的要求，但该项所有权保留应在瑞士保持三个月的效力。

3. 此种所有权保留的存在，不得用以对抗善意第三人。

第 103 条［d. 出口货物的所有权保留］

就出口动产而设立的所有权保留，适用目的地国法律。

第 104 条［e. 法律选择］

1. 对于动产物权的取得与丧失，当事人可以选择适用发送地国法律、目的地国法律或者支配致使物权取得与丧失的法律行为的法律。

2. 此项法律选择不得用以对抗第三人。

第 105 条［3. 特别规则：a. 债权、有价证券或者其他权利的质押］

1. 债权、有价证券或其他权利的质押，适用当事人所选择的法律。此项

---

① 本条规定系根据 2003 年 6 月 20 日《文化财产转让法》第 32 条第 3 项增订，自 2005 年 6 月 1 日起生效（AS **2005** 1869；BBl **2002** 535）。——译者注

法律选择不得用以对抗第三人。

2. 当事人未进行法律选择时，债权和有价证券的质押，适用质押权人的惯常居所地法律；其他权利的质押，适用支配该权利的法律。

3. 除了支配受质押的权利的法律外，其他任何法律不得用以对抗债务人。

第 106 条［b. 代表货物的证券］

1. 货物证券是否代表货物，由该证券所指定的法律决定。证券未指定任何法律时，则适用签发人营业所所在地国家的法律。

2. 证券代表货物时，与该证券及货物有关的物权由该证券作为动产所应适用的法律支配。

3. 如果有多个当事人直接地或基于货物证券主张对货物享有物权，则由货物本身应适用的法律决定何种权利优先。

第 107 条［c. 运输工具］

其他法律中关于船舶、航空器或其他运输工具的物权的规定予以保留。

第 108 条［Ⅲ. 外国判决］

1. 有关不动产物权的外国判决，如果该判决是在不动产所在地国家作出或在该国得到承认，则在瑞士予以承认。

2. 有关动产物权的外国判决，符合下述条件之一者，在瑞士予以承认：①

（a）判决在被告住所地国家作出；或者

（b）判决在动产所在地国作出，并且被告曾在该国有惯常居所。

第七（一）章　由中间人持有的证券②

第 108a 条［Ⅰ. 定义］

由中间人持有的证券，系指 2006 年 7 月 5 日《关于由中间人持有证券的特定权利的法律适用的海牙公约》所指的中间人持有的证券。

---

① 本款原第 3 项的规定被 2008 年 10 月 3 日《关于批准并转化〈由中间人持有证券的特定权利的法律适用公约〉的联邦法》第 2 条废除，自 2010 年 1 月 1 日起生效（AS 2009 6579；BBl 2006 9315）。——译者注

② 本章规定系根据 2008 年 10 月 3 日《关于批准并转化〈由中间人持有证券的特定权利的法律适用公约〉的联邦法》第 2 条增订，自 2010 年 1 月 1 日起生效（AS 2009 6579；BBl 2006 9315）。自本法第 108a~108d 条生效后，在 2006 年 7 月 5 日《关于由中间人持有证券的特定权利法律适用的海牙公约》生效之前，该公约作为瑞士的制定法予以适用（AS 2011 1771）。——译者注

第 108b 条 [Ⅱ. 管辖权]

1. 对于涉及由中间人持有证券的诉讼，由被告住所地的瑞士法院管辖，或者当被告无住所时，由被告惯常居所地的瑞士法院管辖。

2. 此外，基于瑞士境内的营业所的活动而提起的涉及由中间人持有证券的诉讼，由营业所所在地的法院管辖。

第 108c 条 [Ⅲ. 应适用的法律]

由中间人持有的证券，适用 2006 年 7 月 5 日《关于由中间人持有证券的特定权利的法律适用的海牙公约》。

第 108d 条 [Ⅳ. 外国判决]

有关由中间人持有的证券的外国判决，符合下述条件之一者，在瑞士予以承认：

（a）判决在被告的住所地或者惯常居所地国作出；或者

（b）判决在被告的营业所所在地国作出，并且涉及因经营该营业所而引起的请求。

第八章　知识产权

第 109 条 [Ⅰ. 管辖权]①

1. 对于涉及知识产权的有效性或注册的诉讼，由被告住所地的瑞士法院管辖。被告在瑞士无住所时，由注册簿上注册的代表人的营业地所在的瑞士法院管辖，或者当无此种代表人时，由瑞士注册簿管理机关所在地的法院管辖。

2. 对于因侵犯知识产权而提起的诉讼，由被告住所地的瑞士法院管辖，或在被告无住所时，由其惯常居所地的瑞士法院管辖。此外，侵权行为地和结果发生地的瑞士法院也有权管辖；因被告在瑞士的营业所的经营活动而提起的诉讼，由该营业所所在地法院管辖。

第 110 条 [Ⅱ. 应适用的法律]

1. 知识产权，适用被请求保护知识产权的国家的法律。

2. 对于因侵害知识产权而提出的请求，当事人可在损害事件发生后随时

---

① 根据 2007 年 6 月 22 日联邦法律的附件 5 修订后的文本，自 2008 年 7 月 1 日起生效（AS **2008** 2551；BBl **2006** 1）。本条第 3 款由 2009 年 12 月 11 日《关于批准并转化卢加诺公约的联邦法》第 3 条第 3 项废除，自 2011 年 1 月 1 日起生效（AS **2010** 5601；BBl **2009** 1777）。——译者注

约定适用法院地法律。

3. 与知识产权有关的合同，适用本法关于债务合同的规定（第122条）。

第111条［Ⅲ. 外国判决］

1. 与侵犯知识产权有关的外国判决，符合下述条件之一者，在瑞士予以承认：

（a）判决在被告住所地国家作出；或者

（b）判决在侵权行为地或者结果发生地作出，且被告未曾在瑞士有住所。①

2. 有关知识产权的有效性或注册的外国判决，只有当该判决是在被请求保护的国家作出或者在该国得到承认时，才在瑞士予以承认。

第九章　债权

第一节　合同

第112条［Ⅰ. 管辖权：1. 原则和营业所］

1. 因合同而提起的诉讼，由被告住所地的瑞士法院管辖，或者被告在瑞士无住所时，由其惯常居所地的瑞士法院管辖。

2. 其他情况下，基于瑞士境内的营业所的经营活动而提起的诉讼，由该营业所所在地法院管辖。

第113条［2. 履行地］②

如果合同的特征性履行应在瑞士实施，则亦可在履行地的瑞士法院提起诉讼。

第114条［3. 消费者合同］

1. 消费者以符合第120条第1款所规定条件的合同为依据而提起的诉讼，根据消费者的选择，由下列任一瑞士法院管辖：

（a）消费者住所地或惯常居所地的瑞士法院；

（b）供应商住所地的瑞士法院，或供应商在瑞士无住所时，其惯常居所

---

① 根据2007年6月22日联邦法律的附件5修订后的文本，自2008年7月1日起生效（AS **2008** 2551；BBl **2006** 1）。——译者注

② 第112条和第113条系根据2009年12月11日《关于批准并转化卢加诺公约的联邦法》第3条第3项修订后的文本，自2011年1月1日起生效（AS **2010** 5601；BBl **2009** 1777）。——译者注

地的瑞士法院。

2. 消费者不得预先放弃其在住所地或惯常居所地法院起诉的权利。

第 115 条 [4. 劳动合同]

1. 因劳动合同而提起的诉讼，由被告住所地或劳动者惯常完成其工作所在地的瑞士法院管辖。

2. 此外，劳动者提起的诉讼，由其住所地或惯常居所地的瑞士法院管辖。

3. 因与所从事劳动有关的劳动条件及报酬而提起的诉讼，如果劳动者是在有限的时间内为完成其部分工作而被自外国派遣至瑞士，则由派遣目的地的瑞士法院管辖。①

第 116 条 [Ⅱ. 应适用的法律：1. 一般情形：a. 法律选择]

1. 合同适用当事人所选择的法律。

2. 法律选择必须是明示的，或在合同条款或具体情况中有明确体现。此外，法律选择受所选择的法律支配。

3. 法律选择可以随时作出或更改。在订立合同之后作出或更改法律选择的，其效力追溯至合同订立之日。第三人的权利予以保留。

第 117 条 [b. 未进行法律选择]

1. 合同当事人未进行法律选择时，合同适用与之有最密切联系的国家的法律。

2. 最密切联系视为存在于应当履行特征性给付的一方当事人的惯常居所地国家，或者，如果合同是在该当事人从事职业或商业活动的过程中订立，则视为存在于其营业所所在地国家。

3. 特征性给付是指：

(a) 转让合同中出让人的给付；

(b) 使用权转让合同中转让某物或某项权利的使用权的一方当事人的给付；

(c) 委托合同、承揽合同及其他服务合同中的服务提供；

(d) 保管合同中保管人的给付；

(e) 保证合同或担保合同中保证人或担保人的给付。

---

① 本款规定系根据 1999 年 10 月 8 日《关于派遣至瑞士的劳工的联邦法》(Bundesgesetz vom 8. Okt. 1999 über die in die Schweiz entsandten Arbeitnehmerinnen und Arbeitnehmer) 附件 1 而增订，自 2004 年 6 月 1 日起生效 (AS **2003** 1370；BBl **1999** 6128)。——译者注

第 118 条 [2. 特别情形：a. 有体动产的买卖]

1. 有体动产的买卖，适用 1955 年 6 月 15 日《关于有体动产国际买卖法律适用的海公约》。

2. 本法第 120 条的规定予以保留。

第 119 条 [b. 不动产]

1. 与不动产或其使用权有关的合同，适用不动产所在地国家的法律。

2. 当事人的法律选择应予允许。

3. 但是，合同的形式适用不动产所在地国家的法律，除非该法律允许适用另一法律。就瑞士境内的不动产而言，合同的形式适用瑞士法律。

第 120 条 [c. 消费者合同]

1. 由专供消费者个人或家庭使用而与其职业或商务活动无关的日常消费给付所形成的合同，符合下述条件之一者，适用消费者惯常居所地国家的法律：

(a) 供应商在该国收到订单；

(b) 以订立合同为目的，在该国发出要约或广告，且消费者完成了为订立合同所必需的法律行为；或者

(c) 消费者在供应商的安排下来到外国并在那里提交订单。

2. 当事人的法律选择应予排除。

第 121 条 [d. 劳动合同]

1. 劳动合同，适用劳动者从事经常性劳动所在地国法律。

2. 如果劳动者在多个国家从事经常性劳动，则劳动合同适用雇主的营业所所在地国家的法律，或者，在雇主无营业所时，适用其住所地或惯常居所地国家的法律。

3. 当事人可以约定劳动合同适用劳动者的惯常居所地国法律或者雇主营业所所在地、住所地或惯常居所地国的法律。

第 122 条 [e. 知识产权合同]

1. 知识产权合同，适用知识产权转让人或特许人的惯常居所地国家的法律。

2. 当事人的法律选择应予允许。

3. 雇主与劳动者之间订立的、与劳动者在履行劳动合同的范围内所创作的知识产权有关的合同，适用支配该劳动合同的法律。

第 123 条 [3. 共同规定：a. 收到要约后的沉默]

对合同要约表示沉默的一方当事人，可就其沉默的效果援引其惯常居所地

国家的法律。

第124条［b. 形式］

1. 合同的形式，如果符合合同的准据法或合同订立地法律的规定，即为有效。

2. 位于不同国家的当事人之间订立的合同的形式，只要符合其中任何一个国家法律的规定，即为有效。

3. 如果合同本身的准据法为保护一方当事人而规定合同必须遵从某种形式时，则合同的形式有效性应排他地适用合同本身的准据法，除非该法律允许适用另一法律。

第125条［c. 履行或检验的方式］

履行或检验的方式，适用履行地或检验地国法律。

第126条［d. 代理合同］

1. 因法律行为而发生代理时，被代理人与代理人之间的关系适用其合同的准据法。

2. 代理行为使被代理人对第三人产生义务的条件，适用代理人的营业所所在地国家的法律，或者，如果此种营业所不存在或无法为第三人所辨认，适用代理人在个案中的主要活动地国家的法律。

3. 如果代理人与被代理人存在劳动关系且无自己的商业营业所时，则其营业所视为位于被代理人的主事务所所在地。

4. 本条第2款所指定的法律同样适用于无权代理人与第三人之间的关系。

第二节 不当得利

第127条［Ⅰ. 管辖权］①

因不当得利而提起的诉讼，由被告住所地的瑞士法院管辖，或者，当被告在瑞士无住所时，由其惯常居所地的瑞士法院管辖。此外，基于被告在瑞士的营业所的经营活动而提起的诉讼，由该营业所所在地法院管辖。

第128条［Ⅱ. 应适用的法律］

1. 因不当得利而提出的请求，适用支配不当得利据以发生的现有的或假定的法律关系的法律。

---

① 根据2007年6月22日联邦法律的附件5修订后的文本，自2008年7月1日起生效（AS **2008** 2551；BBl **2006** 1）。——译者注

2. 无此种法律关系时，因不当得利而提出的请求适用不当得利发生地国家的法律；当事人可以约定适用法院地法律。

第三节 侵权行为

第 129 条 ［Ⅰ. 管辖权：1. 原则］①

因侵权行为而提起的诉讼，由被告住所地的瑞士法院管辖，或者，当被告在瑞士无住所时，由其惯常居所地的瑞士法院管辖。此外，侵权行为地或结果发生地的瑞士法院也有权管辖；因被告在瑞士的营业所的经营活动提起的诉讼，由该营业所所在地法院管辖。

第 130 条 ［2. 特别情形］

1. 因核设施或核物质运输造成损害而提起的诉讼，由损害事件发生地的瑞士法院管辖。

2. 损害事件发生地无法确定时：

（a）如果核设施的经营者应对所造成的损害承担责任，则由核设施所在地的瑞士法院管辖；

（b）如果核物质运输许可证的持有人应对所造成的损害承担责任，则由运输许可证持有人的住所地或选择住所地的瑞士法院管辖。

3. 为行使知情权而对数据库的经营者提起的诉讼，可以由本法第 129 条所指的法院或者数据库的监管地或使用地的瑞士法院受理。②

第 131 条 ［3. 直接对保险人提起的诉讼］

直接对负有民事责任的保险人提起的请求损害赔偿诉讼，由保险人营业所所在地、侵权行为地或结果发生地的瑞士法院管辖。

第 132 条 ［Ⅱ. 应适用的法律：1. 一般情形：a. 法律选择］

当事人可在损害事件发生后随时约定适用法院地法律。

第 133 条 ［b. 未进行法律选择］

1. 加害人与受害人在同一国家有惯常居所时，基于侵权行为而提出的请求适用该国的法律。

---

① 根据 2007 年 6 月 22 日联邦法律的附件 5 修订后的文本，自 2008 年 7 月 1 日起生效（AS **2008** 2551；BBl **2006** 1）。本条第 2 款由 2009 年 12 月 11 日《关于批准并转化卢加诺公约的联邦法》第 3 条第 3 项废除，自 2011 年 1 月 1 日起生效（AS **2010** 5601；BBl **2009** 1777）。——译者注

② 本款规定系根据 1992 年 6 月 19 日《关于数据保护的联邦法》附件 3 增订，自 1993 年 7 月 1 日起生效（SR **235. 1**）。——译者注

2. 加害人与受害人的惯常居所不在同一国家时，适用侵权行为实施地国家的法律。如果侵权结果发生于另一国家，并且加害人应当预见结果将发生在该另一国家，则适用损害结果发生地国家的法律。

3. 因侵权行为致使加害人与被害人之间业已存在的法律关系受到损害的，则不论本条第 1 款、第 2 款有何规定，基于该侵权行为而提出的请求适用该法律关系的准据法。

第 134 条 [2. 特别情形：a. 公路交通事故]

因交通运输事故而提出的请求，适用 1971 年 5 月 4 日《关于公路交通事故法律适用的海牙公约》。

第 135 条 [b. 产品责任]

1. 因产品瑕疵或有瑕疵的产品说明而提出的请求，根据受害人的选择而适用：

(a) 加害人营业所所在地国家的法律，或者，当加害人无营业所时，其惯常居所地国家的法律；

(b) 产品取得地国家的法律，除非加害人证明该产品未经其同意而在该国上市。

2. 因产品瑕疵或有瑕疵的产品说明而提出的请求应适用外国法律时，则在瑞士判付给受害人的赔偿金，不得超出依照瑞士法律应对此种损害所判付的赔偿额度。

第 136 条 [c. 不正当竞争]

1. 因不正当竞争而提出的请求，适用不正当行为结果发生地的市场所属国家的法律。

2. 不正当竞争行为仅仅对受害人的企业利益造成损害的，适用受害人的营业所所在地国家的法律。

3. 本法第 133 条第 3 款的规定予以保留。

第 137 条 [d. 妨碍竞争]

1. 因妨碍竞争而提出的请求，适用该妨碍行为直接给受害人产生影响所涉及的市场所属国家的法律。

2. 因妨碍竞争而提出的请求应适用外国法律时，则在瑞士判付给受害人的赔偿金，不得超出依照瑞士法律应对此种非法的妨碍竞争行为所判付的赔偿额度。

第 138 条 [e. 排放物]

因不动产排泄致害而引起的请求，根据受害人的选择适用不动产所在地国家的法律或者损害结果发生地国家的法律。

第 139 条 [f. 侵犯人格权]

1. 因利用传播媒介，尤其是通过报刊、广播、电视或其他公共信息媒介侵犯人格权而提出的请求，根据受害人的选择而适用：

(a) 受害人的惯常居所地国家的法律，前提是加害人应当预见结果将发生在该国；

(b) 侵权行为人的营业所或惯常居所所在地国家的法律；

(c) 侵权行为结果发生地国家的法律，前提是加害人应当预见结果将发生在该国。

2. 对定期传播媒介提出抗辩的权利，排他地适用印刷品发行地、广播或电视发射地国家的法律。

3. 本条第 1 款也适用于因处理个人资料侵犯人格权而提出的请求以及因损害个人资料的查询权而提出的请求。①

第 140 条 [3. 特别规定：a. 多个责任人]

如果多人参与实施了侵权行为，不论其以何种方式参与，应对其中每一个人分别确定应适用的法律。

第 141 条 [b. 直接对保险人提出的请求权]

如果侵权行为或保险合同的准据法有规定，受害人可直接向赔偿责任人的保险人提出损害赔偿请求。

第 142 条 [4. 准据法的适用范围]

1. 侵权行为的准据法特别决定侵权行为能力、承担责任的条件和范围以及责任人等事项。

2. 在侵权行为地施行的安全规范与行为规范应加以考虑。

第四节　共同条款

第 143 条 [Ⅰ. 多个债务人：1. 对多个债务人的债权]

债权人可对多个债务人同时主张债权时，其法律后果应适用支配债权人与被诉究的债务人之间的法律关系的法律。

第 144 条 [2. 共同债务人之间的追偿]

1. 债务人可直接或通过代位债权人向另一债务人追偿，但不得超越相应

---

① 本款规定系根据 1992 年 6 月 19 日《关于数据保护的联邦法》附件 3 增订，自 1993 年 7 月 1 日起生效（AS **1993** 1945；BBl **1988** II 413）。——译者注

债务的准据法所允许的范围。

2. 追偿权的行使，适用被追偿人对债权人所负债务的准据法。仅涉及债权人与追偿人之间的关系的问题，适用追偿人所负债务的准据法。

3. 执行公共职能的机构是否享有追偿权，依照该机构所适用的法律决定。是否允许追偿及追偿权的行使，适用本条第 1 款、第 2 款的规定。

第 145 条［Ⅱ. 债权的转移：1. 合同性转让］

1. 债权的合同性转让，适用当事人所选择的法律，或者，在当事人未选择法律时，适用被转让的债权的准据法。未经债务人同意，让与人与受让人所作的法律选择不得用以对抗债务人。

2. 与劳动者的债权转让有关的法律选择，仅在本法第 121 条第 3 款所指的与劳动合同有关的法律允许范围内有效。

3. 转让的方式，排他地适用转让合同的准据法。

4. 仅涉及转让合同当事人之间的关系的问题，适用该项转让所依据的法律关系的准据法。

第 146 条［2. 法定转移］

1. 债权的法定转移，适用新、旧债权人之间最初的法律关系的准据法，或者，无此种法律关系时，适用债权的准据法。

2. 债权准据法中旨在保护债务人的规定予以保留。

第 147 条［Ⅲ. 货币］

1. 货币的定义，依照货币发行国的法律确定。

2. 货币对债务金额所产生的效果，适用债务的准据法。

3. 应以何种货币进行支付，适用支付地国家的法律。

第 148 条［Ⅳ. 债权的时效及消灭］

1. 债权的时效及消灭，适用债权的准据法。

2. 通过补偿方式消灭债权的，适用支配该项补偿所对应的债权的法律。

3. 债务的变更、免除及补偿，适用本法关于合同法律适用的规定（第 116 条及以下）。

第五节　外国判决

第 149 条

1. 与债法上的请求有关的外国判决，符合下述条件之一者，在瑞士予以承认：

（a）判决在被告住所地国家作出；

（b）判决在被告的惯常居所地国家作出，且请求权与在该国从事的活动有关。

2. 符合下述条件之一的外国判决亦予以承认：

（a）判决涉及合同之债并且是在债务的特征性履行地国家作出，且被告未曾在瑞士有住所；①

（b）判决涉及与消费者合同有关的请求并且是在消费者的住所地或惯常居所地作出，且符合本法第 120 条第 1 款所规定的条件；

（c）判决涉及与劳动合同有关的请求并且是在工作地或营业地作出，且劳动者未曾在瑞士有住所；

（d）判决涉及因经营某一营业所而产生的请求，且在该营业所所在地作出；

（e）判决涉及不当得利之债并且是在行为实施地或结果发生地作出，且被告未曾在瑞士有住所；

（f）判决涉及侵权行为之债并且是在侵权行为实施地或损害结果发生地作出，且被告未曾在瑞士有住所。

第九（一）章　信托②

第 149a 条［Ⅰ. 定义］

信托，即 1985 年 7 月 1 日《关于信托的法律适用及其承认的海牙公约》所指的通过法律行为设立的信托，而不论其是否具有该公约第 3 条所规定的书面证据。

第 149b 条［Ⅱ. 管辖权］

1. 信托事项，由当事人根据有关信托的规定所选择的法院管辖。所规定的对管辖法院的选择或相关授权，仅在其以书面形式或者以其他能通过文字加以证明的形式作出时，方予以遵从。若无其他规定，所选定的法院具有专属管

---

① 本项规定系根据 2009 年 12 月 11 日《关于批准并转化卢加诺公约的联邦法》第 3 条第 3 项修订，自 2011 年 1 月 1 日起生效（AS **2010** 5601；BBl **2009** 1777）。——译者注

② 本章规定系根据 2006 年 12 月 20 日《关于批准并转化〈关于信托的法律适用及其承认的海牙公约〉的联邦决定》第 2 条增订，自 2007 年 7 月 1 日起生效（AS **2007** 2849；BBl **2006** 551）。——译者注

辖权。本法第 5 条第 2 款的规定予以类推适用。

2. 在下述情形下，被选定的法院不得拒绝管辖：

（a）当事人一方、委托人、受托人在该法院所在州有住所、惯常居所或营业所；或者

（b）大部分信托财产在瑞士境内。

3. 法院选择无效或者被选定的法院没有专属管辖权时，则由下列地点所在的瑞士法院管辖：

（a）作为被告的当事人的住所地，或者，无住所时，其惯常居所地；

（b）信托事务的所在地；或者

（c）对基于瑞士境内的营业所的活动而提起的诉讼，该营业所的所在地。

4. 此外，可在股票和债券发行地的瑞士法院提起与发行该股票和债券有关的诉讼。此种管辖权不得通过选择管辖法院而加以排除。

第 149c 条［Ⅲ. 应适用的法律］

1. 信托应适用的法律，依照 1985 年 7 月 1 日《关于信托的法律适用及其承认的海牙公约》确定。

2. 前述公约所指定的准据法，亦适用于依照该公约第 5 条规定不适用该公约的情形或者该公约第 13 条所规定的承认信托的义务不存在之情形。

第 149d 条［Ⅳ. 有关公示的特别条款］

1. 对于以受托人的名义在土地登记簿、船舶注册机关或者航空器登记簿上注册的信托财产，应在备注中注明信托关系。

2. 涉及在瑞士注册的知识产权的信托关系，可依申请而在该知识产权注册机关予以登记。

3. 未注明的或未登记的信托关系不得用以对抗善意第三人。

第 149e 条［Ⅴ. 外国判决］

1. 与信托事项有关的外国判决，符合下述条件之一者，在瑞士予以承认：

（a）判决由根据本法第 149b 条第 1 款规定有效选定的法院作出；

（b）判决在被告的住所地、惯常居所地或其营业所所在地国家作出；

（c）判决在委托人的主事务所所在地国家作出；

（d）判决在信托的准据法所属国作出；

（e）判决在委托人的主事务所所在地国家得到承认，并且被告未曾在瑞士有住所。

2. 与通过发起书、通函或类似宣传方式公开发行股票和债券而产生的请

求有关的外国判决，类推适用本法第 165 条第 2 款。

第十章　公司法

第 150 条［Ⅰ. 定义］

1. 本法所称之公司，是指一切有组织的人的联合和一切有组织的财产的组合。

2. 不具有任何组织形式的简单公司，适用本法关于合同法律适用的规定（第 166 条及以下）。

第 151 条［Ⅱ. 管辖权：1. 原则］

1. 发生公司法上的争议时，对公司、股东或依公司法应负责任的人提起的诉讼，由公司主事务所所在地的瑞士法院管辖。

2. 对股东或依公司法应负责任的人提起的诉讼，亦可由被告的住所地的瑞士法院管辖，或者，当被告在瑞士无住所时，由其惯常居所地的瑞士法院管辖。

3. 此外，因公开发行股票和债券承担责任而提起的诉讼，由发行地的瑞士法院管辖。此种管辖权不得通过选择管辖法院而加以排除。

第 152 条［2. 对外国公司的责任］

对根据本法第 159 条应负责任的人或其所代理的外国公司提起的诉讼，由下列法院管辖：

（a）被告住所地的瑞士法院，或者，当被告在瑞士无住所时，其惯常居所地的瑞士法院；

（b）公司事实上的管理地的瑞士法院。

第 153 条［3. 保护措施］

主事务所在外国的公司在瑞士境内有财产时，为保护该财产而采取的措施，由应予以保护的财产所在地的瑞士法院或行政机关管辖。

第 154 条［Ⅲ. 应适用的法律：1. 原则］

1. 如果公司符合其据以成立的国家的法律所规定的公示或注册条件，或在无此种规定时，公司是依照该国法律成立的，则适用该国法律。

2. 不符合前款规定条件的公司，适用其事实上的管理地国家的法律。

第 155 条［2. 准据法的适用范围］

除本法第 156~161 条另有规定外，公司的准据法特别决定下述事项：

(a) 公司的法律性质；

(b) 公司的成立与解散；

(c) 公司的权利能力与行为能力；

(d) 公司的名称或商号；

(e) 公司的组织机构；

(f) 公司的内部关系，尤其是公司与其成员的关系；

(g) 违反公司法规定所应承担的责任；

(h) 对公司债务所承担的责任；

(i) 根据公司的安排以公司的名义进行活动的代理人的代理权。

第 156 条 [Ⅳ. 特别联系因素：1. 因公开发行股票和债券而产生的请求]

因通过发起书、通函或类似宣传方式公开发行股票和债券而产生的请求，适用公司的准据法或发行地国家的法律。

第 157 条 [2. 对名称或商号的保护]

1. 在瑞士商业登记簿上注册的公司的名称或商号受到侵害时，其名称或商号的保护适用瑞士法律。

2. 对于未在瑞士商业登记簿上注册的公司，其名称或商号的保护，适用不正当竞争的准据法（第 136 条）或者侵犯人格权行为的准据法（第 132 条、第 133 条和第 139 条）。

第 158 条 [3. 对代理权的限制]

公司不得援引在他方当事人惯常居所或营业所所在地国家的法律未予规定的对某一机构或某一代理人的代理权所作的限制，除非该他方当事人已知晓或理应知晓此种限制。

第 159 条 [4. 对外国公司的责任]

如果依照外国法律设立的公司在瑞士境内经营业务或从瑞士开始经营业务，则以该公司名义进行商事活动的人的责任，适用瑞士法律。

第 160 条 [Ⅴ. 外国公司在瑞士的分支机构]

1. 主事务所在外国的公司，可在瑞士设立分支机构。该分支机构适用瑞士法律。

2. 此种分支机构的代理权，适用瑞士法律。被授权代表此种分支机构的人中至少有一人须在瑞士有住所并在商业登记簿上注册。

3. 关于在商业登记簿上进行强制性注册的细则，由瑞士联邦委员会制定。

第 161 条 [Ⅵ. 迁移、合并、分立与财产转移：1. 公司从外国迁移至瑞士：a. 原则]①

1. 如果支配外国公司的外国法律允许，该外国公司也符合外国法律所规定的条件，并且具备瑞士法律所要求的组织形式之一，则该外国公司可不经过清算和重组而受瑞士法律支配。

2. 联邦委员会亦可不考虑外国法的规定而准许外国公司受瑞士法律支配，在涉及瑞士的重大利益时尤为如此。

第 162 条 [b. 决定性的时间]

1. 根据瑞士法律有义务在商业登记簿上注册的公司，一旦其证明已将业务中心迁移至瑞士且具备瑞士法律所要求的组织形式之一，即受瑞士法律支配。

2. 根据瑞士法律没有义务在商业登记簿注册的公司，一旦表明其愿受瑞士法律约束，与瑞士存在充分的联系且具备瑞士法律所要求的组织形式之一，即受瑞士法律支配。

3. 股份公司在注册时，必须提交一份依照 2005 年 12 月 16 日《审计监察法》规定由经认许的审计专家出具的审计报告，以证明其基本资金根据瑞士法律是有保障的。②

第 163 条 [2. 公司从瑞士迁移至外国]

1. 符合瑞士法律所规定的条件并且依照外国法律继续存在的瑞士公司，可以不经清算和重组而受外国法律支配。

2. 债权人应被公开告知将要发生的公司法律地位变更情况，并应被催告登记其债权。2003 年 10 月 3 日《合并法》第 46 条的规定予以类推适用。

3. 1982 年 10 月 8 日《关于国家经济供给的联邦法》关于在发生该法第 61 条所指的国际冲突时采取预防性保护措施的规定，予以保留。

第 163a 条 [3. 合并：a. 从外国合并到瑞士]③

1. 在支配外国公司的法律允许并且在符合该法律规定的情形下，瑞士公司可以接管外国公司（“移入吸收”）或者与之联合组成一家新的瑞士公司

---

① 第 161~164 条规定均系根据 2003 年 10 月 3 日《合并法》（Fusionsgesetz）附件 4 修订后的文本，自 2004 年 7 月 1 日起生效（AS **2004** 2617；BBl **2000** 4337）。——译者注

② 根据 2005 年 12 月 16 日的联邦法律（有限责任公司法以及对股票法、合作社法、商业注册法与商行法进行调整的联邦法）附件 4 修订后的文本，自 2008 年 1 月 1 日起生效（AS **2007** 4791；BBl **2002** 3148，**2004** 3969）。——译者注

③ 第 163a~163d 条规定系根据 2003 年 10 月 3 日《合并法》附件 4 增订，自 2004 年 7 月 1 日起生效（AS **2004** 2617；BBl **2000** 4337）。——译者注

（移入联合）。

2. 此外，公司的合并，适用瑞士法律。

第 163b 条［b. 从瑞士合并到外国］

1. 如果瑞士公司能证明具备下述条件，则外国公司可接管瑞士公司（“移出吸收”）或与瑞士公司联合组成一家新的外国公司（“移出联合”）：

（a）通过合并，瑞士公司的资产和负债一并转移给外国公司；并且

（b）股份权或者成员资格权利的行使在外国公司中得到适当的保留。

2. 瑞士公司必须符合瑞士法律中有关公司转让的所有规定。

3. 债权人应被公开告知将要在瑞士发生的公司合并情形，并应被催告登记其要求。2003 年 10 月 3 日《合并法》第 46 条的规定予以类推适用。

4. 此外，公司的合并，适用接管的外国公司的准据法。

第 163c 条［c. 合并协议］

1. 合并协议，必须符合参与合并的各公司的准据法中包括形式规定在内的所有强制性规定。

2. 此外，合并协议，适用当事人所选择的法律。当事人未进行法律选择时，合并协议，适用与之有最密切联系的国家的法律。该协议应视为与接管公司的准据法所属国存在最密切联系。

第 163d 条［4. 分立与财产转移］

1. 瑞士公司和外国公司参与的公司分立与财产转移，类推适用本法关于合并的规定。财产转移，不适用第 163b 条第 3 款的规定。

2. 此外，公司分立与财产转移，适用支配被分立公司的法律或者支配其财产被转移给另一权利人的公司的法律。

3. 分立协议，在满足第 163c 条第 2 款所规定的条件时，类推适用支配被分立公司的法律。本规定亦类推适用于财产转移协议。

第 164 条［5. 共同规定：a. 在商业登记簿上注销］

1. 在瑞士商业登记簿上注册的公司，仅在经认许的审计专家出具的审计报告证实 2003 年 10 月 3 日《合并法》第 46 条所指债权人的债权已获担保或已得到清偿，或债权人同意注销时，方予以注销。①

2. 外国公司接管瑞士公司，外国公司与瑞士公司联合组成一家新的外国公司或者瑞士公司分立成为外国公司时，必须：

（a）证明该项合并或分立是根据外国公司的准据法合法进行的；并且

---

① 本款规定系根据 2005 年 12 月 16 日的联邦法律附件 4 修订后的文本，自 2008 年 1 月 1 日起生效（AS **2007** 4791；BBl **2002** 3148，**2004** 3969）。——译者注

（b）由经认许的审计专家证实外国公司已给予瑞士公司中享有请求权的股东以股份权或者成员资格，或者对可能发生的补偿金或补偿费进行了支付或担保。①

第 164a 条 ［b. 追索地和管辖法院］②

1. 外国公司接管瑞士公司，外国公司与瑞士公司联合组成一家新的外国公司或者瑞士公司分立成为外国公司时，对根据 2003 年 10 月 3 日《合并法》第 105 条对股份权或成员资格权利进行审查而提起的诉讼，也可由所转移的权利人主事务所所在地的瑞士法院受理。

2. 只要债权人或股份持有人的债权尚未得到担保或清偿，瑞士境内的原追索地和管辖法院即予以保留。

第 164b 条 ［c. 在外国发生的迁移、合并、分立与财产转移］

外国公司由另一外国法律支配以及外国公司之间的合并、分立与财产转移，只要其根据有关国家的法律规定为有效，即在瑞士承认为有效。

第 165 条 ［Ⅶ. 外国判决］③

1. 与公司法上的请求有关的外国判决，符合下述条件之一者，在瑞士予以承认：

（a）判决系在公司主事务所所在地国作出，或者判决在该国得到承认且被告未曾在瑞士有住所；

（b）判决系在被告住所地国或其惯常居所地国作出。

2. 与通过发起书、通函或类似宣传方式公开发行股票和债券而产生的请求有关的外国判决，如果是在股票或债券发行地国家作出并且被告未曾在瑞士有住所，则在瑞士予以承认。

第十一章　破产与和解

第 166 条 ［Ⅰ. 承认］

1. 在债务人住所地国作出的外国破产宣告，符合下述条件者，经外国破

---

① 该项规定系根据 2005 年 12 月 16 日的联邦法律附件 4 修订后的文本，自 2008 年 1 月 1 日起生效（AS **2007** 4791；BBl **2002** 3148，**2004** 3969）。——译者注

② 第 146a 条、第 146b 条系根据 2003 年 10 月 3 日《合并法》附件 4 增订，自 2004 年 7 月 1 日起生效（AS **2004** 2617；BBl **2000** 4337）。——译者注

③ 根据 2003 年 10 月 3 日《合并法》附件 4 修订后的文本，自 2004 年 7 月 1 日起生效（AS **2004** 2617；BBl **2000** 4337）。——译者注

产管理人或债权人申请，在瑞士予以承认：

(a) 该破产宣告在作出地国家是可予执行的；

(b) 不存在本法第 27 条所规定的拒绝理由；

(c) 宣告作出地国家给予互惠。

2. 债务人在瑞士有分支机构时，允许适用 1889 年 4 月 11 日《关于债务追索及破产的联邦法》第 50 条第 1 款所规定的程序，直至本法第 172 条所指的债权人受偿顺序表得以确定。

第 167 条 [Ⅱ. 程序：1. 管辖权]

1. 请求承认外国破产宣告的申请，应向财产所在地有管辖权的瑞士法院递交。本法第 29 条的规定予以类推适用。

2. 如果财产位于多个地方，则由最先受理的法院管辖。

3. 破产债务人的债权视为位于破产债务人的住所地。

第 168 条 [2. 保全措施]

承认外国破产宣告的申请一旦递交，法院即可应申请人的请求，命令采取 1889 年 4 月 11 日《关于债务追索及破产的联邦法》第 162~165 条以及第 170 条所规定的保全措施。

第 169 条 [3. 公告]

1. 承认在外国所作破产宣告的裁定，应予以公告。

2. 该项裁定应通知财产所在地的债务追索局、破产管理机关、土地管理局以及商业注册处；必要时，亦应通知联邦知识产权研究院。① 本规定亦适用于破产程序的终止、中止以及破产的撤销。

第 170 条 [Ⅲ. 法律后果：1. 一般情形]

1. 承认在外国所作的破产宣告，对债务人在瑞士的财产具有瑞士法律所规定的破产法后果，但本法另有规定的除外。

2. 瑞士法律所规定的期限，自承认外国破产宣告的裁定公布之日起算。

3. 不设立债权人大会，亦不设立债权人委员会。

第 171 条 [2. 撤销之诉]

撤销之诉，适用 1889 年 4 月 11 日《关于债务追索及破产的联邦法》第 285~292 条的规定。外国破产管理人或被授权提起此类诉讼的债权人之一亦可

---

① “联邦知识产权研究院”（Eidgenössisches Institut für geistiges Eigentum）系根据联邦委员会 1997 年 12 月 19 日的决议而得名，但该决议未公布。——译者注

提起此种诉讼。

第 172 条 [3. 债权人受偿顺序表]

1. 列入债权人受偿顺序表的只有：

（a）1889 年 4 月 11 日《关于债务追索及破产的联邦法》第 219 条所指的被抵押担保的债权；以及

（b）住所在瑞士的债权人的那些未被抵押担保但享有特权的债权。①

2. 只有第 1 款所指的债权人，才有权对 1889 年 4 月 11 日《关于债务追索及破产的联邦法》第 150 条所规定的债权人受偿顺序表提起异议之诉。

3. 如果债权人已在与破产有关的外国程序中得到部分清偿，其已得总额在扣除所花费用后，应计入该债权人在瑞士程序中应得份额之内。

第 173 条 [4. 分配：a. 承认外国的债权人受偿顺序表]

1. 在依照本法第 172 条第 1 款对债权人进行清偿之后，所剩的余额应交付给外国破产管理人或对余额享有权利的债权人处理。

2. 该项余额只有在该外国的债权人受偿顺序表得到承认之后，才予以交付。

3. 对外国的债权人受偿顺序表的承认，由对承认外国破产宣告有管辖权的瑞士法院管辖。该管辖法院尤其应审查住所在瑞士的债权人的债权是否已被公平地列入该外国的债权人受偿顺序表中。应听取前述债权人的陈述。

第 174 条 [b. 不承认外国的债权人受偿顺序表]

1. 外国债权人受偿顺序表不能予以承认时，如果第三顺序债权人在瑞士，则应根据 1889 年 4 月 11 日《关于债务追索及破产的联邦法》第 219 条第 4 款的规定，将余额在第三顺序债权人中间进行分配。②

2. 外国债权人受偿顺序表在法院规定的期限内未被请求承认时，亦适用前款规定。

第 175 条 [Ⅳ. 对外国和解及类似程序的承认]

被外国主管机关认可的和解及类似程序，在瑞士予以承认，类推适用本法第 166~170 条的规定。应听取在瑞士有住所的债权人的陈述。

---

① 本项规定系根据 1994 年 12 月 16 日的联邦法附件 22 修订，自 1997 年 1 月 1 日起生效（AS **1995** 1227；BBl **1991** Ⅲ 1）。——译者注

② 本款规定系根据 1994 年 12 月 16 日联邦法附件 22 修订后的文本，自 1997 年 1 月 1 日起生效（AS **1995** 1227 ；BBl **1991** Ⅲ 1）。——译者注

第十二章　国际仲裁

第 176 条［Ⅰ. 适用范围、仲裁庭所在地］

1. 仲裁庭所在地位于瑞士且至少有一方当事人在订立仲裁协议时在瑞士既无住所亦无惯常居所的仲裁，适用本章的规定。

2. 当事人可以通过仲裁协议明确约定或者事后约定排除适用本章的规定，并约定适用《民事诉讼法》第三部分的规定。①

3. 仲裁庭所在地由当事人或其指定的仲裁机构予以确定，否则由仲裁员予以确定。

第 177 条［Ⅱ. 可仲裁性］

1. 所有具有财产法性质的争议，均可提交仲裁。

2. 如果仲裁协议的一方当事人是国家、国家所支配的企业或国家所控制的组织，则该方当事人不得援引其本国法律对其作为仲裁当事人的资格或者争议的可仲裁性提出异议。

第 178 条［Ⅲ. 仲裁协议］

1. 仲裁协议必须采用书面形式，通过电报、电传、传真或者任何其他能以文字证明该项协议的通信方式订立。

2. 此外，如果仲裁协议符合当事人所选择的法律、适用于争议事项的法律尤其是主合同的准据法或者瑞士法律的规定，即在内容上为有效。

3. 不得以主合同无效或者仲裁协议系针对尚未发生的争议为理由而对仲裁协议的有效性提出异议。

第 179 条［Ⅳ. 仲裁庭：1. 指定仲裁员］

1. 仲裁员，依照当事人的协议予以指定、撤销或者更换。

2. 无前述协议时，可将此问题提交仲裁庭所在地的法院处理。该法院应类推适用《民事诉讼法》中关于指定、撤销、更换仲裁员的规定。②

3. 法院被要求指定仲裁员时，即应作出此项指定，除非即决审查表明当事人之间不存在任何仲裁协议。

---

① 本款规定系根据 2008 年 12 月 19 日《民事诉讼法》附件 1 第 II 18 项修订，自 2011 年 1 月 1 日起生效（AS **2010** 1739；BBl **2006** 7221）。——译者注

② 本款规定系根据 2008 年 12 月 19 日《民事诉讼法》附件 1 第 II 18 项修订，自 2011 年 1 月 1 日起生效（AS **2010** 1739；BBl **2006** 7221）。——译者注

第 180 条 [2. 仲裁员的回避]

1. 有下述情形之一者，仲裁员应予以回避：

(a) 该仲裁员不符合当事人所约定的要求；

(b) 存在当事人选定的仲裁规则所规定的回避理由；

(c) 存在对该仲裁员的独立性产生正当怀疑的情势。

2. 一方当事人只能依据仲裁员被指定之后所知的理由申请其所指定或参与指定的仲裁员回避。申请回避的理由，应毫不迟延地告知仲裁庭以及他方当事人。

3. 如果双方当事人未就申请回避的程序进行约定，则由仲裁庭所在地有管辖的法院对所争议的情形作出终局决定。

第 181 条 [V. 未决案件]

自一方当事人将争议提交给仲裁协议所指定的一名或数名仲裁员时起，或在仲裁协议无此种指定时，自一方当事人着手进行建立仲裁庭的程序时起，仲裁程序即在进行之中。

第 182 条 [Ⅵ. 程序：1. 原则]

1. 双方当事人可自行或参照仲裁规定确定仲裁程序，亦可使仲裁程序受其所选择的程序法支配。

2. 如果双方当事人未自行确定仲裁程序，在必要时，仲裁程序可由仲裁庭直接或参照法律或仲裁规则予以确定。

3. 不论所选择的程序为何，仲裁庭均必须保证双方当事人之间的平等及其在辩论程序中进行陈述的权利。

第 183 条 [2. 临时措施和保全措施]

1. 仲裁庭可应一方当事人的请求，责令采取临时措施或保全措施，但当事人另有约定的除外。

2. 如果有关当事人不自愿服从所责令采取的措施，仲裁庭可提请有管辖权的法院予以协助。该法院适用其本国的法律予以执行。

3. 仲裁庭或者法院在采取临时措施或保全措施时，可责令申请人提供适当的担保。

第 184 条 [3. 取证]

1. 仲裁庭应自行取证。

2. 如果取证需要国家司法机关的协助，则仲裁庭或经仲裁庭同意的当事人可请求仲裁庭所在地的法院予以协助；该法院适用其本国法律予以执行。

第 185 条［4. 其他需要法院协助的情形］

其他需要法院协助的情形，由仲裁庭所在地的法院管辖。

第 186 条［Ⅶ. 管辖权］

1. 仲裁庭应对其管辖权自行作出决定。

1a. 不论相同当事人之间就同一事项所提起的诉讼或申请是否已在法院或另一仲裁庭受理，仲裁庭应对其管辖权作出决定，但有重大理由要求中止仲裁程序的除外。①

2. 关于仲裁庭无管辖权的抗辩，应在就案件的实质问题进行辩论之前提出。

3. 仲裁庭通常以先行裁决的方式对其管辖权作出决定。

第 187 条［Ⅷ. 对案件实质问题进行裁决：1. 应适用的法律］

1. 仲裁庭应依照当事人所选择的法律对争议事项作出裁决，或者，在当事人未选择法律时，依照与争议事项有最密切联系的法律作出裁决。

2. 当事人可授权仲裁庭依照公平原则作出裁决。

第 188 条［2. 部分裁决］

仲裁庭可作出部分裁决，但当事人另有约定的除外。

第 189 条［3. 仲裁裁决］

1. 仲裁裁决应依照当事人约定的程序及方式作出。

2. 如无此种约定，应由多数仲裁员作出裁决，或者，无法确定多数时，由首席仲裁员作出裁决。仲裁裁决应以书面作成，附具理由，注明日期并加以签署。经首席仲裁员签署即为有效。

第 190 条［Ⅸ. 终局性、撤销］

1. 仲裁裁决自送达当事人之日起即具有终局效力。

2. 有下述情形之一者，方能撤销仲裁裁决：

（a）独任仲裁员的指定不当或者仲裁庭的组成不当；

（b）仲裁庭错误地宣称自己有管辖权或无管辖权；

（c）仲裁庭作出的裁决超出请求受理的范围或者未对请求的要点之一作出决定；

（d）违反了当事人平等原则或者有权进行合法陈述的原则；

---

① 本款规定系根据 2006 年 10 月 6 日联邦法的附件 I 增订，自 2007 年 3 月 1 日起生效（AS 2007 387；BBl 2006 4677 4691）。——译者注

（e）仲裁裁决违反了公共秩序。

3. 所作的先行裁决，只能根据第 2 款第 a 项和第 b 项所规定的理由予以撤销；其期限自先行裁决被送达当事人之日起算。

第 191 条 ［2. 上诉法院］①

瑞士联邦法院为唯一受理上诉的法院，其程序适用 2005 年 6 月 17 日《联邦法院组织法》的规定。

第 192 条 ［X. 对撤销仲裁裁决的程序之放弃］

1. 如果任何一方当事人均在瑞士既无住所、惯常居所，又无营业所，则其可通过仲裁协议中的明示声明或者事后达成的书面协议，完全排除撤销仲裁裁决的程序；双方当事人亦可仅依照本法第 190 条第 2 款所列的各项撤销理由而排除撤销仲裁裁决的程序。

2. 如果双方当事人已完全排除撤销仲裁裁决的程序，且此种裁决应在瑞士执行时，应类推适用 1958 年 6 月 10 日《关于承认与执行外国仲裁裁决的纽约公约》。

第 193 条 ［XI. 可执行力的证明］

1. 各方当事人可自行承担费用向仲裁庭所在地的瑞士法院交存一份裁决书副本。

2. 应一方当事人的请求，该法院应出具一份该裁决具有可执行力的证明。

3. 应一方当事人的请求，仲裁庭应证明仲裁裁决是依照本法规定作出的；此种证明具有向法院交存裁决书一样的效力。

第 194 条 ［XII. 外国仲裁裁决］

外国仲裁裁决的承认与执行，适用 1958 年 6 月 10 日《关于承认及执行外国仲裁裁决的纽约公约》。

第十三章　最后条款

第一节　现行法律的废止和修改

第 195 条

现行法律的废止和修改，见附件；该附件是本法的组成部分。

---

① 根据 2005 年 6 月 17 日《联邦法院组织法》附件 8 修订后的文本，自 2007 年 1 月 1 日起生效（AS **2006** 1205；BBl **2001** 4202）。——译者注

第二节　过渡条款

第 196 条［Ⅰ. 不溯及既往］

1. 在本法生效之前已经存在或完成的事实或法律行为，其法律效力适用以前的法律。

2. 在本法生效之前已经存在，但继续产生法律效力的事实或法律行为，就其法律效力而言，在本法生效之日以前产生的适用旧法，在本法生效之后产生的适用新法。

第 197 条［Ⅱ. 过渡性法律：1. 管辖权］

1. 在本法生效之时仍未审结的诉讼或申请，继续由以前受理该诉讼或申请的瑞士法院或行政机关管辖，即使其管辖权已不再为本法所确立亦为如此。

2. 在本法生效之前被瑞士法院或行政主管机关以没有管辖权为由而不予受理的诉讼或申诉案件，在本法生效后，如果瑞士法院或行政机关的管辖权依照本法得以确立并仍可援引争讼的请求时，可于本法生效之后重新提起。依据本法瑞士法院享有管辖权的，则可以向瑞士法院重新提起诉讼。

第 198 条［2. 应适用的法律］

在本法生效时一审尚未审结的诉讼或申请，依照本法确定应适用的法律。

第 199 条［3. 外国判决的承认与执行］

在本法生效时尚未审结的外国判决，其申请予以承认与执行的条件，适用本法的规定。

第三节　全民公决与生效

第 200 条

1. 本法由非强制性的全民投票予以公决。

2. 联邦委员会决定本法的生效日期。①

附件

（略）

---

① 根据瑞士联邦委员会 1988 年 10 月 27 日的决议，瑞士《关于国际私法的联邦法》自 1989 年 1 月 1 日起生效（AS **1988** 1831）。——译者注

第四篇

欧盟统一国际私法立法

欧盟理事会2003年11月27日《关于婚姻事项及父母亲责任事项的管辖权及判决的承认与执行并废除第1347/2000号条例的第2201/2003号条例》*

欧洲联盟理事会，

根据《建立欧洲共同体的条约》，尤其是其第61条第（c）项及第67条第1款，

根据欧盟委员会的建议，①

根据欧洲议会的意见，②

根据欧洲经济与社会委员会的意见，③

鉴于：

（1）欧洲共同体已设定了建立一个自由、安全与司法的区域的目标，在该区域内，人员的自由流动得到保证。为此目标，共同体应在民事司法合作领域采取为内部市场正常运作所必需的措施。

（2）在坦佩雷峰会上，欧洲议会赞同以相互承认司法判决原则作为创建一个真正的司法区域的基石，并确定探视权优先。

---

* Council Regulation（EC）No 2201/2003 of 27 November 2003 concerning jurisdiction and the recognition and enforcement of judgments in matrimonial matters and the matters of parental responsibility, repealing Regulation（EC）No 1347/2000. 本条例公布于《欧洲联盟官方公报》2003年12月23日第L338号，第1~29页。本条例由邹国勇和李庆明（江西省上饶市人，武汉大学法学博士，中国社会科学研究院法学研究所副研究员）于2004年根据德文和英文文本翻译。本译文原载于《中国国际私法与比较法年刊》第九卷（2006），北京大学出版社2007年版，第537~568页。此处略有修改。——译者注

① 《欧洲各大共同体官方公报》2002年8月27日第C 203 E号，第155页。

② 该建议提交于2002年9月20日，但未在《欧洲各大共同体官方公报》上公布。

③ 《欧洲各大共同体官方公报》2003年3月14日第C 61号，第76页。

(3) 欧盟理事会在2000年5月29日发布的《第1347/2000号条例》① 规定了婚姻事项以及基于婚姻诉讼所引起的配偶双方对共同所生子女的父母亲责任事项的管辖权、判决的承认与执行的规则。该条例内容实质上来源于1998年5月28日的支配相同事项的公约②。

(4) 2000年7月3日，法国提出一项动议，要求理事会制定相互执行有关探视权判决的条例。③

(5) 为了保证所有子女的平等，本条例适用于所有关于父母亲责任的判决，包括保护子女的措施，不论其是否与婚姻诉讼有关。

(6) 由于关于父母亲责任的规则的适用经常产生于婚姻诉讼，所以制定一项单独法律文书来调整婚姻事项及父母亲责任事项就更为恰当了。

(7) 本条例适用于民事事项，而不论法院或者法庭的性质为何。

(8) 关于离婚、依法别居或者婚姻无效的判决，本条例仅适用于婚姻事项的解除，而不适用于诸如离婚原因、婚姻财产制或者任何其他从属事项。

(9) 关于子女的财产，本条例应仅适用于子女保护措施，例如：(i) 管理子女财产、代理或者协助子女的个人或者机构的指定及其职责，及 (ii) 管理、保存或者处置子女的财产。例如，此时本条例应适用于父母对管理子女的财产有争议的案件。与子女财产相关，但不涉及子女保护措施的，应继续适用2000年12月22日《关于民商事管辖权及判决的承认与执行的第44/2001号条例》④。

(10) 首先，本条例既不适用于与社会保障、教育或者健康等公法上具有普遍性的公共事项，亦不适用于有关避难权及移民判决的其他事项。其次，本条例不适用于父母子女关系的确定及父母亲责任转移等问题，也不适用于与人的身份相关的其他问题。此外，本条例不适用于因子女犯罪而采取的措施。

(11) 抚养义务已由《第44/2001号条例》调整，故不在本条例适用范围之列。一般而言，根据本条例具有管辖权的法院对受《第44/2001号条例》

---

① 《欧洲各大共同体官方公报》2000年6月30日第L160号，第19页。

② 欧盟理事会在通过《第1347/2000号条例》时，参照了由Alegria Borras教授负责的公约解释报告，该报告载于《欧洲各大共同体官方公报》1998年7月16日第C221号，第27页。

③ 该动议公布于《欧洲各大共同体官方公报》2000年8月15日第C234号，第7页。

④ 《欧洲各大共同体官方公报》2001年1月16日第L12号，第1页。该条例最后被欧盟委员会颁布的《第1496/2002号（欧共体）条例》所修订，后者公布于《欧洲各大共同体官方公报》2002年8月22日第L225号，第13页。

第5条第2款调整的抚养义务也有权管辖。

（12）本条例所确立的对父母亲责任事项的管辖根据，符合子女的最佳利益或类似的特定标准。即首先应由子女的惯常居所地的成员国管辖，但子女的居所已改变或者父母亲责任的承担者之间另有协议的特定情形除外。

（13）为了子女的利益，在某些条件下，本条例允许有管辖权的法院可例外地将案件移送给另一更合适的成员国法院审理。但此时后者不得将案件移送给第三国法院。

（14）本条例应不损抑制国际公法上有关外交豁免规定的适用。在由于根据国际公法而存在外交豁免的情形而使依本条例确定的管辖权不能行使时，应根据相关人员在不享有此种豁免的成员国的法律来行使管辖权。

（15）根据本条例进行的诉讼的文书的送达，适用《欧盟理事会2000年5月29日关于在成员国送达民商事司法与司法外文书的第1348/2000号条例》①。

（16）本条例不应妨碍成员国法院在紧急情况下对位于该国境内的人或者财产采取包括保护性措施在内的临时措施。

（17）非法带走或者滞留子女的，应立即归还子女；为此目的，被本条例尤其是本条例第11条补充的1980年10月25日的《海牙公约》继续适用。在特定的有合法依据的情形下，子女被非法带走或者非法滞留地成员国法院可拒绝归还子女。但此判决可为子女在被非法带走或者滞留前的惯常居所地的成员国法院后来所作的判决所代替。如该判决要求归还子女，则子女被非法带走或者滞留地成员国应直接归还子女，而无需履行承认与执行该判决的任何特别程序。

（18）如某法院根据《1980年海牙公约》第13条拒绝归还子女，则应通知子女被非法带走或者滞留前的惯常居所地成员国有管辖权的法院或者中央机关。如后一成员国法院尚未受理此案，该法院或者中央机关应通知当事人。该义务不应妨碍中央机关根据本国法通知相关的公共机关。

（19）即便本条例目的并不在于修改现行国内程序，但子女出庭对于本条例的适用具有重要作用。

（20）子女在另一成员国出庭，应遵照欧盟理事会2001年5月28日《关于成员国法院之间在民商事取证方面进行合作的第1206/2001号条例》② 所作

① 《欧洲各大共同体官方公报》2000年6月30日第L160号，第37页。

② 《欧洲各大共同体官方公报》2001年6月27日第L174号，第1页。

之安排。

（21）承认与执行某成员国所作判决应秉承互信原则，且将不予承认之事由作最小之限制。

（22）为适用关于承认及执行的规则，在某成员国可执行之公证书及当事人间之协议应视同“判决”。

（23）坦佩雷峰会上，欧洲议会在其最后决议（第 34 号）中宣布，在家庭诉讼领域的判决“在联盟范围内自动”得到承认，“无需任何中间程序或说明拒绝执行之理由”。因此，已为原始成员国依本条例证明的有关探视权及归还子女的判决，应在所有其他成员国得到承认与执行，无需任何其他程序。执行此类判决的安排继续适用国内法。

（24）对于为便利执行判决所出具之证明，不得上诉。仅在证明存在实质性错误时，如证明未准确地再现判决的内容，方能要求予以纠正。

（25）在一般事项及具体案件上，包括旨在促进有关父母亲责任的家庭纠纷的友好解决在内，各国中央机关应相互合作。为此目的，各国中央机关应加入遵照《欧盟理事会 2001 年 5 月 28 日关于建立欧洲民商事司法网的第 2001/470 号决定》而设立的欧洲民商事司法网。①

（26）欧盟委员会应公布并更新各成员国提交的有关管辖法院及法律救济措施的清单。

（27）为执行本条例所采取的必要措施，应遵守理事会于 1999 年 6 月 28 日发布的《关于确定行使欧盟委员会授予的执行权的程序的第 1999/468 号决定》②。

（28）本条例取代随后要废除的《第 1347/2000 号条例》。

（29）为确保本条例的正确实施，欧盟委员会应审查其实施状况，并提出必要的修改建议。

（30）根据《欧洲联盟条约》与《建立欧洲共同体的条约》所附的《关于联合王国与爱尔兰立场的议定书》第 3 条，联合王国与爱尔兰已表示愿意接受及适用本条例。

（31）根据《欧洲联盟条约》与《建立欧洲共同体的条约》所附的《关于丹麦的立场的议定书》第 1 条及第 2 条，丹麦不接受本条例，因而不受其约束，也不适用本条例。

---

① 《欧洲各大共同体官方公报》2001 年 6 月 27 日第 L174 号，第 25 页。

② 《欧洲各大共同体官方公报》1999 年 7 月 17 日第 L184 号，第 23 页。

(32) 鉴于本条例的目标在成员国层面难以充分实现，而在共同体层面能更好地实现，则共同体可根据条约第 5 条规定的从属原则采取措施。根据该第 5 条规定的比例原则，本条例并未超越为实现此类目标而采取必要措施的限度。

(33) 本条例承认《欧洲联盟基本权利宪章》所确立的基本权利，并遵守该宪章的原则。本条例尤其寻求保证尊重《欧洲联盟基本权利宪章》第 24 条规定的子女基本权利。

特制定本条例：

第一章　适用范围与定义

第 1 条　适用范围

(1) 不论法院或者法庭的性质为何，本条例适用于下列民事事项：

(a) 离婚、依法别居或者婚姻无效；

(b) 父母亲责任的归属、行使、转移、限制或终止。

(2) 第 1 款 (b) 项所指事项，尤指：

(a) 监护权及探视权；

(b) 监护、照管及类似制度；

(c) 负责子女的人身或财产、代理或者协助子女的个人或者机构的指定及职责；

(d) 对领养家庭或者福利机构中子女的安置；

(e) 与管理、保存或者处置子女的财产有关的保护措施。

(3) 条例不适用于：

(a) 亲子关系的设立及解除；

(b) 收养的决定、收养前的准备措施以及收养的无效或撤销；

(c) 子女姓名；

(d) 成年宣告；

(e) 抚养义务；

(f) 信托及继承；

(g) 因子女犯罪而采取的措施。

第 2 条　定义

为本条例之目的：

1. “法院”系指根据第 1 条规定，对属于本条例适用范围内之法律事项有管辖权的成员国所有机关。

2. “法官”系指法官或者对本条例适用范围内的事项有同等管辖权的官员。

3. “成员国”系指除丹麦之外的所有成员国。

4. “判决”系指成员国法院作出的关于离婚、依法别居或者婚姻无效以及有关父母亲责任的各种判决，而不论其称谓为何，包括裁定、命令或者决定。

5. “原始成员国”系指作出有待于执行的判决的成员国。

6. “执行成员国”系指应在其境内执行判决的成员国。

7. “父母亲责任”系指由判决、法律规定或者有法律效力的协议赋予自然人或法人的与子女的人身或者财产相关的所有权利及义务，包括监护权及探视权。

8. “父母亲责任的承担者”系指对子女负有父母亲责任的任何人。

9. “监护权”系指包括与照管子女的人身相关的权利及义务，尤其是决定子女居所的权利。

10. “探视权”特别指在特定时间内将子女带到其惯常居所地以外的其他场所的权利。

11. “非法带走或者滞留”系指带走或滞留子女时，

(a) 由判决、法律规定或者在子女被带走或者滞留之前的惯常居所地所在的成员国法上有法律效力的协议所赋予的监护权受到侵犯；及

(b) 在带走或者滞留孩子时，事实上已共同或单独行使监护权，或者未带走或滞留时将会行使监护权。根据判决或者法律规定，父母亲责任的承担者之一在未征得另一方同意时不能决定子女居所的，应视为共同行使监护权。

第二章　管辖

第一节　离婚、依法别居或者婚姻无效

第3条　一般管辖

(1) 涉及离婚、依法别居或者婚姻无效的事项，由下列成员国法院管辖，

(a) 下列地点在其境内的成员国

——配偶双方的惯常居所，或者

——配偶双方的最后惯常居所，但须配偶一方仍惯常居住于此，或者

——被申请人的惯常居所，或者

——共同申请时配偶任何一方的惯常居所，或者

——申请人在申请前至少居住一年以上的惯常居所，或者

——申请人的惯常居所，如申请人在申请前至少居住六个月以上，并且是相关成员国国民，或者，如是联合王国与爱尔兰，在其境内有住所；

（b）配偶双方的国籍国，或者，如是联合王国与爱尔兰，在其境内有共同住所的国家。

（2）在本条例意义上，“住所”的概念应与联合王国与爱尔兰的法律中的“住所”同义。

第4条 反诉

只要反诉在本条例适用范围之列，受理第3条所指诉讼的法院，对该反诉也有管辖权。

第5条 依法别居转为离婚

在不损抑第3条的前提下，作出依法别居判决的成员国法院，对于将依法别居转为离婚之诉也有权管辖，但须该成员国法律有此规定。

第6条 第3条、第4条及第5条的专属管辖

配偶一方系下列情形之一者，仅得根据第3条、第4条及第5条规定在另一成员国对其提起诉讼：

（a）其惯常居所在某成员国境内，或者

（b）其为某成员国国民，或者，如是联合王国与爱尔兰，在该国境内有住所。

第7条 其他管辖

（1）成员国法院依照第3条、第4条及第5条无管辖权时，各成员国的管辖权概依其本国法确定。

（2）在成员国无惯常居所的第三国国民，或者在联合王国与爱尔兰境内无住所的被申请人，以及在其他成员国有惯常居所的成员国国民，可与惯常居所所在国的国民一样援引该国的现行管辖权规则。

第二节 父母亲责任

第8条 一般管辖

（1）涉及父母亲责任的事项，由起诉时子女惯常居所所在的成员国的法院管辖。

（2）第1款适用于第9条、第10条及第12条所述之情形。

第9条 子女的前惯常居所地国管辖权的保留

（1）子女合法地从一成员国移居到另一成员国，并在那取得了新惯常居所

时，作为第 8 条的例外，为了纠正子女移居前所在成员国发布的关于探视权的判决，如在该国根据关于探视权的判决探视权享有者继续在子女的前惯常居所地成员国保留其惯常居所，则子女的前惯常居所地法院应在子女移居后三个月内保留管辖权。

（2）第 1 款所指的具有探视权的父母一方，如未对管辖权提出异议，而以参与诉讼方式接受子女的新惯常居所地成员国法院的管辖，则第 1 款不适用。

第 10 条　诱拐子女时的管辖

非法带走或者滞留子女时，子女在此之前的惯常居所地所在的成员国法院保留管辖权，直至子女已在另一成员国取得惯常居所，并且：

（a）每一有监护权的个人、机构或者其他团体已默许带走或者滞留子女；或者

（b）在有监护权的个人、机构或者其他团体知道或者理应知道子女的居所地之后，子女已在该另一成员国居住至少满一年，且其已适应新环境，但必须满足下列任一条件：

（i）在监护权人知道或者理应知道子女的居所地一年内，无人向子女被带走地或者被滞留地的成员国的主管机关要求归还子女；

（ii）监护权人已撤回归还子女的请求，且未在第（i）目规定的期限内提出新的请求；

（iii）案件已由子女被非法带走或者滞留前的惯常居所地成员国法院根据第 11 条第 7 款审结；

（iv）子女被非法带走或者滞留前的惯常居所地成员国法院作出的关于监护的判决并未要求归还子女。

第 11 条　归还子女

（1）有监护权的个人、机构或者团体向成员国的主管机关请求依据 1980 年 10 月 25 日《关于国际儿童诱拐民事方面的海牙公约》（以下简称《1980 年海牙公约》）作出判决，为了能够使被非法带走或者滞留的子女被归还，除了子女被非法带走或者滞留前的惯常居所地成员国外，适用第 2 款至第 8 款之规定。

（2）在适用《1980 年海牙公约》第 12 条及第 13 条时，应确保子女在诉讼中有机会听审，但是，鉴于其幼小或者不够成熟而不适用该规定的除外。

（3）在接到第 1 款所指的归还子女的申请后，法院应利用本国法中最快捷的程序迅速进行审理。

在不损抑前项规定的前提下，法院应在受理申请后六周内作出判决，但有

特别情况的除外。

（4）如证明已采取充分的措施确保子女在归还后受到保护，则法院不得依据《1980 年海牙公约》第 13 条（b）拒绝归还子女。

（5）法院不能拒绝归还子女，除非已给予要求归还子女的人听审的机会。

（6）如法院根据《1980 年海牙公约》第 13 条的规定作出不归还子女的判决，则必须立即直接或者通过中央机关把法院关于不归还子女的判决书及其相关文书的副本送达子女被非法带走或者滞留前的惯常居所地成员国的有管辖权的法院或中央机关，上述文书应在作出不归还子女的判决后一个月内送达。

（7）除非子女被非法带走或者滞留前的惯常居所地成员国法院已受理了一方当事人提起的诉讼，接到第 6 款所述信息的法院或中央机关必须把此事通知各当事人，并要求他们在收到通知后三个月内依法向法院提交请求书。法院可据此审查子女的监护问题。

如法院在该期限内未收到任何请求书，则应终结案件，但不得损抑本条例的管辖权规则。

（8）尽管已有依照《1980 年海牙公约》第 13 条所作的拒绝归还子女的判决，但为了保证归还子女，根据本条例具有管辖权的法院之后作出的归还子女的判决，可根据本条例第三章第四节的规定予以执行。

第 12 条　协议管辖

（1）根据第 3 条对离婚、依法别居或者婚姻无效等请求具有管辖权的成员国法院，对于与该请求相关的父母亲责任事项具有管辖权，假如：

（a）至少配偶一方对子女负有父母亲责任；且

（b）法院受理案件时，法院的管辖权已为配偶双方及父母亲责任的承担者明示地接受或者以其他明确方式所认可，且更符合子女利益。

（2）一有下面情形，第 1 款所指的管辖权终止：

（a）允许或者拒绝有关离婚、依法别居或者婚姻无效等请求的判决已生效；

（b）（a）项提到的仍在进行的关于父母亲责任的诉讼中，其中的一个判决已生效；

（c）（a）项及（b）项提到的诉讼由于其他原因而终止。

（3）对于第 1 款所指诉讼之外的关于父母亲责任的诉讼，成员国法院可管辖，例如：

（a）子女与该成员国有实质联系，尤其是由于父母亲责任的承担者之一的惯常居所在该成员国，或者子女为其国民；且

（b）在受理案件时，法院的管辖权已为所有当事人明示的或者以其他明确的方式所接受，且这最符合子女利益。

（4）如果子女的惯常居所地所在的第三国非1996年10月19日《关于父母亲责任及子女保护措施的管辖权、法律适用、承认、执行与合作的海牙公约》缔约国，且不能在该第三国进行诉讼，则本条例规定的管辖权应视为符合子女利益。

第13条　基于子女居留取得的管辖权

（1）如子女惯常居所不能确定，也不能基于第12条确定管辖权，则由子女所在的成员国法院管辖。

（2）第1款也适用于难民的子女或者因其国内骚乱而被迫离开祖国的子女。

第14条　其他管辖

成员国法院根据第8~13条规定无管辖权的，应由各成员国根据其国内法来确定管辖权。

第15条　移送到更适于审理的法院

（1）作为例外，对实体事项有管辖权的成员国法院，如认为案件由与子女有特别联系的另一成员国法院审理更为合适，且最符合子女利益，则可：

（a）部分或全部地中止审理案件的，并要求当事人根据第4款向另一成员国法院提交请求；或者

（b）请求另一成员国法院根据第5款进行管辖。

（2）下列情形，适用第1款规定：

（a）一方当事人提出请求；或者

（b）法院主动提出；或者

（c）基于第3款所指的与子女有特别联系的另一成员国法院的申请。

法院主动提出或者另一成员国法院申请移送，必须至少为一方当事人所接受。

（3）子女应被认为与第1款提到的成员国有特别联系，如该成员国：

（a）在第1款提到的法院受理后已成为子女的惯常居所地；或者

（b）曾是子女的惯常居所地；或者

（c）是子女的国籍国；或者

（d）是父母亲责任的承担者一方的惯常居所地；或者

（e）是子女财产所在地，且案件涉及管理、保存或者处置其财产的子女保护措施。

（4）对实体事项具有管辖权的成员国法院，应设定一个期限，让另一成员国法院在该期限内根据第1款受理案件。

如该另一成员国法院未在该期限内受理案件，则已受理案件的法院可根据第8~14条的规定继续管辖。

（5）由于案件的情形特殊并且在最符合子女利益时，该另一成员国法院可根据第1款第（a）项或者第1款第（b）项在受理后六周内接受管辖权。此时，先受理案件的法院应拒绝管辖，否则，先受理案件的法院应根据第8~14条的规定继续管辖。

（6）为本条例之目的，法院应直接或者通过第53条所指的中央机关进行合作。

第二节　共同规定

第16条　法院受理

（1）在下列情况下，视为法院已受理案件：

（a）诉讼文书或者类似文书已提交法院，除非申请人之后未按照要求采取措施向被申请人进行有效送达；或者

（b）如该文书在向法院提交前必须先送达被申请人，则负责送达的机关收到时视为受理，除非申请人之后未按照要求采取措施向法院提交文书。

第17条　对管辖权的审查

对于所受理的案件，如成员国法院根据本条例规定无管辖权，且另一成员国法院根据本条例有管辖权，则该成员国法院应主动宣布其无管辖权。

第18条　关于可接受性的审查

（1）如被申请人惯常居所位于提起诉讼的成员国之外且未出庭，法院须中止诉讼，除非查明被申请人已收到诉讼文书或者类似文书并有充分的时间进行答辩，或者为此目的已采取所有必要措施。

（2）如诉讼文书或者类似文书必须根据《第1348/2000号条例》① 规定从一成员国送达到另一成员国，则应适用该条例第19条而非本条第1款。

（3）如不适用《第1348/2000号条例》规定，且诉讼文书或者类似文书必须根据1965年11月15日《关于民商事司法及司法外文书域外送达的海牙公约》进行域外送达，则适用该公约第15条。

---

① 自2008年11月13日起，《第1348/2000号条例》被2007年11月13日通过的《第1393/2007号条例》所取代，下同。——译者注

第 19 条　未决诉讼与附带诉讼

（1）相同当事人在不同成员国法院就离婚、依法别居或者婚姻无效起诉的，后受理的法院应主动中止诉讼，直至先受理的法院确立管辖权为止。

（2）在不同成员国法院就同一子女的父母亲责任及以相同诉因起诉的，后受理的法院应主动中止诉讼，直至先受理的法院确立管辖权为止。

（3）一旦先受理的法院确立了管辖权，后受理的法院应拒绝行使管辖权以支持前者。

此时，向后受理的法院提起相关诉讼的当事人，可向先受理的法院起诉。

第 20 条　包括保护性措施在内的临时措施

（1）紧急情况下，不论本条例规定为何，成员国法院均可对其境内的人或财产采取其本国法所规定的包括保护性措施在内的临时措施，即使另一成员国法院根据本条例对该诉讼的实体问题有管辖权时亦同。

（2）如根据本条例对该诉讼的实体问题有管辖权的成员国法院已采取了其认为适当的措施，则应终止第 1 款所指的措施。

第三章　承认与执行

第一节　承认

第 21 条　对判决的承认

（1）一成员国作出的判决应在其他成员国得到承认，而无需任何特别程序。

（2）在不损抑第 3 款且根据该成员国法律不存在上诉情形的，不应基于其他成员国作出的关于离婚、依法别居或者婚姻无效的判决而要求特别程序以更新成员国的民事身份记录。

（3）在不损抑本章第四节规定的前提下，任何利害关系当事人可根据本章第二节规定的程序请求就是否承认该判决作出裁定。

每一成员国根据第 68 条向欧盟委员会提交的清单上所列法院的属地管辖权，由提出是否承认判决申请所在的成员国国内法决定。

（4）如将判决的承认作为先决问题向成员国法院提出，则该法院可就此作出裁定。

第 22 条　拒绝承认有关离婚、依法别居或者婚姻无效判决的理由

有下列情形之一的，有关离婚、依法别居或者婚姻无效的判决不予承认：

（a）承认该判决明显违反被请求承认的成员国的公共政策；

（b）未向被申请人送达诉讼文书或者类似文书致使被告不能及时答辩而作出缺席判决，除非能够证明被告已明确接受了该判决；

（c）该判决与被请求承认的成员国就相同当事人之间的诉讼所作的判决相抵触；或者

（d）该判决与另一成员国或者第三国就相同当事人之间的诉讼作出的先行判决相抵触，但该先行判决须满足被请求成员国规定的必要条件。

第 23 条　不承认有关父母亲责任的判决的理由

有下列情形之一的，有关父母亲责任的判决不予承认：

（a）承认该判决明显违反被请求承认的成员国的公共政策，同时应考虑子女的最佳利益；

（b）除非有紧急情况，该判决未给子女辩论的机会违反了被请求承认的成员国诉讼法的基本原则；

（c）未向被告送达诉讼文书或者类似文书致使被告不能及时答辩而作出缺席判决，除非能够证明被告已明确地接受了该判决；

（d）某人声称该判决侵犯了其父母亲责任，且该判决作出时未给予其辩论机会；

（e）与被请求承认的成员国后来作出的关于父母亲责任的判决相抵触；

（f）与另一成员国或者子女惯常居所所在的第三国之后作出的关于父母亲责任的判决相抵触，但该之后作出的判决须满足被请求成员国规定的必要条件；或者

（g）未遵守第 56 条规定的程序。

第 24 条　禁止对原始法院的管辖权进行审查

不得审查原始成员国法院的管辖权。第 22 条第（a）项及第 23 条第（a）项所指的对是否符合公共政策的审查条款，不适用于第 3～14 条所指的管辖权规则。

第 25 条　准据法的差异

被请求承认的成员国，不得以其本国法律不允许基于相同事实而判决离婚、依法别居或者婚姻无效为由，拒绝承认该判决。

第 26 条　不审查实体问题

任何情况下，不得审查判决的实体问题。

第 27 条　中止诉讼

（1）如果当事人对另一成员国所作判决的已提起上诉，则被请求承认的成员国可中止诉讼。

（2）如在联合王国或爱尔兰所作判决由于上诉而被暂缓执行，则被请求承认的成员国可中止诉讼。

第二节　申请宣告可执行性

第 28 条　可执行的判决

（1）根据利害当事人的申请，一成员国作出的有关父母亲责任的判决如在该国具有可执行性，且已进行了送达，则应在另一成员国得到执行。

（2）但是，联合王国所作的此类判决，可在英格兰、威尔士、苏格兰或北爱尔兰得到执行，但须由利害当事人提出申请并在所涉区域进行登记。

第 29 条　地方法院的管辖权

（1）应向成员国根据第 68 条向欧盟委员会提交的清单上所列的法院提出宣告可执行性的申请。

（2）地方法院的管辖权，应根据被执行人惯常居所地或者与该申请有关的子女的惯常居所地决定。

如前项所指的地点不在执行成员国境内，则地方法院的管辖权由执行地决定。

第 30 条　程序

（1）申请程序，依执行成员国法。

（2）申请人必须提供一个在法院管辖领域内的送达地址。但是，如执行成员国法律并未规定该地址的，申请人应指定一名诉讼代理人。

（3）申请书后应附上第 37 条及第 39 条所指的文书。

第 31 条　法院的判决

（1）受理申请的法院应及时作出判决。受理申请后，被执行人及子女在该诉讼阶段均无权听审。

（2）只有存在第 22 条、第 23 条及第 24 条所规定的原因时方能拒绝申请。

（3）任何情况下均不得审查判决的实体问题。

第 32 条　裁决的通知

对申请所作之裁决，应立即由法院的书记员按照执行成员国法所规定的程序通知申请人。

第 33 条　上诉

（1）任何当事人均可就宣告可执行性的申请所作之裁决提起上诉。

（2）上诉应向成员国根据第 68 条向欧盟委员会提交的清单上所列之法院提起。

（3）对于上诉，应根据双方都在场辩论的程序规则进行审理。

（4）如申请可执行性宣告的人提起上诉，应传唤被执行人出庭，如其拒不出庭，则适用第 18 条的规定。

（5）对可执行性宣告的上诉，必须在其送达后一个月内提出。如被执行人的惯常居所地不在作出宣告可执行性的成员国内，则上诉期间为两个月，并自可执行宣告文书送达其本人或其居所之日起算。上诉期间不得因距离远而延长。

第 34 条　上诉法院以及对上诉裁决的撤销方式

对上诉所作之裁决，仅能通过各成员国依第 68 条向（欧盟）委员会提交的清单所列之程序予以撤销。

第 35 条　程序的中止

（1）如当事人已在原始成员国提起普通上诉，或者上诉期间尚未届满，则依第 33 条或第 34 条受理上诉的法院可应被执行人的请求中止程序。上诉期间尚未届满的，法院可指定上诉期限。

（2）如判决系在爱尔兰或者联合王国作出，则在原始成员国可提起的任何形式的上诉均视为本条第 1 款所指之普通上诉。

第 36 条　部分执行

（1）如所作的判决系针对多个事项，但该判决难以全部执行的，则法院应允许执行其中一项或几项。

（2）申请人可请求执行部分判决。

第三节　第一节与第二节之共同规定

第 37 条　文书

（1）当事人在申请承认或不予承认某判决或者申请宣告判决具有可执行性时，须提交：

（a）符合证明力要求的判决书副本；及

（b）第 39 条所指之证明。

（2）缺席判决时，申请承认判决或者宣告判决具有可执行性的当事人，还须提交：

（a）证明已将诉讼文书或者类似文书送达缺席当事人的文书的正本或者经认证的副本；或者

（b）证明被申请人已明确接受判决的文书。

第 38 条　文书缺失

（1）如未提交第 37 条第 1 款第（b）项或者第 37 条第 2 款所指之文书，

法院可指定提交文书或类似文书的期限；或者法院若认为无此必要，亦可不要求提交。

（2）应法院要求，当事人应提交前述文书之译本。译本应经成员国有证明资格者认证。

第39条　关于婚姻事项以及父母亲责任事项判决之证明

应有利害关系人的请求，原始成员国有管辖权的法院或者主管机关应采用附件Ⅰ（关于婚姻事项的判决）或者附件Ⅱ（关于父母亲责任的判决）规定的标准格式出具证明。

第四节　关于探视权及要求归还子女的特定判决的可执行性

第40条　适用范围

（1）本节适用于：

（a）探视权；及

（b）第11条第8款所指判决中要求归还子女的事项。

（2）本节的规定不妨碍父母亲责任的承担者根据本章第一节及第二节的规定请求判决的承认与执行。

第41条　探视权

（1）一成员国作出的涉及第40条第1款第（a）项所指探视权的具有可执行性的判决，且该判决已根据第2款在原始成员国得到证明的，则应在另一成员国得以承认与执行，无需进行可执行性宣告，且对作出的承认不得撤销。

即使国内法未规定有关探视权的判决在法律上具有可执行性，不论当事人是否提出上诉，原始成员国法院也得宣告该判决具有执行力。

（2）下列情形，原始成员国法官应按照附件Ⅲ（关于探视权的证明）规定的标准格式出具第1款所指之证明：

（a）缺席判决的，已及时或以其他方式向未参加诉讼的当事人送达诉讼文书或者类似文书以便其答辩，或者虽未依照此等条件送达相关文书，但可证明其已明确接受该判决；

（b）所有相关当事人均曾有听审机会；且

（c）曾给过子女听审机会，除非子女年幼或者不够成熟而不适合出庭听审。

出具的证明应采用判决书所使用的语言。

（3）宣布判决时，如探视权涉及跨境之情势，一旦该判决具有执行力或者即使只有临时执行力，法院得依职权出具证明。如该情势事后方有跨境因素，则应根据一方当事人的请求出具证明。

第 42 条　归还子女

（1）一成员国作出的要求按照第 40 条第 1 款第（b）项规定归还子女的具有执行力的判决，且该判决已根据第 2 款在原始成员国得到证明，则应在其他成员国得到承认和执行，无需进行可执行性宣告，且不得撤销该项承认。

即使成员国法律未规定，不论当事人是否提出上诉，第 11 条第 8 款所指的归还子女的判决均具有执行力，原始法院可宣告该判决具有执行力。

（2）作出第 40 条第 1 款第（b）项所指的判决的原始法官应出具第 1 款所指证明，只要：

（a）给予了子女听审机会，但鉴于子女年幼或者不成熟而不合适听审者除外；

（b）所有相关的当事人均有听审机会；且

（c）法院在判决时考虑了作出《1980 年海牙公约》第 13 条规定的裁决所依据的理由和证据。

如果法院或者任何其他机关已采取措施，以保证子女回到其惯常居所地后受到保护，则证明应载明此类措施之细节。

原始成员国法官应主动采用附件Ⅳ（归还子女之证明）规定的标准格式出具证明。

出具证明时，应使用判决书所用的语言。①

第 43 条　变更之诉

（1）对证明的任何更正，均应适用原始成员国法。

（2）对于根据第 41 条第 1 款或第 42 条第 1 款出具的证明，不得提起上诉。

第 44 条　证明的效力

证明仅在判决的可执行性范围内有效。

第 45 条　文书

（1）请求执行判决的当事人应提交：

（a）满足确立其证明力的必要条件的判决书副本；及

（b）第 41 条第 1 款或第 42 条第 1 款所指证明。

（2）为本条之目的，

（a）第 41 条第 1 款所指证明应附上《关于行使探视权的安排》第 12 项

---

① 本句的德文表述为：“标准格式应用判决所采用的语言填写。”

的译本；

(b) 第 42 条第 1 款所指证明应附上《关于确保归还子女应采取措施之安排》第 14 项的译本。

译本应使用执行成员国的官方语言或者其之一或者该国明示接受的任何其他语言。译本应经由各成员国有认证资格者认证。

第五节　公文书和协议

第 46 条

经一成员国官方制作并具有执行力的公文书，以及当事人之间达成的在原始成员国具有执行力的协议，与判决一样在相同条件下予以承认与执行。

第六节　其他规定

第 47 条　执行程序

(1) 执行程序，适用执行成员国法。

(2) 另一成员国法院作出的任何判决，如已根据第二节被宣告具有执行力或者为之出具了第 41 条第 1 款或第 42 条第 1 款所指证明，则执行成员国应如同执行本国判决一样在相同条件下予以执行。

如与之后作出的具有执行力的判决相抵触，则为其出具了第 41 条第 1 款或第 42 条第 1 款所指证明的判决不能予以执行。

第 48 条　行使探视权的实际安排

(1) 如对实体事项有管辖权的成员国法院作出的判决未能或者未充分地规定必要的先行措施，假设不影响判决的实质要件，则执行成员国法院可确定行使探视权的实际安排。

(2) 对实体事项有管辖权的成员国法院作出判决后，则终止实施依第 1 款确定的实际安排。

第 49 条　费用

除第四节外，本章规定也适用于依据本条例进行诉讼的费用的确定以及有关诉讼费用命令的执行。

第 50 条　诉讼费用救助

申请人如已在原始成员国受到全部或部分诉讼费用救助或者被免除诉讼费，则根据执行成员国法律规定，就诉讼费用救助或免除诉讼费而言，在第 21 条、第 28 条、第 41 条、第 42 条及第 48 条所指的程序中应享有最优惠待遇。

第 51 条　担保、保证金

当事人在某成员国请求执行另一成员国作出的判决时，被请求法院不得基于下列理由要求当事人提供任何名义的担保或保证金：

（a）其惯常居所不在执行成员国境内，或者

（b）其为外国国民，或者，如果在联合王国或爱尔兰执行的，在这两国均无住所。

第 52 条　认证或者其他手续

关于第 37 条、第 38 条及第 45 条所指文书或者关于指定诉讼代理人的文书，无须认证或其他类似手续。

第四章　中央机关之间在父母亲责任事项上之合作

第 53 条　中央机关的指定

各成员国应指定一个或者多个中央机关以协助实施本条例，并确定其地域或职能权限。如成员国指定了多个中央机关，则原则上应直接通知有管辖权的中央机关。如所通知的中央机关无管辖权，则该机关应将该通知转达给有管辖权的中央机关，并告知发通知者。

第 54 条　一般职责

各中央机关应就其法律及程序互通信息，采取措施以改进本条例的实施，并加强相互间的合作。为此，应使用依据《第 2001/470 号决定》建立的欧洲民商事司法网。

第 55 条　关于父母亲责任事项的合作

应另一成员国中央机关或者父母亲责任承担者的请求，在特定情况下，各中央机关应为实现本条例宗旨而进行合作。为此，应根据该成员国法中有关保护个人资料的规定，直接或者由公共机关或其他机构采取下列措施：

（a）收集并交换下列信息：

（i）有关子女的情况；

（ii）有关进行中的任何程序；或者

（iii）与子女有关的裁决。

（b）为其境内的请求承认和执行判决，尤其是关于探视权及归还子女的判决的父母亲责任的承担者提供信息及协助。

（c）便利法院间的沟通，尤其是在适用第 11 条第 6 款、第 11 条第 7 款及第 15 条方面。

(d) 给法院提供其在适用第 56 条时所需要的信息及协助。

(e) 通过调解或者其他方法为父母亲责任的承担者之间达成协议提供便利，并为此促进跨境合作。

第 56 条　在另一成员国安置子女

(1) 如依照第 8~15 条规定有管辖权的法院考虑把子女安置在另一成员国的养育院或者领养家庭，而该另一成员国要求由其公共机关在国内安置子女时，则应事先与该另一成员国的中央机关或者有管辖权的其他机构磋商。

(2) 仅在被请求国主管机关对第 1 款所指安置措施表示同意时，请求成员国方可作出有关此种安置的判决。

(3) 第 1 款及第 2 款所指之磋商或者同意程序，适用被请求国法。

(4) 如依照第 8~15 条规定有管辖权的法院决定把子女安置在另一成员国的领养家庭，该另一成员国不要求由其公共机关在国内安置子女时，则法院应通知该另一成员国中央机关或者有管辖权的其他机构。

第 57 条　工作方式

(1) 任何父母亲责任的承担者均可向其惯常居所或者子女惯常居所或子女所在的成员国的中央机关请求给予第 55 条所指的协助。原则上，该请求应包括获取所有能获取的有利于执行该请求的信息。如该项协助请求涉及本条例范围内有关父母亲责任的判决的承认或者执行，则父母亲责任的承担者应附上第 39 条、第 41 条第 1 款或第 42 条第 1 款所指的有关证明。

(2) 除本国语言之外，各成员国应将许可的向中央机关发送通知的属于共同体机构官方语言或者此种语言之一通知（欧盟）委员会。

(3) 中央机关提供第 55 条所指的协助时，不得收取任何费用。

(4) 各中央机关费用自理。

第 58 条　会议

(1) 为方便实施本条例，中央机关之间应定期举行会议。

(2) 会议的召集，应遵守《关于建立欧洲民商事司法网的第 2001/470 号决定》。

第五章　与其他法律文件的关系

第 59 条　与其他法律文件的关系

(1) 在不损抑第 60 条、第 63 条、第 64 条及本条第 2 款之规定的情况下，本条例自生效后应取代两个或者多个成员国之间就本条例调整事项已达成的协定。

（2）（a）芬兰和瑞典得声明，在其相互关系上选择全部或部分地适用1931年2月6日《丹麦、芬兰、冰岛、挪威与瑞典之间关于婚姻、收养及监护的国际私法规定的公约》及其《最后议定书》的规定，而不适用本条例。此类声明作为附件附于本条例，并在《欧洲联盟官方公报》上公布。前述成员国可以随时全部或部分地撤回此类声明。

（b）对联盟公民不得因国籍而受到歧视的原则应予以遵守。

（c）第（a）项所指成员国之间将来缔结的任何有关管辖权规则的协定，如涉及本条例调整的事项，则应与本条例的规定保持一致。

（d）已作了第（a）项所指声明的北欧国家，根据与本条例第二章的管辖权规则相符的管辖权规则而作出的判决，应按照本条例第三章的规定在其他成员国得以承认与执行。

（3）各成员国应向（欧盟）委员会提交：

（a）第2款第（a）项和第（c）项所指协定以及执行此类协定的统一立法的副本；

（b）此类协定或者统一立法的任何废止或修改。

第60条　与其他多边公约的关系

就各成员国之间的关系而言，对于本条例调整的事项，本条例应优先于下列公约：

（a）1961年10月5日《关于未成年人保护的管辖权及法律适用的海牙公约》；

（b）1967年9月8日《关于承认有关婚姻效力判决的卢森堡公约》；

（c）1970年6月1日《关于承认有关离婚及依法别居判决的海牙公约》；

（d）1980年5月20日《关于承认与执行有关子女监护权及其恢复的判决的欧洲公约》；

（e）1980年10月25日《关于儿童国际诱拐的民事方面的海牙公约》。

第61条　与1996年10月19日《关于父母亲责任及子女保护措施的管辖权、法律适用、承认、执行与合作的海牙公约》的关系

在与1996年10月19日《关于父母亲责任及子女保护措施的管辖权、法律适用、承认、执行与合作的海牙公约》的关系上，在下列情况下，适用本条例：

（a）所涉子女的惯常居所在成员国境内；

（b）涉及在一成员国境内承认与执行另一成员国有管辖权的法院所作判决的，即使该子女的惯常居所在作为前述公约缔约国的第三国境内也不例外。

第 62 条　效力的持续性

（1）对于不受本条例调整的事项，第 59 条第 1 款、第 60 条及第 61 条所指条约继续有效。

（2）第 60 条所指公约，尤其是《1980 年海牙公约》，在作为其缔约方的成员国之间继续有效，但不得违反第 60 条的规定。

第 63 条　与罗马教廷的各条约

（1）本条例的适用，并不损抑 1940 年 5 月 7 日罗马教廷与葡萄牙在梵蒂冈所订之国际条约（宗教事务协定）。

（2）对于根据第 1 款所指条约作出的任何关于婚姻无效的判决，其他成员国应按照第三章第一节规定的条件予以承认。

（3）第 1 款和第 2 款之规定也适用于与罗马教廷订立的下列国际条约（宗教事务协定）：

（a）意大利与罗马教廷于 1929 年 2 月 11 日签订的、后经 1984 年 2 月 18 日罗马《附加议定书》修改的《拉特兰条约》；

（b）罗马教廷与西班牙于 1979 年 1 月 3 日签订的《关于法律事务的协定》。

（4）对于第 2 款所指判决的承认，意大利或西班牙可规定，与教会法院根据第 3 款所指的与罗马教廷缔结的国际条约而作出的判决一样，适用相同的程序并进行审核。

（5）各成员国应向（欧盟）委员会提交：

（a）第 1 款和第 3 款所指条约副本；

（b）此类条约之任何废止或者修订文本。

第六章　过渡条款

第 64 条

（1）本条例仅适用于司法程序、公文书以及当事人之间在本条例第 72 条规定的于本条例施行后所达成的协议。

（2）如果某诉讼始于《第 1347/2000 号条例》生效后且始于本条例施行前，而该诉讼的判决在本条例施行后作出，只要法院根据那些符合本条例第二章、《第 1347/2000 号条例》或者原始成员国在诉讼开始时与被请求成员国之间缔结的仍然有效的条约中的管辖权规则具有管辖权，则应根据本条例第三章的规定承认与执行该判决。

（3）在《第 1347/2000 号条例》生效后、但在本条例施行前开始的诉讼中作出的判决，如其涉及离婚、依法别居或者婚姻无效或者因此类婚姻诉讼而作出的有关共同子女的父母亲责任的判决，应根据本条例第三章的规定予以承认与执行。

（4）在《第 1347/2000 号条例》生效后的诉讼中作出的判决，如其系在《第 1347/2000 号条例》生效后、本条例施行前作出，只要该判决涉及离婚、依法别居或者婚姻无效或者因此类婚姻诉讼而作出有关共同子女的父母亲责任的判决，并且所适用的管辖权规定符合本条例第二章、《第 1347/2000 号条例》或者原始成员国在诉讼开始时与被请求成员国之间缔结的仍然有效的条约中的管辖权规则，则依照本条例第三章的规定予以承认与执行。

第七章　最后规定

第 65 条　审查

在各成员国所提供的信息基础上，（欧盟）委员会应最迟于 2012 年 1 月 1 日向欧洲议会、（欧盟）理事会及欧洲经济社会委员会提交有关本条例的实施报告，此后每五年报告一次，并在必要时附上调整建议。

第 66 条　有两种或多种法律制度的成员国

就本条例所调整事项而言，如某成员国境内的不同领土单位施行两种或多种法律制度，则适用下列规定：

（a）所指的该成员国境内的惯常居所系指某领土单位的惯常居所；

（b）所指的国籍系指该国法律规定的领土单位，对于联合王国，则指“住所”所在的领土单位；

（c）所指的成员国机关系指该国境内相关领土单位的主管机关；

（d）所指的被请求成员国的规则，系指在其领域内主张管辖权或请求承认与执行判决的领土单位的规则。

第 67 条　关于中央机关及许可的语言信息

在本条例生效后三个月内，各成员国应向（欧盟）委员会告知：

（a）根据第 53 条指定的中央机关的名称、地址及通知方式；

（b）根据第 57 条第 2 款向中央机关发送通知的语言；及

（c）根据第 45 条第 2 款许可的有关探视权证明的语言。

上述信息如有变更，则各成员国应告知（欧盟）委员会。

（欧盟）委员会应公布上述信息。

第 68 条　关于法院及上诉程序的信息

各成员国应将第 21 条、第 29 条、第 33 条及第 34 条所指法院、上诉程序及其修改的清单告知（欧盟）委员会。

（欧盟）委员会应更新上述信息，并在《欧洲联盟官方公报》上公布及通过其他适当方式公开上述信息。

第 69 条　附件的修改

对附件Ⅰ到附件Ⅳ中的标准格式的任何修改，均应遵守第 70 条第 2 款规定的程序。

第 70 条　专门委员会

（1）专门委员会协助欧盟委员会工作。

（2）与本款有关的事项，适用《第 1999/468 号决定》第 3 条和第 7 条的规定。

（3）专门委员会应制定自己的程序规则。

第 71 条　废除《第 1347/2000 号条例》

（1）自本条例施行之日起，《第 1347/2000 号条例》予以废除。

（2）根据附件Ⅴ的对应表，对《第 1347/2000 号条例》的任何指引均为对本条例的指引。

第 72 条　生效

本条例自 2004 年 8 月 1 日起生效。

本条例自 2005 年 3 月 1 日起施行，但第 67 条、第 68 条、第 69 条及第 70 条自 2004 年 8 月 1 日起施行。

本条例在整体上具有约束力，并根据《建立欧洲共同体的条约》在各成员国直接适用。

2003 年 11 月 27 日于布鲁塞尔。

欧盟理事会主席

R. Castelli

附件Ⅰ　第 39 条所指的关于婚姻事项的判决的证明（略）
附件Ⅱ　第 39 条所指的关于父母亲责任事项的判决的证明（略）
附件Ⅲ　第 41 条第 1 款所指的关于探视权的判决的证明（略）
附件Ⅳ　第 42 条第 1 款所指的关于归还子女的证明（略）
附件Ⅴ　与《第 1347/2000 号条例》的对应表（略）

附件Ⅵ

瑞典和芬兰根据欧盟理事会 2003 年 11 月 27 日《关于婚姻事项及父母亲责任事项的管辖权及判决的承认与执行并废除第 1347/2000 号条例的第 2201/2003 号条例》第 59 条第 2 款第（a）项所作的声明。

瑞典声明：

根据欧盟理事会 2003 年 11 月 27 日《关于婚姻事项及父母亲责任事项的管辖权及判决的承认与执行并废除第 1347/2000 号条例的第 2201/2003 号条例》第 59 条第 2 款第（a）项，瑞典声明：芬兰与瑞典在其相互关系上全部适用《丹麦、芬兰、冰岛、挪威及瑞典之间关于婚姻、收养及监护的国际私法规定的公约》及其《最后议定书》的规定，而不适用本条例。

芬兰声明：

根据欧盟理事会 2003 年 11 月 27 日《关于婚姻事项及父母亲责任事项的管辖权及判决的承认与执行并废除第 1347/2000 号条例的第 2201/2003 号条例》第 59 条第 2 款第（a）项，芬兰声明：芬兰与瑞典在其相互关系上全部适用《丹麦、芬兰、冰岛、挪威及瑞典之间关于婚姻、收养及监护的国际私法规定的公约》及其《最后议定书》的规定，而不适用本条例。

欧洲议会和（欧盟）理事会2008年6月17日《关于合同之债法律适用的第593/2008号条例》（“罗马Ⅰ”）*

序　言

欧洲议会与欧盟理事会，

考虑到《建立欧洲共同体的条约》，尤其是其第61条第c项与第67条第5款第2项，

考虑到委员会的建议，

考虑到欧洲经济与社会委员会的意见，①

根据《建立欧洲共同体的条约》第251条规定之程序，②

鉴于：

（1）共同体已制定了保持并发展一个自由、安全与正义的区域的目标。为逐步创设该区域，共同体必须在跨境民事司法合作领域采取措施，以保证内部市场的顺畅运转。

（2）依据《建立欧洲共同体的条约》第65条第b项，这些措施包括增强各成员国现行法律冲突规则以及有关避免管辖权冲突的规则的可协调性。

（3）1999年10月15日、16日在坦佩雷召开的会议上，欧盟首脑理事会将相互承认司法机关的判决及其他决定之原则确定为民事司法合作的基石，并敦促理事会与委员会制定实施该原则的措施方案。

---

* Regulation (EC) No. 593/2008 of the European Parliament and of the Council of 17 June 2008 on the law applicable to contractual obligations (Rome I). 本条例公布于2008年7月4日《欧洲联盟官方公报》第L177号，第6~16页。本译文以其官方公布的英文文本为准，并参考了其德文文本。本译文原载于《中国国际私法与比较法年刊》第十二卷（2009），北京大学出版社2009年版，第491~512页。此处略有修改。——译者注

① OJC 318, 23. 12. 2006, p. 56.

② 2007年11月29日欧洲议会意见（尚未正式在《欧洲联盟官方公报》上公布）和2008年6月5日理事会的决定。

（4）2000 年 11 月 30 日，理事会通过了由委员会和理事会共同制定的关于实施相互承认民商事判决之原则的措施方案。① 该方案指出，协调法律选择规则的措施有利于判决的相互承认。

（5）欧盟首脑理事会 2004 年 11 月 5 日通过的《海牙纲领》② 要求积极推进制定关于合同之债的法律选择规则（“罗马Ⅰ”）。

（6）内部市场的顺畅运转要求不论在哪一成员国的法院提起诉讼，其法律选择规则均能指向同一国家的法律，这样才能提高诉讼结果的可预见性、法律适用的确定性与判决的自由转移。

（7）本条例的实体适用范围及规定应与理事会于 2000 年 12 月 22 日通过的《关于民商事管辖权及判决的承认与执行的第 44/2001 号条例》③（“布鲁塞尔条例Ⅰ”）以及欧洲议会与理事会 2007 年 7 月 11 日通过的《关于非合同之债法律适用的第 864/2007 号条例》（“罗马Ⅱ”④）保持一致。

（8）家庭关系包括直系亲属关系、婚姻关系、姻亲关系以及旁系亲属关系。本条例第 1 条第 2 款所指的与婚姻及其他家庭关系具有类似效力之关系，应依据受诉法院所在的成员国法律予以解释。

（9）如果债务产生于提单的可流通性，则因汇票、支票和本票以及其他可流通证券所产生的债务也包括提单在内。

（10）因订立合同之前的谈判行为所产生的债务，也在《第 864/2007 号条例》第 12 条之列，故被排除在本条例的适用范围之外。

（11）当事人选择准据法的自由应成为构建合同之债的法律选择规则体系的基石。

（12）当事人之间的有关将合同争议交由某成员国的一个或多个法院专属管辖的协议，应作为确定当事人是否进行了明示法律选择的考虑因素之一。

（13）本条例不得妨碍当事人在其合同中援引一个非国家实体的法律或者某国际公约。

（14）如果共同体在特定的法律文件中制定了实体的合同法规则，包括标准合同条款，则该法律文件可规定当事人有权选择适用此类规则。

---

① OJ C 12, 15. 1. 2001, p. 1.

② OJ C 53, 3. 3. 2005, p. 1.

③ O J L 12, 16. 1. 2001, p. 1. 该条例最后被《第 1791/2006 号条例》（OJ L 363, 20. 12. 2006, p. 1）修订。

④ OJ L 199, 31. 7. 2007, p. 40.

（15）如果已进行了法律选择，而与案件有关的所有其他要素均位于所选择的法律所属国以外的另一国家，则该法律选择并不妨碍该另一国法律中那些不得通过协议加以减损的条款的适用。不论法律选择是否与法院选择协议一并作出，该规定均应予以适用。虽然较之于 1980 年《关于合同之债的法律适用公约》①（《罗马公约》）第 3 条第 3 款，本条例在内容上不想作任何实质性的修订，但其措辞应尽可能与《第 864/2007 号条例》第 14 条保持协调。

（16）为实现本条例的普遍性宗旨，即提高欧洲司法区域内的法律确定性，法律冲突规则应具有高度的可预见性。但法院应保留一定的自由裁量权，以便确定与案件有最密切联系的法律。

（17）就未选择法律时的准据法而言，对“提供服务”和“货物销售”这些概念的解释，应如同适用《第 44/2001 号条例》第 5 条一样，将货物销售和提供服务均视为由《第 44/2001 号条例》调整。特许销售合同和分销合同虽然都属于服务合同，但应受特别规则调整。

（18）就未选择法律时的准据法而言，多边体系是指那些开展贸易的体系，如欧洲议会和理事会 2004 年 4 月 21 日《关于融资市场的第 2004/29 号指令》② 第 4 条所指的受管制的市场、多边贸易设施，而不论这些体系是否以中央结算相对方（central counterparty）为依托。

（19）未选择法律时，应根据为各种特殊合同所制定的规则确定准据法。如果合同不能归入特殊的合同种类或者合同的各部分涵盖了一种以上的特殊合同，则合同由实施特征性履行的一方当事人的惯常居所地国法支配。如果组成合同的一组权利和义务可归入一种以上的特殊合同，则合同的特征性履行应根据其重心来确定。

（20）如果合同与本条例第 4 条第 1 款、第 2 款所指国家以外的其他国家显然具有更密切联系，则“避让条款”应规定适用该另一国家的法律。为确定该国家，还应考虑该合同是否与其他一个或多个合同具有非常密切的关系。

（21）未选择法律时，如果准据法既不能根据将合同归入特定的合同种类的方法确定，又不能确指实施特征性履行的当事人的惯常居所地国法，则合同由与其有最密切联系的国家的法律支配。在确定该国家时，还应考虑该合同是否与其他一个或多个合同具有非常密切的关系。

---

① OJ C 334，30. 12. 2005，p. 1.

② OJ L 145，30. 4. 2004，p. 1. 该指令最后被《第 2008/10 号指令》（OJ L 76，19. 3. 2008，p. 33）修订。

（22）对于“货物运输合同”的解释，本条例并不想与《罗马公约》第 4 条第 4 款第 3 句的规定有任何实质性变化。因此，单程租船合同以及其他主要用于货物运输的合同也应被视为货物运输合同。为本条例之目的，“发运方”是指与运输方订立合同之人，“运输方”是指承担运输货物义务的合同当事人，而不论其是否亲自从事运输。

（23）对于在合同中处于弱势地位的一方当事人，应通过适用比一般规则更有利于保护其利益的法律冲突规则。

（24）尤其在消费者合同中，法律冲突规则应尽可能降低标的额通常较低的争议的解决成本，并应顾及远程销售技术的发展。为确保与《第 44/2001 号条例》一致，一方面，作为适用消费者保护规则的前提，应援引所针对的活动的概念；另一方面，在《第 44/2001 号条例》和本条例中，对该概念的解释应保持协调，同时应注意的是，理事会和委员会在有关《第 44/2001 号条例》第 15 条的联合声明中指出，“企业在消费者的住所地所在的成员国或者在包括该成员国在内的多个成员国境内开展活动并不足以满足适用第 15 条第 1 款第 c 项的条件，而且合同还必须系在该活动范围内订立”。该声明还指出，“尽管网址能提供订立远程合同的可能性，并且事实上也订立了远程合同，不论采用何种方式，但仅仅基于网址的可访问性并不足以成为适用第 15 条的依据。这时，网址使用何种语言或者货币并不重要”。

（25）假如消费者合同的订立系专业营销人员在消费者的惯常居所地国开展商业或职业活动所致，那么消费者应受到该特定国家法律中那些不可通过协议加以减损的强制性规定的保护。即使该专业营销人员未在消费者的惯常居所地国开展商业或职业活动，但其活动——无论采用什么方式——针对该国或者包括该国在内的多个国家，而且合同的订立由此活动所致，则也应确保消费者受到同样的保护。

（26）为本条例之目的，《第 2004/39 号指令》附录 I 第 A 和 B 部分所指的专业营销人员为消费者提供的诸如证券服务、投资服务和从属服务等各种金融服务，以及有关出让共同投资企业股份的合同，即使其不在欧洲经济共同体理事会 1985 年 12 月 20 日《关于协调有关以可转让证券形式共同投资企业的法律、法规和行政规章的第 85/611 号指令》① 的适用范围内，仍受本条例第 6 条调整。因此，如果援引了发行或者向公众发售可转让证券、认购或赎回共

---

① OJ L 375，31. 12. 1985. p. 3. 本指令最后被欧洲议会与理事会《第 2008/18 号指令》（OJ L 76，19. 3. 2008，p. 42）修订。

同投资企业股份的各种条件，则该援引应包括发行者、发售者对消费者负有义务的各个方面，但与提供融资服务相关的那些方面不在此列。

(27) 对于消费者合同，在一般法律冲突规则之外还应规定若干例外情形。有关不动产物权或者不动产租赁的合同就是一种不适用一般规则的例外情形，但欧洲议会和理事会 1994 年 10 月 26 日《关于对不动产分时段使用权转让合同中的买受人加以保护的第 94/47 号指令》① 所指的不动产分时段使用权合同除外。

(28) 重要的是，应确保构成融资手段的各种权利与义务不受适用于消费者合同的一般规则支配，因为这会导致对所发行的每种融资手段适用不同法律，这样将改变融资手段的特性，妨碍其交易和发行。相应地，无论何时发行或发售这种融资手段，为确保发行或发售条件的统一性，发行者或发售者与消费者之间业已建立的合同关系并不必然强行适用消费者的惯常居所地国法。该规定同样适用于第 4 条第 1 款第 h 项所指的多边体系，应确保在这种多边体系下或者与这种体系的经营者订立的合同所适用的法律规则不受消费者的惯常居所地国法影响。

(29) 为本条例之目的，如果发行、向公众发售或公开收购可转让证券均要满足特定的条件，则对构成这些条件的权利与义务的指引，以及对共同投资企业股份的认购和赎回的指引，均应包括决定证券或份额的分配、超额认购权、撤回权和与发行相关的类似事项以及第 10 条、第 11 条、第 12 条和第 13 条所指事项的条件，这样便可确保与发行——发行者或发售者据此对消费者负有义务——相关的所有合同方面均由唯一的法律支配。

(30) 为本条例之目的，“融资手段”和“可转让的证券”均指《第 2004/39 号指令》第 4 条所指的手段。

(31) 在协议的表现形式上，只要该协议表现为欧洲议会和理事会 1998 年 5 月 19 日《关于用支付和证券结算体系进行清算终结的第 98/26 号指令》② 第 2 条第 a 项所指的体系，则不受本条例的影响。

(32) 由于运输合同和保险合同的特殊性，应制定特别条款，以确保对旅客或投保人的保护达到适当水准。因此，第 6 条不适用于这些特殊合同。

(33) 如果某保险合同不承保大型风险，但在所承保的多个风险中，至少有一个风险位于某成员国境内，并且至少有一个风险位于第三国境内，则本条

① OJ L 280, 29. 10. 1994, p. 83.

② OJ L 166, 11. 6. 1998, p. 45.

例中有关保险合同的特别规定仅适用于在这一个或几个成员国境内的风险。

(34) 在依照欧洲议会和理事会 1996 年 12 月 16 日《关于在提供服务的范围内派遣劳工的第 96/71 号指令》① 进行劳工派遣时，派遣目的地国的强制性条款的适用不受有关个人雇佣合同的冲突规则的影响。

(35) 不得剥夺那些不可通过协议加以减损或者仅在对雇员有利时方可减损的规定给予雇员的保护。

(36) 就个人雇佣合同而言，如果雇员在完成其在国外的任务后被期望继续在原来的国家工作，则其在另一国从事的工作应被视为暂时性的。与原雇主或者与从属于原雇主的同一集团公司的另一雇主订立新的雇佣合同，不应被视为该雇员在另一国暂时性地从事工作。

(37) 出于对公共利益的考虑，成员国法院有权在特殊情形下适用公共政策与强制性条款。“强制性条款”的概念应区别于“不得通过协议加以减损的条款”这种表述，并应作更严格的解释。

(38) 对于自愿转让，如果法律制度具有债法和物权法方面的区分，则“关系”这个概念应予以阐明，第 14 条第 1 款规定也适用于让与人与受让人之间的物权转让。但是，“关系”这个概念不应理解为让与人与受让人之间可能存在的任何关系，尤其是不应扩大到与自愿转让或合同代位有关的先决问题。该概念只能严格限制在直接与自愿转让或合同代位相关的方面。

(39) 出于法律稳定性的考虑，尤其是涉及公司和其他法人团体或非法人团体时，应明确界定“惯常居所”的概念。不同于《第 44/2001 号条例》第 60 条第 1 款设立了三种标准，(本条例的) 法律冲突规则应限于唯一标准，否则当事人将无法预见他们的情况应适用何种法律。

(40) 应避免出现法律冲突规则分散于各种法律文件以及这些规则之间存在歧异的情况。不过，本条例并不排除共同体法律就特定事项制定有关合同之债的法律冲突规则的可能性。

当其他旨在推进内部市场顺畅运转的法律文件的条款无法与本条例规则所指定的法律联合适用时，本条例不应排除前者的适用。适用本条例所指定的准据法条款不应限制被共同体法律文件，如欧洲议会与理事会 2000 年 6 月 8 日发布的《关于内部市场的信息社会服务尤其是电子商务的特定法律方面的第 2000/31 号指令》(电子商务指令)②，所调整的货物与服务的自由流通。

---

① OJ L 18, 21. 1. 1997, p. 1.

② OJ L 178, 17. 7. 2000, p. 1.

（41）尊重成员国所承担的国际义务，意即本条例不应影响一个或多个成员国在通过本条例时已参加或缔结的国际公约。为使这些法律文件更易于知晓，委员会应根据各成员国所提供的资料在《欧洲联盟官方公报》上公布相关公约的清单。

（42）成员国有权以自己的名义与第三国在个别与例外事项上就某些问题进行谈判，并订立含有关于合同之债的法律适用条款的协议，委员会将向欧洲议会和理事会就有关程序和条件提出建议。

（43）鉴于本条例的级别和影响，其目标在成员国层面上难以完全实现，而在共同体层面上却能很好地实现，共同体可根据《建立欧洲共同体的条约》第 5 条规定的从属原则采取措施。根据该条规定的相称原则，本条例不得超出为达到目标所必需的限度。

（44）依据作为《欧盟条约》和《建立欧洲共同体的条约》附件的《关于联合王国与爱尔兰地位的议定书》第 3 条，爱尔兰已表达了其参加接受并适用本条例的愿望。

（45）依据作为《欧盟条约》和《建立欧洲共同体的条约》附件的《关于联合王国与爱尔兰地位的议定书》第 1 条和第 2 条，在不损抑该议定书第 4 条的情况下，联合王国不参与接受本条例，本条例不能约束、也不适用于联合王国。

（46）依据作为《欧盟条约》和《建立欧洲共同体的条约》附件的《关于丹麦地位的议定书》第 1 条和第 2 条，丹麦不参与接受本条例，本条例不能约束、也不适用于丹麦。

特制定本条例：

第一章　适用范围

第 1 条　适用范围

1. 本条例适用于任何涉及法律冲突情形的民商事合同之债。

本条例尤其不适用于税收、海关或行政事务。

2. 本条例不适用于下列事项：

（a）涉及自然人的身份或法律能力的问题，但不影响本条例第 13 条的规定；

（b）因家庭关系产生的债务，以及根据所适用的法律规定，与其有类似效果的关系包括扶养义务关系所产生的债务；

(c) 因婚姻财产制产生的债务，以及根据所适用的法律规定，与婚姻、遗嘱和继承有类似效果的其他关系所形成的财产制而产生的债务；

(d) 因汇票、支票、本票和其他流通票据而引起的债务，以及由这些票据的流通性而引起的债务；

(e) 仲裁协议及选择法院的协议；

(f) 由公司法或者其他关于法人团体或非法人团体的法律所调整的问题，例如以注册或者其他方式设立公司和其他法人或非法人团体，其法律能力、内部组织或停业清理，以及因公司或其他团体所负债务而产生的高级管理人员与股东的个人责任；

(g) 代理人能否代表本人对第三人承担责任的问题，或者公司或其他法人或非法人团体的管理机构能否使该公司或其他团体对第三人承担责任的问题；

(h) 信托的设立，委托人、受托人和受益人之间的关系；

(i) 在订立合同前进行谈判而产生的债务；

(j) 因欧洲议会和理事会 2002 年 11 月 5 日《关于人寿保险的第 2002/83 号指令》① 第 2 条所指企业之外的其他组织进行交易而产生的保险合同，且该交易的目的是为企业或企业集团的雇员和个体经营者，某职业或职业团体的职员在死亡或生育、失业或丧失劳动能力、患职业病或发生工伤事故时提供福利。

3. 本条例不适用于证据和诉讼程序，但不影响本条例第 18 条的规定。

4. 在本条例中，“成员国” 系指适用本条例的各成员国，但在第 3 条第 4 款和第 7 条中，却指所有成员国。

第 2 条　普遍适用性

凡本条例所指定的任何法律，不论其是否为成员国的法律，均应予以适用。

第二章　统一规则

第 3 条　选择自由

1. 合同由当事人选择的法律支配。法律选择必须是明示的，或者通过合

---

① OJ L 345, 19. 12. 2002, p. 1. 本指令最后被《第 2008/19 号指令》 (OJ L 76, 19. 3. 2008, p. 44) 修订。

同条款、案件情况予以阐明。当事人可自行选择将法律适用于合同的全部或部分。

2. 当事人可随时协议变更原先支配合同的法律，无论这种支配是根据本条款规定的结果，还是依据本条例其他条款规定的结果。合同订立后，所作出的任何关于法律适用的变更，不得损害第 11 条所规定的合同形式效力，也不得对第三人的权利造成任何不利影响。

3. 选择法律时，如果与当时情况有关的所有其他因素均位于所选择的法律所属国以外的其他国家，则当事人的法律选择不得影响该其他国家的那些不得通过协议减损的法律条款的适用。

4. 如果选择法律时与当时情况有关的所有其他因素均位于一个或多个成员国境内，则当事人选择适用非成员国的法律，不应影响那些不得通过协议加以减损的共同体法律规定的适用，即使该共同体法律已在法院所在成员国得到适当的实施。

5. 当事人选择准据法的合意是否成立和效力问题，应依第 10 条、第 11 条和第 13 条的规定确定。

第 4 条　未选择法律时应适用的法律

1. 如果当事人未依第 3 条规定选择适用于合同的法律，在不影响第 5~8 条规定的条件下，合同准据法依照如下方式确定：

（a）货物销售合同，依卖方的惯常居所地国法；

（b）服务合同，依服务提供者的惯常居所地国法；

（c）有关不动产物权或者不动产租赁的合同，依不动产所在地国法；

（d）尽管有第 c 项的规定，供私人暂时使用连续不超过六个月的不动产租赁合同，如果租赁人为自然人而且与出租人在同一国家有惯常居所，则依出租人的惯常居所地国法；

（e）特许销售合同，依特许证持有人的惯常居所地国法；

（f）分销合同，依分销人的惯常居所地国法；

（g）通过拍卖方式订立的货物销售合同，如果拍卖地能够确定，则依拍卖地国法；

（h）在多边体系下订立的合同，如果依照非自由裁量规则和唯一的法律，该多边体系能集结或有助于集结在《第 2004/39 号指令》第 4 条第 1 款第 17 项所指的融资手段下的众多第三人买入和卖出利益，则依该唯一的法律。

2. 如果合同不在第 1 款规定之列，或者合同的各组成部分涉及第 1 款第 a 项至第 h 项规定的一种以上的合同，则该合同依提供特征性履行的一方当事人的惯常居所地国法。

3. 如果案件的所有情况表明，合同显然与第 1 款或第 2 款所指国家以外的另一国家有更密切联系，则适用该另一国家的法律。

4. 如果根据第 1 款和第 2 款均不能确定应适用的法律，则合同依与其有最密切联系的国家的法律。

第 5 条　运输合同

1. 当事人未根据第 3 条规定选择适用于货物运输合同的法律时，如果接货地、交货地或者发运人的惯常居所地也在承运人的惯常居所地国境内，则适用承运人的惯常居所地国法。不满足这些要求的，则应适用当事人协议选择的货物交付地国法。

2. 当事人未按照本款第 2 段规定选择适用于旅客运输合同的法律时，如果始发地或者目的地也在旅客的惯常居所地国境内，则适用旅客的惯常居所地国法。不满足这些要求的，则应适用承运人的惯常居所地国法。

当事人按照第 3 条规定选择适用于旅客运输合同的法律时，只能选择下述地点所在国的法律：

（a）旅客的惯常居所地；

（b）承运人的惯常居所地；

（c）承运人的主要管理机构所在地；

（d）始发地；

（e）目的地。

3. 未进行法律选择时，如果案件的所有情况表明，合同显然与第 1 款或第 2 款所指国家以外的其他国家有更密切联系，则适用该另一国家的法律。

第 6 条　消费者合同

1. 在不影响第 5 条及第 7 条规定的情况下，自然人（消费者）非出于商业或职业活动目的而与从事商业或职业活动的另一方（专业营销人员）订立的合同，依消费者的惯常居所地国法，如果该专业营销人员：

（a）在消费者的惯常居所地国从事其商业或职业活动；

（b）通过某种手段，将此种活动指向了该国或者包括该国在内的多个国家，并且合同处于该活动范围之列。

2. 尽管有第 1 款的规定，对于满足第 1 款要求的合同，当事人可根据第 3 条规定选择应适用的法律。但此种选择的结果，不得剥夺未选择法律时依照第 1 款本应适用的法律中不能通过协议加以减损的强制性条款给予消费者的保护。

3. 不满足第 1 款第 a 项或第 b 项要求的，则适用于消费者和专业人员之间的合同的法律，依第 3 条和第 4 条规定确定。

4. 本条第 1 款和第 2 款不适用于：

（a）专门在消费者的惯常居所地国之外的其他国家向消费者提供服务的合同；

（b）除（欧洲经济共同体）理事会 1990 年 6 月 13 日《关于一揽子旅游的第 90/314 号指令》① 所规定的一揽子旅游合同之外的其他运输合同；

（c）除《第 94/47 号指令》所规定的不动产分时使用权合同之外的其他与不动产物权或者不动产租赁有关的合同；

（d）与融资手段相关的权利和义务，以及作为决定发行、向公众发售或公开收购可转让证券的条件以及认购或赎回共同投资企业股份条件的权利和义务，但以这些活动不涉及提供融资服务为限；

（e）在第 4 条第 1 款第 h 项所指体系下订立的合同。

第 7 条　保险合同

1. 本条适用于第 2 款所指的合同——无论其所承保的风险是否在成员国境内——以及承保位于成员国境内的风险的所有其他保险合同，但不适用于再保险合同。

2. 承保 1973 年 7 月 24 日《关于协调有关从事除人寿保险以外的直接保险业务的法律、法规和行政规章的第 73/239 号第一指令》② 所规定的大型风险的保险合同，适用当事人根据本条例第 3 条规定所选择的法律。

当事人未选择准据法时，保险合同适用保险人的惯常居所地国法。如果案件的所有情况表明，合同显然与另一国有更密切联系，则适用该另一国法律。

3. 对于不在第 2 款范围内的保险合同，当事人只能根据第 3 条的规定在下列法律中作出选择：

（a）订立合同时风险所在的成员国法；

（b）投保人的惯常居所地国法；

（c）人寿保险中的投保人国籍国法；

（d）对于所承保的风险仅限于财产损害的保险合同，如果该财产损害发生于风险所在成员国之外的其他成员国，则为该其他成员国法；

---

① OJ L 158, 23. 6. 1990, p. 59.

② OJ L 228, 16. 8. 1973, p. 3. 本指令最后被欧洲议会和理事会《第 2005/68 号指令》（OJ L 323, 9. 12. 2005, p. 1.）修订。

（e）如果本款所指保险合同的投保人从事商业或工业活动或者是自由职业者，并且保险合同承保的是与这些活动有关的、位于不同成员国的两个或两个以上的风险，则为各相关成员国的法律或者投保人的惯常居所地国法。

在第 a、b 和 e 项所指的情况下，如果相关成员国在选择适用于保险合同的法律方面赋予当事人更多的自由，则当事人可以利用该项自由。

如果当事人未依本款规定选择准据法，则该合同应由订立合同时风险所在的成员国法律支配。

4. 如果某成员国对某些风险规定了强制保险义务，则对于承保这类风险的保险合同，适用下列另行规定：

（a）只有在保险合同符合那些课加强制保险义务的成员国所规定的有关该保险的特别规定时，该保险合同才具有承担保险义务的效力。如果风险所在的成员国法律与课加强制保险义务的成员国法律彼此冲突，则后者优先；

（b）各成员国可背离本条第 2 款和第 3 款，规定保险合同适用那些课加强制保险义务的成员国的法律。

5. 如果保险合同所承保的风险在一个以上的成员国境内，则为了第 3 款第 3 段和第 4 款之目的，应认为该合同由多个合同组成，且各该合同均只涉及一个成员国。

6. 为本条之目的，风险所在国应根据 1988 年 6 月 22 日《关于协调有关除人寿保险以外的直接保险业务的法律、法规和行政规章以便有效实现服务流动自由的第 88/357 号第二指令》① 第 2 条第 d 项之规定确定，对于人寿保险合同，风险所在国是指承担《第 2002/83 号指令》第 1 条第 1 款第 g 项所指义务的国家。

第 8 条　个人雇佣合同

1. 个人雇佣合同，依当事人根据第 3 条规定所选择的法律。但是，这种法律选择的结果，不得剥夺未进行法律选择时依照本条第 2 款、第 3 款和第 4 款规定应适用的法律中那些不得通过协议加以减损的强制性条款为雇员提供的保护。

2. 当事人未选择适用于个人雇佣合同的法律时，该合同由雇员在履行合同的过程中从事惯常工作地国家的法律支配，若无此种国家，则由雇员为履行合同从事惯常工作的出发地国法律支配。即使雇员只是暂时受雇于另一国，也

---

① OJ L 172，4. 7. 1988，p. 1. 本指令最后被欧洲议会与理事会《第 2005/14 号指令》（OJ L 149，11. 6. 2005，p. 14）修订。

不得认为其惯常工作所在地国发生了变化。

3. 如果依照第 2 款不能确定应适用的法律，则合同由雇用该雇员的营业所所在地国法支配。

4. 如果整体情况表明，合同与本条第 2 款或第 3 款所指国家之外的另一国有更密切联系，则适用该另一国的法律。

第 9 条　优先适用的强制性条款

1. 优先适用的强制性条款是指，被一国认为对维护该国的公共利益，尤其是对维护其政治、社会和经济组织的利益至关重要而必须遵守的强制性条款，以至于对属于其适用范围的所有情况，不论根据本条例适用于合同的是何种法律，它们都必须予以适用。

2. 本条例的任何规定均不得限制法院地法中强制性条款的适用。

3. 应在其境内或已在其境内履行合同债务的国家，其强制性法律规定也可被赋予（强制性）效力，但该强制性规定不得使合同的履行归于非法。在决定是否赋予这些规定以强制性效力时，应考虑这些法律规定的性质、目的以及适用或不适用该规定将产生的后果。

第 10 条　同意和实质有效性

1. 合同或合同任何条款的成立及效力，应根据假设该合同或条款有效时依本条例应适用的法律确定。

2. 但是，如果情况表明，按第 1 款规定的法律来确定一方当事人行为的效力有失公平，则该当事人可援用其惯常居所地法以主张其并未同意该合同。

第 11 条　形式有效性

1. 合同各方当事人或其代理人订立合同时在同一国家的，只要合同满足了依照本条例在实体上支配合同的法律或者合同缔结地国法所规定的形式要件，则在形式上有效。

2. 合同各方当事人或其代理人在订立合同时在不同国家的，只要合同满足了依照本条例在实体上支配合同的法律、一方当事人或其代理人在订立合同时的所在地国法、一方当事人在订立合同时的惯常居所地国法所规定的形式要件，则在形式上为有效。

3. 旨在对既存的或拟订立的合同产生法律效力的单方行为，如果满足了依照本条例应适用或本应在实体上支配合同的法律、行为实施地国法或者已实施行为的当事人此时的惯常居所地国法所规定的形式要件，则在形式上为有效。

4. 本条例第 6 条范围内的合同，不适用本条第 1 款、第 2 款和第 3 款的规定。此类合同的形式，应由消费者的惯常居所地国法支配。

5. 不管第 1 款至第 4 款有何规定，以不动产物权或者不动产租赁为标的的合同，适用该不动产所在地国法有关形式的规定，只要依照该国法律，

(a) 无论合同在哪一国订立或者受哪一国法律支配，这些要求均应强行适用，以及

(b) 这些要求不得通过协议加以减损。

第 12 条　准据法的适用范围

1. 依本条例规定适用于合同的法律特别支配下列事项：

(a) 合同的解释；

(b) 合同的履行；

(c) 在受诉法院国诉讼法授予法院的权限内，完全不履行或部分不履行合同债务的后果，包括依法律进行的损失估算；

(d) 债务消灭的各种方式、诉讼时效；

(e) 合同无效的后果。

2. 对于履行的方式以及在履行有瑕疵的情况下债权人应采取的措施，应考虑履行地国的法律。

第 13 条　无行为能力

在同一国家的双方当事人订立的合同，依该国法律应属有行为能力的自然人，不得依据另一国法律主张其无行为能力，除非合同的对方当事人在订立合同时明知或因疏忽而不知其无行为能力。

第 14 条　自愿转让和合同代位

1. 基于自愿转让而产生的让与人与受让人之间的关系，以及对另一人（债务人）的债权基于合同而发生的代位，应由根据本条例的规定适用于让与人和受让人之间的合同的法律支配。

2. 债权的可转让性、受让人和债务人之间的关系、向债务人主张受让权或代位权的条件以及债务人的债务是否已被免除等问题，由支配该被转让或代位的债权的法律决定。

3. 本条所指的“转让”之概念包括债权的完全转让、为设立担保而进行的债权转让以及在债权上设立抵押权或者其他担保权的转让。

第 15 条　法定代位

当一人（“债权人”）对另一人（“债务人”）具有合同上的请求权，而第三人有义务清偿债权人时，或事实上已向债权人履行了清偿义务，那么，应由支配第三人清偿债权人的义务的法律决定，该第三人是否有权以及能在多大

范围内行使原债权人对债务人基于支配他们之间关系的法律所享有的权利。

第 16 条　多方债务

如一个债权人对数个负有连带责任的债务人享有债权，而且已从其中一个债务人处得到全部或部分清偿，则支配该债务人对债权人的义务的法律亦适用于该债务人要求其他债务人予以补偿的权利。其他债务人，在支配他们对债权人义务的法律的许可范围内，可以对该债务人行使他们对债权人所享有的抗辩权。

第 17 条　抵销

如果当事人未就抵销权达成一致，则抵销权适用支配被设定了抵销权的债权的法律。

第 18 条　举证责任

1. 依本条例支配合同之债的法律，如其关于合同之债的规定中有涉及法律推定以及举证责任的条款，各该条款亦一并予以适用。

2. 对于旨在产生法律效力的合同或行为，可以通过法院地法所认可的任何证明方法加以证明，或依第 11 条所指的据以认定该合同或行为在形式上有效的法律所认可的证明方法证明，但以此种证明方法能为法院执行为限。

第三章　其他规定

第 19 条　惯常居所

1. 为本条例之目的，公司、社团和法人的惯常居所系指其主要管理中心所在地。

在经营活动中实施法律行为的自然人，其惯常居所系指其主要营业机构所在地。

2. 如果合同系在分支机构、代表机构或者其他营业机构的经营过程中订立，或者合同规定由该分支机构、代表机构或者其他营业机构负责履行，则该分支机构、代表机构或其他营业机构所在地视同惯常居所地。

3. 在确定惯常居所时，以合同订立时为准。

第 20 条　排除反致

依本条例确定的任何国家的法律，系指该国现行的法律规范而非其国际私法规范，但本条例另有规定者除外。

第 21 条　法院地国的公共秩序

凡依本条例确定的任何国家的法律规范，仅在其适用明显违背法院地国的公共秩序时，方可拒绝适用。

第 22 条　多法制国家

1. 如一国由几个领土单位组成，而各领土单位在合同之债方面均有各自的法律规则，则为依本条例确定准据法的目的，每个领土单位应被视为一个国家。

2. 各成员国内的不同领土单位在合同之债方面有各自的法律规则时，对于纯属此种领土单位之间的法律冲突，不受适用本条例的约束。

第 23 条　与其他共同体法律条款的关系

除第 7 条外，在特定领域就合同之债制定了法律选择规则的共同体法律条款，其适用不受本条例影响。

第 24 条　与《罗马公约》的关系

1. 在成员国之间，《罗马公约》由本条例所取代，但属于该公约的地域适用范围并且根据《建立欧洲共同体的条约》第 299 条不适用本条例的成员国领土除外。

2. 就本条例取代《罗马公约》的规定而言，对该公约的指引视同对本条例的指引。

第 25 条　与现存国际公约的关系

1. 在通过本条例时，如果一个或多个成员国已成为某些制定合同之债的法律选择规则的国际公约的缔约国，则这些公约的适用不受本条例影响。

2. 但是，就仅仅在两个或者多个成员国之间签署的公约而言，如果这些公约涉及由本条例调整的事项，则本条例在这些成员国之间优先适用。

第 26 条　公约名单

1. 各成员国应在 2009 年 6 月 17 日之前将本条例第 25 条第 1 款所指公约通知委员会。该日期之后，如果成员国废除其中某项公约，应告知委员会。

2. 委员会在收到第 1 款所指通知后六个月之内，应在《欧洲联盟官方公报》上公布：

（a）第 1 款所指公约名单；

（b）第 1 款所指的废除事项。

第 27 条　审查条款

1. 委员会应在 2013 年 6 月 17 日之前向欧洲议会、理事会和欧洲经济与社会委员会提交有关本条例适用情况的报告。适当时，在报告中可附上对本条例的修改建议。该报告应包括：

（a）有关保险合同法律适用情况的调查研究和对将施行的条款所产生的

影响的评估，以及

（b）对第6条适用情况，尤其是共同体法在消费者保护方面的连贯性评价。

2. 委员会应在2010年6月17日之前向欧洲议会、理事会和欧洲经济与社会委员会提交有关债权转让或债权代位对第三人的效力以及被转让的债权对其他人权利的优先性等问题的报告。适当时，在报告中可附上对本条例的修改建议和对将施行的条款所产生的影响的评估。

第28条　时间上的适用范围

本条例适用于2009年12月17日之后订立的合同。

第四章　最后条款

第29条　生效和适用

本条例于《欧洲联盟官方公报》上公布之后第二十日生效。

本条例自2009年12月17日起施行，但第26条除外，该条款自2009年6月17日起施行。

根据《建立欧洲共同体的条约》，本条例在整体上具有拘束力，并且直接适用于各成员国。

2008年6月17日于斯特拉斯堡。

欧洲议会主席	理事会主席
H. -G. PÖTTERING	J. LENARČIČ

欧盟理事会 2008 年 12 月 18 日《关于扶养义务事项的管辖权、准据法、判决的承认与执行并进行合作的第 4/2009 号条例》*

第一章　适用范围和定义

第 1 条　适用范围

1. 本条例适用于因亲属关系、亲子关系、婚姻关系或姻亲关系而产生的扶养义务。

2. 本条例所指的“成员国”系指适用本条例的各成员国。

第 2 条　定义

1. 在本条例意义上，

（1）“判决”系指某一成员国法院就扶养义务事项所作的判决，无论这个判决的名称为何，包括判决、命令、裁定、执行令以及法院职员就诉讼费用所作的决定。就适用本条例第七章和第八章而言，“判决”也包括第三国就扶养义务事项所作的判决。

（2）“法院和解”系指经法院批准的就扶养义务事项所达成的和解，或者是在法院审理过程中达成的和解。

（3）“公文书”系指：

（a）由原成员国正式制作的或者已在原成员国作为公文书予以登记的、与扶养义务事项有关的文件，并且其证明力

（i）与该文件的签名、内容有关；并且

（ii）已被公共机构或经授权的其他机关证实；或者

---

* Council Regulation（EC）No 4/2009 of 18 December 2008 on jurisdiction, applicable law, recognition and enforcement of decisions and cooperation in matters relating to maintenance obligations, Official Journal of the European Union L7. 10. Januray 2009, pp. 1-21. 本译文系根据其官方公布的德语和英语文本翻译，原载于《中国国际私法与比较法年刊》第十六卷（2013），法律出版社 2015 年版，第 556~575 页。——译者注

（b）与原成员国行政机关达成的有关扶养义务的协议或者经其认可的扶养协议。

（4）“原成员国”系指作出判决的成员国、批准或者达成法院和解的成员国或者制作公文书的成员国，视情况而定。

（5）“执行成员国”系指被请求执行判决、法院和解协议或公文书的成员国。

（6）“请求成员国”指其中央机关根据第七章传递申请书的成员国。

（7）“被请求成员国”系指其中央机关根据第七章接收申请的成员国。

（8）“2007 年海牙公约缔约国”系指 2007 年 11 月 23 日《国际追索儿童抚养费和其他形式家庭扶养公约》（下文简称《2007 年海牙公约》）的缔约国，且以该公约同时适用于欧洲共同体和该国为前提。

（9）“原审法院”系指作出待执行判决的法院。

（10）“权利人”系指任何应当得到扶养或声称应当得到扶养的个人。

（11）“义务人”指任何负有扶养义务或被声称负有扶养义务的个人。

2. 在本条例意义上，“法院”一词包括成员国有权处理扶养义务事项的行政机关，前提是这些行政机关能够确保公正并保证各方当事人享有陈述的权利，而且依照其所在的成员国的法律，其作出的裁决：

（i）可以由司法机关撤销或审查；并且

（ii）具有与司法机关对同一事项所作判决同等的既判力和效力。

这些行政机关名称列于附件 X。应所涉行政机关所在成员国的请求，该附件依照本条例第 73 条第 2 款规定的管理程序予以制作和修改。

3. 就适用第 3 条、第 4 条和第 6 条而言，在那些以“住所”为家庭事项连结因素的成员国，“住所”的概念应当取代“国籍”的概念。

就适用第 6 条而言，各方当事人在同一个成员国不同领土单位有住所的，应被认为在该成员国拥有共同“住所”。

第二章 管辖权

第 3 条 一般规定

各成员国对扶养义务事项具有管辖权的是：

（a）被告的惯常居所地法院，或

（b）权利人的惯常居所地法院，或

（c）根据其本国法对附带有扶养事项、涉及个人身份关系的诉讼具有管

辖权的法院，但法院仅仅基于一方当事人的国籍而具有管辖权的情形除外，或

（d）根据其本国法对附带有扶养事项、涉及父母亲责任的诉讼具有管辖权的法院，但法院仅仅基于一方当事人的国籍而享有管辖权的情形除外。

第 4 条　协议管辖

1. 当事人可以约定由下列某一成员国的一个或数个法院就他们之间业已产生或将来可能产生的扶养义务事项行使管辖权：

（a）一方当事人惯常居住的成员国的一个或多个法院。

（b）一方当事人的国籍所属成员国的一个或多个法院。

（c）涉及夫妻之间或原夫妻之间的扶养义务的：

（i）对解决他们之间的婚姻关系争议有管辖权的法院；或

（ii）夫妻双方在其境内拥有最后共同惯常居所一年以上的成员国的一个或多个法院。

在达成选择法院协议时或法院受理案件时必须具备（a）、（b）或（c）项所述条件。

协议选择的法院管辖权应是专属的，但当事人另有约定的除外。

2. 选择法院的协议应采用书面形式。任何能持续性记载协议内容的电子通信方式，与书面形式有同等效力。

3. 本条规定不适用于与抚养未满 18 周岁的子女有关的争议事项。

4. 如果当事人约定由 2007 年 10 月 30 日在卢加诺签署的《关于民商事管辖权及判决的承认与执行公约》（下文简称《卢加诺公约》）的缔约国的一个或数个法院专属管辖，如果该缔约国不是欧洲共同体成员国，则除第 3 款规定的争议事项外，应适用《卢加诺公约》。

第 5 条　应诉管辖

除了本条例其他条款规定的管辖权之外，一个成员国法院对出庭应诉的被告具有管辖权。但该规定不适用于被告为提出管辖权异议而出庭应诉的情形。

第 6 条　补充管辖

如果根据第 3 条、第 4 条和第 5 条规定，成员国法院均无管辖权，并且非欧洲共同体成员国的《卢加诺公约》缔约国的法院根据该公约规定也无管辖权时，由双方当事人共同国籍所属的成员国法院管辖。

第 7 条　必要管辖

如果根据第 3 条、第 4 条、第 5 条和第 6 条规定，各成员国法院均无管辖权，而且与争议有密切联系的第三国法院有正当理由不能受理或审理诉讼案件的，成员国法院可在特殊情况下对案件进行审理。

争议案件必须与受理案件的法院所在的成员国有充分的关联性。

第 8 条　限制诉讼

1. 当权利人惯常居住的成员国或者《2007 年海牙公约》缔约国已作出了一项判决，则只要该权利人仍惯常居住于判决作出国境内，则义务人不得在任何其他成员国提起旨在变更该判决或者作出新判决的诉讼。

2. 第 1 款不适用于下列情形：

(a) 双方当事人已依照第 4 条规定约定由该其他成员国法院管辖的；

(b) 权利人根据第 5 条规定服从该其他成员国法院管辖的；

(c) 作出原判决的《2007 年海牙公约》缔约国的主管机关不能或者拒绝对变更判决或作出新判决的诉讼行使管辖权；

(d) 作出原判决的《2007 年海牙公约》缔约国所作的判决不能被期望在其境内提起变更该判决或者作出新判决的诉讼的成员国承认或者宣告具有可执行性。

第 9 条　法院受理

就适用本章而言，法院受理案件的时间为：

(a) 提起诉讼的文书或同等文书被递交法院之时，前提是原告随后采取了向被告有效送达文书的应有措施；或者

(b) 若文书必须在递交法院之前被送达，则在负责送达文书的机构接收之时，前提是原告随后采取了将文书递交法院的应有措施。

第 10 条　对管辖权的审查

如果一成员国法院根据本条例规定对所受理的案件没有管辖权，应当依职权宣告其无管辖权。

第 11 条　关于受理的审查

1. 如果在某一成员国有惯常居所的被告在另一成员国法院被诉而未出庭应诉，如不能证明被告已经能够及时收到起诉状或同等文书以使其有充分时间安排答辩，或者为此目的已经采取一切必要的步骤时，法院应中止诉讼。

2. 如果根据《第 1393/2007 号条例》规定，起诉状或同等文书须由一成员国转递至另一成员国时，则该条例第 19 条应代替本条第 1 款规定而得以适用。

3. 如果不能适用《第 1393/2007 号条例》，而有关起诉状或同等文书必须根据 1965 年 11 月 15 日《关于向国外送达民事或商事司法和司法外文书的海牙公约》向国外递送时，则适用该公约第 15 条的规定。

第 12 条　未决诉讼

1. 相同当事人就同一诉因在不同成员国法院提起诉讼的，首先受理案件

的法院以外的其他法院应当依职权中止诉讼，直至首先受理案件的法院已确立管辖权。

2. 如果首先受理案件的法院业已确立管辖权，则首先受理案件的法院以外的其他法院应拒绝管辖，而让该首先受理案件的法院管辖。

第 13 条　牵连诉讼

1. 如果互有牵连的诉讼案件在不同成员国的法院审理，则首先受理案件的法院以外的其他法院得中止其诉讼。

2. 若这些诉讼案件尚在一审阶段，如果首先受理案件的法院对这些诉讼案件都有管辖权，并且该法院所属国法律允许对有牵连的诉讼案件合并审理，则首先受理案件的法院以外的其他法院，也可基于一方当事人的申请而拒绝行使管辖权。

3. 就适用本条而言，如果几个诉讼案件联系如此紧密，以至为避免因分开审理而作出相互抵触的判决而适宜合并审理的，应被视为牵连诉讼。

第 14 条　包括保全措施在内的临时措施

即使根据本条例规定，另一成员国的法院对案件的实质性问题具有管辖权，亦得向某一成员国法院申请该国法律所允许的包括保全措施在内的临时措施。

第三章　准据法

第 15 条　准据法的确定

对于受 2007 年 11 月 23 日《关于扶养义务法律适用的海牙议定书》（下文简称《2007 年海牙议定书》）约束的成员国，扶养义务的准据法依照该议定书确定。

第四章　判决的承认、可执行性宣告及执行

第 16 条　本章的适用范围

1. 在本条例适用范围内的判决之承认、可执行性宣告及执行，依本章规定。

2. 第一节适用于在受《2007 年海牙议定书》约束的成员国作出的判决。

3. 第二节适用于在不受《2007 年海牙议定书》约束的成员国作出的判决。

4. 第三节适用于所有判决。

第一节 受《2007年海牙议定书》约束的成员国作出的判决

第17条 取消执行许可程序（Abolition of exequatur）

1. 在受《2007年海牙议定书》约束的成员国作出的判决，在其他成员国应当得到承认，而无需任何特别程序，且不存在任何不予承认的可能。

2. 在受《2007年海牙议定书》约束的一成员国作出的、并可在该国执行的判决，在另一成员国境内亦应具有可执行性，而无需进行可执行性宣告。

第18条 保全措施

在法律实施中，一项可执行的判决应包括执行成员国法律所规定的采取任何保全措施的授权。

第19条 申请复议的权利

1. 在下列情况下，在原成员国未出庭应诉的被告，有权向该成员国的主管法院申请对该判决进行复议：

（a）他没有被及时送达起诉状或同等文书，并且送达的方式使他未能为答辩作出安排；或

（b）他因为不可抗力或者由于特殊情况且自身无过错而未能对扶养请求提起抗辩，除非他在有机会对判决提出异议的时候没有采取救济措施。

2. 申请复议的期限从被告被有效地告知判决的内容并且能采取相应行动之日起计算，最迟从第一次采取剥夺被告的全部或部分财产的措施之日起计算。被告应在45日内及时申请复议，该期限不得因路程遥远而延长。

3. 如果法院认为不存在第1款规定的复议理由而拒绝复议申请，则判决仍继续有效。

如果法院认为复议具有第1款规定的正当理由，则应宣告判决无效。但是，权利人并不丧失因诉讼时效中断而获得的权益，也不丧失在原诉讼程序中被认可的、具有溯及力的扶养请求权。

第20条 执行程序所需的文件

1. 为在另一成员国执行一项判决之目的，原告应向执行主管机关提供以下文件：

（a）证明符合认证条件的判决书副本一份；

（b）原审法院依照附件I规定的格式所制作的判决的摘录；

（c）在合适的情况下，证明欠款数额以及计算这些欠款数额的日期的文件；

（d）必要时，对（b）项所规定格式文件内容的音译或翻译一份，译文应

当使用执行成员国的官方语言，或者，如果执行成员国有多种官方语言，则根据执行成员国法律，译文应当使用申请地的法院程序所使用的官方语言或官方语言的一种，或者执行成员国已表明能接受的其他语言。各成员国均可说明其为了满足格式要求所能接受的官方语言或除其本国语言之外的欧洲联盟机构的其他工作语言。

2. 执行成员国的主管机关不得要求原告提供判决的译文。但是，就判决的执行问题提起异议的，则可要求提供判决的译文。

3. 本条所指的译文，必须由其中一个成员国有翻译资质的人制作。

第 21 条　拒绝或暂停执行

1. 执行成员国法律中有关拒绝或暂停执行的理由，只要其不违背第 2 款和第 3 款，则应予适用。

2. 在原成员国法律或执行成员国法律中，无论何者规定了更长的诉讼期限，只要执行原审法院所作判决的权力因诉讼时效或诉讼期限而免除，则执行成员国的主管机关可根据义务人的申请，全部或部分地拒绝执行原审法院所作的判决。

如果原审法院所作的判决与执行成员国所作的判决相抵触，或者与另一成员国或第三国所作的判决相抵触，而该另一成员国或第三国的判决又具备执行成员国有关承认判决的必要条件的，则执行成员国的主管机关可根据义务人的申请，全部或部分地拒绝执行原审法院所作的判决。

如一项基于情势变更而作出的判决改变一项有关扶养义务的在先判决，则不得被认为是本款第 2 段意义上相抵触的判决。

3. 如果原成员国主管机关根据第 19 条规定已受理了对原审法院所作判决进行复议的申请，则执行成员国的主管机关可基于义务人的申请，全部或部分地暂停执行原审法院所作的判决。

此外，如果原审法院所作的判决在原成员国被暂缓执行，则执行成员国的主管机关可基于义务人的申请，暂停执行该判决。

第 22 条　不影响既存的各种亲属关系

对本条例下的扶养判决的承认和执行，并不意味着对据以作出扶养义务判决的家庭关系、亲子关系、婚姻关系或姻亲关系予以承认。

第二节　不受《2007 年海牙议定书》约束的成员国作出的判决

第 23 条　承认

1. 在不受《2007 年海牙议定书》约束的成员国作出的判决，在其他成员国应当得到承认，而无需特别程序。

2. 在争议中，将承认一项判决作为主要事项的任何一方利害关系人，可根据本节规定的程序请求承认该判决。

3. 如果某成员国法院诉讼的结果取决于对一项所附带的承认问题的裁决，则该法院对该附带问题具有管辖权。

第 24 条　拒绝承认的理由

在下列情况下，判决不予承认：

(a) 如果承认该判决明显地违背被请求承认的成员国的公共政策。对公共政策的考量不适用于有关管辖权的规定；

(b) 如果未向被告及时送达起诉状或同等文书，致使他没有充分的时间安排答辩，除非被告有机会提起诉讼对判决提出异议而未提出者；

(c) 如果该判决与被请求承认的成员国就同一当事人之间的争议所作判决相抵触；

(d) 如果该判决与另一成员国或某第三国就相同当事人之间涉及相同诉因的争议所作的在先判决相抵触，前提是该在先判决满足被请求承认的成员国有关承认的必要条件。

如一项基于情势变更而作出的判决改变一项有关扶养义务的在先判决，不得被认为是第（c）和（d）项意义上的相抵触判决。

第 25 条　承认程序的中止

如果一项在不受《2007 年海牙议定书》约束的成员国作出的判决，在作出该判决的原成员国因上诉而被暂缓执行，则被请求承认该判决的某成员国法院应中止诉讼。

第 26 条　可执行性

在不受《2007 年海牙议定书》约束的成员国作出的，并在该国可执行的一项判决，在另一成员国已被宣告可执行的，经利害关系人申请，应在该另一成员国予以执行。

第 27 条　属地法院的管辖权

1. 可执行性宣告的申请应当递交给执行成员国的法院或主管机关，有关该法院或主管机关的信息由该成员国依照第 71 条规定呈报（欧盟）委员会。

2. 属地的管辖法院，应根据被执行人惯常居所地或者执行地确定。

第 28 条　程序

1. 可执行性宣告的申请书应附有以下文件：

(a) 证明符合认证条件的判决书副本一份；

（b）在不损抑第 29 条规定的情况下，原审法院依照附件Ⅱ规定的格式所制作的判决的摘录；

（c）必要时，一份对（b）项所规定格式内容的音译或翻译，译文应当使用执行成员国的官方语言，或者，如果执行成员国有多种官方语言，则根据执行成员国法律，译文应当使用申请提起地的法院程序所使用的官方语言或官方语言的一种，或者执行成员国已表明能接受的其他语言。各成员国均可说明其为了满足格式要求所能接受的官方语言或除其本国语言之外的欧洲联盟机构的其他工作语言。

2. 受理申请的法院或主管机关不得要求原告提供判决的译文。但是，与第 32 条或第 33 条所指上诉有关的，可要求提供译文。

3. 本条所指的译文，必须由其中一个成员国有翻译资质的人员制作。

第 29 条　未提交摘录

1. 如果未提交第 28 条第 1 款第（b）项所指的摘录，法院或主管机关可以指定提交该摘录的期限或者接受同等文书，或者，在认为已经掌握充分信息的情况下免除提交摘录的义务。

2. 在第 1 款所指情况下，依法院或主管机关要求，申请人应提交文件的译文。译文必须由其中一个成员国有翻译资质的人员制作。

第 30 条　可执行性宣告

一旦申请人履行了第 28 条所规定的各种手续，法院最迟应在履行这些手续后 30 日之内，应宣告判决具有可执行性，而无需根据第 24 条进行审查，但有使之无法实现的例外情况除外。在此阶段，被执行人无权就申请发表任何意见。

第 31 条　就可执行性宣告的申请所作判决的通知

1. 就可执行性宣告的申请所作的判决，应立即依照执行成员国法律规定的程序告知申请人。

2. 可执行性的宣告若尚未送达被执行人，则应与判决书一并送达被执行人。

第 32 条　对可执行性宣告的申请所作判决的上诉

1. 任何一方当事人均可对有关可执行性宣告的申请所作判决提起上诉。

2. 上诉应当向有关成员国依照第 71 条规定呈报给（欧盟）委员会的法院提起。

3. 上诉应当依照适用于司法听证程序的规定予以处理。

4. 在由申请人提起的上诉程序中，如果被执行人未出庭应诉，即使被执行人在任何成员国内均无惯常居所，亦应适用第 11 条规定。

5. 对于就可执行性宣告申请所作判决的上诉，应当在被送达该判决之日起 30 日内提出。如果被执行人在作出可执行性宣告判决的成员国之外的其他成员国有惯常居所，则无论是送达他本人还是送达其住所，上诉期限为 45 日，自送达之日起算。该期限不得因路程遥远而延长。

第 33 条　对上诉所作判决的抗辩程序

对上诉所作的判决，当事人只能根据有关成员国依照第 71 条规定呈报给（欧盟）委员会的程序提出抗辩。

第 34 条　拒绝或撤回可执行性宣告

1. 依照第 32 条或第 33 条规定受理上诉的法院，仅当存在第 24 条规定的理由之一时，方可拒绝或者撤回可执行性宣告。

2. 除第 32 条第 4 款另有规定外，依照第 32 条规定受理上诉的法院，应当在自受理之日起 90 日内作出判决，但有使之无法实现的例外情况除外。

3. 依照第 33 条规定受理上诉的法院，应当毫不延迟地作出判决。

第 35 条　程序的中止

若判决在原成员国因上诉而被暂缓执行，经被执行人申请，依照第 32 条或第 33 条规定受理上诉的法院应当中止程序。

第 36 条　包括保全措施在内的临时措施

1. 当一项判决依照本节规定必须予以承认时，申请人可以根据执行成员国法律请求采取包括保全措施在内的临时措施，且无需依照第 30 条规定进行可执行性宣告。

2. 在法律实施中，可执行性宣告应包括采取任何保全措施的授权。

3. 在第 32 条第 5 款规定的对可执行性宣告的上诉期间，以及在对该上诉作出判决之前，除了保全措施外，不得对被执行人的财产采取任何其他措施。

第 37 条　部分可执行性

1. 如果已对多个事项作出判决，但不能对所有事项作出可执行性宣告的，则法院或主管机关应对其中一项或几个事项作出可执行性宣告。

2. 申请人可以请求仅对部分判决作出可执行性宣告。

第 38 条　不得收取任何税费

在可执行性宣告程序中，执行成员国不得根据争议标的之价值收取任何印花税或费用。

第三节　共同规定

第 39 条　临时可执行性

不论有无上诉，即使其内国法在法律实施中并未规定可执行性问题，原审法院仍可宣告判决具有临时可执行性。

第 40 条　援引已被认可的判决

1. 欲援引第 17 条第 1 款或第二节意义上已被承认的判决的一方当事人，应提交证明符合认证条件的判决书副本一份。

2. 必要时，被当庭援引被承认的判决的法院，可要求援引被承认判决的当事人提供原审法院视情况而采用附件Ⅰ或附件Ⅱ所规定的格式制作的判决摘要。

原审法院亦应根据任何一方利害关系人的请求制作此种摘录。

3. 必要时，援引被承认判决的当事人，应当提供第 2 款所规定格式内容的音译或翻译一份，译文应当使用相关成员国的官方语言，或者，如果该成员国有多种官方语言，则根据该成员国法律，译文应当使用被承认的判决援引地的法院程序所使用的官方语言或官方语言的一种，或者相关成员国已表明能接受的其他语言。各成员国均可说明其为了满足格式要求所能接受的官方语言或者除其本国语言之外的欧洲联盟机构的其他工作语言。

4. 本条所指的译文，须由在其中一个成员国有翻译资质的人员制作。

第 41 条　执行的程序及条件

1. 除非本条例另有规定，在另一成员国所作判决的执行程序适用执行成员国的法律。在一个成员国作出的、在执行成员国可执行的判决，应在与该执行成员国所作判决一样的条件下予以执行。

2. 请求执行在另一成员国所作判决的当事人，在不损害执行主管人员权利的前提下，不得被要求在执行成员国有邮寄地址或经授权的代理人。

第 42 条　禁止实质性审查

在任何情况下，一成员国所作的判决，不得在被请求承认、宣告可执行性或执行该判决的成员国受到实质性审查。

第 43 条　不得优先报销费用

在适用本条例过程中所生费用的报销，不得优先于追索扶养费。

第五章　诉诸司法途径

第 44 条　获得司法救助的权利

1. 本条例范围内的纠纷所涉的各方当事人，享有依照本章规定的条件在其他成员国有效地诉诸法律的权利，包括执行程序、上诉或复议程序。

在第七章所指情形下，被请求的成员国应向居住于请求成员国的任何申请人提供有效地诉诸法律的途径。

2. 为了确保能有效诉诸法律，各成员国均应依照本章规定提供司法救助，但适用第 3 款的情形除外。

3. 在第七章所指情形下，如果成员国的各种诉讼程序能使当事人在不需要司法救助的情况下实现诉求，或者中央机关免费提供了必要的此种服务，则该成员国不负有提供司法救助的义务。

4. 所获得的司法救助，不得低于在类似国内案件中当事人所获得的司法救助。

5. 在扶养义务的诉讼中，不得为了保证支付诉讼费用而要求提供担保或者交付其他名目的保证金。

第 45 条　司法救助的内容

依照本章规定给予的司法救助，是指为使各方当事人知晓和主张其权利，并确保其通过中央机关转交或者直接递交给主管机关的申请得到充分、有效的解决而提供的必要帮助。它应当包括以下几个必要的部分：

(a) 为了能在诉诸司法程序前解决争议而进行的诉讼前法律咨询；

(b) 向机关或法院起诉以及代为在法院陈述方面提供法律援助；

(c) 免除或帮助支付诉讼费用以及诉讼代理人的费用；

(d) 在那些规定败诉方必须承担对方费用的成员国，如果受司法救助者败诉，则包括对方当事人支出的费用，前提是此种费用包括在司法救助范围内，并且受救助者惯常居住于受诉法院的成员国境内；

(e) 口头翻译；

(f) 法院或主管机关要求由受救助者提供的为解决争议所必需的文件的书面翻译；

(g) 当有关成员国的法律或法院要求与受援助者的案件有关的人员必须亲自出庭，并且法院认为这些人员无法以其他令法院满意的方式参加案件审理时，应由受救助者承担的差旅费。

第46条　对于通过中央机关提出的有关子女抚养的申请给予免费司法救助

1. 被请求成员国应当向权利人根据第56条规定提出的、与因亲子关系而对未满21周岁的自然人负有抚养义务有关的所有申请提供免费的司法救助。

2. 不论第1款有何规定，对于第56条第1款第（a）和（b）项规定之外的其他申请，如果被请求的成员国主管机关认为该申请、上诉或复议显然没有根据，则可拒绝给予免费司法救助。

第47条　第46条未予规定的情况

1. 除第44条和第45条另有规定外，对于第46条未予规定的情况，可根据内国法，尤其是关于事实审查和程序审查的条件的规定，给予司法救助。

2. 不论第1款有何规定，已在原成员国全部或部分地在司法救助或免缴费用方面受益的一方当事人，在任何承认程序、可执行性宣告程序或执行程序中，应均有权享有执行成员国法律规定的最大限度的司法救助或者尽可能免缴费用。

3. 不论第1款有何规定，在原成员国的附件Ⅹ所列的行政机关受益于免费程序的一方当事人，在任何承认程序、可执行性宣告程序或执行程序中，应均有权依照第2款规定享有司法救助。为此，他应提交原成员国主管机关签发的声明，以证明他已符合财务要求，有资格获得全部或部分司法救助或免缴费用。

本款所涉及的主管机关，应被列入附件Ⅺ。该附件应依照第73条第2款所规定的管理程序予以设立和修订。

第六章　法院和解及公文书

第48条　本条例对法院和解及公文书的适用

1. 在原成员国可予执行的法院和解及公文书，应以根据第四章的规定承认与执行判决一样的方式，在另一成员国得以承认和执行。

2. 本条例的规定，必要时亦适用于法院和解及公文书。

3. 原成员国的主管机关，经利害关系人的请求，应当采用附件Ⅰ和附件Ⅱ或者附件Ⅲ和附件Ⅳ规定的标准格式，并视情况出具法院和解书及公文书的摘录。

第七章　中央机关之间的合作

第 49 条　中央机关的指定

1. 每个成员国应当指定一个中央机关来承担本条例所规定的职责。

2. 联邦成员国、具有一个以上法律体系的成员国以及具有自治领土单位的成员国可自由指定一个以上的中央机关，并应明确其职责的属地和属人范围。如果某一成员国指定了一个以上的中央机关，则该成员国应当确定将所收到的通知信息转达给该成员国境内主管中央机关。如果一项联络信息被送至非主管中央机关，该中央机关应当负责将此信息转发至主管中央机关，并相应地告知发信人。

3. 每个成员国应依照第 71 条的规定，将有关中央机关或多个中央机关的指定、详细联系方式以及本条第 2 款所指的职责范围，通知（欧盟）委员会。

第 50 条　中央机关的一般职责

1. 中央机关应当：

(a) 彼此间进行包括交换信息在内的合作，并促进其所属成员国主管机关之间的合作，以实现本条例之宗旨；

(b) 尽可能寻求在适用本条例过程中所产生的各种困难的解决方式。

2. 各中央机关应当采取便利适用本条例和加强它们之间合作的措施。为此，应使用根据《第 2001/470 号决定》建立的欧盟民商事司法网络。

第 51 条　中央机关的具体职责

1. 各中央机关应当为第 56 条所指的各项申请提供帮助，尤其是：

(a) 转送和接收此类申请；

(b) 启动有关此类申请的程序，或者为启动此类申请程序提供便利。

2. 各中央机关应当在此类申请方面采取一切适当的措施，以便：

(a) 在情况需要时，提供司法救助或为司法救助提供便利；

(b) 尤其是根据第 61 条、第 62 条和第 63 条的规定，帮助查找义务人或权利人的居所地；

(c) 尤其是根据第 61 条、第 62 条和第 63 条的规定，帮助获取关于义务人或权利人的收入，包括财产所在地在内的其他财务状况信息；

(d) 适当时，采用调解、和解或类似方式鼓励友好地解决纠纷，以达到自愿支付扶养费之目的；

(e) 为持续性地执行扶养判决（包括欠款）提供便利；

(f) 为收取和快速转交扶养费提供便利；

(g) 在不损抑《第1206/2001号条例》的情况下，在调取文件或其他证据方面提供便利；

(h) 如为追索抚养费所必需，帮助确定父母身份；

(i) 启动或帮助启动旨在保全未决扶养申请的结果、具有属地性的必要临时措施的程序；

(j) 在不损抑《第1393/2007号条例》的情况下，帮助送达文书。

3. 本条所规定的中央机关的职责，在有关成员国法律允许的范围内，可以由公共机构或者该成员国主管机关监管的其他机构承担。任何此类公共机构或其他机构的指定、详细联系方式及其职责范围，应由各成员国依照第71条的规定通知（欧盟）委员会。

4. 本条和第53条的规定，并非让中央机关负有义务行使依照被请求成员国的法律只能由司法机关行使的权利。

第52条　授权书

只有当被请求的成员国的中央机关在司法程序或在其他机关程序中以申请人的名义行事或为此目的而指定代理人时，该中央机关方能要求申请人签发授权书。

第53条　请求采取特殊措施

1. 当不存在第56条所指的未决申请时，一中央机关可以附具理由地请求另一中央机关采取第51条第2款第（b）、（c）、（g）、（h）、（i）和（j）项规定的适当特殊措施。被请求的中央机关在认为有必要时，应采取适当措施，以帮助潜在的申请人提交第56条所指的申请或帮助其确定是否应提出该申请。

2. 如果提出了采取第51条第2款第（b）项和（c）项所指措施的请求，被请求的中央机关在必要时应依照第61条的规定查询被请求的信息。但是，只有当权利人提供了一份有待于执行的判决书、法院和解书或公文书的副本，如有必要，并附有第20条、第28条或第48条所规定的摘录时，方可查询第61条第2款第（b）、（c）、（d）项所指的信息。

被请求的中央机关应当将获得的信息转发给提出请求的中央机关。如果该信息系依照第61条规定而获得，在转送时仅应告知潜在被告在被请求成员国的地址。如果涉及承认、可执行性宣告或者执行方面的请求，在转送信息时仅应载明义务人在其国内是否有收入或财产。

如果被请求的中央机关无法提供所请求的信息，应当毫不延迟地通知提出请求的中央机关，并且说明无法提供信息的原因。

3. 一中央机关可以应另一中央机关请求，对于具有国际因素的、与提出请求的成员国正在处理的追索抚养费有关的案件采取特殊措施。

4. 提出本条所指的请求时，中央机关应当采用附件Ⅴ所规定的格式。

第 54 条　中央机关的费用

1. 各中央机关应自行承担因适用本条例而产生的各项费用。

2. 各中央机关不得因提供本条例规定的服务而向申请人收取任何费用，但因请求采取第 53 条所指特殊措施而产生的额外费用除外。

就适用本款规定而言，与查明义务人的居所地有关的费用不得视为额外费用。

3. 被请求的中央机关未事先征得申请人同意就提供第 2 款所指服务而产生费用时，不得因提供此类服务而收取任何费用。

第 55 条　通过中央机关转交申请

本章所指的申请，应由申请人居所地成员国的中央机关向被请求的成员国中央机关提交。

第 56 条　可提出的各类申请

1. 欲根据本条例追索扶养费的权利人，可提出如下申请：

（a）承认一项判决或承认并宣告一项判决具有可执行性；

（b）执行一项在被请求的成员国作出的或已予承认的判决；

（c）在没有现成的判决时，在被请求的成员国设立一项判决，必要时，还包括设立亲子关系；

（d）如果无法承认一项在被请求的成员国以外的国家作出的判决或无法宣告其具有可执行性，则在被请求的成员国设立一项判决；

（e）变更一项在被请求的成员国作出的判决；

（f）变更一项在被请求成员国以外的国家作出的判决。

2. 现有扶养判决所指向的义务人，可提出如下申请：

（a）承认可使被请求的成员国的一项在先判决被中止执行或被限制执行的判决；

（b）变更一项在被请求的成员国作出的判决；

（c）变更一项在被请求成员国以外的国家作出的判决。

3. 对于本条所指的各项申请，由被请求的成员国的中央机关直接地或者由公共机构、其他机构或人员间接地提供第 45 条第（b）项所指的帮助或代理服务。

4. 除本条例另有规定外，对第1款和第2款所指的申请，应根据被请求的成员国的法律作出裁决，并遵守该成员国现行的管辖权规则。

第57条 申请书的内容

1. 第56条所指的申请，应采用附件Ⅵ或附件Ⅶ所规定的格式。

2. 第56条所指的申请，应至少包括：

（a）一份有关该申请或此类申请的性质的声明；

（b）申请人的姓名、包括地址在内的联系方式以及出生日期；

（c）被告的姓名、所知晓的地址以及出生日期；

（d）每个要求扶养者的姓名及出生日期；

（e）据以提出申请的理由；

（f）权利人提出申请的，有关扶养费的接收地或电子转账的接收账户的信息；

（g）提出请求的成员国中央机关负责处理申请的人员或单位的名称及联系方式。

3. 就适用第2款第（b）项而言，在发生家庭暴力的情况下，如果被请求国的内国法没有规定申请人为提起诉讼而必须提供个人地址的，则申请人的个人地址可用其他地址代替。

4. 在适当情况下，在所知的范围内，申请书应另外包括下列信息：

（a）权利人的财务情况；

（b）义务人的财务情况，包括义务人所在的用人单位的名称、地址以及义务人财产的性质和所在地；

（c）能帮助查找被告居所地的任何其他信息。

5. 申请书应附有必要的佐证资料或者书面文件，如适当，包括有关证明申请人具有司法救助资格的资料。第56条第1款第（a）项和（b）项以及第56条第2款第（a）项所指的申请，如适当，只能附有第20条、第28条和第48条或者《2007年海牙公约》第25条所指的文件。

第58条 通过中央机关转递、接收和处理的申请及案件

1. 提出请求的成员国的中央机关应当协助申请人，以确保申请附有其所知的审查申请时所必需的全部信息和文件资料。

2. 提出请求的成员国中央机关在确信申请材料符合本条例的要求之后，应当将申请转递至被请求的成员国的中央机关。

3. 被请求的中央机关应在自收到申请之日起30日内，采用附件Ⅷ规定的格式签收，并将已经或即将采取的处理申请的初步措施通知提出请求的成员国中央机关，并可要求提供其他必要的文件资料和信息。在此 30 日期间内，被请求的中央机关应向提出请求的中央机关提供负责答复申请进度查询的人员或机构的名称、联系方式等信息。

4. 被请求的中央机关在自签收之日起 60 日内，应将申请的处理状况告知提出请求的中央机关。

5. 提出请求的和被请求的中央机关应互相告知：

（a）负责处理特定案件的人员或单位；

（b）案件的处理进度；

并应对询问及时作出答复。

6. 各中央机关应在正常审查允许的范围内尽快地处理案件。

7. 各中央主管机关应采用能为其所用的最快捷、有效的通信方式。

8. 被请求的中央机关只有在所提交的申请明显不符合本条例的要求时，方能拒绝予以处理。在这种情况下，该中央机关应使用附件Ⅸ所规定的格式，及时将拒绝的原因告知提出请求的中央机关。

9. 被请求的中央机关不得仅仅以需要另外的文件资料或信息为由拒绝申请。但是，被请求的中央机关可以要求提出请求的中央机关提供这些另外的文件资料或信息。如果提出请求的中央机关在 90 日的期限内或者在被请求中央机关指定的更长期限内没有提供上述文件资料或信息，被请求的中央机关可以决定不再处理此申请。在这种情况下，应使用附件Ⅸ所规定的格式及时通知提出请求的中央机关。

第 59 条　语言

1. 请求书和申请书应使用被请求的成员国的官方语言填写，或者，如果该成员国有多种官方语言，则以所涉中央机关所在地的官方语言或官方语言之一填写，或者用该成员国已表示接受的欧洲联盟机构的其他官方语言填写，但该成员国中央机关无需翻译的除外。

2. 在不影响第 20 条、第 28 条、第 40 条和第 66 条规定的情况下，只有在提供所请求的帮助必需翻译时，请求书或申请书所附的文件才需翻译成第 1 款所规定的语言。

3. 中央机关之间的任何其他通信联系应使用第 1 款所规定的语言，但中央机关之间另有约定的除外。

第 60 条　会议

1. 为方便适用本条例，中央机关应定期举行会议。

2. 这些会议的举行，应符合《第 2001/470 号决定》。

第 61 条　中央机关获取信息

1. 在本章规定的条件下，与第 51 条第 4 款不同的是，被请求的中央机关应采用一切适当的、合理的手段来获取第 2 款所指的必要信息，在特定情况下便于作出、变更、承认、可执行性宣告或执行一项判决。

在被请求成员国的日常业务中掌握了第 2 款所指信息，并负责《第 95/46 号指令》意义上的信息处理的公共机构和行政机关，除非出于国家安全或公共安全的正当理由，在被请求的中央机关无法直接获取信息时，应根据被请求的中央机关的请求向其提供信息。

各成员国可以指定能向被请求的中央机关提供第 2 款所指信息的公共机构或行政机关。如果一成员国作出了这种指定，应当确保其选择的机构和行政机关管理部门允许其中央机关依照本条规定获取所要的信息。

在被请求的成员国掌握了第 2 款所指信息，并负责《第 95/46 号指令》意义上的信息处理的任何其他法人，在被请求的成员国法律允许的情况下，应根据被请求的中央机关的请求向其提供信息。

必要时，被请求的中央机关应将以上述方式获得的信息传递给提出请求的中央机关。

2. 本条所指的信息系指已由第 1 款所指的机构、行政机关或（法）人掌握的信息。这些信息应是充分的、相关的、没有超出必要限度的，并涉及：

（a）义务人或权利人的地址；

（b）义务人的收入；

（c）义务人的雇主和（或）义务人的银行账户的名称；

（d）义务人的财产。

为获取或变更一项判决之目的，被请求的中央机关只能请求提供（a）项所列的信息。

为了使一项判决得以承认、宣告可执行性或执行之目的，被请求的中央机关可以要求提供本款第 1 段所列的全部信息。但是，只有在（b）项和（c）项所列的信息不足以让判决得到执行时，方能请求提供（d）项所列信息。

第 62 条　信息的传递和使用

1. 各中央机关应在其所属的成员国内，视情况向主管法院、负责送达文书的主管机关以及负责执行判决的主管机关传递第 61 条第 2 款所指的信息。

2. 根据第 61 条规定，被传递信息的任何机关或法院只能出于便利追索抚养费的目的使用信息。除了仅涉及在被请求的成员国有地址、收入或财产情况的信息外，不得对已向提出请求的中央机关提出申请者公开第 61 条第 2 款所指的信息，但适用法院程序规则的除外。

3. 任何处理根据第 61 条规定所传递的信息的机关，保存信息的时间不得超出为传递信息所必需的期限。

4. 任何处理根据第 61 条规定所传递的信息的机关，应根据其内国法的规定确保此类信息的保密性。

第 63 条　通知与获取信息有关的人员

1. 将所收集的信息全部或部分地通知获取信息有关的人员时，应根据被请求的成员国的内国法进行。

2. 如果上述通知存在不利于有效追索扶养费的风险时，可延迟该项通知，但延迟的期限自该信息被提交给被请求的中央机关之日起不得超过 90 日。

第八章　公共机构

第 64 条　公共机构作为申请人

1. 为申请承认判决和宣告判决的可执行性之目的，或为了执行判决之目的，“权利人”一词包括为扶养权利人行事的公共机构或者代为履行扶养义务而应当得到清偿的机构。

2. 为扶养权利人行事或者因代为向扶养权利人履行义务而请求清偿的公共机构，其权利由该机构所属国的法律支配。

3. 对于下列判决，公共机构可请求予以承认、宣告具有可执行性或请求予以执行：

（a）基于因代为履行扶养义务而请求予以清偿的公共机构的请求，对义务人所作出的判决；

（b）对于权利人与义务人之间就向权利人代为履行扶养义务而作出的判决。

4. 公共机构在请求承认一项判决、宣告一项判决具有可执行性或请求执行一项判决时，应根据请求提供据以确立第 2 款所指的权利或据以说明已向权利人履行义务的所有必要文件。

第九章　一般规定及最后条款

第 65 条　认证或其他类似的手续

在本条例情况下，无需办理认证或其他类似的手续。

第 66 条 证明资料的翻译

在不损抑第 20 条、第 28 条和第 40 规定的情况下，对于以诉讼程序语言之外的其他语言作成的证明资料，受诉法院只有在为了作出判决或为了尊重辩护权而必需翻译的情况下，方可要求当事人提供证明资料的翻译。

第 67 条 报销费用

在不损抑第 54 条规定的情况下，被请求的成员国主管机关，对于根据第 46 条获得免费司法救助的败诉方当事人，在特殊的，并且其财务状况允许的情况下，要求其报销费用。

第 68 条 与其他共同体法律文件的关系

1. 除第 75 条第 2 款另有规定外，本条例以代替《第 44/2001 号条例》适用于扶养义务事项的条款的方式对该条例进行了修改。

2. 在扶养义务事项上，本条例取代《第 805/2004 号条例》，但不受 2007 年《海牙议定书》约束的成员国发布的有关扶养义务的欧洲执行令除外。

3. 在扶养义务事项上，根据第五章规定，本条例不影响《第 2003/8 号指令》的适用。

4. 本条例不影响《第 95/46 号指令》的适用。

第 69 条 与现有国际公约及协定的关系

1. 本条例不影响一个或数个成员国在通过本条例时作为其缔约方，并涉及本条例所调整事项的双边协定或多边公约的适用，但不得损抑这些成员国根据《建立欧洲共同体的条约》第 307 条所承担的义务。

2. 尽管有第 1 款的规定，在不损抑第 3 款的情况下，该条例在成员国相互关系上优先于涉及本条例所调整事项的、且成员国已成为其缔约方的公约或协定。

3. 在判决的承认、可执行性宣告和执行方面，本条例不排除已成为 1962 年 3 月 23 日瑞典、丹麦、芬兰、冰岛和挪威之间《关于追索扶养费的公约》缔约国的各成员国适用该公约，只要该公约规定了：

(a) 简化的、更快捷的执行有关扶养义务的判决的程序，且

(b) 比本条例第五章规定更为有利的司法救助。

然而，适用上述公约的结果不得剥夺本条例第 19 条和第 21 条给予被告的保护。

第 70 条 向公众提供信息

各成员国应该在根据《第 2001/470 号决定》所设立的欧洲民商事司法网络的框架内，向公众提供下列信息：

（a）对有关扶养义务的内国法和诉讼程序所作的说明；

（b）对为履行第 51 条所规定的义务而采取的措施所作的说明；

（c）对如何根据第 44 条规定保证有效地诉诸法律所作的说明；

（d）对各国执行规则和程序所作的说明，包括对执行的各种限制的信息，特别是有关保护扶养义务人的规则和时效期限的信息。

各成员国应保持此信息的持续更新。

第 71 条　有关联系方式和语言的信息（以《第 861/2007 号条例》第 25 条规定为模板）

1. 在 2010 年 9 月 18 日之前，各成员国应当向（欧盟）委员会通报：

（a）有权根据第 27 条第 1 款处理有关可执行性宣告的申请或有权根据第 32 条第 2 款处理就前述申请所作判决而提起的上诉的法院或机关的名称及联系方式；

（b）第 33 条所指的救济程序；

（c）为适用第 19 条之目的而设立的复议程序和有管辖权的法院的名称及联系方式；

（d）根据第 49 条第 3 款所确定的中央机关的名称、联系方式以及适当情况下的职责范围；

（e）第 51 条第 3 款所指公共机构或其他机构的名称、联系方式以及适当情况下的职责范围；

（f）有权处理第 21 条所指执行事项的机关的名称和联系方式；

（g）对于第 20 条、第 28 条和第 40 条所指文件的翻译可予接受的语言；

（h）其中央机关所接受的、根据第 59 条与其他机关进行联系时的语言。

各成员国应将有关上述信息的任何事后更改通报（欧盟）委员会。

2. 除了第 1 款第（a）、（c）和（f）项所提的法院和机关的地址和其他联系方式外，（欧盟）委员会应在《欧盟官方公报》上公布根据第 1 款所通报的信息。

3.（欧盟）委员会应通过其他适当的方式，尤其是通过根据《第 2001/470 号决定》所设立的欧洲民商事司法网络向公众开放根据第 1 款所通报的所有信息。

第 72 条　对格式的修订

对本条例所规定的格式的任何修订，应依照第 73 条第 3 款所指的咨询程序予以通过。

第 73 条 委员会

1. （欧盟）委员会应得到依照《第 2201/2003 号条例》第 70 条所设委员会之协助。

2. 凡述及本款的，应适用《第 1999/468 号决定》第 4 条和第 7 条规定。《第 1999/468 号决定》第 4 条第 3 款所规定的期限设定为三个月。

3. 凡述及本款的，应适用《第 1999/468 号决定》第 3 条和第 7 条规定。

第 74 条 审查条款

在第 76 条第 3 段所确定的施行之日后五年内，（欧盟）委员会应向欧洲议会、理事会、欧盟经济与社会委员会提交有关本条例的适用报告，其中应包括有关中央机关之间合作的实践经验，特别是这些中央机关获取由公共机关或行政部门掌握的信息状况的评估和对适用于不受《2007 年海牙议定书》约束的某成员国所作判决的承认、可执行性宣告以及执行程序运行情况的评估。必要时，报告应附有修改建议。

第 75 条 过渡性条款

1. 本条例仅适用于在其施行后所提起的诉讼程序、批准或达成的法院和解以及出具的公文书，但第 2 款和第 3 款另有规定的除外。

2. 第四章第二节和第三节适用于：

（a）各成员国在本条例施行之日前作出的，但在该日期之后请求予以承认或宣告具有可执行性的判决；

（b）针对在本条例施行之日前提起的诉讼且在该日期之后所作的判决，但为了承认与执行之目的，以该类判决在《第 44/2001 号条例》适用范围内为限。

对于在本条例施行之日尚在进行的承认与执行程序，仍适用《第 44/2001 号条例》。

第 1 段和第 2 段规定类推适用于在各成员国批准或所达成的法院和解以及所制作的公文书。

3. 自本条例施行之日起，中央机关收到的请求和申请书适用有关中央机关合作的第七章规定。

第 76 条 生效

本条例于《欧盟官方公报》上公布之后第二十日生效。

第 2 条第 2 款、第 47 条第 3 款、第 71 条、第 72 条和第 73 条自 2010 年 9 月 18 日起施行。

除第 2 段所述条款外，本条例自 2011 年 6 月 18 日起施行，前提是《2007

年海牙议定书》自该日起适用于欧洲共同体。否则，本条例自该议定书在欧洲共同体适用之日起施行。

根据《建立欧洲共同体的条约》，本条例在整体上具有约束力，并直接适用于各成员国。

2008 年 12 月 18 日制定于布鲁塞尔。

理事会主席

M. BARNIER

附件 I ~ 附件 X（略）

欧洲议会与欧盟理事会 2013 年 5 月 21 日《关于在线解决消费者争议并修正第 2006/2004 号条例及第 2009/22 号指令的第 524/2013 号条例》*

欧洲议会与欧盟理事会，

基于《欧盟运行条约》，尤其是其第 114 条，

应欧盟委员会的提议，

在立法草案转发各国议会后，

基于欧洲经济与社会委员会的意见，①

依据一般立法程序，②

鉴于：

（1）根据《欧盟运行条约》第 169 条第 1 款和第 169 条第 2 款第 a 项的规定，欧盟通过采取《欧盟运行条约》第 114 条所规定的措施，有助于实现高水平的消费者保护。根据《欧盟基本权利宪章》第 38 条规定，欧盟的政策须确保高水平的消费者保护。

（2）根据《欧盟运行条约》第 26 条第 2 款，内部市场是由一个没有内部边界的区域构成，其中货物和服务的自由流动受到保障。为了使消费者对数字

---

* Regulation（EU）No 534/2013 of the European Parliament and of the Council of 21 May 2013 on online dispute resolution for consumer disputes and amending Regulation（EC）No 2006/2004 and Directive 2009/22/EC（Regulation on consumer ODR）, Official Journal of the European Union L165, 18. 6. 2013, pp1-12. 本条例系根据官方英语和德语文本翻译。本译文原载于《中国国际私法与比较法年刊》第十七卷（2014），法律出版社 2016 年版，第 394 ~ 408 页。——译者注

① 2012 年 6 月 21 日《欧洲联盟官方公报》C181 号，第 99 页。

② 欧洲议会 2013 年 3 月 12 日的立场（尚未在《欧洲联盟官方公报》上公布）和理事会 2013 年 4 月 22 日的决定。

化的内部市场充满信心并从中受益，就必须使他们拥有简便、高效、快捷和低成本地解决因在线销售货物或在线提供服务而引起的争议的方法。这在消费者跨境购物时显得尤为重要。

（3）在欧盟委员会2011年4月13日标题为“单一市场法——促进增长和强化信心的12个杠杆——‘齐心协力创造新增长’”的通讯稿中，该委员会确认了有关替代性争议解决机制（ADR）的立法，包括电子商务的立法，是促进增长和强化对内部市场的信心的12个杠杆之一。

（4）内部市场的分裂减损了为促进竞争力和增长所付出的种种努力。此外，简便、高效、快捷和低成本地解决因在整个联盟内销售货物或提供服务而引起的争议的方式，因其可用性、质量和认知度方面的不平衡而成为内部市场的壁垒。这将破坏消费者和商家在跨境买卖中的信心。

（5）欧盟首脑理事会在其2011年3月24—25日和11月23日的决议中，敦促欧洲议会和理事会在2012年年底之前通过第一批优先措施，以在单一市场中注入新的活力。

（6）消费者在旅游、购物和支付时，感受到内部市场在其日常生活中的真实存在。消费者是内部市场的关键参与者，因此当居于核心地位。数字化的内部市场对消费者和商家都具有重要意义。在消费者越来越频繁地进行网上购物的同时，越来越多的商家在网上销售。消费者和商家应当对在网上进行交易更加充满信心，因此，有必要拆除现有的壁垒，以增强消费者的信心。采用可靠、高效的在线争端解决机制（ODR）能极大地促进这个目标的实现。

（7）简便、低成本的解决争议的方法，将能增强消费者和商家对数字化内部市场的信心。然而，在寻求法庭外的解决方法时，尤其是对于因跨境在线交易引起的争议，消费者和商家仍面临着种种障碍。因此，这类争议常常悬而未决。

（8）对于因在线交易引起的争议，ODR提供了一种简便、高效、快捷和低成本的庭外解决方法。然而，目前缺乏一个允许消费者和商家通过电子手段解决这类争议的机制；这对消费者不利，尤其是对于跨境在线交易而言更成为一种障碍，而且为商家设置了一个不平等的竞技场，因此妨碍了在线商务的全面发展。

（9）本条例适用于法庭外解决在欧盟内居住的消费者针对在欧盟内设立的商家提起的争议以及在欧洲议会和欧盟理事会2013年5月21日《关于替代

性地解决消费者争议的第2013/11号指令》①（《消费者ADR指令》）调整范围内的争议。

（10）为了确保ODR平台也能被用于替代性争议解决程序，使商家能对消费者提出诉求，本条例还应当适用于法庭外解决商家针对消费者所提出的争议，前提是《第2013/11号指令》第20条第2款所列的ADR机构（ADR entity）能提供相关的ADR程序。本条例对这类争议的适用，不应让成员国负有确保ADR机构提供此类程序的义务。

（11）尽管，尤其是进行跨界在线交易的消费者和商家将从ODR平台中获益，本条例亦应适用于国内在线交易，从而为在线交易领域创设一个真正公平的竞争条件。

（12）欧洲议会和欧盟理事会2008年5月21日《关于民商事调解某些方面的第2008/52号指令》② 不受本条例的影响。

（13）"消费者"的定义当包括在其贸易、商业、工业或职业之外行事的自然人。然而，如果所订立的合同部分在又有部分不在一个人的贸易范围内（双重目的合同），而且贸易目的在整个交易中所占比重显得很小，则该人也应视为消费者。

（14）"在线销售合同或在线服务合同"是指商家或商家的中介通过网站或其他电子方式已经提供货物或服务的，以及消费者在该网站上或通过其他电子方式订购该货物或服务的销售合同或服务合同。这还应当包括消费者通过移动电子设备，诸如移动电话，进入网站或其他信息社会服务的情形。

（15）本条例既不适用于消费者和商家之间因线下签订的销售或服务合同引起的争议，也不适用于商家之间的争议。

（16）本条例应当与《第2013/11号指令》结合起来考量。据此，各成员国必须保证居住于欧盟境内的消费者和在欧盟境内设立的商家之间发生的、与销售货物或提供服务有关的争议能提交给ADR机构解决。

（17）各成员国应鼓励消费者在通过ODR平台将他们的诉求提交给ADR机构之前，本着友好解决争议的目的，通过任何适当的方式与商家联系。

（18）本条例的目的是在欧盟层面创设一个ODR平台。该平台应当采取互动网站的形式向那些寻求法庭外解决因在线交易引起的争议的消费者和商家提供唯一接入端口（a single point of entry）。该ODR平台应提供有关法庭外解

① 参见本《欧洲联盟官方公报》，第63页。

② 2008年5月24日《欧洲联盟官方公报》L136号，第3页。

决消费者与商家之间因在线销售合同和在线服务合同引起的合同争议的一般信息。消费者和商家应有机会在该平台上通过填写采用欧盟各机构所有官方语言制作的在线表格，并附上相关文件的方式来提交投诉。然后，通过 ODR 平台将该项投诉传递到一个负责处理相关争议的 ADR 机构。该 ODR 平台应提供免费的电子案件管理工具，使 ADR 机构能够通过 ODR 平台与双方当事人进入争议解决程序。ADR 机构没有义务使用案件管理工具。

(19)（欧盟）委员会当为 ODR 平台的发展、运行和维持负责，并提供平台运行所必需的技术设备。ODR 平台应具备一种电子翻译功能，使争议双方和 ADR 机构能在适当情况下让那些通过 ODR 平台交换的并且为解决争议所必需的信息得以翻译。该功能应能处理所有必需的翻译，并在必要时得到人工支持。该委员会还应在 ODR 平台上告知投诉方能通过 ODR 联系人请求协助的可能性方面的信息。

(20) ODR 平台应当能够保障与 ADR 机构之间数据交换的安全，并遵守根据欧洲议会与欧盟理事会 2004 年 4 月 21 日《关于向公共管理机关、企业和公民提供泛欧洲电子政务服务的第 2004/387 号决定》① 所确立的欧洲互通性框架的基本原则。

(21) ODR 平台的入口通道应保持畅通，尤其是根据《第 2004/387 号决定》附件Ⅱ所设立的“您的欧洲”这个门户应当为欧盟内的企业、公民提供进入泛欧洲的、多语种的、互动的在线信息服务的通道。该 ODR 平台应凸显“您的欧洲”这个门户。

(22) 欧盟层面的 ODR 平台应构建在各成员国现有的 ADR 机构之上，并尊重各成员国的法律传统。如果一项诉求已通过 ODR 平台传递给 ADR 机构，那么就应适用该机构的程序规则及其有关费用的规则。然而，本条例试图确立一些适用于此类程序的，并保障其效能的共同规则。这应包括确保双方当事人或其代表不必亲自在 ADR 机构解决此类争议的规则，除非 ADR 机构的程序规则规定了这种可能性并且双方当事人均表示同意。

(23) 在确保《第 2013/11 号指令》第 20 条第 2 款所列的 ADR 机构在 ODR 平台上注册时，应考虑到法庭外在线解决因在线销售合同或在线服务合同引起的争议的全覆盖性。

(24) 本条例不应妨碍联盟内任何现有争议解决机构或任何 ODR 机制的运作。本条例亦不应妨碍争议解决机构或争议解决机制处理那些直接提交给它

① 2004 年 4 月 30 日《欧洲联盟官方公报》L144 号，第 62 页。

们解决的在线争议。

（25）各成员国指定的 ODR 联络处应至少有两名从业的 ODR 顾问。该 ODR 联络处应向通过 ODR 平台提交争议的各方当事人提供支持，但没有义务翻译与争议有关的文件资料。各成员国应尽可能将 ODR 联络处的职责赋予它们在欧洲消费者中心网络的办事中心。各成员国应利用这种可能性，这样就能使 ODR 联络处不受限制地从欧洲消费者中心网络的办事中心获取经验，以便简化消费者和商家之间的争议解决程序。（欧盟）委员会应设立一个由 ODR 联络处组成的网络，以便利它们的合作与工作，并通过与各成员国合作为 ODR 联络处提供适当的培训。

（26）获得有效司法救济权和获得公平裁决权均属于《欧盟基本权利宪章》第 47 条所规定的基本权利。ODR 并不是而且也不能被指定用以取代司法程序，也不应剥夺消费者或商家在法院寻求司法救济的权利。因此，本条例不应妨碍争议当事人双方行使其诉诸司法制度的权利。

（27）根据本条例，信息的处理应有严格的安全保障，并应符合欧洲议会与欧盟理事会 1995 年 11 月 24 日《关于在处理私人数据方面给予个人保护以及关于这类数据自由流动的第 95/46 号指令》① 以及欧洲议会与欧盟理事会 2000 年 12 月 18 日《关于在共同体各机构、机关处理私人数据时给予个人保护以及关于这类数据自由流动的第 45/2001 号条例》② 有关个人数据保护的规定。这些规定应适用于依照本条例由 ODR 平台的不同运营商所进行的个人数据处理，无论他们是否单独地还是与其他的类似运营商一起进行。

（28）通过依照《第 45/2001 号条例》第 11 条、第 12 条以及《第 95/46 号指令》第 10 条、第 11 条所制定的国内法所规定的全面隐私保护说明，应告知数据所涉人员在 ODR 平台上处理有关其个人数据的情况，并在征得其同意的前提下告知其在处理过程中的权利。（欧盟）委员会应将这种数据保护说明公之于众，并以浅显易懂的语言解释各平台的运营商依照其职责所履行的操作程序。

（29）本条例不影响各成员国关于 ADR 的国内立法中对保密性所作的规定。

（30）为了让尽可能多的消费者知晓 ODR 平台的存在，在欧盟境内从事在线销售合同或在线服务合同业务的商家应在其网站上提供一个通向 ODR 平

① 1995 年 11 月 23 日《欧洲诸共同体官方公报》L281 号，第 31 页。
② 2001 年 1 月 12 日《欧洲联盟官方公报》L8 号，第 1 页。

台的电子链接。商家还应提供其电子邮件地址，以便消费者具有第一个接触点。在线销售合同和在线服务合同的主体部分将通过在线市场达成。这种在线市场是一种能让商家向消费者提供产品和服务的在线平台，它将消费者和商家连在一起，或为他们之间的交易提供便利。因此，这类在线市场应同样负有为ODR平台提供一个电子链接的义务。该义务不影响《第2013/11号指令》第13条关于商家应将其所涉的ADR程序以及其是否有义务使用ADR程序来解决与消费者之间的争议等事项告知消费者的规定。此外，该义务也不影响欧洲议会与欧盟理事会2011年10月25日《关于消费者权利的第2011/83号指令》① 第6条第1款第（t）项和第8条的规定。根据《第2011/83号指令》第6条第1款第（t）项规定，对于远程签订或离线签订的销售合同，在消费者受合同约束前，商家应告知消费者诉诸法庭外投诉程序和商家受制的司法救济程序的可能性以及诉诸上述救济程序的前提条件。出于让消费者知情的同样理由，成员国应鼓励消费者协会和商业协会在其网站上提供通向ODR平台网页的一个电子链接。

（31）为了考虑ADR机构据以确定其各自管辖范围的标准，（欧盟）委员会应被赋予制定《欧盟运行条约》第290条所指法律文件的权能，以适应投诉人必须在ODR平台的电子投诉表中提供的信息。（欧盟）委员会在其准备工作期间，有必要进行包括专家层面的适当咨询。在准备和拟订授权法律文件时，（欧盟）委员会应保证同时、及时地采用适当的方式将相关文件转发给欧洲议会和（欧盟）理事会。

（32）为保证本条例得以统一实施，（欧盟）委员会应被赋予有关ODR平台的运行、投诉书的提交模式以及与ODR联络处网络合作等方面的执行权。行使这些权力应遵循欧洲议会与欧盟理事会2011年2月16日《关于确定各成员国据以对（欧盟）委员会行使其执行权予以控制的一般规则和原则的第182/2011号（欧盟）条例》②。鉴于电子投诉表的纯技术性，应采用咨询程序通过有关电子投诉表的执行法律文件。在通过有关ODR联络处网络的成员彼此间合作模式的规则时，应采用审查程序。

（33）在适用本条例时，如合适，（欧盟）委员会应咨询欧洲数据保护监督机构。

（34）由于本条例的目的，即设立欧洲ODR平台并根据共同规则来解决

---

① 2011年11月22日《欧洲联盟官方公报》L304号，第64页。

② 2011年2月28日《欧洲联盟官方公报》L55号，第13页。

在线争议，在成员国层面上无法充分实现，而基于其规模和效果在联盟层面上能更好地实现，欧盟可根据《欧洲联盟条约》第 5 条所确立的辅助性原则采取行动。根据该条款所述的相称性原则，本条例不得超出为实现此类目的所必需的限度。

（35）本条例尊重基本权利，遵守《欧盟基本权利宪章》特别是其第 7 条、第 8 条、第 38 条和第 47 条所认可的各项原则。

（36）欧洲数据保护监督机构曾根据《第 45/2001 号条例》第 28 条第 2 款规定接受了咨询，并已于 2012 年 1 月 12 日发表了意见。①

特制定如下条例：

第一章　总则

第 1 条　调整对象

本条例的目标是：通过设立欧盟 ODR 平台（以下简称“ODR 平台”），独立、公正、透明、高效、快捷和公平地法庭外在线解决消费者和商家之间的争议，实现高水平的消费者保护，从而促进数字化的内部市场的顺畅运作。

第 2 条　适用范围

1. 本条例适用于在欧盟境内居住的消费者和在欧盟境内设立的商家之间因在线销售合同或在线服务合同引起的合同义务争议的法庭外解决。这种争议解决是通过根据《第 2013/11 号指令》第 20 条第 2 款所列的 ADR 机构的干预并使用 ODR 平台来进行的。

2. 本条例适用于法庭外解决本条第 1 款所指的争议，即使这种争议是由商家针对消费者提起的，但只要消费者惯常居住的成员国的法律规定允许 ADR 机构干预和解决即可。

3. 各成员国应将它们的法律规定是否允许 ADR 机构干预和解决商家针对消费者提起的第 1 款意义上的争议告知（欧盟）委员会。在提交《第 2013/11 号指令》第 20 条第 2 款所指清单时，主管机关应告知（欧盟）委员会哪些 ADR 机构能处理此类争议。

4. 本条例适用于商家对消费者提起的第 1 款意义上的争议时，各成员国不负有确保 ADR 机构提供法庭外解决此类争议的程序的任何义务。

---

① 2012 年 5 月 11 日《欧洲联盟官方公报》C136 号，第 1 页。

第 3 条　与欧盟其他法律文件的关系

《第 2008/52 号指令》不受本条例的影响。

第 4 条　定义

1. 为本条例之目的：

(a)“消费者”系指《第 2013/11 号指令》第 4 条第 1 款第（a）项所指的消费者；

(b)“商家”系指《第 2013/11 号指令》第 4 条第 1 款第（b）项所指的商家；

(c)“销售合同”系指《第 2013/11 号指令》第 4 条第 1 款第（c）项所指的销售合同；

(d)“服务合同”系指《第 2013/11 号指令》第 4 条第 1 款第（d）项所指的服务合同；

(e)“在线销售合同或在线服务合同”系指商家或者商家的中介已通过网站或其他电子方式提供了货物或服务，并且消费者已在该网站上或通过其他电子方式订购了该货物或服务的销售合同或服务合同；

(f)“在线市场”系指欧洲议会和欧盟理事会 2000 年 6 月 8 日《关于内部市场中的信息社会服务，尤其是电子商务的某些法律方面的第 2000/31 号指令》（《电子商务指令》）① 第 2 条第（b）项所指的、允许消费者和商家在“在线市场”的网站上签订在线销售合同和在线服务合同的服务提供者；

(g)“电子方式”系指处理（包括数字压缩）和存储完全由电线、无线电、光纤或其他电磁手段发送、传输和接收的数据的电子程序和设备；

(h)“替代性争议解决程序”（以下简称“ADR 程序”）系指法庭外解决本条例第 2 条所指争议的程序；

(i)“替代性的争议解决机构”（以下简称“ADR 机构”）系指《第 2013/11 号（欧盟）指令》第 4 条第 1 款第（h）项所指的 ADR 机构；

(j)“投诉方”（complainant party）系指通过 ODR 平台提出诉求的消费者或商家；

(k)“应诉方”（respondent party）是指通过 ODR 平台被投诉的消费者或者商家；

(l)“主管机关”是指《第 2013/11 号指令》第 4 条第 1 款第（i）项所指的公共机关；

---

① 2000 年 7 月 17 日《欧洲联盟官方公报》L178 号，第 1 页。

（m）“个人数据”系指与一个特定的或可特定化的自然人（下文简称“数据主体”）相关的任何信息；一个可特定化的人系指一个能够被直接或间接识别的，尤其是能根据身份号码或人的生理、心理、精神、经济、文化或社会身份等一个或多个表现要素而予以识别的人。

2. 商家和 ADR 机构的设立地分别根据《第 2013/11 号指令》第 4 条第 2 款和第 3 款确定。

第二章　ODR 平台

第 5 条　ODR 平台的建立

1.（欧盟）委员会应该研发 ODR 平台，并且负责该平台的运行——包括所有为本条例目标所必需的翻译职能——以及平台的维护、财务资金和数据安全。ODR 平台应是用户友好型的平台。ODR 平台的研发、运营和维护应确保从设计阶段开始就尊重其用户的隐私（“通过设计保护隐私”），并且 ODR 平台能够尽可能地为包括需要保护的弱势用户在内的所有人进入和使用（“为所有人设计”）。

2. ODR 平台为那些寻求法庭外解决本条例适用范围内的争议的消费者和商家提供了唯一接入端口。该平台是一个互动式的网站，能用欧盟机构的所有官方语言通过电子方式进入和免费使用。

3. 适当时，（欧盟）委员会应通过在其网站上向欧盟内的公民和商家公布信息的方式，尤其是通过根据《第 2004/387 号决定》所设立的“您的欧洲”这个门户使 ODR 平台得以进入。

4. ODR 平台应具备下述职能：

（a）提供一个能够由投诉方根据第 8 条填写的电子投诉表；

（b）通知应诉方关于投诉的情况；

（c）确定有管辖权的一个或多个 ADR 机构，并将投诉传递给双方当事人根据第 9 条合意选择的 ADR 机构；

（d）免费提供一个电子案件管理工具，使争议双方和 ADR 机构能通过 ODR 平台在线解决争议；

（e）向争议双方和 ADR 机构提供解决争议所必需的以及通过 ODR 平台所交换的信息的翻译；

（f）提供一个让 ADR 机构据以传递第 10 条第（c）项所指信息的电子表格；

（g）提供一个反馈系统，以便争议双方对 ODR 平台的运行和已经处理其争议的 ADR 机构发表意见；

（h）让公众知晓：

（i）有关 ADR 作为一种法庭外解决争议手段的一般信息；

（ii）有关《第 2013/11 号指令》第 20 条第 2 款所列的、负责处理本条例所涉争议的 ADR 机构的信息；

（iii）一个关于如何通过 ODR 平台提交投诉的在线指南；

（iv）有关成员国根据本条例第 7 条第 1 款所指定的 ODR 联络处的信息，包括联系方式；

（v）通过 ODR 平台传递给 ADR 机构的争议处理结果的统计数据。

5.（欧盟）委员会应确保第 4 款第（h）项所指信息的准确性、即时性、明确性、易懂性和便利性。

6.《第 2013/11 号指令》第 20 条第 2 款所列的、负责处理本条例所涉争议的 ADR 机构，应在 ODR 平台上进行电子注册。

7. 就履行本条第 4 款所述职能的模式而言，（欧盟）委员会应通过执行法律文件的方式采取措施。通过此类执行法律文件时，委员会应遵守本条例第 16 条第 3 款所规定的审查程序。

第 6 条　ODR 平台的测试

1.（欧盟）委员会应在 2015 年 1 月 9 日之前测试 ODR 平台和投诉表的技术功能和包括翻译在内的用户友好度。该测试的实施和评估应在与各成员国的 ODR 专家以及消费者和商家的代表合作下进行。（欧盟）委员会应将测试结果的报告提交欧洲议会和欧盟理事会，并采取适当措施来解决潜在的问题，以确保 ODR 平台的有效运作。

2. 在本条第 1 款中所指的报告里，（欧盟）委员会还应阐述其拟采取哪些技术和组织措施，以确保 ODR 平台符合《第 45/2001 号条例》所规定的隐私保护要求。

第 7 条　ODR 联络处的网络

1. 每个成员国应指定一个 ODR 联络处，并将其名称和联系方式告知（欧盟）委员会。成员国可以将 ODR 联络处的管辖权转移给它们在欧洲消费者保护中心网络的办事中心、消费者协会或任何其他机构。每个 ODR 联络处应至少有两个从业的 ODR 顾问。

2. ODR 联络处通过履行下列职能，协助解决与通过 ODR 平台提交的诉求相关的争议：

（a）如有要求，为争议双方和有管辖权的 ADR 机构之间的沟通提供便利，其中特别包括：

（i）帮助提交诉求，以及在可能的情况下，相关的文件资料；

（ii）为争议双方和 ADR 机构提供与 ODR 顾问从业的 ODR 联络处所在的成员国所采用的销售合同和服务合同相关的消费者权利的一般信息；

（iii）提供有关 ODR 平台运行的信息；

（iv）向争议双方提供对特定 ADR 机构所适用的程序规则的解释；

（v）在不能通过 ODR 平台解决争议时，告知投诉方其他可行的救济方式。

（b）每两年向（欧盟）委员会和各成员国提交其基于履行职责所取得的实践经验而制作的业务报告。

3. 如果双方当事人的惯常居所在同一成员国境内，则 ODR 联络处不应负有履行第 2 款所列各项职责的义务。

4. 在不影响第 3 款的前提下，如果双方当事人的惯常居所在同一成员国境内，各成员国可根据对各国情况的考虑，决定 ODR 联络处履行第 2 款所列的一项或多项职能。

5. （欧盟）委员会应建立一个联络处的网络（下文简称“ODR 联络处网络”），使联络处之间能够合作，并有助于履行第 2 款所列的职能。

6. （欧盟）委员会每年至少召集两次 ODR 联络处网络的成员会议，以便交流最佳实践经验，讨论 ODR 平台运行中反复出现的问题。

7. （欧盟）委员会应以执行法律文件的方式制定有关 ODR 联络处彼此合作模式的规则。通过此类执行法律文件时，应遵守第 16 条第 3 款所规定的审查程序。

第 8 条　投诉的提交

1. 为了向 ODR 平台提交投诉，投诉方应填写电子投诉表。该投诉表应是用户友好型并在 ODR 平台上易于获得的。

2. 投诉方所提交的信息应足以确定有管辖权的 ADR 机构。这些信息列于本条例的附件中。投诉方可附上支持其诉求的文件资料。

3. 为了考虑《第 2013/11 号指令》第 20 条第 2 款所列的、有权处理本条例所涉争议的 ADR 机构据以确定各自管辖范围的标准，（欧盟）委员会应被授权根据本条例第 17 条制定授权法律文件，以适应本条例附件所列的信息。

4. （欧盟）委员会应通过执行法律文件的方式规定有关电子投诉表模式的规则。通过此类执行法律文件时，委员会应遵守第 16 条第 2 款所规定的咨询程序。

5. 通过电子投诉表及其附件处理的只能是确切的、与目标相关的并且不超出其收集目的之数据。

第9条　投诉的处理与传递

1. 如果电子投诉表的所有必填栏目已填写完整，通过ODR平台提交的投诉应予以处理。

2. 如果投诉表尚未填写完整，投诉方应被告知，只有在其将未填写的信息补充完整后，其投诉才得以进一步处理。

3. ODR平台一旦收到填写完整的投诉表，应以一种易于理解的方式和欧盟机构的官方语言之一毫不迟延地向应诉人传递投诉以及下列信息：

（a）为了将投诉交给ADR机构处理，争议双方必须就该ADR机构达成一致；如果争议双方没有达成一致或者不能确定行使管辖权的ADR机构，则该投诉不予进一步处理。

（b）若电子投诉表中载明了ADR机构或者或ODR平台基于该投诉表中提供的信息确定了ADR机构，则应告知负责处理投诉的一个或多个ADR机构的信息。

（c）如果应诉方是一个商家，则应要求其在10个历日内表明：

（i）该商家是否已致力于或者是否有义务运用特定的ADR机构解决其与消费者的争议，且

（ii）该商家是否愿意运用本款（b）项所指的ADR机构之一解决争议，但其负有义务运用某个特定的ADR机构的情况除外。

（d）如果应诉方是一个消费者，且商家负有义务运用某个特定的ADR机构，则应要求在10个历日内就该ADR机构达成一致，或如果商家没有义务运用某个特定的ADR机构，则应要求从第（b）项所指的ADR机构中选出一个或多个ADR机构。

（e）应诉方营业所或者住所所在的成员国境内的ODR联络处的名称和详细联系方式，以及第7条第2款第（a）项所指职能的简要描述。

4. ODR平台一旦收到第3款第（c）和（d）项所指的应诉方信息，应毫不延迟地用投诉方所选择的欧盟机构官方语言浅显易懂地将下列信息告知投诉方：

（a）第3款第（a）项所指的信息；

（b）如果投诉方是一个消费者，则应告知商家根据第3款第（c）项所表明的一个或多个ADR机构的信息，并要求在10个历日内就某个ADR机构达

成一致；

（c）如果投诉方是一个商家，且该商家没有义务运用某个特定的ADR机构，则应告知消费者依据第3款第（d）项所表明的一个或多个ADR机构的信息，并要求在10个历日内就某个ADR机构达成一致；

（d）投诉方营业所或住所所在的成员国境内的ODR联络处的名称和联络方式，以及第7条第2款第（a）项所指职能的简要描述。

5. 第3款第（b）项以及第4款第（b）和（c）项所指的信息，应包括对每个ADR机构下列属性的描述：

（a）ADR机构的名称、联系方式和网址；

（b）如果可能，ADR程序的费用；

（c）在ADR程序中所能使用的一种或多种语言；

（d）ADR程序所需的平均时间；

（e）ADR程序结果是否具有约束力；

（f）ADR机构可以根据《第2013/11号指令》第5条第4款拒绝处理某项特定争议的理由。

6. ODR平台应自动地、毫不迟延地把投诉传递给争议双方根据第3款和第4款一致同意运用的ADR机构。

7. ADR机构在收到所传递的投诉后，应毫不迟延地通知争议双方它是否同意或拒绝根据《第2013/11号指令》第5条第4款处理争议。已同意处理争议的ADR机构还应将其程序规则通知争议双方，并且在适当时告知该争议解决程序的费用。

8. 若争议双方在提交投诉表之后30个历日内未能就ADR机构达成一致，或者ADR机构拒绝处理争议，则该投诉不作进一步处理。投诉方应被告知，他仍可求助于ODR顾问，以获取有关诉诸其他法律救济的可能性的一般信息。

第10条　争议的解决

根据本条例第9条规定已表示同意处理一项争议的ADR机构应：

（a）在《第2013/11号指令》第8条第（e）项所规定的期限内结束ADR程序。

（b）不要求争议双方或他们的代表亲自出席，除非其程序规则对此作出规定且争议双方均表示同意。

（c）毫不迟延地将下述信息传递给ODR平台。

（i）收到投诉文件的日期；

（ii）争议的事项；

(iii) ADR 程序的结束日期；

(iv) ADR 程序的结果。

(d) 没有义务通过 ODR 平台实施 ADR 程序。

第 11 条　数据库

(欧盟) 委员会应采取必需措施来建立和维护用以存储根据第 5 条第 4 款和第 10 条第 (c) 项处理的信息的电子数据库，同时适当考虑第 13 条第 2 款的规定。

第 12 条　对个人数据的处理

1. 接收依照第 9 条所传递的争议的 ADR 机构，出于第 10 条所指的目的，对查阅与争议相关的信息——包括储存在第 11 条所指的数据库中的个人数据——享有排他性的权利。出于第 7 条第 2 款和第 4 款所指的目的，ODR 联络处在必要时同样有权查询这些信息。

2. (欧盟) 委员会出于监督 ODR 平台的使用和运行以及起草第 21 条所指报告之目的，有权查询依据第 10 条所处理的信息。(欧盟) 委员会在处理 ODR 平台用户的个人数据时，只能在运行和维护 ODR 平台——包括对 ADR 机构和 ODR 联络处使用 ODR 平台情况的监督——所必需的范围内进行。

3. 与争议相关的个人数据被存储在本条第 1 款所指数据库中的时间长短，以达到收集这些数据的目的并且确保该数据的相关主体能查询数据和行使有关权利的必要性为准；这些数据在争议解决程序终结后最迟六个月后应自动删除，该终结日期应根据第 10 条第 (c) 项第 (iii) 目告知 ODR 平台。该存储期限亦适用于处理相关争议的 ADR 机构或 ODR 联络处保存在国家档案中的个人数据，但 ADR 机构所适用的程序规则或者国内法律中的特殊条款规定了更长存储期的情况除外。

4. 每个 ODR 顾问，就其在本条例下的处理数据活动而言，应视为《第 95/46 号指令》第 2 条第 (d) 项所指的监管者 (Controller)，并且应确保此类活动遵守 ODR 顾问工作的 ODR 联络处所在的成员国根据《第 95/46 号指令》所制定的国内法规定。

5. 每个 ADR 机构，就其在本条例下的处理数据活动而言，应视为《第 95/46 号指令》第 2 条第 (d) 项所指的监管者，并应确保此类活动遵守其设立地所在的成员国根据《第 95/46 号指令》所制定的国内法规定。

6. (欧盟) 委员会，就履行其在条例下的义务以及与此相关的个人数据处理而言，应视为《第 45/2001 号条例》第 2 条第 (d) 项所指的监管者。

第 13 条　数据保密与安全

1. ODR 联络处应受职业保密规则或者有关成员国国内法所规定的类似保密责任的约束。

2. （欧盟）委员会应根据《第 45/2001 号条例》第 22 条规定，为确保本条例下信息处理的安全而采取适当的技术和组织措施，包括对数据查询的适当控制、安全计划和安全事故管理。

第 14 条　消费者的信息

1. 在欧盟内成立并从事在线销售合同或在线服务合同交易的商家以及在欧盟内设立的在线市场应在它们的网站上提供一个通向 ODR 平台的电子链接。该链接必须便于消费者使用和访问。在欧盟内成立并从事在线销售合同或在线服务合同交易的商家应提供其电子邮箱。

2. 在欧盟内成立的、从事在线销售合同或在线服务合同交易、致力于或者有义务运用一个或多个 ADR 机构解决其与消费者之间争议的商家，应告知消费者关于 ODR 平台存在的信息以及使用该 ODR 平台解决它们之间争议的可能性。商家应在其网站上提供一个通向 ODR 平台的电子链接，如果通过电子邮箱进行报价，则应在该电子邮箱里提供该链接。适当时，这些信息应被纳入在线销售合同或在线服务合同的一般交易条款。

3. 本条第 1 款和第 2 款，不影响《第 2013/11 号指令》第 13 条规定以及那些包含在欧盟其他法律文件中的、额外地适用于本条的有关消费者法庭外救济程序信息的条款的适用。

4. 《第 2013/11 号指令》第 20 条第 4 款所指的 ADR 机构清单及其更新文本，应在 ODR 平台上公布。

5. 各成员国应确保 ADR 机构、欧盟消费者中心网络的各办事中心、《第 2013/11 号指令》第 18 条第 1 款所指的主管机关以及适当时根据《第 2013/11 号指令》第 14 条第 2 款所指定的各机构，在其网站上提供通往 ODR 平台的电子链接。

6. 各成员国应鼓励有关消费者协会和商业协会在其网站上提供通往 ODR 平台的电子链接。

7. 有义务公布第 1 款和第 2 款所指信息以及第 3 款所指条款的商家，应尽可能一揽子地提供这些信息。

第 15 条　主管机关的作用

各成员国的主管机关应对该成员国境内的 ADR 机构是否履行了本条例所

规定的义务进行评估。

第三章　最后条款

第 16 条　委员会程序

1.（欧盟）委员会应得到《第 182/2011 号条例》意义上的委员会的协助。

2. 在援引本款时，应适用《第 182/2011 号条例》第 4 条规定。

3. 在援引本款时，应适用《第 182/2011 号条例》第 5 条规定。

4. 第 2 款和第 3 款所指委员会的意见应以书面程序提交，但如果该委员会的主席在发表意见的期限内就此作出决定或者该委员会的简单多数成员要求如此，则该程序无果而终。

第 17 条　授权的行使

1. 将制定授权法律文件的权能赋予（欧盟）委员会时，应符合本条规定的条件。

2. 制定第 8 条第 3 款所指的授权法律文件的权能，自 2013 年 7 月 8 日起无期限地赋予（欧盟）委员会。

3. 第 8 条第 3 款所指的权能转移可由欧洲议会或欧盟理事会随时予以撤销(revoke)。关于撤销的决定应终结该决定所规定的权能转移。该决定将于《欧洲联盟官方公报》公布后次日或在其规定的稍后日期生效。已生效的授权法律文件的效力，不受有关撤销决定的影响。

4.（欧盟）委员会一旦通过了一项授权法律文件，应同时通知欧洲议会和欧盟理事会。

5. 根据第 8 条第 3 款通过的授权法律文件，仅当欧洲议会或者欧盟理事会在自收到有关该法律文件通知后的两个月期限内均未提出异议，或者欧洲议会和欧盟理事会在该期限届满前均已向（欧盟）委员会表示无任何异议时，方能生效。根据欧洲议会或者欧盟理事会的提议，该期限应得以延展两个月。

第 18 条　惩罚

各成员国应规定违反本条例将受到的惩罚，并应采取为确保执行本条例所必需的措施。所规定的惩罚必须是有效的、相称的和惩戒性的。

第 19 条　对《第 2006/2004 号条例》的修正

在欧洲议会和欧盟理事会《第 2006/2004 号条例》① 的附件中，增补下列项目：

“21. 欧洲议会和欧盟理事会 2013 年 5 月 21 日《关于在线解决消费者争议的第 524/2013 号（欧盟）条例》（《消费者 ODR 条例》）（2013 年 6 月 18 日《欧洲联盟官方公报》L165 号，第 1 页）第 14 条。”

第 20 条　对《第 2009/22 号指令》的修正

对欧洲议会和欧盟理事会《第 2009/22 号指令》② 进行如下修改：

（1）在第 1 条第 1 款和第 2 款以及第 6 条第 2 款第（b）项中，“附件 I 所列的各项指令”的措辞由“附件 I 所列的欧盟各项法律文件”所取代；

（2）在附件 I 的标题中，“各项指令的清单”的措辞由“欧盟各项法律文件的清单”所取代；

（3）在附件 I 中，增补下列项目：

“15. 欧洲议会和欧盟理事会 2013 年 5 月 21 日《关于在线解决消费者争议的第 524/2013 号（欧盟）条例》（《消费者 ODR 条例》）（2013 年 6 月 18 日《欧洲联盟官方公报》L165 号，第 1 页）第 14 条。”

第 21 条　报告

1.（欧盟）委员会每年应向欧洲议会和（欧盟）理事会报告有关 ODR 平台的运行情况，并且第一次报告是在 ODR 平台投入运行一年后提交。

2. 在 2018 年 7 月 9 日之前以及此后每三年，（欧盟）委员会应向欧洲议会和（欧盟）理事会提交有关本条例的适用报告，尤其是有关投诉表的用户友好度以及本条例附件所列出的信息可能需要进行调整的情况。必要时，在该报告中附上本条例的修改建议。

3. 如果第 1 款和第 2 款所指的报告在同一年内提交，则只需提交一份联合报告。

第 22 条　生效

1. 本条例于《欧洲联盟官方公报》公布之后第二十日生效。

2. 本条例自 2016 年 1 月 9 日起施行，但下列条款除外：

（1）第 2 条第 3 款和第 7 条第 1 款和第 5 款自 2015 年 7 月 9 日起施行；

（2）第 5 条第 1 款和第 7 款、第 6 条、第 7 条第 7 款、第 8 条第 3 款和第

---

① 2004 年 12 月 9 日《欧洲联盟官方公报》第 L364 号，第 1 页。

② 2009 年 5 月 1 日《欧洲联盟官方公报》第 L110 号，第 30 页。

4款、第11条、第16条和第17条自2013年7月8日起施行。

本条例在整体上具有拘束力，并直接适用于各成员国。

2013年5月21日制定于斯特拉斯堡。

欧洲议会主席　　　　欧盟理事会主席

M. SCHULZ　　　　L. CREIGHTON

附件：在提交投诉时应提供的信息

（1）投诉方是消费者还是商家的说明；

（2）消费者的姓名、电子邮箱和地址；

（3）商家的名称、电子邮箱、网站和地理地址；

（4）在合适情况下，投诉方代表的姓名、电子邮箱和地理地址；

（5）在合适情况下，投诉方或其代表所使用的一种或多种语言；

（6）所知晓的应诉方的语言；

（7）与投诉相关的货物或服务类型；

（8）商家是否通过网站或其他电子手段提供货物或服务，消费者是否在网站上或通过其他电子手段订购的说明；

（9）所购买的货物或服务的价格；

（10）消费者购买货物或服务的日期；

（11）消费者是否与该商家有直接联系的说明；

（12）有关争议目前是否正在由ADR机构或法院，还是已经由ADR机构或法院审理的说明；

（13）投诉的类型；

（14）对投诉的描述；

（15）如果投诉方是消费者，商家根据《第2013/11号指令》第13条第1款规定负有义务运用的或致力于运用的ADR机构的说明；

（16）如果投诉方是商家，该商家致力于运用或有义务运用的ADR机构的说明。

附录：我国其他学者近年来翻译的外国国际私法立法

1. 杜涛译，韩德培校：《罗马尼亚关于调整国际私法法律关系的第一百零五号法》，载《中国国际私法与比较法年刊》第一卷（1998），第509～541页。

2. 杜涛译，韩德培校：《意大利国际私法制度改革法》，载《中国国际私法与比较法年刊》第二卷（1999），第537～557页。

3. 粟烟涛、杜涛译，韩德培校：《加拿大魁北克国际私法》，载《中国国际私法与比较法年刊》第二卷（1999），第558～576页。

4. 杜涛译，韩德培校：《列支敦士登1996年9月19日关于国际私法的立法》，载《中国国际私法与比较法年刊》第二卷（1999），第577～587页。

5. 粟烟涛、杜涛译：《突尼斯国际私法典》，载《中国国际私法与比较法年刊》第三卷（2000），第723～734页。

6. 谭岳奇译，肖永平校：《美国法学会：第二次冲突法重述（1986年修订本）》，载《中国国际私法与比较法年刊》第三卷（2000），第710～718页。

7. 刘仁山译，韩德培校：《朝鲜人民民主主义共和国涉外民事关系法》，载《中国国际私法与比较法年刊》第五卷（2002），第578～587页。

8. 杜志华译，黄进校：《欧盟理事会民商事案件管辖权及判决的承认与执行规则》，载《中国国际私法与比较法年刊》第五卷（2002），第588～613页。

9. 沈涓译：《韩国2001年修正国际私法》，载《中国国际私法与比较法年刊》第六卷（2003），第636～652页。

10. 王葆莳译，邹国勇校：《蒙古国新国际私法》，载《中国国际私法与比较法年刊》第七卷（2004），第641～651页。

11. 梁敏、单海玲译：《比利时国际私法典》，载《中国国际私法与比较法年刊》第八卷（2005），第559~606页。

12. 曾加译：《〈西班牙民法典〉中的国际私法》，载《中国国际私法与比较法年刊》第八卷（2005），第612~623页。

13. 李晶译，宋连斌校：《俄勒冈州合同冲突法》，载《中国国际私法与比较法年刊》第八卷（2005），第635~640页。

14. 崔绍明译：《法律适用通则法》，载《中国国际私法与比较法年刊》第十卷（2007），第449~464页。

15. 匡增军译：《乌克兰国际私法》，载《中国国际私法与比较法年刊》第十卷（2007），第465~487页。

16. 王定贤译：《非合同之债法律适用条例》，载《中国国际私法与比较法年刊》第十一卷（2008），第563~580页。

17. 黄伟译注、宋连斌校：《美国俄勒冈州侵权及其他非合同诉讼请求的法律选择法》，载《中国国际私法与比较法年刊》第十三卷（2010），第575~590页。

18. 马泰斯·田沃德、龙威狄、赵宁译：《荷兰〈民法典〉第10卷（国际私法）》，载《中国国际私法与比较法年刊》第十四卷（2011），第427~470页。

19. 刘元元译：《欧盟理事会2010年12月20日关于在离婚与司法别居的法律适用领域实施强化合作的第1259/2010号（欧盟）条例（“罗马Ⅲ”）》，载《中国国际私法与比较法年刊》第十四卷（2011），第471~482页。

20. 杜涛译：《罗马尼亚民法典》，载《中国国际私法与比较法年刊》第十五卷（2012），第705~730页。

21. 陈慧译，杜涛校：《多米尼加共和国国际私法》，载《中国国际私法与比较法年刊》第十八卷（2015），第364~379页。

22. 陈美伊、戴昀译，杜涛、潘灯校：《阿根廷共和国〈国家民商法典〉（节录）》，载《中国国际私法与比较法年刊》第十八卷（2015），第380~392页。

23. 杜涛、陈慧、洪倩汝译：《2012年12月12日欧洲议会和欧洲理事会关于民商事案件管辖权和判决执行的第1215/2012号（欧盟）条例（重订）》，载《华政国际法评论》第二卷，法律出版社2014年版，第94~124页。

24. 李依苇译，潘灯校：《西班牙国际民事司法合作法》，载《华政国际法评论》第三卷，法律出版社2016年版，第163~180页。

25. 杜涛译：《波兰国际私法》，载《华政国际法评论》第三卷，法律出版社2016年版，第181~193页。

26. 张天仪、冯宏霞译，潘灯校：《巴拿马共和国国际私法法典》，载《华政国际法评论》第三卷，法律出版社2016年版，第194~222页。